遠隔講義 消費者法〈第2版〉 2021

河上 正二

信山社

第2版（2021年）へのはしがき

　2021年版も、その基本的な方針は2020年版と変わるところはない。しかしながら、消費者法の世界は、日進月歩である。この1年間でも、「取引デジタルプラットフォームを利用する消費者の利益の保護に関する法律案」と「消費者被害の防止及びその回復の促進を図るための特定商取引に関する法律等の一部を改正する法律案」が第204回通常国会に提出され、その成立が見込まれている。消費者契約法の実体法部分の改訂作業は第4クールに入り、来年の通常国会に向けた最終的な報告書とりまとめ作業が待たれている。また、「公益通報者保護法」は、施行間近であり、様々な検討が続けられている。成年年齢の引き下げは、2022年4月に迫っているため、それへの対応も急務である。

　こうした変化を受けて、第2版（2021年版）では、可能な限り情報をアップデートした。今回の改定作業でも、袖山貴氏、稲葉文子氏には大変お世話になった。記して御礼申し上げたい。

2021年4月　　河上　正二

第1版　はしがき

　社会環境の急激な変化により、2010年頃から、消費者契約法、消費者安全法、消費者教育推進法、特定商取引法、割賦販売法、金融商品販売法など、消費者の利益に関連する重要な法律等の整備が急ピッチで進められ、裁判所においても消費者の利益に関わる判決が相次いで出されてきた。いうまでもなく、国際的にも消費者政策に関する議論が進展し、わが国の消費者法制や政策を充実したものにし、執行を確かなものにするには、まだまだなすべきことが多い。法科大学院制度の導入で「実務と理論の融合」が叫ばれて久しいが、消費者法の領域ほど、両者をはじめとする他分野の方々との研究交流が必要な領域はない。規制のあり方一つをとっても、民事規制・行政規制・刑事規制、そして自主規制などがモザイクのように組み合わさり、全国各地の消費者団体が果たす役割も大きくなりつつある。おりしも、2020年は新型コロナ感染対策で、社会生活環境ひいては消費生活環境も激変し、「新たな生活様式」での対応が迫られている。

　大学における講義も同様で、「消費者法」の講義は、いわゆる「3密」を避けるため、リアル講義ではなく、「遠隔講義」を余儀なくされた。いつもなら、受講生達の顔色や反応を見ながら、具体例を膨らませたり、余談で集中が途切れないよう気を引いたり、質問に来た熱心な学生を相手に議論も出来るが、オンラインではそうもいかない。まして、オンデマンドでの講義となると、90分の間、パソコンの小型カメラを眺めながら、淡々と語り続けるほかない。教科書や判例集などは用意できるとしても、残念ながら、自分の考え方や議論を立ち入って話す機会はほとんどない。そこで、本冊子では、基本的に、従来の私の考えを纏めた文章や関係しそうな資料を15回分の講義に合わせて取り急ぎ調整した。割愛したテーマも少なくない。暫定的であることを示すために「遠隔講義消費者法2020」と名付けた。

やがて施行される「成年年齢の引下げ」では、高齢消費者のみならず、若年成人や障害者、子ども、外国人などの消費者にもきちんと目を向けた法整備も、喫緊の課題として求められよう。誰もが有する脆弱さが、そのおかれた環境や対象によって顕在化する。高度情報化・IT の進展はこれを加速させ、「強く賢い消費者市民であれ」というだけでは済まないのが現状で、保護と支援を適切に組み合わせていくことが求められる。また、悪質な事業者による巧妙で複雑な取引への対処をはじめ、食品や製品の安全性、表示の適正化、環境への配慮など、消費者法は全方位で問題に対処しなければならない。何が消費者にとって望ましい社会なのか、安全・安心な社会とは何か、その実現のために私たちにできることは何かを共に考え、新しい社会を切り開いていかねばならない。

　この遠隔講義が、読者や受講者にとって、「消費者法」は意外に面白そうな学問領域だと思っていただけるなら、この上ない喜びである。

　大学での前期講義の開始が遅れたため、8 月中旬まで前期講義があり、大量のレポート採点をこなすと、もう 10 日ほどで、後期の授業が始まる。本務校での、後期授業の教材を作るには、ほとんど時間が無いところ、信山社の好意で超特急で本冊子の作成をお引き受けいただいた。大変な出版事情のなか、この難題に取り組んでくださった袖山貴氏、稲葉文子氏には、感謝の言葉もない。

2020 年 9 月　　河上　正二

目　次

────────────────────────

★令和2年版消費者白書
https://www.caa.go.jp/policies/policy/consumer_research/white_paper/assets/2020_whitepaper_summary.pdf
★「デジタル・プラットフォーム企業が介在する消費者取引における環境整備等に関する検討会」論点整理　概要
https://www.caa.go.jp/about_us/about/plans_and_status/digital_platform/pdf/consumer_system_cms101_200831_02.pdf
★取引デジタルプラットフォームを利用する消費者の利益の保護に関する法律案（概要）
　　令和3.3.5 第204回国会（常会）提出　　概要
https://www.caa.go.jp/law/bills/assets/consumer_system_cms101_210305_01.pdf
★ 消費者被害の防止及びその回復の促進を図るための特定商取引に関する法律等の一部を改正する法律案（概要）
　　令和3.3.5 第204回国会（常会）提出
https://www.caa.go.jp/law/bills/assets/consumer_transaction_cms202_210303_01.pdf
★公益通報者保護法の一部を改正する法律案（概要）
　　平成30.11.9
https://www.caa.go.jp/law/bills/pdf/consumer_system_cms101_200306_01.pdf
★特定商取引法及び預託法の制度の在り方に関する検討委員会報告書
　　令和2年8月19日
https://www.caa.go.jp/policies/policy/consumer_transaction/meeting_materials/review_meeting_001/021047.html

◆消費者法に関する教科書、参考文献、情報原など文献案内◆

○消費者法に関する比較的新しい参考書として
  ・中田邦博=鹿野菜穂子編・**基本講義 消費者法**〈第4版〉（日本評論社、2020年3月）
  ・日本弁護士連合会編・消費者法講義〈第5版〉（日本評論社、2018年10月）
  ・東京弁護士会消費者問題特別委員会編・消費者相談マニュアル〈第4版〉（商事法務 2019年10月）
  ・鹿野菜穂子監修／日本弁護士連合会消費者問題対策委員会編・改正民法と消費者関連法の実務（民事法研究会、2020年6月）
  ・長尾治助ほか編・レクチャー消費者〈第5版〉（法律文化社、2011年）
  ・大村敦志・消費者法〈第4版〉（有斐閣、2011年）
  そのほか、消費者委員から発信された意見書などをまとめたものとして、
  ・河上正二著・**消費者委員会の挑戦**（信山社、2017年8月）

○消費者法に関する法令集
    ・**消費者六法**（判例・約款付）2020年版（民事法研究会、2020年3月）
○消費者法関連雑誌
    ・現代消費者法（民事法研究会）
    ・消費者法ニュース(消費者法ニュース発行会議)
    ・日本消費者法学会・消費者法(民事法研究会)
    ・消費者法研究(信山社)
    ・国民生活(独立行政法人国民生活センター)
        WEB版　http//kokusen.go.jp/wko/
  その他、各種法律専門雑誌(法律時報・法学セミナー・ジュリスト・NBLなど)にも特集等で消費者法に関する論稿が掲載されている。

○消費者法の判例・裁判例関係
    ・消費者取引判例百選
    ・消費者法判例百選(有斐閣、2017年)
    ・**消費者法判例百選<第2版>(**有斐閣、2020年9月）
    ・島川勝ほか編・判例から学ぶ消費者法〈第3版〉（民事法研究会、2019年11月）
    ・消費者判例インデックス(商事法務、2017年)

○消費者庁・消費者委員会・国民生活センターのWeb情報
    消費者庁：https://www.caa.go.jp/　　　　国民生活センター：www.kokusen.go.jp
    消費者委員会：https://www.cao.go.jp/consumer

【遠隔講義 消費者法〈第2版〉2021 〈1〉】
消費者問題序論 ～消費者問題 過去から未来へ～

S.Kawakami

1 「消費者法」と消費者問題の歴史から

a. 消費者は生活者

消費者法の外延は、今も必ずしも明確ではなく、しかも、「消費(consumption)」,「消費する(consum)」という表現は、ややミスリーディングでもある。

今日の消費者法が対象としている領域からすると、「消費者」とは「生活する個人」としての自然人であり、いわゆる「生活世界」での人々の活動全体が、投資・預金などを含め、消費者法の対象となっている。

消費者問題の歴史は、事業者と消費者の情報・交渉力の構造的格差をもとに、**事物関連的**に発展しており、人々の生活世界における安全・安心に対する関心とともに、次々と広がりを見せている（「消費者」概念と「消費者」の定義の揺らぎについては、消費者法研究 1 号、消費判百 10 頁[谷本]など参照）。しかも、今日では「事業者と消費者の情報・交渉力の格差」という観点だけでは捉えきれないところにまで及んでいる。問題は全ての**「生身の人間」**が帯**びている脆弱性**に起因する。

b. 消費者問題の変遷

日弁連『消費者法講義』(第 5 版)第 1 章で示された消費者問題の歴史年表（齋藤雅弘弁護士作成）は、（Ⅰ期）生活密着型被害への運動論、（Ⅱ期）消費社会の展開と商品の品質・安全・価格への関心、（Ⅲ期）消費者信用と投資・利殖への関心、（Ⅳ期）ネット社会の到来、遺伝子操作など、（Ⅴ期）消費者庁・消費者委員会設置と消費者行政の一元化として観察されている。

より一般的に、この変化を特徴付けるとすれば、おそらく、

（1）「モノ」から「サービス」へ、「サービス」から「情報」へ、
（2）統合（一元化）と分散（類型化・個別化）、
（3）規制の「多様化」（民事・行政・刑事・自主規制など）、
（4）単純な個人的消費の「安全・安心」から**「社会的消費」・「倫理的消費」**へ、
（5）個々にカスタマイズされた消費者法と「適合性原則」、

といった諸点に標語化することも許されよう。

敷衍すると、今日では、モノやサービスにおける安全・安心のみならず、情報商材や情報・データの流通・拡散にともなうトラブルが増加していること。消費者庁への消費危害情報の一元化や品質表示の一元化などが進む一方で、対応能力や木目の細かい措置を念頭に置いた類型的な個別的処理も求められるようになっていること。さらに規制を実効性あるものにするために、様々な規制手段が動員されており、それらの最適な組み合わせが求められていること。しかも、その規制目的は、単に消費者個人の被害救済のみならず市場全体の適正化や不等な事業活動の抑止に向けられるようになったこと。さらに、消費者に

よる消費行動は単なる個人的行動ではなく、選択を通じて市場・社会環境に一定の影響を及ぼす社会的行為とも考えられるようになり、環境問題を始め社会の在り方を考慮しなければならないことが語られるようになった（「倫理的消費」や「フェアー・トレード」への関心の動き）。その上、消費者といえば、これまで集団（マス）としての平均的・合理的消費者が念頭に置かれていたところ、むしろ個人の多様なニーズ（もちろん、それが真に個性的なものか、流行などに操作されたものかは疑問であるが）を前提に、それぞれの人にカスタマイズされた消費の在り方、消費財の開発が進んでおり、ビック・データの利活用は、この傾向を益々推し進めて、**個人の属性**に合わせた「適合性原則」の持つ意味合いが、ますます重要性を高めている。消費者法は、否応なく、こうした大きな潮流の中で、変化に適応した内容を求められている。

社会構造的格差の中で必要なセーフティーネット

とはいえ、「消費者」の「事業者」に対する特性は、少量・多品種の商品・サービスの購入・消費をなし、その情報・交渉力には自ずと限界があること、情報の事業者への偏在、消費者の交渉力劣位は大きく変わらない。近時の**「消費者行動論」**や「心理学・認知科学」の成果によれば、必ずしも合理的行動がとれない人間像が中核にあり、被害を他に転嫁できない最終消費者は、被害回復もままならず、これを回避する取引コスト面でも限界がある。安全面では、ある程度類型化された消費者像を前提とした安全基準や表示基準が模索され、取引の局面では、とりわけ消費者契約法などは、情報・交渉力の社会構造的格差を介入の根拠にしているわけで、**「情報アプローチ」の限界**に配慮しつつ、一定範囲で、民法レベルとは異なるセーフティーネットを張ることが企図される。

ノーマルな消費者問題と詐欺的被害への対応は分けて

以上のような展開を前提とした今日の「消費者法」は、高度化・複雑化・情報化した現代社会に活きる**「生身の人間」を対象にした消費者の保護と支援に関する法律・判例・実務・自主規制等の複合体**とでも呼べるものに成長しており、そこには、民事・行政・刑事の**規制のモザイク**（「規制の多様性」消費者法研究第4号参照）、消費者被害の救済法と、市場行動規範の連結としての消費者法を見出すことができ、究極的に、消費者の自己決定権・実質的選択権の確保、被害からの救済が目指されている。もちろん、ノーマルな取引社会での事業活動・消費行動における新たなルール形成のみならず、これとは別に、詐欺的・犯罪的な消費者被害への対応も必要である（両者の混同は、誤解と相互不信の原因となることをわきまえておかねばなるまい）。

消費者庁・消費者委員会の設置と「三本の矢」

こうした変化の中で、2009年の消費者庁・消費者委員会の設置の意義は、小さくない。消費者行政に横串を指す消費者庁の設置は、一元化・情報集中を加速させたが、まだまだ体制が完備された状態とはいえず、その執行力にも多くの課題が残されている。消費者委員会もまた、比較的大きな権限を持ちながらも、小さな組織での全員野球による人的・物的限界は否めない（河上・消費者委員会の挑戦[信山社 2017]参照）。当面は、消費者庁・消費者委員会・国民生活センターが、各々の持ち味を活かした「3本の矢」となって、良い意味

での緊張関係と連携強化をはかって問題に対処する必要がある。

2　消費者基本法を頂点とする階層をなす消費者法
階層構造をなす消費者法

　制度的に見た場合、今日の「消費者法」は、消費者基本法を頂点とし、消費者安全法と消費者契約法（商品の安全と契約の適正化）、そして消費者教育法等を中核に据えて構築されており、これに特定商取引法、割賦販売法などの特別法と、各種業法から成り立つ重層的に入り組んだ法の複合体である。いうまでもなく、**行政的措置のための要件と、民事的消費者紛争解決の要件は性格が異なる**ため、**一般法・特別法の関係**にも留意しながら、全体としてその役割分担と制度間競合における矛盾が生じないように規範の調整が求められる（昨今の消費者契約法の特商法化に注意）。さきごろの民法改正による新民法は、立法担当者の説明とは裏腹に、明らかに契約自由を原則とする弱肉強食型の事業者法にシフトしているとの印象を受けるものだけに、事業者・消費者の特性を前提としつつ、常に「生身の人間」を視野においた消費者法固有の法政策的配慮が、今まで以上に重要になっているように思われる。誤解を恐れずに言えば、いまや**消費者法が民法に代わる**必要がある。きわめて広範囲な法領域に関わる消費者法にとっては、その理念と果たすべき役割を明確にしていく必要がある。同時に、消費者法のアイデンティティーを見直すことも求められよう。

3　消費者法の変容

　実質的に消費者法の変容を踏まえて、今後のあるべき方向性を探ってみよう。

(a) 保護の主体から、主体性をもった「消費者市民」へ

　周知のように、「消費者の権利」が語られるようになって久しい（「**消費者の権利**」については、正田彬『消費者の権利（第 2 版）』（岩波新書）参照）。ジョン・F・ケネディが提唱した消費者の「4 つの権利」（「①**安全である権利**」、「②**知らされる権利**」、③「**選択できる権利**」、④「**意見を反映させる権利**」）は、1975 年に、ジェラルド・R・フォードによって、「⑤**消費者教育を受ける権利**」が追加され、現在は、1980 年に国際消費者機構（CI）が追加した「⑥生活の基本的ニーズが保障される権利」、「⑦救済を求める権利」、「⑧健康な環境を求める権利」を含め、「消費者 8 つの権利」と呼ばれるようになった。これらの権利は、2004 年施行のわが国の消費者基本法にも明記され、消費者が持つ基本的な権利であることが明文化された。これが、ある種の「幸福追求権」(憲法 13 条)の現れであることは疑いない。「消費者保護基本法」から「消費者基本法」への変化は、明らかに、**「保護の客体」としての消費者が、社会を動かす「主権者・義務者」としての「消費者」像を要求**していることに留意しなければならない。

　現在でも、消費者の「責務」を語ることに抵抗感のある消費者団体は少なくないが、おそらく、今以上に「消費の社会化」が意識されるべきであろう。個人的には、昨今の消費者に求められる「倫理的消費」には違和感をぬぐえないが（国が「倫理」を語るときには注意が必要である）、少なくとも社会的行動としての「消費」について「**自ら考える消費者**」にならなければなるまい。その限りで「**消費者市民**」という表現の持つ意義は大きい。

(b)クロス・ボーダー化する消費者問題

　消費者法が、日増しにクロスボーダー化しているという印象も強い。「違法ドラッグ」問題は犯罪的行為と日常的取引行為がその境界線を危うくした好例であり、渉外消費者問題などでは国境を越えた消費者問題が増加している。ここでは、最低限引かれるべき共通ルールを、強く意識する必要がある。クロスボーダーへの対応は、今後とも重要な課題である。

(c)「平均的合理的人間」から 「具体的人間」へ

　主体である「消費者」に着目すると、課題となる論点が多い。

　(i)ひとつは、**「生身の人間」**の**「限定合理性」**と**「脆弱さ」への配慮**である。子供・高齢者・若年者・障害者・外国人など、**知識・経験・判断力の不足や劣位・つけこまれやすい人間の「迷い」・「依存心」・「不安心理」**への配慮は、ますます必要となっている。

　(ii)これに関連して、具体的人間としての**消費者の心理とその操作**には、もっと関心を向ける必要がある。人間の心理と消費者行動の関係については、近時の「**消費者行動論**」の分析が興味深いが、特に**「脆弱な消費者」**（高齢者・若年者・障害者など）に着目したヨーロッパの政策動向から学ぶべき点が多い。無論、通常人であっても、商品の希少性・話題性・微妙な損得感・曖昧な記憶・時間に追われての判断などによって、冷静な判断や選択がゆがめられることは多い。その意味では、**開示規制・不意打ち規制にも限界**があり、最低限のセーフティーネットを張っておくことが是非とも必要になる。単なるマーケティングを超えて、**「つけ込み型」**勧誘と不当な利益追求が結合したところでは、「暴利行為」に匹敵する問題状況が生じるからである*。

> ＊**執拗で巧妙な手口**（好奇心・欲求・夢・不安・引け目・依存心、無知・急迫への「つけこみ」）は、直ちに違法とまでは言えなくとも、至る所で観察される現象である。「健康のためには＊＊＊がこんなに必要」と驚かせて売ろうとする健康食品やサプリメント、断り切れない気持ちを利用した「優しさ」の押し売り、「今だけ」・「残り僅か」・「なんてお得な！」・「ご存知のように」・「今から30分以内に」といった表現の裏にある**相手を焦らせる**誘い、「これだけのことをさせておいて」「何とかなりませんか」とった負荷をかけた訴えかけ、さらには、無料鑑定を実施（写真を携帯送信又は郵送する遠隔鑑定）するとして「あなたには怨霊と生首が張り付いている。このままだと大変なことになる。」などと消費者の**不安を煽る言動**や「除霊」と称する役務サービスを執拗に勧誘する「霊感商法」など。ちなみに、都内の某遊園地の観覧車では、入り口で「乗車記念写真」をとり、「要らないなら捨てますが」と言う。

　(iii)**個の尊重**　　今日では、消費における「個」の尊重にも注意が必要である。横並びを嫌い、個性的であることに価値を見出す人は多い。そもそも、何が「個性的」かは、大きな問題であるが（「本当の自分」なんて簡単にはわからない）、他人と違うことを良しとする社会では、（それが仕掛けられたブームやマーケティング戦略に過ぎないとしても）**個人の欲求・生き方にカスタマイズされた形での様々な商品選択**が拡大傾向にある。勢い、「個人の意思決定」に比重がかかり、**客観的な市場適合性・安全性と、主観的な適合性・安全性**が重視されるこ

とになる。消費者契約においても、契約交渉過程、選択の基礎情報が重要となろう。事業者によって掘り起こされる「欲求」に、何が「幸福」かに戸惑う「人間」が多数登場する。消費者法は、こうした**具体的人間像**にも目配りすることが必要である。さしあたり、**客観的な市場適合性や安全性を前提としつつ**、そこで付加された**個人的需要への適合性を重ね合わせていく必要**がある（たとえば、2017年民法改正における「瑕疵(契約適合性)」や「欠陥」の有無の全てを「合意」に還元してしまうことは問題である）。

（iv）「**高齢者**」と「**若年成人**」の問題

現代における「高齢者」と「若年成人」のリスク対応力等の問題については多言を要しない。

超高齢社会における**高齢者消費者**の多くが、**健康・金銭・人間関係への不安**を抱いていることは、様々な機会に論じられている。とくに、**独居高齢者の不安やリスク**は深刻であり、そこにつけ込まれる隙がある*。

> ＊ 65歳以上の高齢者のいる世帯は、平成25（2013）年現在で、2,242万世帯と、全世帯（5,011万2千世帯）の44.7％を占める。特に65歳以上の**一人暮らし高齢者**の増加は男女共に顕著であり、昭和55(1980)年には男性約19万人、女性約69万人、高齢者人口（65歳以上）に占める割合は男性4.3％、女性11.2％であったが、平成22(2010)年には男性約139万人、女性約341万人、高齢者人口に占める割合は男性11.1％、女性20.3％との統計数値がある。ちなみに、令和7(2025)年には、65歳以上の**認知症患者**数は約700万人に達する見込みと言われる。「日常生活の不安」については、健康や病気のこと（58.9％）とする者が最も多く、次いで、寝たきりや身体が不自由になり介護が必要となる状態になること（42.6％）、自然災害（29.1％）、生活のための収入のこと（18.2％）、頼れる人がいなくなること（13.6％）となっており、一人暮らし高齢者のリスクとして指摘されている「介護」、「社会的孤立」、「経済的貧困」（3 K）に関連した不安が挙げられている。中でも健康状態が大きな不安要因であることがわかる。

今ひとつの注意すべき階層が「**若年成人**」である。令和4(2022)年4月に迫った「成年年齢引き下げ」と若年消費者の保護・自立支援の問題は喫緊の課題となっている。これまでなら、**未成年者取消権**で守られていた19歳、18歳の若者が、悪質な事業者の新たなターゲットになるであろうことは容易に推測される。若者の消費者被害の代表であるキャッチセールス・マルチ取引・美容整形等が、高校にまで広がることは何とかして避けねばならない。

若者のクレジット取引にも注意が必要である。早くからの**消費者教育**が必要となることは言うまでもないが、消費者契約法や特定商取引法での手当が不可欠であり、2018年改正で残された諸課題に急いで取りかかる必要がある（なお、2021年には、18歳、19歳を「特定成人」とする少年法改正が準備されている）。

（d）**契約締結に向かうプロセスと「広告」問題**

消費者と事業者の接点である契約関係についても見直しが必要である。かねてより、消費者契約法における「勧誘」概念については、議論のあったところであるが、**広告表示**に関しては、最判平成29・1・24(民集71巻1号1頁＝消費者法判百〈第2版〉14事件)が登場したことは特筆に値する。

最高裁は、

　「『勧誘』について法に定義規定は置かれていないところ、例えば、事業者が、その記載内容全体から判断して消費者が当該事業者の商品等の内容や取引条件その他これらの取引に関する事項を具体的に認識し得るような新聞広告により不特定多数の消費者に向けて働きかけを行うときは、当該働きかけが個別の消費者の意思形成に直接影響を与えることもあり得るから、事業者等が不特定多数の消費者に向けて働きかけを行う場合を上記各規定にいう『勧誘』に当たらないとしてその適用対象から一律に除外することは、上記の法の趣旨目的に照らし相当とはいい難い。／したがって、事業者等による働きかけが不特定多数の消費者に向けられたものであったとしても、そのことから直ちにその働きかけが法12条1項及び2項にいう『勧誘』に当たらないということはできないというべきである。」
と明言した。

　消費者基本法は、国は、消費者が商品の購入若しくは使用、役務の利用に際しその選択を誤ることがないように「商品及び役務について、品質等に関する広告その他の表示に関する制度を整備し、虚偽又は誇大な広告その他の表示を規制する等必要な施策を講ずるものと」している(同法 15 条)。そこでは、**消費者の実質的な選択権の保障**が求められている。

　これまでのところ、広告に関しては、私法上、一般的な規制は存在しない。そのため、不当な広告によって損害を受けた場合には、広告主・広告推奨者・広告媒体業者などの責任を不法行為法によって追及するほかない状態にあった(最判平成元・9・19 集民 157 号 601 頁[広告掲載新聞社の責任]、大阪地判昭和 62・3・30 判時 1240 号 53 頁[広告出演者の責任(肯定)]、東京地判平成 6・7・25 判時 1509 号 31 頁[広告出演者の責任(消極)])。

　しかし、ビッグデータを活用しての**ターゲティング広告**などのような、広告勧誘の現状からすれば、広告を契約内容の一部として取り込んだ上で、完全履行を請求したり債務不履行責任を問う可能性があるだけでなく、表示が契約締結にとって重要な動機であった場合には要素の錯誤を、表示が虚偽であることを事業者が認識し、かつ、それによって消費者を欺罔しようとする故意のあるときは取消しを認めるなど。不実表示を理由に契約の効力を否定するなどの手段が、容易に可能となるよう工夫をする余地があることは明らかである。

　消費者契約法4条は、そうした要件の客観化の工夫の一つではあるが、なお改善の余地があろう。一般的にも、当事者間での「契約の解釈」においては、対面での具体的交渉で言明された事柄や合意書面に記載されたもののみならず、それまでの接触から始まる様々なやりとりや、前提とされた事実(広告その他の言動を含む)が、最終的合意内容に反映されうると考えるべきであって、**広告・交渉は私法的に無色なものではあり得ない**(消費者相談員の契約交渉過程の状況についての聴き取りが、ますます重要となる)。

　あわせて、景品表示法の優良・有利誤認表示との調整が今後の重要な課題である。メニュー偽装表示*を機縁とする**景表法**の動き(課徴金制度の導入)に民事責任が歩調を合わせることが考えられてよい。

　　*【偽装表示メニュー】阪急阪神ホテルズの問題発覚以降、各地のホテルでも食品を偽装していたという事実が発覚。ザ・リッツ・カールトンは 10 月 26 日に記者会見を行い、7 年前から偽装していたと公表した。ルネッサンスサッポロホテルでも 29 日の記者会見で、メニューに「大正エビ」や「シバエビ」と表記していたものの、実際には違うエビを提供するというこ

とを 9 年前から行っていたと認め謝罪した。帝国ホテルでは外部から購入した瞬間冷凍した非加熱加工品のストレートジュースを「フレッシュジュース」と表記するという JAS 法に反する行為が 30 日に発覚。 同 30 日、JR 四国ホテルグループのホテルクレメント宇和島のレストランで「自家製漬物」と表記していたのが既製品、ホテルクレメント徳島で「和風ステーキ膳」に牛脂注入肉の使用を記載しなかったことを公表。また、ホテルコンコルド浜松は静岡県産食材を使用としながら、実際には使っていないケースがあったことを公表。 31 日には、奈良万葉若草の宿三笠（奈良市、近鉄旅館システムズ）で「大和肉」と表記していたものを県外産の食材を、「和牛」と表記していたものをオーストラリア産牛肉の成形肉を使用していたことが発覚。 11 月 1 日には、JR タワーホテル日航札幌は、「芝海老」と表記していたものには「バナメイエビ」を使用していたことなどを公表。 同 1 日、名鉄グランドホテルは、「伊勢エビ」と表記していたものを「ロブスター」、「車海老」と表記していたものを「ブラックタイガー」を使用していたことを公表。 5 日には、ホテル京阪の系列の 3 ホテルで、加工肉の使用を明記せず「牛サイコロステーキ」と提供していたことを公表。 同 5 日、東急ホテルズは、ザ・キャピトルホテル 東急や名古屋東急ホテル、京都東急ホテルなどでも、「芝海老」と表記していたものを「バナメイエビ」、「ステーキ」と表記していたものを加工肉を使用していたことなどを公表。 6 日には、JR 西日本ホテルズが運営するホテルグランヴィア京都やホテルグランヴィア広島、三宮ターミナルホテルで、「鮮魚」としていたものを冷凍魚を使用していた。 15 日には、ダイワロイヤルホテルズが運営する、串本ロイヤルホテルや橿原ロイヤルホテルなど 12 ホテルで、「芝海老」と表記していたものに「バナメイエビ」、「鮮魚」としていたものに冷凍魚を使用、また成型肉の使用を表示していなかったことを公表。これらの偽装表示によって、消費者の市場への信頼は大きく損ねられた。

4　事業者間取引（BtoB）と消費者契約（BtoC）の相互作用

　これまでの議論は、専ら消費者契約（BtoC）を前提とするものであるが、これらの変化は、事業者間（BtoB）取引にも一定の影響を及ぼすことが不可避である。

　この問題を痛感させる事例の一つは優良誤認表示をめぐる**「上流・下流」問題**である。生産工程の「上流」で、混入された劣悪品質の材料は、最終的に優良誤認表示を付したまま、商品となって最終消費者の手に渡る。このとき、「下流」にいる販売者が、果たして「上流のことは分かりません」と免責を求めることが許されるであろうか。製造物責任の例を出すまでもなく、原因者に責任があることは明らかであるとしても、その流通過程にあって互いに事業利益を分け合い、より原因者に近い立場にある事業者が責任を先ず負うことが望まれるのではあるまいか。同様の問題は、輸入食品の管理体制や、製鉄部品製造業者のミスで欠陥品を生んだ新幹線のブレーキ問題など枚挙にいとまがない。消費者取引に直面する最終販売事業者やサービス提供者について、その責任が問われても、事業者間での取引関係では免責条項などで求償できないとなると、**最終事業者は「挟み撃ち」**となりかねない。どちらかと言えば効率性・費用重視の上流での不適切な処理が、末端の消費者に及ぼす影響をめぐって、**事業者間（BtoB）の責任をめぐる問題は決してBtoCの消費者問題と無関係ではない**。

　上流・下流問題に関連して、「**組織的過失**」の問題にも触れておこう。

　既に、高度医療での「チーム医療」等では強く意識されているが、最終的な商品・サー

ビスの提供者に何らかの落ち度があった場合、その末端者の「落ち度」に固有の違法性が見出されるかどうかとは別に、製造・販売組織としての体制や、起こりうる損害回避のための措置が適切にとられていなかった場合には、組織的過失を論ずべき場面が増えている（くい打ち偽装・耐震偽装・ブレーキ安全基準測定などを考えよ）。マニュアル化された組織的販売体制や役務提供において、個々の事業者の責任のみに着目した議論だけでは明らかに不十分である（大川小学校事件判決における「組織的過失」の考え方に注意）。これは、消費者法、消費者問題の枠を超えることかもしれないが、重要な課題であり、**消費者法は、BtoCの問題で自己完結できない問題領域である**ことを認識しておくべきであろう。

5　消費者教育

　高齢消費者に対する啓発において、地域の福祉団体との連携などの必要については、これまでも多くが語られてきた。そして、民法の**成年年齢引下げ**を見据え、実践的な消費者教育の実施を推進するため、消費者庁・文部科学省・法務省・金融庁が連携して、平成30年2月日に「若年者への消費者教育の推進に関する4省庁関係局長連絡会議」を開催し、その結果、2018年度から2020年度の3年間を集中強化期間とする「若年者への消費者教育の推進に関するアクションプログラム」を作成して取組みを推進中である。これらは、決して一過性のプログラムにとどめてはならない動きである。

　消費者教育推進法によって消費者教育推進地域協議会の設置などが制度化されてはいるものの、実質的には課題が多い。

　消費者教育を学校教育や家庭教育に適切に組み込むにはどうすればよいか。学校教育に限っても、時間枠の確保、指導者の能力を高めるための教員研修、各年代に応じた教材開発が求められる。言うまでもなく、事業者に対する消費者教育も推進されねばなるまい。

6　消費者団体の役割（適格消費者団体・特定適格消費者団体など）

　最後に、消費者団体の役割と課題について簡単にふれよう。

　少額多数被害を特徴とする消費者トラブルの未然防止・拡大防止及び被害回復を図ることが大きな課題であることは言うまでもない。不特定かつ多数の消費者の利益を擁護するために差止請求権を行使するために必要な適格性を有する消費者団体として内閣総理大臣の認定を受けた法人を「適格消費者団体」といい、全国に21団体ある。また、適格消費者団体のうちから新たな認定要件を満たす団体として内閣総理大臣の認定を受けた法人を「特定適格消費者団体」といい、多数消費者の集合的損害賠償請求訴訟の訴訟主体となることができるもので、全国に3団体ある。こうした団体の存在は、単独では被害を回復したり、事業者と交渉することの困難な消費者の声を代弁するものとして重要である。しかし、その財政的基盤が弱いことは各団体に共通する深刻な課題である。適格消費者団体等は、国家や地方自治体の事務を、事実上、肩代わりする活動を遂行していることを考えれば、一定の財政支援が不可欠である。持続的な活動を期待するのであれば、**いつまでも手弁当でのボランタリーな活動に依存し続けるわけにはいくまい**。一定の公益的事業活動に対する報酬を充実させることや、市場の適正化によるウィン・ウィンの関係を追求する「まっとうな事業者」が賛助会員となって、消費者団体を支えていくことが望まれよう。

7　消費者法の展望など

　総花的ではあるが、以上、「消費者法の来し方・行く末」について、思いつくままに述べてきた。ここで指摘できたことは決して特異なことではない。

　①大衆としての「消費者」から、個としての「消費者」を見る目が必要であること。

　②そのため、今後の研究では、消費者行動論や消費者心理の分析も重要であること。

　③同時に、平均的・合理的消費者基準から、具体的・類型的消費者(脆弱な消費者を含む)を意識した基準作りが求められること。

　④商品としては、「情報商材」に対する警戒が必要な時代となっていること。

　⑤その際、個人情報の管理と保護を強く意識する必要があること。

　　すでに、消費者法は新たな方向性をもって動き始めている。

　消費者自身も、現在が、消費者力・人間力が試される時代に突入しているのだという「意識」を高めなければなるまいい。「安全・安心」の獲得には、一定の努力が必要であり、持続可能な環境と社会に生きるための消費行動をとるために、**「自ら考える消費者となること」**が求められている。一人一人の消費者は、決して強い存在ではない。それだけに、生活の中での人々の「絆」と「見守りネットワーク」構築への期待は大きい。

（補論1）

デジタル・プラットフォーム新法について

（2021・4・9　衆議院消費者特別委員会）

河上参考人意見メモ

1　はじめに

　デジタル化の進展により、デジタル・プラットフォーム(以下 DPF)を介した消費者取引が拡大するとともに、過去に用いられていなかった新たな方法による消費者への働きかけが可能になるなど、消費者取引を取り巻く環境が激変している。制度改革に当たっては、言うまでもなく、健全な事業活動に対する不測の影響が生じないように進めるべきである。新たな措置によって、真摯に取り組む個々の事業者の日常的活動はもちろん、デジタル分野を始めとした将来のイノベーションを阻害しないように最大限の配慮が必要である。この点、明確な規範（「共通ルール」）を予め定立することで、予見可能性を高め、創意工夫に満ちた健全な市場の創出及び発展を図ることができよう。また、新型コロナ渦で「新たな日常」が模索される中、消費生活を始めとした社会経済情勢の変化に適切に対応し、消費者の不安を払拭して取引の安全を確保する環境整備を図るための取組みを推進していくことが求められる。

　デジタル化の進展は消費者の利便性を大いに向上させた。消費者もその利便性を享受して、DPF を経由した取引等を通じ、かつてなく多様な選択肢の中で自らが好きな商品等を手軽に選択できる時代が到来した。他方、こういった状況を奇貨とし、インターネット上で、場合によっては越境的に、消費者被害を発生させる者もいる。このような者を市場から排除しなければ、個々の消費者が安心して取引を行うことができる環境は整備できず、ひいては信頼性のある「消費者デジタル市場」を作ることはできない。このためのルール・環境整備は、消費者・事業者の双方にとって喫緊の課題である。

2　インターネット通販と詐欺的定期購入商法

　通信販売の広告において、初回に無料又は低額な金額を提示し、2回目以降に高額な金額を支払わせる、いわゆる「詐欺的な定期購入商法」に関する消費生活相談が増加している。国民生活センターによると、昨年の定期購入に関する消費生活相談のうち、「お試し」「モニター」等という広告を見て申し込んだなどの申出が含まれる相談は約5割、「連絡不能」に関する相談は約3割となっている。このため、「詐欺的な定期購入商法」に該当する定期購入契約を念頭に、特定商取引法における顧客の意に反して通信販売に係る契約の申込みをさせようとする行為等に関する規制を強化すべきである。具体的には、独立した禁止行為とした上で、規制の実効性を向上させるとともに、違反のおそれのあるサイト等へのモニタリング等を外部の専門的リソースも活用して法執行を強化するといった抜本的な措置を講じる必要がある。また、「詐欺的な定期購入商法」で意に反して申込みを行わせる悪質事業者を念頭に、解約・解除を不当に妨害するような行為を禁止するとともに、解約権等の民事ルールを創設する必要がある。

　現状では、「定期購入」に関する消費生活相談の9割以上がインターネット通販によるものであることも踏まえ、特定商取引法に基づくガイドラインである「インターネット通販における『意に反して契約の申込みをさせようとする行為』に係るガイドライン」の見

直しを早期に実施するとともに、法執行を強化する必要がある。

3　DPF事業者との官民連携

　デジタル・プラットフォームを経由した取引等については、デジタル・プラットフォーム企業と連携を図りつつ、オンライン・ショッピングモール等における販売業者等の特定商取引法の表示義務の履行確保及び法執行時の販売業者等に対する追跡可能性の確保のために特定商取引法の見直しを含めた所要の方策を検討すべきである（CtoC の場合は、「嫌がらせ」につながる可能性にも注意）。また、消費者庁とデジタル・プラットフォーム企業が適切にコミュニケーションを図ることができる定期的情報提供及び意見交換の場を設定する必要がある。具体的には、官民のコミュニケーションの円滑な促進を図るための会議体（協議体）を設置した上で、関係行政機関、独立行政法人、産業界、デジタル・プラットフォーム企業等を構成員とし、組織の壁を超えて構成員間で情報を早期に共有する新たなメカニズムの構築に向けた制度的な措置を含めた所要の方策を検討する必要がある。

　今世紀に入り、インターネットの普及に伴って、オンラインにより消費者が物品や役務を購入するという取引市場が目覚ましく発展してきた。その中でも特に急速に拡大してきたのが、巨大オンラインPF事業者の提供するPFを介した商品や役務の取引市場である。このような取引市場拡大の背景には、情報通信技術の発達とともに、労働市場の変化（男女が共に社会で労働することが通常となったこと）、家族構成の変化（核家族化）、さらに最近では、2020年に世界が直面したコロナ禍による外出控えなど、様々な社会的状況の変化とそれに伴う需要の増大がある。今や、このような取引のシステムは、社会のインフラのひとつとなっており、PF事業者は、そのインフラの担い手として重要な役割を担っている。

4　PF取引における消費者トラブル

　PF取引は、その大きな利便性の反面、取引件数の増加に伴い、消費者トラブルも多く生じている。

　PFにおける消費者取引のトラブルとしては、商品が届かない、模造品であった、商品の品質に問題がある、事故のおそれがあるといった出店者・出品者の債務不履行に関する相談が多いが、品質問題の中には表示・説明に関わるものも含まれている。また、売主と連絡が取れず、または取れなくなったというものもある。そのような場合におけるPF事業者の対応に対する不服も報告されている。さらに、トラブルという形では顕在化しにくいが、消費者のパーソナルデータの取得・利用（ターゲティング広告等）に対する懸念も指摘されている。従来の消費者法分野の法律は、このようなPF取引を直接念頭に置いたルールを設けていなかった。

　近年、政府の成長戦略の一環として、PFビジネスの環境整備が省庁横断的に進められ、既に、電気通信事業法等の改正（令和2年法律第30号）、「特定プラットフォームの透明性及び公正性の向上に関する法律」の制定（令和2年法律第38号）、個人情報保護法の改正（令和2年法律第44号）などが実現し、また2019年12月には、公正取引委員会から、「デジタル・プラットフォーム事業者と個人情報等を提供する消費者との取引における優越的地位の濫用に関する独占禁止法上の考え方」が公表された（令和元年12月17日）。これら

は、消費者の利益に関わる内容も盛り込まれてはいるが、なお十分ではない。

　また、PFビジネスは今やグローバルに展開されており、海外でも議論が進み、一部の国では立法的手当も設けられていることから、グローバル化に対応するには、それらとのイコール・フッティングが求められる。

5　オンラインPFの構造

　広くPFに関する消費者問題を捉えた場合、非マッチング型のPFにおける問題も重要であるが、ここでは、PFにおいて物品や役務の取引が行われることが予定されたマッチング型PF（ショッピングモール、ネットオークション、フリーマーケット等）が重要である。PF取引では、物品のみならず役務に係る取引も近時増加しているが、ここでは、PFを介して物品の取引が行われる場面を念頭におく。

　まず、オンラインPFの意味とそこにおける契約の構造について、簡単に整理しておく。オンラインPFとは、インターネット等を通じて商品やサービス等の取引の場や情報交換の場を提供する役務であって、多面市場性とネットワーク効果といった特徴を有する。PF事業者とは、このような役務を、PF利用者（売主側および買主側）に提供する運営事業者を意味する。PF利用者、つまり、PFを介して商品等の販売をしようとする者（以下「売主等」）およびPFを介してその売主等から商品等を購入しようとする者（以下「買主等」）は、それぞれ、PF事業者が予め用意した利用規約（約款）に同意することによって、利用契約を締結する。PFは、その利用者が多ければ多くなるほど価値を高め、利益を上げ、PF事業者の定める利用規約によって、その全体ルールが定められている。PF事業者と売主等との利用契約と、買主側との利用契約は、相互依存関係にあり、多面市場が全体として1つのシステムを構成しているため、一つの契約関係だけを切り離して単独で考察するのではなく、全体を1つのシステムとして観察する必要がある。

6　PF事業者の責務

　PF事業者の責務が問題となった裁判例の中でも、買主とPFとの間の利用契約の法的性質等に触れた有名な事件として、Yオークション事件判決がある。本件は、インターネットオークションサイト（Yオークション）で商品代金の名目で金を詐取された被害者Xらが、サイト運営者であるYに対し、システムの構築義務に反する瑕疵があった等と主張し、債務不履行または不法行為に基づいて損害賠償を請求した事件である。一審名古屋地裁（平成20・3・28判時2029号89頁）は、まず、Yの定めるガイドラインは、「本件利用契約においていわゆる約款と位置づけられる」とし、「利用者は、本件サービスの利用につき、約款である本件ガイドラインによることに同意しており、これが利用者とYとの間で本件利用契約の内容として成立している」とした。また、本件PF利用契約の法的性質については、仲立契約・請負契約・準委任にも当たらないとしたが、一般論として、信義則を根拠として、Yが一定の注意義務を負うことは認めた（義務違反は否定）。二審名古屋高裁（平成20・11・11（平成20年（ネ）第424号））も、一審の考え方を基本的に維持し、Xによる控訴を棄却した。

　PF利用契約は、インターネット等を通じて商品やサービス等の取引の場や情報交換の場を提供する役務の提供に関する契約ということができ（2020年に制定された、「DPFの公正性及

び透明性の向上に関する法律」の2条も参照）、民法の契約類型に当てはめると、当該役務の提供を委託する準委任またはこれに類する契約といえようか。

前掲判決は、「本件利用契約は本件サービスのシステム利用を当然の前提としていることから、本件利用契約における信義則上、被告は原告等を含む利用者に対して、欠陥のないシステムを構築して本件サービスを提供すべき義務を負っているというべきである」とし、具体的には、Yは、「利用者が詐欺等の被害に遭わないように、犯罪的行為の内容・手口や件数等を踏まえ、利用者に対して、時宜に即して、相応の注意喚起の措置をとるべき義務」を負う」という。

PF事業者は取引のきっかけを提供するにすぎず、単なる「場の提供者」に過ぎないという抗弁は、今日では否定されるべきである。PF事業者は、システム構築者ないしPF市場の形成者としての役割を担っているからである。全体として見ると、売主と買主との間の契約が成立したとき、PF事業者は売主側から手数料収入を得るため、取引は有償性を帯びる。

PF事業者は、今や情報通信技術の発達に伴い、売主の身元確認その他、一定の範囲で不正な取引の防止のためのコントロールが可能な立場にある(**システムの統御可能性**)。PF事業者は、売主の詐欺的行為など不適切な行為に関する情報が得られた場合には、売主との間の利用規約上も、利用停止等の対応をとることができる立場にある。

PF事業者は、システムの技術上の瑕疵によって利用者に損害を惹起させないよう配慮すべきであり、特にシステムダウンによって利用者に損害が生ずる危険性の大きさによっては、フェイル・セーフ措置を講ずることも、今日の技術水準を前提とすれば、契約上の義務として認められる可能性がある。

PF事業者自身による不適切な表示に起因する損害についても、PF事業者は利用者に対して賠償責任を負うべきである。誤認惹起が、PFにおいて特に問題となるのは、利用契約締結後、利用者がPFを利用して取引をするに際して、誤認を惹起する表示その他の情報提供があった場合である。延長線上の問題として、商品や売主に関する評価システムをPF事業者が導入している場合は、その評価の公正性と透明性を確保する義務がある「特定DPFの透明性及び公正性の向上に関する法律」は、行政規制として、PF事業者が一般利用者に対しても一定の提供条件を開示すべきことを規定しているが（特に5条2項2号）、同法による行政規制の対象外のPF事業者も含め、民事上は、利用契約上の附随義務として、**レビューの公正性および透明性の確保義務**が求められよう。

同じく、表示に関わる問題として、売主とPF事業者との関係を明確化することが必要である。特に、PFの中には、PF事業者自らが売主の地位に立つ場合とPF利用者である別の主体が売主になる場合とが混在していることがあり、PF利用者である買主（消費者等）の視点からは、必ずしもその区別が明確とはいえない場合があるからである。

詐欺被害や重大な製品事故などが発生した場合、これに対してPF事業者は、PF利用者に対する注意喚起その他の方法により、被害拡大を防止する措置をとる義務を負うべきであろう。なるほど、売主が事業者の場合、当該（PF利用者間の）売買契約は、特定商取引法の規定する「通信販売」に該当し、その場合、売主（通信販売業者）には、同法の定めるところによる表示義務等が行政規制として定められているが、私法上の効果は必ずしも明らかではない。

PFによるフリーマーケットや、個人の所有物につきPFを介して賃貸する等のシェアリン

グエコノミーにおいては、匿名で取引することができる点が、1つの大きな魅力として個人参入を促しているが、この「**匿名性**」の故に、PF利用者である売主等が身元を偽り他人になりすますなどして、トラブル解決が困難になることもある。このようなシェアリンググエコノミーにおいては、これを仲介するPF事業者に情報が集中している。PF事業者の負うべき役割と責任についての制度的対応も行われてはきたが、解釈上も、買主のリスクを軽減するためのより積極的な措置をとることが要求されよう。

　実際には、PF事業者が、PF利用者間の取引については一切責任を負わない旨などの**免責条項**を設けていることも少なくない。しかし、PF事業者は、自身が売主ではない場合でも、システムの安全性に関して一定の義務を負い、これを怠った場合は、本来、債務不履行または不法行為による損害賠償責任を負う。そして、少なくとも、PF利用者が消費者である場合は、PF事業者とPF利用者との間のPF利用契約は、「消費者契約」であり、一切責任を負わないと定めた免責条項は、消費者契約法8条により無効と解されよう。

7　システム構築者責任

　PFにおいては、PF事業者を、システム構築者として位置づけ、複数の契約ないしそれを構成要素とするシステムの全体を正面から捉えて、ルールを整備することが不可欠であり、その一環として、民事的にも、PF事業者のより積極的な義務を明文で基礎づける可能性が検討されるべきである。

参考文献　河上編・消費者法研究第8巻特集(鹿野菜穂子論文など)

同・消費者法研究第4号(齋藤雅弘論文)

河上＝沖野編・消費者法判例百選〈第2版〉241頁(齋藤)

現代消費者法46号(中田邦博、岩田諭論文など)

「書面」の電子化とクーリングオフ権行使の電子化可能性について

S.Kawakami(2021.04.14)

1 問題の所在

　預託法等の改正法やデジタルプラットフォーム関連法の議論とともに、近時急に、特商法等における「書面」の電子化が、大きな話題になっている。2021年の衆議院消費者特別委員会での参考人質問でも、かなり大きな論点の一つとなった。

　「書面」は、様々な取引形態で消費者の意思決定を守るための基本的方式として規定されており、これを、電子化することによって、契約書の一覧性、第三者による監視や問題の発見、クーリングオフ期間の開始時期の確定などの機能が損なわれるのではないかという問題意識から、多くの消費者団体や弁護士会などから、電子化に反対の意見が表明されている。たしかに電子データーで契約書や様々な商材の内容が送付されてきたときに、事業者からの情報を見逃したり、留保事項を十分考慮せずに「同意」してしまうこともあろうし、家族が危険な契約に巻き込まれていることを発見するのが難しくなるなどの弊害が予想される。そうした懸念を払拭することは、重要な課題である。消費者庁としては、政令等で、問題に真摯に取り組む必要がある。あわせて、消費者委員会からは、消費者のクーリングオフ権行使を電子的手段によることが可能かを検討するようにとの建議が表明されており、これについても、事業者側、消費者側の双方から懸念が表明されており、検討が必要である。

　消費者委員会令和3年2月4日建議から、一部を示しておこう。

　「社会的な要請に迅速に対応することは重要であるが、特定商取引法及び預託法は、消費者トラブルを生じやすい特定の取引類型を対象として、それぞれの取引類型の特徴に鑑み、消費者の保護を図る観点から様々な規律を設けており、その中でも、消費者に十分な情報を提供してその合理的な意思決定の機会を確保し、消費者トラブルを防止する観点から、事業者に対し、契約書面等の交付を義務付けている。また、契約書面等は、その交付時がクーリング・オフ期間の起算点となるなど、消費者の権利行使及び被害救済を図る上でも重要な機能を有していると考えられる。契約書面等の電磁的方法による提供を可能とすることについては、こうした契約書面等の制度趣旨を踏まえ、取引類型ごとの契約の性質や実態等を考慮しつつ、消費生活相談の関係者等の意見を聴取した上で十分に検討を行い、**その機能が維持されるように**しなければならない。」

　「さらに、デジタル化は、消費者の保護を図る上でも重要であり、社会全体のデジタル化を推進する上では、単に事業者の事業活動の発展や効率化等を図るだけではなく、デジタル技術を消費者の利益のためにも広く活用して、消費者の利便性の向上を図るとともに、デジタル技術によって、消費者トラブルの防止及び被害救済を図り、更なる消費者の保護につなげることが必要である。このような観点から特定商取引法及び預託法の規律を見直す際には、特に、消費者のクーリング・オフの通知について、デジタル化により消費者の利便性の向上を図りつつ権利行使の選択肢を増やして**その機能を強化するために**、当該通知を電磁的方法によっても可能とするよう措置を講ずべきである。」

　以上の建議は、一般論としての指摘では正しいものが含まれているように思われるが、具体的内容は、必ずしも明らかではない。検討や措置は、立法担当者に丸投げされているからである。

2 安易な書面要件の放棄ではないか

　各方面から、書面等の電子化が、安易な正面要件の放棄ではないかという批判がある。消費

者団体や弁護士会では、規制改革会議からの要請に対し、必要以上に消費者庁が対応して、消費者の保護手段である「書面要件」を不要として。電子的情報の提供のみで可能とすることに前のめりになっているのではないかとの危機感が強く表明されている。この動きは、預託法・特商法等の改正法を受け入れる際の「取引材料」になっているのではないかとの憶測さえ呼んだ。

　しかしながら、おそらく、そこには誤解があるようである。改正法案は、「書面主義」の原則は堅持しており、消費者が積極的に「電子情報でほしい」として、電子情報での提供に同意した場合に限って、そのような手段での契約書等の提供を認めようとするものである。当事者、とくに消費者自信が望んでいる場合にまで、これを否定することは、理論的にも政策的にも無理ではないかと思われる。もちろん。国のデジタル化政策の推進が意識されていることは否めないが、消費者の権益を犠牲にする趣旨ではないであろうし、ましてや、「取引材料」となっているわけでもない問題である。ただ、本人の意思確認が十分に為される必要があることは当然であって、向けられた様々な懸念には、きちんと応える必要がある。書面に代わる機能を保全するための対応準備が遅れているとすれば、デジタル化は時期尚早ということになるため、立法関係者には、その覚悟が必要である。

3　クーリングオフ権行使の場合はどうか

（1）　他方、クーリング・オフ権行使の意思表示の手段として電子的方法を利用することは認められるであろうか。この点についても、事業者・消費者双方から、一定の懸念が表明されている。一部には、契約書面等の電子化に対する、対抗的議論として持ち出されていると見るむきもあるが、これまた誤解であろう。

　これまでも、クーリング・オフが口頭ででも可能であることについては、裁判例で肯定されてきたことを考えれば、おそらく問題は立証可能性にかかっているように思われる。口頭の場合についての裁判例として、福岡高判平成 6・8・31（判時 1530-64）、大阪地判平成 17・3・20（法ニュース 64-201）などでは、「書面に代わる明確な証拠があるときには有効・・・・」、「書面と同等の明確な証拠がある場合には・・・・・」という留保がつけられて肯定されていることに留意すべきである。

　したがって、口頭の場合と比較すれば、クーリング・オフ権行使は電磁的方法でも可能かという問いに対しては、可能であると応えるべきであろうが、問題は、電磁的方法による場合に、何をもって、「書面に代わる明確な証拠というべきか」を考えておく必要がある。明らかに、口頭よりは、法文で明記されているように「撤回等にかかる書面」（たとえば葉書など）による方が適切であるし、後からの立証問題まで考えると「内容証明郵便」を利用することが薦められるであろう。

（2）さらに具体的問題として、考えておかねばならない点もいくつか存在する。

　第一に、クーリング・オフの意思表示の「不到達」のリスクにどう対処するかである。たとえば、事業者のアドレス変更・封鎖・受信拒否などによって、クーリング・オフが到達しない場合に。有効なクーリング・オフとなるであろうか。電子的意思表示に関しては、民法は一般に「到達主義」民法（97 条 1 項）を採用している。しかし、到達主義のみに委ねることは危険である。なるほど、事業者が「クーリング・オフはされていない」と争う場面でも、97 条 2 項（到達妨害）で対応することも考えられるが、このような方法にはやはり立証失敗のリスクがともなう。それなら、いっそのこと従来通りクーリング・オフの「発信主義」を維持するのが良いとの判断もあろう（法案はこちらを指向している）。しかしながら、消費者の方で、本当にアドレスなどを間違えたり、通信障害が起きた場合はどうなるであろうか。こうした問題をできるだけ回避するには、事業者からの電子書面などに正しいア

ドレスを記載し、コピー＆ペーストで、消費者が間違えることを極力少なくする方策が求められよう。いずれにしても、消費者がクーリング・オフをしたことを立証しなければならないときの支援策を考えておく必要があるように思われる。

　第二に、事業者が、「クーリング・オフはされていない」と主張して、契約の有効な成立を前提に、商品を送ってきたらどうなるか。悪意の事業者の行動は、ネガティブ・オプションと同様に、「送りつけ」になる。消費者としては、可能であれば、念入りに再度の意思表示をしておくことが望ましいが、そうでないときは、契約不成立を前提に、商品の引き取りを要求できると考えるべきではあるまいか。事業者が引き取らないときは、直ちに処分可能であろう。

　いずれにせよ、問題は単純ではない。現時点での法案の書きぶりは、電子通知における発信主義の立場のようであるが、不鮮明である。できれば、法律に明示的に書き込んで、民法 97 条 1 項の適用を排除するか、さしあたって、その旨の解釈内容を、政令か Q&A などで明確にしておくことが求められよう。

取引デジタルプラットフォームを利用する消費者の利益の保護に関する法律案　概要

オンラインモールなどの「取引デジタルプラットフォーム（取引DPF）」においては、**危険商品等の流通や販売業者が特定できず紛争解決が困難となる等の問題が発生**。これに対応し消費者利益の保護を図るための新法案を整備

新法案の内容

（1）取引DPF提供者の努力義務（第3条）

取引DPFを利用して行われる通信販売取引（BtoC取引）の適正化及び紛争の解決の促進に資するため、以下の①〜③の措置の実施及びその概要等の開示についての努力義務（具体的内容については指針を策定）

- ① 販売業者と消費者との間の円滑な連絡を可能とする措置
- ② 販売条件等の表示に関し苦情の申出を受けた場合における必要な調査等の実施
- ③ 販売業者に対し必要に応じ身元確認のための情報提供を求める

（2）商品等の出品の停止（第4条）

- 内閣総理大臣は、危険商品等（※1）が出品され、かつ、販売業者が特定不能など個別法の執行が困難な場合（※2）、取引DPF提供者等に場合（※2）、取引DPF提供者に出品削除等を要請

⇒ 要請に応じたことにより販売業者に生じた損害について取引DPF提供者は免責

- （※1）重要事項（商品の安全性の判断に資する事項等）の表示に著しい虚偽・誤認表示がある商品等
- （※2）販売業者が特定可能等の場合は特商法等により対応

（3）販売業者に係る情報の開示請求権（第5条）

- 消費者が損害賠償請求等を行う場合に必要な範囲で販売業者の情報の開示を請求できる権利を創設

- （※1）取引DPF提供者は、適切な手順に従って開示請求に応じた場合、販売業者に対し責任を負わない
- （※2）損害賠償請求額が一定金額以下の場合や不正目的の場合は対象外

（4）官民協議会（第6条〜第9条）・申出制度（第10条）

- 国の行政機関、取引DPF提供者からなる団体、消費者団体等により構成される官民協議会を組織し、悪質な販売業者等への対応など各主体が取り組むべき事項等を協議
- **消費者等が内閣総理大臣（消費者庁）に対し消費者被害のおそれを申し出て適当な措置の実施を求める申出制度を創設**

※公布の日から起算して1年を超えない範囲内において政令で定める日から施行
※あわせて、施行状況及び経済社会情勢の変化を勘案した施行後3年目途の見直しを規定

特集3 国民生活センターの50年
－こんなことがありました－

　1970年、カラーテレビの普及率がまだ30％程度だった年に国民生活センターは設立されました。
　それから50年。さまざまな取引や製品安全等の問題が社会に現れましたが、国民生活センターは消費生活相談業務、広報業務、商品テスト業務、研修業務と消費者問題の解決等、国民生活の安定に必要な事業を実施してきました。全国の消費生活センターや、消費生活相談窓口の相談員の協力により、消費者問題の実態を調査し、また注意喚起を行い、相談情報は数々の法制度の成立や改正にも反映されてきました。ここではそれらを社会の出来事とともに簡単な年表にまとめました。

		国民生活センターの出来事		消費者問題や社会での出来事
1970年	5月23日	国民生活センター法（法律第94号）公布	3月	日本万国博覧会（大阪万博）開幕
	10月1日	国民生活センター発足。一般消費者からの相談受付開始		カラーテレビ二重価格問題発生、不買運動へ
1971年	4月30日	月刊『国民生活』創刊		天下一家の会（ネズミ講）強制捜査
			10月	この頃、消火器の訪問販売で問題続出
1972年	3月	『くらしの豆知識』創刊	2月	札幌オリンピック開幕
	7月17日	東京都港区高輪の国民生活センター事務所で業務開始	7月	この頃、SF商法の苦情続出
	10月1日	試験室、テスト業務を開始		
1973年	3月	電算機による生活相談事例検索業務等開始		石油危機
	11月	石油危機によるトイレットペーパー、洗剤等物不足の問い合わせでセンター中の電話がパンク状態となる	11月	尼崎市で、主婦が買いだめに殺到し、重傷者が出る騒ぎに
	12月	「消費生活相談員専門研修講座」開始	12月	「生活関連物資等の買占め及び売り惜しみに対する緊急措置に関する法律」改正、「国民生活安定緊急措置法」公布
1974年	11月	商品比較テストを開始	5月	公正取引委員会、商品の原産国表示の基準を定める
1975年	1月	「消費生活相談員養成講座」開始		およげ！たいやきくんブーム
	2月18日	試験室、比較テスト結果第1号「ガステーブル」を公表	4月	ザ・ピーナッツ引退
1976年	9月7日	危害情報室、『危害発生速報』創刊	6月	「訪問販売等に関する法律」公布
	12月	危害情報室、最初の『危害情報報告書』を出す	10月	この頃、欠陥住宅問題化
1977年	5月	「うまい話にご用心－ネズミ講の正体と落し穴」のリーフレットを発行		第1回国民栄誉賞に王貞治選手
	6月	月刊『くらしの危険』創刊	12月	「国民生活センター消費生活相談員養成講座修了者の会」結成総会
1978年	10月1日	病院からの危害情報収集を本格的に開始	6月	サザンオールスターズ「勝手にシンドバッド」でデビュー
			11月	「無限連鎖講の防止に関する法律」公布
1980年	3月1日	相模原事務所で「商品テスト・研修施設」業務開始	10月	山口百恵、芸能界を引退
				「消費者関連専門家会議（ACAP）」設立
1981年	2月20日	『たしかな目』創刊号、2万部発行		トットちゃんブーム
1983年	8月	リーフレット「サラ金被害を防ぐために」を51.1万部発行	4月	この頃、サラ金被害続出
1984年	4月	「全国消費生活情報ネットワーク・システム（PIO-NET）」を運用開始	1月	消費生活相談員養成講座修了者の会が「全国消費生活相談員協会」と名称変更
1985年	6月28日	「豊田商事関連110番（特設相談）」実施（8月31日まで）	6月	豊田商事事件
				通商産業省と各地通商産業局、豊田商事グループの被害者から電話相談に応ずる「豊田商事110番」設置
1988年	10月31日	『消費生活年報』創刊		ドラゴンクエストⅢ、社会現象となる
	12月16日	「消費者被害早期警戒情報」初公表	3月	東京ドーム開場
1991年	8月28日	ダイヤルQ2業務の改善についてNTTに要望、同サービスについて郵政省電気通信局に情報提供	4月	牛肉・オレンジ輸入自由化
	10月15日	「消費生活専門相談員資格認定制度」による第1回資格試験実施	9月	SMAP「Can't Stop!! －LOVING－」でCDデビュー

		国民生活センターの出来事		消費者問題や社会での出来事
1995年	2月1日	兵庫県立神戸生活科学センターへ職員を派遣	1月	阪神・淡路大震災発生
	2月7日	「震災関連消費生活ダイヤル（フリーダイヤル）」開設（3月末まで）	3月	地下鉄サリン事件
		生活ニューネット内に「震災関連生活情報ボード」を開設	7月	「製造物責任法」が施行、民間業界のPL対応窓口の設置相次ぐ
	10月1日	国民生活センターホームページを開設		野茂英雄選手、大リーグに移籍・活躍
	10月16日	こんにゃく入りゼリー窒息事故の公表		Windows95発売
1996年	4月1日	生活ニューネットインターネット接続サービス（電子メール、ニュース）開始	4月	欧州で狂牛病発生、消費者の不安解消策として輸入牛肉の原産国表示決める
1999年	1月	PIO-NETの相談情報データ累計300万件突破	12月	「成年後見制度」を導入した民法の一部改正案など4法案が可決成立（2000年4月施行）
	12月29日	コンピュータ2000年問題（Y2K）に対応して臨時の相談窓口体制（2000年1月4日まで）		2000年問題で首相官邸に対策室設置。多数の官庁や企業で万一に備えた対策が取られた
2000年	4月25日	「国民生活」がリニューアル	4月	「介護保険法」が施行
	4月25日	メールマガジン「生活ニューネットマガジン」の配信を開始		「住宅品質確保促進法」が施行
	10月1日	国民生活センターの英文名称を「JCIC」から「NCAC（National Consumer Affairs Center of Japan）」に変更	11月	「訪問販売法」改正案が成立。名称は「特定商取引に関する法律」に
2001年	1月6日	監督官庁が経済企画庁から内閣府に変更	4月	「消費者契約法」が施行
2002年	4月	商品比較テストを廃止し、人の生命・身体等に重大な影響を及ぼす苦情処理テストを実施		
	4月8日	「消費者トラブルメール箱」による情報収集の開始	5月	FIFAワールドカップ・日韓大会が開催
	7月	ホームページに携帯電話用（iモード対応）サイトを開設	6月	東京都千代田区で全国初の「歩きタバコ禁止条例」が成立
	8月	ホームページで「消費生活相談データベース」運用開始	7月	改正「JAS法」が施行。食品の偽装表示に対する罰則強化、違反者名の公表の迅速化などを定める
	12月	「独立行政法人国民生活センター法」公布	10月	小柴昌俊氏、田中耕一氏がノーベル賞受賞
2003年	3月6日	インド電気通信紛争処理・上訴裁判所（TDSAT）一行来訪	7月	食の安全性を確保・評価する「食品安全委員会」が発足
			8月	「ヤミ金融対策法（貸金業規制法及び出資法等の一部改正法）」が公布。貸金業者登録制度の強化、罰則の大幅引き上げ等が主な内容
	10月1日	独立行政法人に移行、相模原事務所、東京事務所を配置	10月	経済産業省は、違法な迷惑メールで出会い系サイトの利用を勧誘した事業者2社に対し、特商法による初めての行政処分
	10月28日	タイ消費者保護委員会研修生を受け入れ		
			12月	関東、中京、近畿の一部地域で地上デジタル放送が開始
2006年			1月	最高裁は、グレーゾーン金利について、高金利を事実上強制した場合にも「利息制限法」の上限を超える利息の支払いは無効という初の判断
	9月15日	シュレッダーの安全性について公表	5月	「消防法」改正、住宅用火災警報器等の設置が義務づけ
	9月19日	中国消費者協会一行来訪	8月	経済産業省、幼児がシュレッダーで誤って指を切断する事故を受け、業界団体に消費者に対する周知徹底と再発防止策の検討などを要請。消費者にも注意を呼びかけ
	11月8日	スプレー缶製品の使用上の安全性について公表	11月	製品事故を起こしたメーカーや輸入業者に報告を義務づける改正「消費生活用製品安全法」が成立
2007年			4月	「裁判外紛争解決手続の利用の促進に関する法律（ADR法）」が施行
	9月7日	タイ首相府大臣一行来訪	6月	改正「消費者契約法」施行。消費者団体訴訟制度がスタート
	10月26日	福田康夫内閣総理大臣（当時）視察（相模原）	9月	「金融商品取引法」、改正「金融商品販売法」が施行
2008年	4月	「国民生活」と「たしかな目」を統合し、「月刊国民生活」創刊	1月	福田内閣総理大臣、施政方針演説で消費者行政一元化に向け「消費者庁」を創設する方針を表明
			2月	政府の「消費者行政推進会議」発足
	5月2日	改正「独立行政法人国民生活センター法」公布、「重要消費者紛争」解決を図る事務が追加される		改正「消費者契約法」等が成立。適格消費者団体による差止請求の対象が、特商法および景表法上の不当行為に拡大
2009年	1月8日	ミニカップタイプのこんにゃく入りゼリーの現状について公表	5月	裁判員制度スタート
	4月1日	紛争解決委員会設置・紛争解決手続スタート		消費者庁設置関連3法案が全会一致で可決・成立
	5月11日	タイ消費者保護局一行来訪	9月	消費者行政の司令塔「消費者庁」と、その監視役となる「消費者委員会」が発足
	7月	市町村の消費生活相談窓口に実務経験豊富な「消費生活相談専門家」を派遣する「巡回訪問事業」を開始	10月	法制審議会「18歳成人」を答申。若年者の消費者被害対策が課題に
			12月	「特商法」「割販法」の改正法が完全施行。指定商品・役務制の廃止を始め、大幅に規制を強化

		国民生活センターの出来事		消費者問題や社会での出来事
2010年	1月16日	「土日祝日相談」受付開始	1月	全国共通の電話番号から身近な消費生活相談窓口を案内する「消費者ホットライン」が全国で運用開始
	4月27日	韓国消費者院院長一行来訪	6月	「貸金業法」「出資法」「利息制限法」の改正完全施行（総量規制の導入、グレーゾーン金利撤廃へ）
	7月22日	ベトナム工業商業省競争機構長一行来訪	9月	この頃、貴金属等の訪問買取り被害多発
2011年			2月	この頃、「劇場型勧誘」によるトラブル増加
	3月27日	東日本大震災の発生を受け、消費生活相談を実施できない地域を支援するため、「震災に関連する悪質商法110番」開設（7月29日まで）	3月	東日本大震災発生 九州新幹線開業 この頃、震災に便乗した商法続発 この頃、放射性物質に対する不安広がる
	5月	東日本大震災被災地の相談窓口等に消費者問題の専門家（弁護士、司法書士、土地家屋調査士等）を派遣する事業を消費者庁と共同で開始	5月	茶のしずくせっけんによるアレルギー症例が発生し回収
	6月20日	消費生活センターの窓口支援として、話中の相談窓口をバックアップする「平日バックアップ相談」受付開始	7月	地上波テレビのアナログ放送を終了し、地上デジタル放送に完全移行（一部を除く）
	11月	韓国消費者院が視察	11月	消費者庁越境消費者センター開設
2012年	3月14日	ベトナム公正取引委員会来訪	5月	消費者庁、オンラインゲームの「コンプガチャ」が景品表示法の景品規制に当たると判断
	5月22日	詐欺的"サクラサイト商法"被害撲滅キャンペーン（6月29日まで）	10月	消費者庁に、消費者安全調査委員会発足
	5月18日	『月刊国民生活』をウェブ版『国民生活』へ移行	12月	「消費者教育の推進に関する法律（消費者教育推進法）」が施行
	11月9日	オマーン消費者保護局が視察		ペニーオークション詐欺が横行
2013年	7月29日	「消費者行政の体制整備のための有識者意見交換会」中間整理を受け、試行的に「お昼の消費生活相談」受付開始	5月	高齢者をねらった健康食品の送りつけ商法が激増
	12月24日	「独立行政法人改革等に関する基本的な方針」（閣議決定）において中期目標管理型の法人とするとの方針	7月	美白化粧品による白斑トラブル発覚
2015年	6月1日	「国民生活センター越境消費者センター」を開設し、相談受付開始	3月	北陸新幹線開業
	7月29日	「お昼の消費生活相談」受付開始	7月	消費者ホットライン3桁の電話番号「188」の案内開始
			10月	マイナンバー通知開始
2016年	2月19日	電力取引監視等委員会と連携協定を締結	4月	改正「景品表示法」が施行、課徴金制度が導入
	4月26日	消費者安全法に基づく「消費生活相談員資格試験」の登録試験機関として内閣総理大臣の登録を受ける		電力小売の全面自由化
				欅坂46「サイレントマジョリティー」でCDデビュー
	4月28日	「熊本地震消費者トラブル110番」開始（7月14日まで）		熊本地震発生
	10月1日	国民生活センターの「使命」と「行動指針」策定・公表	10月	「消費者の財産的被害の集団的な回復のための民事の裁判手続の特例に関する法律（消費者裁判手続特例法）」が施行
2017年	6月2日	改正「独立行政法人国民生活センター法」公布、業務として特定適格消費者団体が申し立てる仮差押命令に担保を立てることが追加（10月施行）	4月	改正「資金決済法」が施行、「仮想通貨」に関する新しい制度がスタート
	6月15日	台湾消費者文教基金会と国際取引の消費者相談に関する相互協力のための覚書（MOU）調印	5月	「民法の一部を改正する法律」が成立（約款規定の新設、賃貸借における敷金返還や原状回復に関するルールが明文化）
	10月1日	適格消費者団体支援室を設置	7月	適格消費者団体等の活動を支援する「消費者スマイル基金」が設立される
2018年	6月20日	香港消費者委員会とMOU調印	1月	振袖の販売・レンタル業を行う「はれのひ」突然の営業中止、予約していた晴れ着を成人式に着られないトラブルが発生
			6月	成年年齢を現行の20歳から18歳に引き下げる改正民法が成立
	12月3日	「訪日観光客消費者ホットライン」開設	7月	消費者被害の未然防止、拡大防止を図るため、内閣総理大臣が会長を務める消費者政策会議で「架空請求対策パッケージ」取りまとめ
2019年	3月15日	改元に便乗したトラブルへの注意喚起	2月	レオパレス施工不良問題発覚
	6月6日	インターネットチケット転売トラブルについて注意喚起	5月	平成から令和へ
	9月25日	ラトビア共和国とMOC締結		
2020年	2月13日	エストニア共和国とMOC締結		全世界で、新型コロナウイルス感染症が大流行
	2月26日	新型コロナウイルスに便乗した悪質商法について注意喚起	4月	民法（債権関係）改正法が施行
	5月1日	「新型コロナウイルス給付金関連消費者ホットライン」開設		
	10月1日	創立50周年を迎える	7月	改正「容器包装リサイクル法」で、レジ袋の有料化が義務化

第1部 第1章 第3節・第4節　最近注目される消費者問題1

○高齢者の消費生活相談件数は、2019年は減少も、相談件数での割合は、2018年に続き3割超。
○商品・サービス別では、「商品一般」が最多。ほかではインターネット関連が上位に。

図表 I-1-3-12　高齢者の商品・サービス別上位相談件数

	2017年	件数	2018年	件数	2019年	件数
1	商品一般	39,949	商品一般	128,188	商品一般	79,811
2	デジタルコンテンツ(全般)	23,645	デジタルコンテンツ(全般)	15,405	光ファイバー	11,067
3	光ファイバー	9,770	光ファイバー	9,802	他のデジタルコンテンツ	8,129
4	アダルト情報サイト	7,203	他のデジタルコンテンツ	6,861	他の健康食品	6,646
5	他のデジタルコンテンツ	5,702	ファンド型投資商品	6,246	デジタルコンテンツ(全般)	6,367
6	新聞	5,437	修理サービス	5,715	携帯電話サービス	6,124
7	フリーローン・サラ金	4,996	フリーローン・サラ金	5,409	修理サービス	5,784
8	修理サービス	4,843	新聞	5,303	役務その他サービス	5,357
9	他の健康食品	4,811	他の健康食品	5,271	電気	5,256
10	相談その他(全般)	4,187	携帯電話サービス	4,809	新聞	4,934

黄色　：インターネット関連　　紫色　：投資勧誘トラブル　　緑色　：借金に関するもの

(備考) 1. PIO-NETに登録された消費生活相談情報（2020年3月31日までの登録分）。
　　　 2. 品目は商品キーワード（小分類）。
　　　 3. 契約当事者が65歳以上の相談。

図表 I-1-3-11　高齢者に関する消費生活相談件数

（件）　凡例：65-69歳、70-74歳、75-79歳、80-84歳、85歳以上

年	件数
2010	179,441
2011	197,162
2012	200,236
2013	265,420
2014	258,632
2015	254,230
2016	245,635
2017	267,732
2018	357,954
2019	307,964

(備考) 1. PIO-NETに登録された消費生活相談情報（2020年3月31日までの登録分）。
　　　 2. 契約当事者が65歳以上の相談。

図表 I-1-3-7　年齢3区分にみた消費生活相談件数の割合

（%）　凡例：65歳以上、15-64歳、15歳未満、無回答（未入力）

年	65歳以上	15-64歳	15歳未満	無回答（未入力）
2010	20.4	68.2	10.4	-0.9
2011	22.2	65.9	10.8	-1.1
2012	23.7	64.4	11.0	-0.9
2013	29.0	59.4	10.7	-1.0
2014	27.5	60.7	10.9	-0.9
2015	27.2	60.8	11.2	-0.8
2016	27.6	59.7	12.2	-0.6
2017	29.2	58.8	11.6	-0.4
2018	34.9	53.4	11.4	-0.4
2019	33.0	54.3	12.3	-0.6

(備考) 1. PIO-NETに登録された消費生活相談情報（2020年3月31日までの登録分）。
　　　 2. 四捨五入のため合計は必ずしも一致しない。

「高齢者」の相談事例
・契約している大手携帯電話会社の関連会社と偽られて、別会社と光回線の契約をしてしまった。
・高齢の母が、電話勧誘で海産物を次々に購入させられている。

第１部 第１章 第３節・第４節　最近注目される消費者問題２

○若者の相談では、女性のみならず男性でも「美容」が上位に。20歳代では「フリーローン・サラ金」も上位に。
○若者を中心に、各年齢層で「定期購入」や「SNSが関連している消費生活相談が増加。

図表 I-1-4-9　「定期購入」に関する消費生活相談件数の推移（年齢層別）

凡例：20歳未満／20歳代／30歳代／40歳代／50歳代／60歳代／70歳以上／無回答（未入力）

（件）
年	件数
2015	4,141
2016	13,673
2017	17,026
2018	21,977
2019	44,370

2019年内訳：1,922／3,024／6,253／10,460／8,992／4,383／4,019／5,317

（備考）PIO-NETに登録された消費生活相談情報（2020年3月31日までの登録分）。

図表 I-1-4-8　SNSが何らかの形で関連している消費生活相談件数

凡例：20歳未満／20歳代／30歳代／40歳代／50歳代／60歳代／70歳以上／無回答（未入力）

（件）
年	件数
2015	8,817
2016	11,631
2017	14,258
2018	17,038
2019	21,975

2019年内訳：4.2%／3.1%／6.4%／14.2%／16.6%／15.3%／31.1%／8.9%

（備考）PIO-NETに登録された消費生活相談情報（2020年3月31日までの登録分）。

図表 I-1-3-10　若者の商品・サービス別上位相談件数（2019年）

男性

	15-19歳	件数	20-24歳	件数	25-29歳	件数
	件数	8,789	件数	19,977	件数	15,962
1	脱毛剤	1,406	賃貸アパート	1,073	賃貸アパート	1,510
2	オンラインゲーム	553	他のデジタルコンテンツ	1,002	フリーローン・サラ金	1,002
3	化粧品その他	361	商品一般	916	商品一般	855
4	アダルト情報サイト	360	脱毛剤	874	他のデジタルコンテンツ	753
5	商品一般	347	フリーローン・サラ金	774	普通・小型自動車	550
6	他のデジタルコンテンツ	310	出会い系サイト	683	デジタルコンテンツ（全般）	509
7	他の健康食品	246	他の内職・副業	678	出会い系サイト	372
8	出会い系サイト	227	教養娯楽教材	643	携帯電話サービス	354
9	デジタルコンテンツ（全般）	204	普通・小型自動車	587	光ファイバー	344
10	化粧水	184	電気	582	脱毛剤	338

女性

	15-19歳	件数	20-24歳	件数	25-29歳	件数
	件数	8,238	件数	20,779	件数	17,919
1	他の健康食品	1,615	脱毛エステ	1,183	賃貸アパート	1,669
2	酵素食品	392	賃貸アパート	1,153	フリーローン・サラ金	926
3	商品一般	320	商品一般	1,102	商品一般	753
4	他のデジタルコンテンツ	287	他のデジタルコンテンツ	957	他のデジタルコンテンツ	728
5	健康食品（全般）	274	出会い系サイト	875	他の健康食品	561
6	コンサート	270	他の健康食品	811	出会い系サイト	468
7	アダルト情報サイト	256	フリーローン・サラ金	710	フリーローン・サラ金（全般）	448
8	デジタルコンテンツ（全般）	255	デジタルコンテンツ（全般）	520	脱毛エステ	425
9	脱毛剤	184	脱毛剤	395	結婚式	379
10	賃貸アパート	160	健康エステ	366	役務その他のサービス	324

色分け：
黄色：借金に関するもの　
緑色：デジタルコンテンツに関するもの
黄緑色：一人暮らしがきっかけとなり得るもの　
青色：自動車に関するもの　
ピンク色：美容に関するもの

（備考）1. PIO-NETに登録された消費生活相談情報（2020年3月31日までの登録分）。
2. 品目は商品キーワード（小分類）。

「若者」の相談事例

・未成年の息子がスマートフォンの広告で除毛剤を購入。使ったら、かゆみや赤みが出たので、もう使いたくないという。本日、同じ商品が届き、定期購入契約であることが分かった。

第1部第1章第3節・第4節　最近注目される消費者問題3

○三つの台風の上陸により、2019年は「自然災害」に関する相談件数が、2018年を上回る。
○8月以降、台風被災地が単位人口当たり相談件数の上位に。

「自然災害」の相談事例

・工事業者を名のる人物から「お宅の瓦がずれている。もうすぐ台風が来るので至急工事をした方がよい」と工事を急かすような勧誘を受けた。

・台風の影響で停電が続き、蒸し暑い中電気製品が使えず困っている。電力会社への電話がつながらないがどうすればよいか。

図表 I-1-4-5　自然災害に関する消費生活相談件数

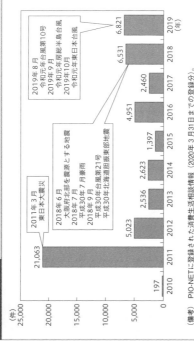

(件)

年	件数
2010	197
2011	21,063
2012	5,023
2013	2,536
2014	2,623
2015	1,397
2016	4,951
2017	2,460
2018	6,531
2019	6,821

2011年3月 東日本大震災

2018年6月 大阪府北部を震源とする地震
2018年7月 平成30年7月豪雨
2018年9月 平成30年台風第21号　平成30年北海道胆振東部地震

2019年8月 令和元年台風第10号
2019年9月 令和元年房総半島台風
2019年10月 令和元年東日本台風

(備考)　PIO-NETに登録された消費生活相談情報（2020年3月31日までの登録分）。

図表 I-1-4-7　自然災害に関する都道府県別単位人口当たりの消費生活相談件数・上位10位（月別・2019年）

	1月	2月	3月	4月	5月	6月	7月	8月	9月	10月	11月	12月
1位	熊本県	熊本県	大阪府	熊本県	熊本県	大阪府	大阪府	和歌山県	千葉県	千葉県	千葉県	千葉県
2位	大阪府	大阪府	福島県	大阪府	大阪府	群馬県	群馬県	大阪府	神奈川県	福島県	福島県	福島県
3位	和歌山県	岡山県	熊本県	栃木県	茨城県	熊本県	熊本県	福井県	佐賀県	神奈川県	栃木県	栃木県
4位	岡山県	京都府	茨城県	奈良県	岡山県	茨城県	岡山県	熊本県	群馬県	栃木県	神奈川県	神奈川県
5位	宮崎県	静岡県	和歌山県	岡山県	栃木県	福井県	福井県	高知県	大阪府	東京都	茨城県	長野県
6位	福井県	福岡県	兵庫県	京都府	群馬県	和歌山県	栃木県	群馬県	茨城県	和歌山県	群馬県	群馬県
7位	滋賀県	宮城県	京都府	宮崎県	滋賀県	和歌山県	和歌山県	岡山県	大阪府	宮城県	東京都	茨城県
8位	奈良県	鳥取県	宮城県	宮城県	宮城県	徳島県	徳島県	佐賀県	岡山県	茨城県	宮城県	熊本県
9位	佐賀県	大分県	群馬県	鹿児島県	静岡県	鹿児島県	鹿児島県	大分県	徳島県	鹿児島県	大阪府	大阪府
10位	茨城県	岩手県	大分県	和歌山県	福島県	栃木県	茨城県	鹿児島県	東京都	茨城県	長野県	東京都

(備考)　1．PIO-NETに登録された消費生活相談情報（2020年3月31日までの登録分）。
　　　　2．都道府県別の単位人口当たり相談件数について、月別の上位10位以内を示したもの。
　　　　3．都道府県別人口出典：総務省「人口推計」（2019年10月1日現在）。

第1部 第1章 第3節・第4節　最近注目される消費者問題4

○2020年初頭の新型コロナウイルス感染症の世界的な拡大により、日常の消費生活に大きな影響。
○消費生活相談として、転売や航空券等のキャンセル料、送り付け商法等に関するものが寄せられている。
○消費者庁は、マスク等の物資の需要増に対応するとともに不当表示や悪質商法による消費者被害の防止等への取組を実施。

新型コロナウイルス感染症の拡大への消費者庁の対応

①マスク等の物資の需要増への対応

②食料品等の冷静な購買活動の呼び掛け

③不当表示や悪質商法による消費者被害の防止
・新型コロナウイルスに対する予防効果を標ぼうする商品の表示に対する改善要請
・国民生活センターによる便乗商法への注意喚起

④食品表示基準の弾力的運用（3月3日）

⑤正確な情報発信や不確かな情報への対応　発信・拡散の抑制の対応
（第4期消費者基本計画）

新型コロナウイルス感染症に関する消費生活相談の件数と傾向

1. 消費生活相談件数の推移

受付日（2020年1月1日以降）	1月31日まで	2月29日まで	3月31日まで	4月30日まで	5月20日まで
累積件数	155	2,527	12,536	28,340	32,555

（備考）1．PIO-NETに登録された消費生活相談情報（2020年5月20日までの登録分）
2．「新型コロナ関連」の相談。

2. 主な相談事例

○品不足、転売、抱き合わせ販売に関するもの
（例）マスク、トイレットペーパー、ティッシュペーパー、消毒液等
○キャンセル料等に関するもの
（例）航空券・宿泊等の旅行関係、コンサート等のイベント、結婚式、着物レンタル、スポーツクラブの会費、宴会等
○詐欺や悪質商法の可能性があるもの
（例）【詐欺サイト】
・大量在庫ありと記載されたサイトでマスク等を注文。後刻不審に思い記載番号に電話すると別の店だった。詐欺サイトだったようだ。
【送り付け商法】
・注文していない箱入りのマスクが送付されてきた。どうしたらよいか。
【新型コロナウイルスへの効果を標ぼうするもの】
・胸にプレートを下げると新型コロナウイルスに効くという商品。効果はあるか。
【給付金詐欺】
・携帯電話に、10万円給付金の事務代行手続のための3,000円振り込むようにとSMSが届いた。
【その他】
・「行政から委託で消毒に行く」という電話がかかってきた。

第1部 第1章 第3節・第4節　最近注目される消費者問題5

○2019年に入り、「チケット転売」の相談件数が増加。相談件数は前年の約4.2倍に。
○ラグビーワールドカップ開幕（2019年9月）前後には「チケット転売」の取引金額が高額化。

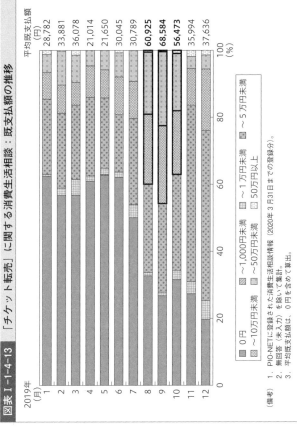

図表 I -1-4-13　「チケット転売」に関する消費生活相談：既支払額の推移

凡例：0円／～1,000円未満／～1万円未満／～5万円未満／～10万円未満／～50万円未満／50万円以上

（備考）
1. PIO-NETに登録された消費生活相談情報（2020年3月31日までの登録分）。
2. 無回答（未入力）を除いて集計。
3. 平均既支払額は、0円を含めて算出。

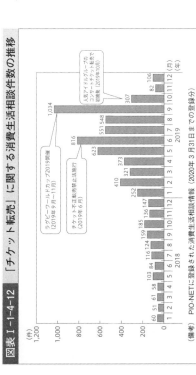

図表 I -1-4-12　「チケット転売」に関する消費生活相談件数の推移

（備考）PIO-NETに登録された消費生活相談情報（2020年3月31日までの登録分）

図表 I -1-4-14　「チケット転売」に関する消費生活相談の年齢層別割合（2019年）

凡例：2019年1～7月／2019年8～10月

（備考）
1. PIO-NETに登録された消費生活相談情報（2020年3月31日までの登録分）。
2. 無回答（未入力）を除いて集計。

「チケット転売」の相談事例

・入場できないおそれのある転売禁止のチケットが販売されており、購入してしまった。
・購入者がチケットの受取完了の手続をせず、チケット転売仲介サイトから代金が支払われない。

第1部第1章第3節・第4節　最近注目される消費者問題6

○「情報商材※1」に関する消費生活相談件数は、約7,700件。20歳代での増加が顕著。
○「マルチ商法※2」では、「サービス」に関するものの相談割合が過半数（"モノなしマルチ"）。

図表 I-1-4-15　「情報商材」に関する消費生活相談件数（年齢層別）

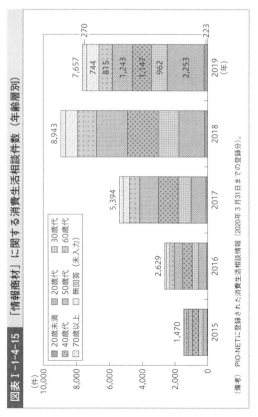

（備考）PIO-NETに登録された消費生活相談情報（2020年3月31日までの登録分）。

図表 I-1-4-17　「マルチ商法」に関する消費生活相談件数

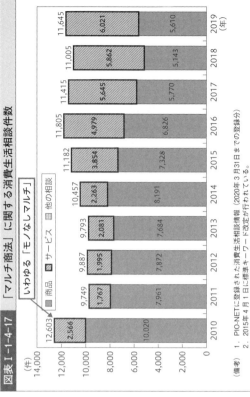

（備考）1. PIO-NETに登録された消費生活相談情報（2020年3月31日までの登録分）。
　　　　2. 2015年4月1日に標準キーワード改正が行われている。

「マルチ商法」の相談事例

・中学時代の友人から誘われ「海外の不動産に投資をすれば暗号資産（仮想通貨）で配当がある。投資者を紹介すれば紹介料を受け取ることができる」と説明を受け、借金をして、代金を友人に手渡した。

※2「マルチ商法」：商品・サービスを契約して、次は自分がその組織の勧誘者となって紹介料報酬等を得る商法。特定商取引法の連鎖販売取引とは必ずしも一致しない。

「情報商材」の相談事例

・SNSでFXの情報商材を知り、セミナーに出掛け契約したが、無価値な内容だった。

※1「情報商材」：インターネットの通信販売等で、副業・投資やギャンブル等で高額収入を受けるためのノウハウなどと称して販売されている情報。形式はPDF等の電子媒体、動画、メールマガジン、アプリケーション。

消費者庁　公益通報者保護法の一部を改正する法律案

近年も社会問題化する事業者の不祥事が後を絶たず　→　早期是正により被害の防止を図ることが必要

① 事業者自ら不正を是正しやすくするとともに、安心して通報を行いやすく

○ 事業者に対し、内部通報に適切に対応するために必要な体制の整備等（窓口設定、調査、是正措置等）を義務付け。具体的内容は指針を策定【第11条】
※中小事業者（従業員数300人以下）は努力義務

○ その実効性確保のために行政措置（助言・指導、勧告及び勧告に従わない場合の公表）を導入【第15条・第16条】

○ 内部調査等に従事する者に対し、通報者を特定させる情報の守秘を義務付け（同義務違反に対する刑事罰を導入）【第12条・第21条】

② 行政機関等への通報を行いやすく

○ 権限を有する行政機関への通報の条件【第3条第2号】
（現　行）信じるに足る相当の理由がある場合の通報 ⟹ （改　正）氏名等を記載した書面を提出する場合の通報を追加

○ 報道機関等への通報の条件【第3条第3号】
（現　行）生命・身体に対する危害 ⟹ （改　正）財産に対する損害（回復困難又は重大なもの）を追加
（なし）⟹ 通報者を特定させる情報が漏れる可能性が高い場合を追加

○ 権限を有する行政機関における公益通報に適切に対応するために必要な体制の整備等【第13条第2項】

内部通報・外部通報の実効化

③ 通報者がより保護されやすく

○ 保護される人【第2条第1項等】
（現　行）労働者 ⟹ （改　正）退職者（退職後1年以内）や、役員（原則として調査是正の取組を前置）を追加

○ 保護される通報【第2条第3項】
（現　行）刑事罰の対象 ⟹ （改　正）行政罰の対象を追加

○ 保護の内容【第7条】
（現　行）（なし）⟹ （改　正）通報に伴う損害賠償責任の免除を追加

※公布の日から起算して2年を超えない範囲内において政令で定める日から施行する。

【遠隔講義 消費者法〈第2版〉2021 〈2〉】
消費者法の規制の多様性と消費者基本法

S.Kawakami

1 消費者法制の多様性

（１）消費者法と民事責任

　わが国には、「消費者法」と称する単行法は存在しない。むしろ、**消費者の利益を保護することに関連する様々な法令・裁判例の複合体が消費者法**と呼ばれているに過ぎず、「消費者」の概念さえ、必ずしも明確ではない(河上編・消費者法研究〈創刊号〉の諸論稿を参照)。

　他方、消費者あるいは消費生活(広く日常生活)を営む「個人(自然人)」と法の接点は極めて多様で、そこで見いだされた人々の生活上の法益を保護し、被害を抑止すべく法によって仕組まれた諸制度の総体が消費者法を構成している。**付与されている効果も一様ではなく、事業者対消費者の関係での民事効果、つまり消費者個人の財産・身体上の利益保護・被害回復のみならず、広く、経済法的視点からの市場における秩序維持・事業者に対する行為規制・制裁にも及び、責任としても民事・行政・刑事の様々な責任と結びつけられている。当然ながら、規制目的との関係で、それぞれの要件は、効果に相応しい形に整えられており、同一概念が使われる場合でも、それが同一内容とは限らないため、いわゆる「概念の相対性」が妥当する。**

　さしあたり、消費者法における効果としての金銭支払の機能のみに着目しても、そのタイプは多様で、いわゆる民事責任は、その一角を占めるに過ぎない。近時、国民生活センター比較消費者法研究会がまとめた報告書(「消費者被害の救済と抑止の手法の多様化」2017年3月)が示す基本的マトリックスでは、法執行の主体に着目して、次に示すような１５のパターンが指摘されている(松本恒雄報告による。消費者法研究4号162頁参照)。

執行主体	手続きの性質	金銭支払の機能		
		被害救済	利益吐き出し	制裁
被害者	民事	損害賠償請求・履行請求	不当利得返還・ 原状回復請求	[*懲罰的損害賠償]
消費者団体		集団的被害回復制度	[*利得剥奪請求]	[*懲罰的損害賠償]
事業者団体	自主	補償基金など	[*利得剥奪請求]	過怠金など
行政	行政	[*父権訴訟]	課徴金	過料
検察	刑事	被害回復給付金支給制度	没収・追徴	罰金・科料

　＊については、外国法に例があるが、日本法には未だ存在しない

（2）民事責任の社会化

　消費者法における民事責任は、とくに消費者個人レベルでの個別的被害救済と結びつけられた事業者の責任（とくに債務不履行責任や不法行為責任としての履行責任や損害賠償責任）として問題となる（その手前での契約的拘束からの解放や、開示規制での情報提供義務や不当広告規制などもその義務違反の私法上の効果を考える場合は、やはり民事責任の範疇に含まれよう）。ただ、それらの効果が、事業者に対する一般的な制裁的意義を持ち得るか明確ではなく、せいぜい間接的な効果しかないと考えられてきた。しかしながら、結論から言えば、**消費者法における民事責任は、着実に「社会化」の一途を辿っていると考えるべきである。同時に、伝統的には民事責任と考えられていなかった規制が、民事の世界に影響を及ぼしつつあり、相互の浸潤作用を見出すことができる。**

　既に「適合性原則」違反が不法行為法と接合されていることはよく知られている。金融商品取引業業者に対する行為規制は多く（山下友信＝神田秀樹編・金融商品取引法概説［有斐閣、2010 年]370 頁以下の一覧表参照）、一部には、不法行為の特則としての規定が含まれているが（金融商品販売法 5 条など）、直接的には公法上の業務規制・行政指導等に関わる位置づけを持つ(旧)証券取引法上の適合性原則について、最高裁は「顧客の意向と実情に反して明らかに反して、明らかに過大な危険を伴う取引を積極的に勧誘するなど、適合性の原則から著しく逸脱した証券取引の勧誘をしてこれを行わせたときは、当該行為は不法行為法上も違法となる」ものと判示した（最判平成 17・7・14 民集 59 巻 6 号 1323 頁＝消費者法判百〈第 2 版〉11 事件［上柳敏郎]）。また、不正競争防止法および商標法違反の商品の大量売買行為が、民法 90 条を解して私法上無効とされたり（最判平成 13・6・11 判時 1757 号 62 頁）、古くは、食品衛生法上の禁止有毒性物質（同法 4 条 2 号、6，7 条違反）である棚砂を混入して製造したアラレ菓子の継続的販売契約を民法 90 条により無効とした例（最判昭和 39・1・23 民集 18 巻 1 号 37 頁）が有名である（もっとも、その数年前に、最判昭和 35・3・18 民集 14 巻 4 号 483 頁が、食品衛生法上の許可を受けていない食肉販売業者による精肉販売も無効となるものではないとしたように、行政取締法規に違反する行為も私法上無効になるものではないとする判例も存在するように、行政取り締まり規制と私法上の効果が直結しているわけではない）。少なくとも、**法益侵害の重大性と私法上の効果を結びつけることによる市場の公正・安全確保の観点から、行政取締規定の効果もまた、民事責任の領域に滲み出してきている**のである。

　近時の不特定多数の消費者に向けられた事業者による働きかけの広告規制と勧誘をめぐる最判平成 29・1・24（民集 71 巻 1 号 1 頁＝消費者法判百〈第 2 版〉14 事件[鹿野菜穂子]）なども、この文脈で読むことができる。

　さらに、**適格消費者団体による差止請求や、特定適格消費者団体による集団的損害賠償のための共通義務確認訴訟などの手続きは、個々の消費者被害の救済にとどまらず、市場における事業者の行為規制、行為規範の策定に向かっている**（千葉恵美子＝長谷部由紀子＝鈴木将文・集団的消費者利益の実現と法の役割[商事法務、2014 年]は、特にこの点を強く意識している。諸外国の動向につき、中田邦博＝鹿野菜穂子・消費者法の現代化と集団的権利保護[日本評論社、2016 年]375 頁以下参照）。民事規範の在り方、ひいては民事責任の在り方をさぐる作業は、結果的に事業者の市場における行為規範の策定と緊密に結びついている。

（３）規制のモザイク模様とベスト・ミックス？

　とはいえ、**事業者の行動を積極的に変えていく矯正的・予防的機能や、違法な活動に対する制裁的機能、そして違法な利益の吐き出しなどのためには、今のところ、やはり行政的規制や刑事責任の追及を待たねばならないことが少なくないため（我が国では、景品表示法に課徴金制度が導入された今日でもなお、民事の懲罰的損害賠償や利益の吐き出しまでは実現していない）*、消費者法全体はモザイク模様をなして、規制のベスト・ミックスを探るという段階にある。**

　　【罰則の色々】　　「**刑事罰**」（＝刑罰・刑）は、犯罪に対する法律上の効果として行為者に科せられる法益の剥奪（制裁）を内容とする処分で、生命刑・自由刑・財産刑が存在し、財産刑には、主刑として「罰金」・「科料」、付加刑として「没収」がある。行政上の義務違反に対し科される刑法に刑名のある刑罰（懲役・禁固・罰金・拘留・科料・没収）を「**行政刑罰**」と呼び、原則として刑法総則の適用があり（刑 8 条）、裁判所が刑事訴訟法の定めに従って科刑する。行政刑罰は、通常の刑罰とは異なり、行政上の義務違反に対し、実効性を確保する見地から科されるのであるため、法人も処罰の対象とされ、違反行為者のみならず、その使用者にも科刑されるなどの特別規定（両罰規定）が設けられることがある。今日、法人に対する罰金刑は、次第に高額化しつつある（食品衛生法 78 条 1 号[1 億円]、不正競争防止法 22 条 1 項[3 億円]、独占禁止法 95 条 1 項 1 号[5 億円]、金商法 207 条 1 項 1 号[7 億円]など）。これに対し、行政上の義務違反行為に対して、一般統治権に基づき、一般私人に制裁として科せられる罰を「**行政罰**」と呼び、行政刑罰と秩序罰の 2 種が含まれる。なお、刑罰としての罰金・科料と似て非なるものものに、「**過料**」（「あやまちりょう」と呼ばれる）があり、これは専ら「行政罰」である。過料の例は多いが、その性質は一様ではなく、適用される法原則や科罰手続きも多様である。大別して 3 種あり、第 1 は「**秩序罰**」としての過料であり、民事法上の義務違反に対するもの[会社 976 ～ 979 条]、訴訟法上の義務違反に対するもの[民訴 192 条、200 条、209 条]、行政法上の義務違反に対するもの[収用 146 条、住民台帳 50 条～ 53 条]、地方公共団体の条例・規則違反に対するもの[地方自治 14 条 3 項。15 条 2 項など]がある。第 2 が「**執行罰**」としての過料であり[砂防 36 条]、第 3 が「**懲戒罰**」としての過料である。すべて、過料は、刑罰ではないので、刑法総則・刑事訴訟法の適用がない。科罰手続の一般法として非訟事件手続法の定め[非訟 119 条～ 122 条]と地方自治法の規定（地方自治 255 条の 3 がある が、ほかに各個別法令で独自の手続きが定められている。

　　特に刑事責任との関係を扱う参考文献として、長井圓・消費者取引と刑事規制[信山社、1991 年]、芝原邦爾「消費者保護と刑法の役割」経済刑法研究（下）[有斐閣、2005 年]790 頁以下、京藤哲久「消費者保護と刑事法」岩波講座現代の法(6) 現代社会と刑事法[岩波書店、1998 年]161 頁以下、斉藤豊治「消費者保護と経済刑法」現代刑事法 30 号 25 頁[2001 年]、神山敏雄＝大山弘「消費者保護と刑法の役割--経済取引を中心に（〔日本刑法学会第 67 回大会〕ワークショップ）刑法雑誌 30 巻 3 号 445 頁[1990 年]、神山敏雄ほか編著・新経済刑法入門[2008 年]232 頁以下、川合昌幸「財産の保護-1-消費者保護（刑事法の課題と展望）」ジュリスト 852 号 38 頁[1986 年]、木村光江「消費者保護と刑法」警察学論集 61 巻 12 号 1 頁以下[2008 年]、川出敏裕「刑事法と消費者法」別冊ジュリスト 200 消費者法判例百選 65 頁[2010 年]、同〈第 2 版〉77 頁、佐伯仁志「消費者保護における刑法の役割（シンポジウム 消費者法における公私の協働

(1)実定法学のクロスロード)」北大法学論集 57 巻 5 号 2198 頁[2007 年]、佐伯仁志「消費者と刑法」中田邦博＝鹿野菜穂子編・基本講義消費者法＜第 2 版＞[日本評論社、2016 年]、古川伸彦「刑法による消費者保護」山口厚編著・経済刑法 207 頁以下[2012 年]、芝原邦爾＝古田祐紀＝佐伯仁志編著・経済刑法(商事法務、2017 年)591 頁以下など。また、網羅的分析として渡辺靖明「消費者法の罰則一覧」横浜法学 29 巻 1 号(2020)243 頁以下が、貴重である。

2　消費者の権利

（1）消費者法における保護法益

　改めて指摘するまでもなく、「消費者の保護」が問題とされる法的局面は、国際消費者機構(IOCU)が 1979 年に提唱した消費者の 8 つの権利と 5 つの責任が出発点となることが多く（「消費者の権利」については後述。大河純夫ほか・消費者法の国際化(日本評論社、1996 年) 13 頁以下、正田彬・消費者の権利＜初版＞(1972 年)など参照)、それらは、わが国の消費者基本法(2000 年)にも明記されている。すなわち、消費者が安全で安心できる消費生活を送ることができるようにするため、①消費生活における基本的な需要が満たされ、②健全な環境の中で消費生活を営むことができる中で、③消費生活の安全が確保されること、④商品・役務の自主的・合理的選択の機会が確保されること、⑤必要な情報の提供を受けること、⑥教育の機会が提供されること、⑦消費者意見が政策等に反映されること、⑧被害の救済が適切・迅速に受けられることが必要とされ、同時に、自立支援を中心として、①事業者の適切な活動の確保、②消費者の年齢・特性への配慮、③高度情報化への対応、④国際的連携、⑤環境への配慮などが挙げられ、それらが、個別法令の整備や施策の充実を促進する上での指針となっている。事業者の責任を考えるに当たっても、それらの「消費者の権利」を、如何にして保護し、推進していくかという政策的配慮が不可欠である。少なくとも、消費社の権利は、市場の中で、「生活世界との接点を持った生身の個人」が「消費者市民」として果たしていかなる行動をとり、事業者との権利義務関係の調整の一翼を担うかが、循環型社会の中で健全な市場を維持し発展させていけることになるのかの鍵となる。

　　＊【概念の相対性】　中田邦博＝鹿野菜穂子編・基本講義消費者法＜第 4 版＞(日本評論社、2018 年)第 2 章乃至第 5 章は、それぞれ民事法[鹿野菜穂子]、行政法[中川丈久]、刑法[佐伯仁志]、経済法[川濱昇]で構成されており、消費者法の位置が確認されている。**概念の相対性**については、同じ自動車運転手の前方不注意の「過失」が人身損害を招いたと見られる交通事故でも、刑事の過失傷害罪に該当するかどうかが争われる局面での「過失」と、民事の不法行為における損害賠償責任や自動車損害賠償責任法における帰責事由としての「過失」では、認定が異なることは充分にあり得ることが知られ(最判昭和 34・11・26 民集 13 巻 12 号 1573 頁)、消費者法の世界でも、民事・行政・刑事のそれぞれで、例えば「不当勧誘行為」での「不当性」は全く同じではない。ちなみに、景品表示法における「優良誤認・有利誤認」は行政規制の対象とされるが、直ちに消費者契約法における誤認惹起行為としての取消しの根拠とまではなっておらず、損害賠償責任についても明確ではない。果たして、これで良いかについては議論がある。

（2）消費者問題への法的対応

　消費者問題は時代を反映し、その時々の様々な商品や取引形態の登場とリンクする形で次々と発生することは既に述べた。法もまた、そうした事態に対し、後追い的に対応を迫

られた。事物関連的に展開する傾向にある消費者法の概要を得るには、消費者問題そのものの歴史的展開を紐解くことが手っ取り早い(第1講も参照)。

(a) 1960年代、我が国の経済が高度成長を遂げ、大量生産・大量販売・信用販売の仕組みが展開する中で、欠陥商品・薬品などによる消費者被害(欠陥自動車問題、カネミライスオイル事件、サリドマイド事件など)や不当表示事件(偽牛缶事件など)が社会問題化した。そこで、個別の特別法として薬事法(1960年)、割賦販売法(1961年)、景品表示法(1962年)などの制定が推し進められた。さらに、1968年には、消費者保護基本法が制定され、消費者政策の基本となる枠組みができ、地方自治法にも、消費者保護が地方自治体の自治事務と位置づけられ(1969年)、消費者保護条例等の制定も進んだ。

ここでの民事責任の果たした役割は、あくまで補助的であり、規制も、民法の不法行為責任、製造物責任法上の損害賠償責任などが主であって、むしろ(民事的効果とは一線を画した)取締規定たる行政法上の責任が中核にあった。良かれ悪しかれ、日本の消費者保護法制は、護送船団方式の国の行政的指導下での事業者に対する規制に重点が置かれ、個々の消費者の被害に対する救済は、その反射的利益でしかなかった。かつては、「取締法規」といえば、私法的・民事的効果のない行政的禁止規定を意味したほどである(末広厳太郎「法令違反行為の法的効力」同・民法雑考[日本評論社、1932年、初出は1929年]。この問題については、前述、河上・民法学入門68頁以下、同・民法総則講義268頁も参照。しかし、「公序」概念の進展により、今日では、もはや「取締規定」なる概念の存在意義は様変わりしている)。

(b) 1970年代には、とりわけ製品の安全性に対する関心が強まるとともに、マルチ商法などの新しいタイプの消費者問題が発生して、多数の被害を引き起こした。こうした中で、消費者問題の重心も、商品の品質・性能や安全性に関するものから、商品の販売方法や契約に関するものへと移行した。旅行業法改正(1971年)、宅建業法改正(1971年)、積立式宅地建物販売業法公布(1971年)などの法改正があり、非店舗取引による多くの被害を受けて、割賦販売法にクーリング・オフが導入され(1972年)、訪問販売法(1976年。現行の特定商取引法)等が制定され、無限連鎖講の防止に関する法律(ネズミ講防止法)が公布され(1978年11月)、独占禁止法改正で課徴金制度が導入された(1977年)。

こうして、民事法の世界では、契約の締結の仕方や不当勧誘行為、複雑な契約の仕組みが消費者に及ぼすリスクが着目され、消費者に対するいわば応急措置的な「契約解消権」を付与することによって、まずは当該契約関係からの離脱が認められるようになった(これも民事救済の一種である)。多くの消費者にとって、契約責任の貫徹による当初合意の実現を通じての救済より、不当で煩わしい事業者との契約的拘束関係からの離脱こそが望まれる効果だったからである。

(c) 1980年代に、経済は「情報化」・「サービス化」・「国際化」を加速させ、クレジット・カードの普及によって、消費者による金融サービスに対するアクセスが容易になり、「サラ金」被害や多重債務に関する社会問題が増加した。そのため、消費者信用取引の適正化や消費者契約の内容的適正化、資産形成取引の適正化などのための施策が関心を呼んだ。訪問販売法等に関する重要な法改正や、特定商品の預託等取引に関する法律(1986年)等が制定されたのもこの頃である。1985年に、現物まがい商法(ペーパー商法)で知られる「豊田商事事件」で多くの高齢消費者が被害にあったことは象徴的である(高齢化)。

(d) 1990年代には、大きな転換点が訪れる。いわゆる規制緩和の波の中で、事前規制

から事後救済への動きが強まり、その手段として、消費者と事業者の間の一般民事ルールの整備が求められ。こうして、製造物責任法(1994 年)、消費者契約法(2000 年)などの制定が進められた。この 2000 年という年は、超高齢化社会への対応から介護保険法の基本的考え方が「措置から契約へ」と転換されたときでもあり、高齢者の自立支援の一環として民法の成年後見制度の改正も実現した。また、1990 年代には、「IT 革命」と呼ばれる急激な高度情報化が進み、インターネットなどの新たな情報通信技術の発展が、これに充分対応できない消費者の間で新たな問題を引き起こした。電子消費者契約法(2003 年)、個人情報保護法(2003 年)などの整備も、こうした高度情報化への法的対応である。

　(e)　2000 年は、BSE(牛海綿状脳症) 問題で幕が開け、食の安全に対する信頼が揺らぎ、食の安全と適正な食品表示が追求された。食に関しては、食品安全基本法(2003 年)が制定され、国の食品安全委員会が設立された。また、2004 年 6 月、旧消費者保護基本法が改正されて消費者基本法となり、新たな消費者政策の計画的推進が図られた。しかし、この間にも、食の安全を脅かす事件や、高齢者の生活の基盤である「いのち金」を狙った悪質商法など多くの問題が発生した。リコール隠しや食品偽装などの不祥事が、事業者内部からの通報を契機として明らかとなったことから、通報者の保護を図るとともに事業者の法令遵守をはかることを目的とした公益通報者保護法(2004 年) が制定された (現在その改訂が検討されている)。貸金業法(2006 年全面改正)・出資法(1954 年、2006 年改正)も全面改正を受けて、多重債務者問題に対処するようになり、消費者保護法制はますます入り組んだ様相を呈してきた。

　(f)　ごく最近も、ジャパン・ライフによる高齢者を狙った磁気治療器レンタルオーナー投資詐欺が度重なる行政命令をかいくぐって被害を拡大し(負債総額 2405 億円)、成人式の晴れ着の購入・レンタルを持ちかけて大量被害を出しつつ倒産した「はれの日」事件(負債総額 6 億 3500 万円)、「仮想通貨 NEM」の大量流出をもたらしたコインチェック社のセキュリティ問題など(流出額 620 億円相当)、消費者問題はネット社会の危うさや長引く低金利時代の先行き不安などを背景にして、次々と、広域化・大型化している。また、ビッグデータの集積は人々のプライバシーを危うくし、IT 化の進展は、事業者対消費者という単純な図式を超えて、AI インフラやロボット、自動運転自動車などのように、無機質のプログラムとデーター処理が消費者の行動が交錯する局面も視野に収めなければならない時代を目前にしている。**消費者法における民事責任は、否応なくこうした時代の先端にある社会問題と向き合い、市場におけるあるべき規範を模索する役割を期待されている**ことは間違いない。

3　消費者関連の保護法益を守る多様な手法

　消費者関連の保護法益を守る手法は、上述のように、**民事・刑事・行政と多様であるが、さらに経済法的な観点からの組織法や、法律よりも下位の政令・通達レベルで実施される行政規制や行政指導、更にその一歩手前で、業界の自主規制ガイドラインなどが、実際上、重要な意味を持つことも少なくない。そして、そうした規制が結果的に消費者取引における事業者の民事責任に影響を及ぼしている。**

　たとえば、商品先物取引に関する法律では、いわゆる再勧誘禁止や不招請勧誘禁止ルールが定められているが、近時の経産省の政令改正で法律に規定された不招請勧誘禁止を緩

和し、業界の自主規制ルールに委ねる範囲を拡張しようとして、被害の再燃が懸念されたことは記憶に新しい。また、美容医療関係では、医療法(1948年)で広告が規制されているが、医療機関のホームページでの広告まがいの表現について規制の対象とすべきではないかが問題となり、厚生労働省はガイドラインと自主規制ルールで様子を見る態度をとり続けてきたが（「医療機関のホームページの内容の適正なあり方に関する指針」(2012年)）、最近、ようやく見直しに向けて動き始めた。

　こうした中にあって、**従来の民事ルールは、個別取引における消費者個人の被害救済では意味を持つが、あくまで限定的な事後規制にとどまることの限界も再認識されるようになっている。**個別の損害賠償や被害回復に焦点を当てて問題を考えるだけでは問題全体の一部しか見ないことになり、より一般的な形での差止請求や集団的被害回復手続、行政規制の手法の接合が重要となっている。

　たとえば、前述のように、「適合性原則」違反のような伝統的な行政規制違反行為が、その「著しい逸脱」を前提に、民法上の不法行為責任につながり得ることが、最高裁の判例レベルでも認められるようになったものの、その射程を巡っては、なお慎重な議論がある。同時に、適合性原則の考え方をより広く消費者法の世界に広げるべきではないかとの主張も唱えられ始めた（「特集・適合性原則と消費者法」現代消費者法28号[2015年]、河上ほか「特集・適合性原則と消費者法」消費者法ニュース109号[2016年]参照）。また、近時の景表法違反への課徴金制度導入(H26.11.27)は、一方で、民事の被害回復と刑事責任減免を結びつけた形で構想されており(景表法10条参照)、興味深い。

　つまり、**消費者関連の種々のルールは、要件を異にしつつ、行政規制・刑事規制・民事規制の様々な効果と結びつけられて展開しており、更に言えば、消費者の一人一人が如何なる意識を持って市場における選択的行動をなし、それを法がどのように支援するかが、市場秩序や環境などを整えるにあたって重要な意味を持つことが強く意識されるようになった(消費者市民)。国家の、一般的な姿勢としても、取締規定で禁じた行為が民事でその有効性を認められることは理念矛盾でもあると指摘されている**（「消費者公序」につき大村敦志・消費者法〈第4版〉[2011年、有斐閣]128頁以下も参照)。

　法制度内部にも徐々に変化が見られる。民法は民事効を主たる効果とする民事法の一般法であるが、特商法では行政的規制のほか、民事効、場合によっては刑事罰が加わり、その実効性確保がはかられる。消費者契約法も基本的には民事効を定める法律ではあるが、適格消費者団体による差止め等による事業者の行為規制に関する規定が組み込まれ、特定適格消費者団体は共通義務確認訴訟と集団的損害賠償請求訴訟の2段階で、広汎な規範策定と個々の消費者の被害回復の双方を可能とする仕組みを備えるに至った。こうしてみると、消費者法制には、事後的民事救済に関する民事効で専ら対処するものと、一般的取締規定や、登録制度・規制基準策定などを通じて行政規制で予防的に対処するもの、その実効性を確保するための行政措置・行政罰、さらには刑事罰を用意するもの等があり、それぞれの手法が、被害回復や予防・拡大防止、市場の適正化などを通じて、消費者の権益保護のために機能している。少なくとも**現段階では、かかる措置のいかなる組み合わせが最善かという観点から制度を考えるのが適切である。**消費者法が「複合法領域である」（鎌田薫『『消費者法』の意義と課題」岩波講座現代の法(19)12頁[1997年]、大村・前掲書12頁）、あるいは、「さまざまな特別法・判例・一般原理の織りなすモザイク」（斉藤誠「行政過程と消費者」

ジュリスト 1139 号 27 頁［1998 年］）と言われる所以でもある。

　今のところ、消費者法と公法（行政法規・刑事法規）が接点を持つ場面のほとんどは、商品・役務の安全性の確保、広告・表示の規制、悪質商法の取締りなどの局面であり、結果として、刑事責任の役割はまだまだ限定的・補充的である。つまり、他の措置によっては十分な抑止効果が期待されない場合や、消費者の取引上の重大な財産的被害、欠陥商品による消費者の生命・身体が害される場合に限られる。しかし、刑事法の有する一般予防的機能が重視され、その適用対象を拡大しつつあることも事実である。消費者保護を目的とした行政取締法規違反に対する行政罰・刑事罰が、違法な行為の抑止的効果を期待されることも多い（電気用品安全法 8 条以下、27 条以下、57 条 3 号・4 号、薬機法 44 条、50 条以下、66 条など）。ネズミ講やマルチ商法の場合、無限連鎖講防止法や特定商取引法によって、取引システムそのものの違法性に着目し、刑事法上の詐欺罪に該当しないような場合にも、罰則が定められている（たとえば、特商法 70 条、70 条の 3、71 条、72 条 1 項 1 号など）。さらに、違法な勧誘行為を対象とする特定商取引法上の重要事項の不告知、不実告知、威迫・困惑行為の処罰規定などは、取引の前段階の事業者の行為を規制し、違反行為に罰則を科している。また、食品についても、食品衛生法が、公衆に危害を及ぼすおそれがある「虚偽の又は誇大な表示又は広告」を禁止・処罰しており（同法 20 条、72 条）、JAS 法が原産地についての虚偽表示をした飲食料品の販売を処罰している（同法 19 条の 13、23 条の 2）といった例もある。その意味では、「民事責任」を「行政責任・刑事責任」とは異なる規制システムとして、その独自の意義を強調するという状況ではない。

4　訪問販売を例に

　少し踏み込んで、特商法における訪問販売規制を例に、近時の改正から、その構造を具体的に見ておこう。

　まず、平成 14（2002）年の改正では、いわゆる「迷惑メール」の社会問題化を受けて、電子メールによる商業広告の受け取りを希望しない旨の受信者の意思表示の選択を義務づけ、そのような意思表示がなされた場合には、当該消費者への電子メールによる商業広告の送信を禁ずることとされ、あわせて、事前承諾等のない広告メールには「特定電子メールである旨」の表示が義務づけられた。さらに、平成 16（2004）年改正では、訪問販売等において、高齢者などを狙った点検商法や若者を狙ったアポイントメントセールスなどの販売目的を隠しての接近や、虚偽・誇大な説明で高額商品・サービスを売り詰める悪質商法によるトラブルの多発を受けて、規制強化と民事ルールの整備が行われた。そこでは、(i)訪問販売をする際に販売目的の訪問であることの明示すべき義務や、(ii)販売目的であることを隠して公衆の出入りしない個室に誘い込んで勧誘することの禁止、(iii)重要事項の不告知に対する刑事罰、(iv)不実告知や重要事項不告知による勧誘によって誤認して締結させられた場合の契約取消権、(v)事業者がクーリングオフを妨害した場合のクーリングオフ期間の延長、などが定められた。また、迅速・的確な法執行のために、禁止された不実告知・誇大広告を行った「疑い」のある事業者に対して、かかる広告・表示の「合理的な根拠を示す資料」の提出を求めることができるものとし、提出されない場合には、不実告知・誇大広告であるものとみなされ（いわゆる不実証広告。不実告知につき特商法 6 条の 2、21

条の 2、30 条の 2、34 条の 2、44 条の 2、52 条の 2。誇大広告につき、同法 12 条の 2、36 条の 2、43 条の 2、54 条の 2)、要件充足のための行政による立証を緩和すると同時に、規制対象事業者と密接な関係を持つ事業者に対する行政調査等も可能とした(同法 66 条 2 項、同法施行令 17 条の2)。これらの措置が、事業者の民事責任に及ぼす影響は大きい。

平成 20(2008)年改正では、高齢者に対するクレジットを利用した訪問販売等の被害が深刻化したのを受け、訪問販売の規制強化や、クレジットカード情報保護の強化措置などがとられた。とくに、特商法では、従来の指定商品制・指定役務制を廃止し、原則としてすべての商品・役務の販売が規制対象とされ、訪問販売では、再勧誘の禁止、過量販売の解除にかかる規定が新設され、行政調査にかかる規制も拡充された(報告徴収や立ち入り検査につき、特商法 66 条 1 項、2 項、3 項)。

こうして、訪問販売に対する行政規制では、①事業者が勧誘に先立って指名等を明示すべき義務(特商法 3 条)、②勧誘を受ける意思があるかを確認すべき義務(同法 3 条の 2 第 1 項)、③契約を締結しない旨の意思を示した者に対する再勧誘の禁止(同法 3 条の 2 第 2 項)、④申込書面交付義務(同法 4 条)、⑤重要事項についての不実告知・不告知、威迫し・困惑させる行為の禁止(同法 6 条 1 項乃至 3 項)、⑥勧誘目的を秘しして公衆の出入り市内場所に誘い込んで勧誘することの禁止(同法 6 条 4 項)等が定められている。このうち、違反に対する罰則が用意されているのは、④⑤(特商法 72 条 1 項 1 号)、⑥(同法 70 条)、⑦(同法 70 条の 3) であり、刑事罰とは別に、②以外の違反行為には、主務大臣から、必要な措置をとるべき指示命令(同法 7 条)や、業務停止命令(同法 8 条)の行政処分が可能である。さらに、指示処分違反に対しては、業務停止命令および刑事罰が科され (同法 72 条 1 項 2 号)、業務停止命令違反は刑事罰の対象となる(同法 70 条の②) とされている。

いうまでもなく、民事では、クーリングオフ制度や、過量販売における申込撤回権、重要事実の不実告知・不告知を理由とする契約取消権、解除に伴う損害賠償額の制限などの規制があるわけであるから、全体としてみると、極めて重層的な民事・行政・刑事の規制が施されている。

刑事責任は、その手続の厳格さゆえに、ややもすると迅速性に欠け、直接の被害回復につながらないため、民事効や行政措置ほど機動的ではないと評されることがある。しかし、刑事制裁が一定の犯罪的事業活動に対する抑止効果を持ち、厳格な原因究明のもとで、公正かつ透明な市場ルールの確立に寄与することは事実である。我が国の法制度において、強制手段を用いた捜査が行えるのは刑事手続およびこれと密接に結びついた犯則調査手続に限られており (たとえば金商法 210 条以下、独禁法 101 条以下)、間接強制のみによって担保された通常の行政調査では、悪質な業者に対し効果的な対応が期待できないため、刑罰規定の存在が大きな意味を持つ。加えて、犯罪による収益移転防止に関する法律(2007 年)をはじめ、犯罪利用預金口座等に係る資金による被害回復分配金の支払等に関する法律(2007 年「振り込め詐欺救済法」)、犯罪被害財産等による被害回復給付金の支給に関する法律(2006 年「被害回復給付金支給法」)などは、明らかに被害者の被害回復にも貢献している。

景表法改正における新たな課徴金制度(2014 年法 118 号)では、不当な表示を行った事業者に対し、一定の課徴金が課せられることとなった(同法 8 条)。その性格は、刑事罰の一種と考えられ、他の行政罰との関係において二重処罰の問題はないものと整理されている。納付された課徴金を、国が被害者に給付・還元する仕組みはとられなかったものの、事業

者が定められた手続きに従い被害者に「自主的返金」を行った場合には、その返金額に応じた課徴金減免措置が受けられるため(同法 10 条、11 条)、これが間接的に被害回復にとって機能することが期待される。

　行政罰と刑事罰の関係は、必ずしも明快ではないが、その目的、手続等に差異があることは当然である。消費者法における罰則規定の多くは行政罰であって、行政庁の監督行政の実効性を担保するための罰則規定が重要な役割を演ずる。行政罰は、措置命令・業務停止命令・業務改善命令などの実効性を担保する目的での命令違反に対するものであることが多く、これまで、その金額は必ずしも大きいものではなかった。しかし、平成 28(2016)年通常国会に提出された特商法改正では、不当な勧誘行為等に対する罰則が大いに強化された。すなわち、①次々と法人を立ち上げて違反行為を行うような悪質な事業者に対し、業務停止を命じられた法人の取締役や同等の支配力を有すると認められるもの等に停止範囲内の業務を新たに法人を設立して継続することを禁じ、これに違反した場合、個人に 3 年以下の懲役または 300 万円以下の罰金、法人に 3 億円以下の罰金を科し(8 条の 2 第 1 項)、②行政調査権限を強化して質問権を追加し、違反や忌避に対しては、個人に 6 ヶ月以下の懲役又は 100 万円以下の罰金、法人に 100 万円以下の罰金が科せられる(66 条第 1 項)。さらに、③不実告知に対する法人への罰金を 300 万円以下から 1 億円以下に引き上げ、業務停止命令違反に対する懲役刑の上限を 2 年から 3 年に引き上げ(70 条、74 条)、業務停止命令を受けたような悪質な処分事業者に対し消費者利益を保護するための必要な措置を指示することができることとして、違反した場合には、個人は 6 月以下の懲役又は 100 万円以下の罰金、法人は 100 万以下の罰金が科される。最後の「必要な処置」には、「返金命令」も含まれ得ると説明されており、消費者個人の被害回復に繋がる制度となることが考えられる。

　景表法違反の著しい有利誤認・有料誤認表示が、民事の世界で、契約取消権や損害賠償請求権に結びついたり、不当勧誘行為としての行政庁の認定が、民事の不実表示や威迫困惑行為の立証に援用可能となる方向での民事責任との接近は、遠い将来のことではない。

　以上見てきたように、**消費者法制には、事後的民事救済に関する民事効で専ら対処するものと、一般的取締規定や、登録制度・規制基準策定などを通じて行政規制で予防的に対処するもの、その実効性を確保するための行政措置・行政罰、さらには刑事罰を用意するもの等があり、それぞれの手法が、被害回復や予防・拡大防止、市場の適正化などを通じて、消費者の権益保護のために重層的に機能している。**したがって、かかる措置のいかなる組み合わせが最善であるかという観点から制度を考えていく必要があることは明らかである。民事責任論も、これまで以上に、事業者の市場行動規規整にシフトした議論が重要となろう。少なくとも、これまでのように、**限定的な意味の民事責任で規制枠組みを考える手法は、課題の一面しかとらえていない**ことになる。

◆正田彬『消費者の権利（新版）』(岩波新書)を読む◆

2010年内閣府消費者委員会勉強会
S.Kawakami

はじめに

　本書は、消費者法関係者に読んで欲しい一書である。旧版(1972年12月)から新版(2010年2月)へ40年近い月日を経過したが、なお色あせない。「経済法学」の研究者としての正田彬先生は(1929生まれ〜2009.6逝去)、独占禁止法と競争政策について研究を重ね(舟田正之「正田彬先生の人と業績を振り返る」ジュリスト1388号56頁参照)、弱者たる消費者を保護すべしとの論調とは一線を画した市民社会の在り方(権利の分配)を提唱した。

1　全体の構成

　本書の全体的校正は、次の通りである。

　「消費者の権利」を最初に提示したのはケネディ大統領で、「消費者の利益の保護に関する連邦会議の特別教書」(1962年)の中で4つの権利を明言した。以来、この概念は諸外国においても受け入れられ、1982年には国際消費者機構(CI)が「消費者の8つの権利と5つの責任」を提唱した。日本では「消費者の権利」が実際に法律で明文化されたのは、2004年に成立・施行された消費者基本法で、第2条第1項の中で具体的に6つの権利を挙げた。

　●ケネディ大統領提唱の「4つの権利」＋1(1962年)。具体的には、①安全を求める権利　②情報を知らされる権利　③選択する権利　④意見を反映させる権利、さらに1975年フォード大統領が⑤消費者教育を受ける権利を追加したもの。

　●国際消費者機構(CI)の「8つの権利と5つの責任」(1982年)

　ここでの「8つの権利」は、①生活のニーズが保障される権利　②安全である権利　③知らされる権利　④選ぶ権利　⑤意見を聴いてもらう権利　⑥補償を受ける権利　⑦消費者教育を受ける権利　⑧健全な環境の中で働き生活する権利であり、「5つの責任」は、①批判的意識を持つ　②主張し行動する　③他者・弱者への配慮　④環境への配慮　⑤団結・連帯である。

　我が国の「消費者基本法」の基本理念で明記された権利(2004年)は、これらに準拠しており、①安全が確保される権利　②選択の機会が確保される権利　③必要な情報が提供される権利　④教育の機会が確保される権利　⑤意見が反映される権利　⑥適切かつ迅速に被害から救済される権利が並んでいる。

　本書は正田彬先生による『消費者の権利』の改訂版である。岩波新書では「新版」「第二版」などはさほど珍しくないが、本書の場合、旧版の刊行は1972年。実に40年近く経ての新版の刊行となっている。近年、消費生活をめぐる様々な事件が頻発し、とりわけ相次ぐ食品の偽装表示、リフォーム詐欺など悪質な訪問販売、インターネット取引をめぐるトラブルなど枚挙にいとまがない。そうした状況なども受けて、昨年(2009年)、消費者庁と消費者委員会が新たに設置され、消費者行政にも大きな変化が見られた。こうした状況下にあって、いま「**消費者の権利**」という基本原則を改めてとらえなおし、そのうえで、消費生活の安心・安全を確立するための仕組みを構想することが必要であるとの問題意識のもとに、本書は旧版の基本的な考え方や枠組みなどは踏襲しつつも、まったく新しく書き下ろされたものである。修整作業を進めている途中、2009年6月、正田先生は急逝された。その後の作業は、先生の教えを受けていた立教大学教授の舟田正之先生、佐賀大学経済学部教授の岩本諭先生が引き継ぎ、刊行の運びとなった。

　最近では、ともすると「消費者は権利ばかりを主張している」などと、否定的なニュアンスで「消費者の権利」という言葉が取り上げられることがある。しかし、日本においては、いまなお消費生活の安心・安全が脅かされていること、特にグローバル化の進展によって、市場原理や企業の競争主義が加速するなかで、消費者の立場が弱められていることの問題性が浮き彫りにされている。

<著者紹介>

　　正田　彬(しょうだ・あきら)1929年—2009年　1950年慶應義塾大学法学部卒業。慶應義塾大学教授、上智大学教授、主婦会館理事長などを歴任。専攻は経済法。著書に『経済法』『全訂独占禁止法 I・II』『経済法講義』(以上、日本評論社)、『EC独占禁止法』『アメリカ・EU　独占禁止法と国際比較』(編著、以上、三省堂)、『消費者問題を学ぶ』『独占禁止法を学ぶ』(以上、共著、有斐閣)、『消費者運動と自治体行政』(法研出版)、『消費生活関係条例』(「条例研究叢書」4、共著、学陽書房)などがある。

正田　彬著　「消費者の権利」新版<岩波新書(2010年2月)>　**概要**

　2008年9月5日農水省は「三笠フーズが輸入事故米穀を食用に転用して販売していた」と発表し、社会に衝撃を与えた。それより以前に2007年より問題となっていたメタミドフォスに汚染された中国輸入冷凍餃子が、実は中国国内でも発見されたことが2008年8月11日の毎日新聞が報じた。中国毒入冷凍餃子事件で明らかになったことは、輸入食品の検査体制の問題と、輸出入業者の契約と責任内容の問題である。想定外の化学(農薬)物質については税関を初め農水省や、輸入業者(JT)、販売業者(生協)の検査がどの段階でも実行されていないことである。まして数パーセントの抜き打ち検査では発見することは難しい。毒入りとなると警察が動き、輸入となると農水省や外務省が動くため秘密主義の壁に遮られて国民消費者に情報がすばやく的確に公開されないことも2次的問題と明らかになった。

　食の安全問題が連鎖反応のように連続しており、連日賞味期限切れ食品の問題が報じられた。これにより当時の自民党政権の農水大臣と事務次官が更迭され、福田首相は「消費者庁」の設立を約束し、2009年5月の消費者庁設立関連3法案が国会を通過し、麻生内閣交代のぎりぎりに9月1日消費者庁が発足した。

　この消費者庁発足と関連法案の施行で本当に消費者の安全と権利が守られるのかを本書の著者が検証しようとする。消費者問題とは食の安全だけではなく、商法でいう契約の不備問題までを含む幅広い消費者保護と権利の問題である。本書「消費者の権利」岩波新書は実に約40年前の19

72年に刊行されて好評であった本であるが、著者は最近の社会活動の変化に鑑みて全面的に書き直したものであるが、「消費者の権利」は「環境権」と同じく消費者の生活を脅かすものに対する民主社会の基本的人権と捉える考え方は前書から貫かれているところである。

　現在「消費者の権利」を巡る状況は楽観視できるものではない。今日の先進国では、市民社会の人権を前提として社会が形成されている。市民社会の基本原則は、個人の権利の保障とくに人間の自由・平等の保障を中心としている。この観点が「消費者の権利」を考える原点であると著者は宣言する。一方商品・サービスの取引を提供する事業者（サプライヤー）の活動は、利潤の獲得を目的として、市場経済体制の原則に対応しながら高度な発展を遂げている。膨大な規模の商品の種類・生産力と巨大な流通機構、複雑な国際的取引などに消費者も組み込まれている。そして事業者と取引を行う消費者は、生活を営んでいる「生身の人間」であることが基本的特徴である。「消費者」は、自分の健康で文化的な生活を営むために商品・サービスを購入するのであって、事業者間の取引関係とは全く性格が違う。食品の場合に典型的に現れるが、商品・サービスの問題で人間の生命・健康に直接に影響を与える。簡単な日常品であれば、消費者も社会通念上商品の内容を理解している。石油ストーブが危険なことは承知して使っている。ストーブの上に洗濯物を干すことが火事につながることは十分理解しているので、その類の事故は石油ストーブのメーカーの責任ではない。しかし、いまや商品の種類、変遷のスピードが著しく、消費者は、自ら危険性を十分理解していない商品に囲まれているのが現状である。したがって、その商品が持つ危険性についてメーカー販売者は明確な表示が求められる。他方で、消費者は事業者が提供する情報に全面的に依存せざるをえない。各種の偽装表示、不当表示の問題は、こうした消費者の弱い立場を悪用した事業者の不当な行為である。市場における情報の不均一性、差異性という現象は、常に一方側の利益の源泉であり、消費者側は相対的に弱い立場にあることは明らかである。市場において需要と供給の問題は両者の力が対等である時は、「見えざる神の手」によってしかるべきところで価格が決定される。しかし事業者対消費者という構図では、事業者は消費者に対して価格を支配的に決定する可能性がある。消費者の行動を読む事業者の巧みな戦略で需要が作り出され、事業者による価格操作・価格支配という方向へ向かう。この関係は、事業者間の力の差によっても支配関係が生じ、再販売価格維持行為によって小売価格を強制する仕組みが働く。結局、最終的には消費者が事業者間の支配関係の末端に位置させられる。さらに、市場支配力（1社で、または寡占の数社で）において優勢な事業者間が結合して価格協定という共同行為によって高い値段の商品を買わされることが起きる。ところがこのような寡占的支配力に対する規制は殆ど日本では期待できない状況にある。独占禁止法を巡る裁判は、ほとんどの場合、事業者側の勝利に終わる。かっての公益事業は市場を独占したまま民営化されている。JR、JAL、JT、NTT、JP、高速道路、電力会社、ガス会社等の市場支配力にたいするチェックは、極めて乏しいのが現実である。

　消費者が基本的にもつ持つ特徴からして、次の4つの「消費者の基本的権利」が保証されなければならないというのが著者の理論の支柱である。

　①　「消費者の安心、安全、自由の権利」

　消費者の生命、健康、生活の自由は消費者の人間としての最も基本的な権利である。したがってそこには消費者の利益と事業者の利益の調整という官僚的介入はありえないのである。環境権と同じ思想である。消費者の生活権、生存権を脅かさないいうことは事業者が事業活動を行うための前提であり、これを破る事業者は速やかに市場から退場させることである。

　②　「商品内容を表示させる権利」

　消費者が商品・サービスを自らの力で認識できない買い手であるため、いかなる危険性があるか表示(情報提供)が重要である。商品・サービスの内容、性格、機能、リスクについて正しく表示させる権利が消費者に存在する。不当表示を禁止するだけでなく、商品についての積極的な表示義務が事業者・販売者に課せられている。

　③　「価格決定に消費者が参加する権利」

　自由な経済活動を保障し、市場における取引当事者の実質的平等を図るために、市場経済体制における経済民主主義が確立されなければならない。寡占事業者の圧倒的な市場支配力に組み込まれた消費者の取引の自由の権利(今は殆ど存在しないが)を守るためには、地位の濫用を規制し、価格決定過程を透明にし、公開の場で消費者またはその代理人が参加できる機構が必要である。

　④　「消費者が情報の提供を受ける権利、知らされる権利」

　自動車のリコールやガス瞬間湯沸かし器の中毒事故では情報が事業者と役所に集積されて、速やかに公開されないことが更なる事故につながる。この消費生活に必要な情報の提供を受ける権利はいつも役所の秘密主義と事業者優遇措置のためないがしろにされている。外国では消費者の「知らされる権利」が重要視される時代である。

　2004年6月に制定された「消費者基本法」がある。「消費者保護法」を発展させたものであるが、「消費者の責務」とか「消費者の自立」とかいって事業者の責務をあいまいにし、消費者にも罪があるかのような表現が見られる。これは進歩ではなく「後退」であろう。2009年9月に消費者庁が発足したいま、各省庁のタテ割り行政で齟齬している消費者関係法を統一的に見直す時期ではないか。結局消費者を守るのは法制度と消費者運動のパワーである。政府に圧倒的な影響力を持つ事業者団体と対等とは言えなくとも、労働行政における企業、労働団体、政府の三者団体と同じような力を持たなければならない。

　1)　消費生活の安心、安全、自由の権利

　消費生活における安心、安全、自由の権利は、現代市民生活における基本的人権が消費生活の場において具体化された。すなわち消費者の最も基本的な権利といえる。法整備においては完全に保障されているようであるが、科学技術の発展で新たに問題(例えば遺伝子組み換え食品の安全性)も出てきている。BSE (牛海綿状脳症)食肉問題をきっかけに2003年5月「食品安全性基本法」が制定された。国は基本方針の策定、食品関連事業者には措置を講じる責務と情報を提供する責務を定めた。そして食品安全委員会を総理大臣直属の機関として設立した。同委員会は、総理大臣に意見を述べ、関係大臣に勧告をし、食品健康影響評価を行う大変大きな権限を有している。しかしこの委員会の設立以来、評価や勧告などはほとんどない。また、消費者代表が委員に任命されていないなど、重大な不備がある。輸入食品問題では「食品衛生法」の規定があるが2003年の改正でポジティブリストの導入、新食品の監視、罰則の強化、関係業者の刑事責任などが決められたが、実質的に警察が動いた気配はないし、まして処分を行ったこともない。行政は問題発生において権限を行使する気があるのか疑問である。「コンニャクゼリー」で幼児が窒息死する事故が続いたが、行政は法的措置を何一つ講じなかった。<u>行政は、事業者利益に配慮して、消費者の安全確保のための法的運用に消極的である。</u>BSE問題についてはこの食品安全性委員会の意見は必ずしもアメリカ牛肉の輸入緩和を容認するものではなかった。

　　　池田正行 著「食のリスクを問い直す－BSEパニックの真実」(ちくま新書)、中村靖彦著 「狂牛病－人類
　　　への警鐘－」(岩波新書)を参照。2005年頃より、じわじわと輸入条件の緩和の方向へ動き始め、全数

検査を引っ込めて危険部位の除去、生後20ヶ月以下の牛頭、輸出認定施設35箇所の事前査察を条件として、日本で16頭のBSE感染牛が発見された経路は不明のまま、政府は米国カナダ産牛肉の輸入再開を行った。ところが危険部位が堂々と輸出され、その度に日本政府は大慌てをした。食料自給率が39%の日本では、輸入食品の安全性は死活問題でもある。2008年9月20日、中国の製造業者が牛乳に禁止物質であるメラミンを混入させていた事件が公表された。それを輸入し加工食品の原料の一部としていた丸大食品は自主回収を行ったが、この事件は食品衛生法に違反する食品の輸入という問題であった。輸入食品の検査体制の強化と輸出国(中国)との間の検査の取り決めを整備する必要がある。

　2005年までに松下電器産業(パナソニック)の温風暖房機(FF式石油温風器)の給気管の劣化による一酸化中毒死亡事故が三件発生した。4月経産省の指導の下に製品のリコールを開始したが、半年たっても回収率は36%(全数15万台)に過ぎなかった。経産省は「消費生活用製品安全法」による「緊急命令」を松下電器産業に2回出したが11月にはさらに4件目の死亡事故が発生した。2006年7月14日経産省はパロマ工業製瞬間湯沸かし器による一酸化炭素中毒事故が16件発生しうち14名が死亡していたことを発表した。その後の調べで1985年から2005年までに中毒事故は28件、うち21人が死亡、36人が重軽傷を負っていたことが判明した。政府が緊急命令を出したのは2006年8月28日であり、あまりに遅きに失した経産省の対応であった。2008年パロマ工業の対応の悪さに対して、経産省は2008年6月25日に「危害防止命令」を出している。

　市民生活の自由の権利を侵す「訪問販売」は、他人の生活の場を販売活動として用いるのは、消費者からの依頼があったときに限定されるべきで、「呼ばなければ来るな」というのが、居宅、住居における事業活動の基本原理であるべきはずである。ところが、「特定商取引法」では、一定の制限の下(再勧誘の禁止など)でのみ認められているにすぎない。日本でも特定商取引法によって訪問販売を容認するのではなく、むしろ全面禁止の法制度が必要である。また訪問販売だけでなく電話による勧誘なども禁止すべきである。商売は事業所のみで行うことにすべきである。未公開株や先物取引など各種悪質な商法を阻止するためにも電話による商取引は禁止すべきで、高齢者や認知症患者の契約には規制を設けるべきではないか。

2) 商品を正確に表示させる権利

　製品の材料や機能、製造過程や流通過程が複雑に発達した今日、消費者がその商品やサービスの内容について正確に認識することは不可能である。そこで事業者が商品・サービスについて正確に表示する責務が生じる。2002年輸入牛肉を国産牛肉と偽って表示する事件が、雪印食品、日本食品、日本ハムと続いた。2007年には不二家が消費期限切れの牛乳を使った洋菓子を出荷した事件、ミートホープが牛肉コロッケに豚肉を混ぜた事件、石屋製菓による「白い恋人」の賞味期限改竄事件、伊勢名物「赤福」の賞味期限の不正表示事件が相次ぎ、「偽装表示の年」として新聞を賑わせた。食品の表示には「JAS法」があるが、食品の偽装表示事件は後を絶たない。食品の安全を確保する表示については、「食品衛生法」、「JAS法」、「不当景品表示法」による規制があるが、バラバラの規制を統一することも考えなければならない。危険性のある電気製品を安全に使用する為に、一定の基準を満たした製品にマークをつける「電気製品安全法」があり、エアゾール製品の危険性と取り扱い法を表示する「高圧ガス保安法」が定められている。安全性については科学的検証が難しいが「遺伝子組み換え食品」には表示義務がある。JAS法、食品衛生法では現在量の上位三位までの表示、割合が5%以上のものの表示に限られ、醤油・大豆油・菜種油など10品目の加工食品については表示が不要であるため、結局約90%の遺伝子組み換え食品は表示を免れている。EUでは0.9%以上の含有で表示を義務づけている。「ざる」のような表示義務でなく、より厳格

な表示に向かう必要がある。

　また表示は消費者が理解できないようでは意味がない。新食品類には「プレスハム」、「ニューコンドミート」など定義が分り難い「命名」があり消費者の理解を妨げている。

　包装袋の下側に最近マークが色々つくようになった。JIS,JAS,有機JAS、特保食品、リサイクルマークなどである。このマークの意味するところは業界や政府で決めた一定の規格を満たす商品である事をいうが、消費者はその規格を正確に知らない。「知らなくてもいいから、行政機関を信頼せよ」といっているようであり、業界の信用をバックアップするための表示となっている。

　一般的な不当表示を規制する法律には、「不当景品表示法」、「消費者契約法」、「不当競争防止法」、「特定商取引法」があり、食品については「JAS法」と「食品衛生法」の定める表示義務制度がある。さらに、薬については「薬事法」、電気製品については「電気用品安全法」などの定める表示義務がある。こうした表示規制の統一と整合を急ぐ必要がある。

3)　消費者が市場の価格決定に参加する権利

　価格決定への消費者参画の問題は、消費者が自ら行う取引条件の決定に参加する上での基本的権利ということが出来る。商品を買う時、価格は大きな要素である。ところが事業者間で統一的な価格が設定されていると、消費者はこの自由を奪われたことになる。市場経済は対等な立場の経済民主主義で成り立っているべきものである。市場競争を公正かつ自由な形で確保するため、1947年に「独占禁止法」が制定され、公正取引委員会が消費者の権利を擁護する行政機関の代表とみられている。そこで、消費者の権利を守る砦は独占禁止法に基礎を置く。独占禁止法が最大の対象としているのは、市場支配力が形成されて市場経済の仕組みが働かなくなり、市場における競争原理が機能しなくなることである。価格協定などの「共同行為」によって競争を排除したり、寡占の事業者が支配的地位を占めて同業者を支配することで、一方の取引相手である消費者を完全に支配することが可能となる。この市場支配力のもたらす負担が、結局は、全て消費者に転嫁される。事業者間の価格協定の共同行為について、公正取引委員会は「意志の連絡」を実証しなければ取り締まることが出来ない。しかしながら、「闇カルテル」、「地下協定」、「さみだれ追随」など、証拠を残さない方法で価格操作が行われるため、公共事業の談合事件以外には取り締まりは困難である。

　合併など企業の集中の規制については、2001年JALとJASの統合問題に公正取引委員会が疑問を投じたが、結局政府国交省とJAL＆JASの提案を受け入れて統合を受け入れた。かつて1968年の八幡製鉄と富士製鉄の合併で「新日鉄」の誕生の時も、公正取引委員会は合併を認めている。残念ながら、公正取引委員会は有効な判断を示し得ていない。政治的判断が決定した事項を覆す力を公正取引委員会は持っていない。

　独占禁止法による「不公正な取引方法の禁止」において、公正な競争を疎外しないために事業者による取引上・競争上の力の不当行使は禁じられている。しかし事業者が強大な力をもって支配することは必ずしも必要ではない。流通過程における力を行使することで、取引相手方に自社製品を中心に扱わせるようにする「流通系列化」が広く行われている。また「再販売価格維持行為」は卸売業者や小売業者への「不当な事業活動の拘束」に当たるとして独占禁止法で禁じられている。

　また、「不当表示」は消費者と事業者の商品・サービスの認識能力の差異に基づき、競争秩序の前提を崩すものとして独占禁止法の枠で対応することができる。「不当廉売」（ダンピング）は独占禁止法では「不当な低価格販売」も不公平な取引として禁止している。廉売は消費者のために行っているわけではなく、不当な客寄せにあたる。資本力の大きな事業者による競合相手の一掃であり、この廉価で資本の小さな事業体は赤字になり首の根を絞められるのである。シェアー第1位の事業

者がよくやる手である。

　景品や懸賞を巡る競争が独占禁止法の「不当な顧客誘引行為」として一定の制限内で規制されている。「広告」については今のところ規制はない。また中小企業の共同組合が行う相互扶助のための共同行為は、独占禁止法の適用除外である。

　新しい問題として、いまや百貨店やスーパを抜いて流通業界の雄ともてはやされるコンビニのフランチャイズ・システムに関する独占禁止法の考えによるガイドラインがある。セブンイレブン、ローソン、ファミリーマート、サンクスの4強の店舗数は35000店（全国50000店）に達する。ここで問題となるのが、商品販売価格の均一化、値引き禁止販売を強いることである。2009年6月公正取引委員会はセブンイレブンに対し、値引き販売を不当に制限したとして排除命令を出した。

　公益事業は消費者の生活に密着した商品・サービスの提供を行う事業体である。鉄道、電気、ガス、通信、郵便、水道、高速道路など国や自治体や地域独占的事業体（東電、関電、東ガス、大阪ガスなど）によって行われている。しかし、いまや様々な公益事業が民営化されている。郵貯や簡保の金が財政投融資で道路建設に使われていることを問題視した小泉首相は郵政民営化を断行した。そして鳩山内閣でその見直しが行われた。はたして郵政民営化は消費者・利用者にとって望ましいものだったのか疑問視する向きも多い。独占禁止法は2000年に改正され、公益事業は適用除外から外され、法の規制対象となった。すると100％近い市場占有率にある事業者を、たとえ地域的に分割したとしても、それらが競合するわけではないのであるから、必然的に独占禁止法に真っ向から矛盾する存在となっている。公共料金の決定は所轄官庁の認可を得て、政府の承認を経るなど公的な規制があるが、そこに消費者が参加する道は必ずしも開かれていない（→公共料金の透明化と決定過程への消費者参画）。

4)　情報の提供を受ける権利

　情報化社会とはいえ、商品・サービスについての情報は、関係事業者や行政機関にとどまって消費者の目には届かない。情報を公開する有力なメディアでさえ、スポンサーや自分に都合の悪い情報は公開しない。「氾濫する情報」の中でも、消費者に必要な情報は伝わってこない。必要な情報を提供することを事業者や行政機関に義務つけることが必要である。「情報社会に対応して消費者が必要な情報を受ける権利」の保障である。商品の安全性に関する情報は、一刻も早く公開され周知される体制になければ（薬の副作用情報のようにオンタイムで公開）、事業者や行政の不作為で情報公開がサボタージュされたり遅延すると、新たな人命が失われる可能性もある（エイズ裁判でも不作為の殺人が問題とされた）。そしてインターネット取引においてはさまざまな悪質商法が蔓延している。画面の写真のみで取引する危険や、電子的手段による契約締結が問題視されている。民法では承諾の通知を持って取引が成立し、消費者契約法、特定商取引法、不当景品表示法、不正競争防止法などの適用を受ける。インターネット取引は相手が見えないだけに、信用できるかどうかまだ未成熟な面が多い。

5)　消費者行政

　2009年5月消費者庁設置関連三法（消費者庁と消費者委員会設置法、関連法の整備法、消費者安全法）が成立し、同年9月1日消費者庁と消費者委員会が新たに設置された。

　消費者庁は内閣府の外局として設置され、各省庁に措置要求や勧告が出来る。消費者委員会は内閣府に独立して設置され、内閣総理大臣に韓国や報告要求が出来る。消費者委員会の委員は（10名以内）内閣総理大臣が任命し、現在、消費者団体員、大学教授、企業経営者、弁護士ら9名が登用されている。内閣から独立している点では「公正取引委員会」と同じである。消費者委員

会の活動は①独立して職権を行う、②内閣総理大臣や関係行政機関への建議、③関係行政機関への資料の要求、④内閣総理大臣への勧告と報告書の要求が出来る権限が与えられている。

消費者庁および消費者委員会は消費者の権利を確保することのみを第1義的な目的とし（間違っても「事業者の利益との調整」を行ってはならない）、一元的行政を実現しなくてはならない。

消費者庁と消費者委員会は消費者に関係する法律のすべてを所管するため、まず関係法律の整備に関する法律（整備法）では「表示関係」、「業法関係」、「安全関係」、「その他」にわけて整理している。これまで複数の行政機関が所轄していた29の法律を消費者庁に移管し、消費者庁が一元的に所管するものと、「共管」するものがある。科学技術の専門知識に関係する、消費者の生命・健康の安全、消費生活の自由や、商品の品質確保に関する法律については、消費者庁が直接所管するのではなく、勧告権と公表権を所管することが妥当である。行政を見守る立場の消費者委員会の役割が重要である。消費者被害に関する情報は消費者庁と消費者委員会の双方に集約される仕組みを作ることで、情報からの隔離の危険を免れることが出来る。

消費者行政の基本となる、2004年制定の「消費者基本法」では、基本理念に消費者の権利を尊重することが定められている点では一歩前進。しかし、「消費者の自立」とか「消費者の責務」という言葉が入れられている点では一歩後退である。「消費者は権利ばかり主張しないでもっと勉強しろ」といわんばかりの主張は、消費者被害の責任の半分が被害者の不勉強にあるといっているようである。これでは事業者サプライヤーの免責につながる。消費者の「4つの権利」の具体化こそが消費者行政の目的にならなければならない。日本の消費者行政では消費者被害の救済が重要であると考えているようであるが、救済は裁判で行うべきである。これまで日本の行政は事業者サプライヤー優遇政策に徹してきており、消費者の権利侵害に対して消費者の立場で措置を要求する行政機関は存在しなかった。

事業者が出す情報とは、商品を購入するための情報であり、消費者を守る情報ではなかった。消費者の権利を守る情報を消費者行政が出さなければならない。訴訟を好まない日本の消費者のために消費者相談を行政の仕事にしなければならない。それも斡旋仲介型から被害救済型の相談所にすべきである。消費者、事業者、行政の三者構成の消費者被害救済委員会などの機関を設け、裁定を行うべきである。「消費者安全法」は各地方自治体の行う消費者相談業務を消費者行政の中に明確に位置づけた。

6）　消費者運動

消費者の権利を確保し擁護する手段は必ずしも十分でない。むしろグローバリゼーションの社会構造変化のなかで消費者の立場は弱くなっている。こうした状況に対して、消費者の側からも積極的に自らの権利を確保する運動が必要である。その際に重要な働きをするのが消費者団体をはじめ、「物言う消費者の組織化」が必要である。事業者或いは事業者団体に結集した力は（ロビー勢力として）行政に対して大きな影響力を持っている。消費者の組織化や消費者団体の結成によって、被害者団体を結成する前に社会的な力（利害者団体、圧力団体、政治勢力）を形成する必要がある。消費者団体の活動には、これまで「問題提起型」と「生活協同組合型」があった。問題提起型とは情報提供、被害救済、消費者への啓蒙などをおこなう。生活協同組合型は共同購入活動にあったが、今日では生協も一事業者に過ぎなくなりつつある。

消費者団体による消費者相談では、消費者団体が示した解決策に事業者が応じないときには訴訟となる。2006年の「消費者契約法」改正において、内閣総理大臣が認定した消費団体を「適格消費者団体」として特定の事業者にたいする差し止め請求を行う権限を認めた。この団体訴権につい

ては、現在、全国に10団体が「適格消費者団体」として認められた。この制度はドイツの制度を母体としている。個別法に対して、例えば有利誤認表示、訪問販売、勧誘、通信販売、威圧など不当勧誘などが、団体訴権の対象となる。問題はひとつの団体訴訟を立ち上げると、同じ事業体に対して複数の地方で同時に裁判を起こせない点である。

◆主要な消費者法関係法令◆

消費者の財産的被害の集団的な回復のための民事の裁判手続の特例に関する法律(平成 25 年法律第 96 号)

食品表示法(平成 25 年法律第 70 号)

消費税の円滑かつ適正な転嫁の確保のための消費税の転嫁を阻害する行為の是正等に関する特別措置法(平成 25 年法律第 41 号)

消費者教育の推進に関する法律(平成 24 年法律第 61 号)

消費者安全法(平成 21 年法律第 50 号)

消費者庁及び消費者委員会設置法(平成 21 年法律第 48 号)

米穀等の取引等に係る情報の記録及び産地情報の伝達に関する法律(平成 21 年法律第 26 号)

公益通報者保護法(平成 16 年法律第 122 号)

食品安全基本法(平成 15 年法律第 48 号)

独立行政法人国民生活センター法(平成 14 年法律第 123 号)

健康増進法(平成 14 年法律第 103 号)

特定電子メールの送信の適正化等に関する法律(平成 14 年法律第 26 号)

電子消費者契約及び電子承諾通知に関する民法の特例に関する法律(平成 13 年法律第 95 号)

金融商品の販売等に関する法律(平成 12 年法律第 101 号)

消費者契約法(平成 12 年法律第 61 号)

住宅の品質確保の促進等に関する法律(平成 11 年法律第 81 号)

製造物責任法(平成 6 年法律第 85 号)

特定商品等の預託等取引契約に関する法律(昭和 61 年法律第 62 号)

貸金業法(昭和 58 年法律第 32 号)

無限連鎖講の防止に関する法律(昭和 53 年法律第 101 号)

特定商取引に関する法律(昭和 51 年法律第 57 号)

国民生活安定緊急措置法(昭和 48 年法律第 121 号)

有害物質を含有する家庭用品の規制に関する法律(昭和 48 年法律第 112 号)

生活関連物資等の買占め及び売惜しみに対する緊急措置に関する法律(昭和 48 年法律第 48 号)

消費生活用製品安全法(昭和 48 年法律第 31 号)

消費者基本法(昭和 43 年法律第 78 号)

不当景品類及び不当表示防止法(昭和 37 年法律第 134 号)

家庭用品品質表示法(昭和 37 年法律第 104 号)

割賦販売法(昭和 36 年法律第 159 号)

出資の受入れ、預り金及び金利等の取締りに関する法律(昭和 29 年法律第 195 号)

旅行業法(昭和 27 年法律第 239 号)

宅地建物取引業法(昭和 27 年法律第 176 号)

農林物資の規格化等に関する法律(昭和 25 年法律第 175 号)

食品衛生法(昭和 22 年法律第 233 号)

物価統制令(昭和 21 年勅令第 118 号)

独立行政法人
国民生活センター

【法人番号 4021005002918】

報道発表資料

令和3年4月8日

独立行政法人国民生活センター

狙われる！？18歳・19歳
「金」と「美」の消費者トラブルに気をつけて！

　民法改正により、2022年4月1日から、成年年齢が20歳から18歳に引き下げられます。未成年者が親の同意を得ずに契約した場合には、民法で定められた未成年者取消権によってその契約を取り消すことができますが、成年になって結んだ契約は未成年者取消権の行使ができなくなります。また、20歳代前半（20〜24歳）で多くみられる儲け話や美容関連の消費者トラブルに、成年になったばかりの18歳・19歳も巻き込まれるおそれがあります。

　そこで、若者の消費者トラブルの防止・解決のため、現在は「未成年」ですが民法改正で新たに「成年」となる18・19歳と、成年になって間もない20歳代前半にみられる傾向やアドバイスをまとめました。

1．PIO-NET[1]にみる相談の傾向

（1）年度別相談件数（図1）

　契約当事者の年齢が「18・19歳」「20〜24歳」の年度別相談件数をみると、「20〜24歳」の相談件数の平均値[2]（以下、「20〜24歳」（平均値））は、「18・19歳」の相談件数の平均値（以下、「18・19歳」（平均値））の概ね1.5倍でした。

図1．「18・19歳」「20〜24歳」の年度別相談件数（平均値）[3]

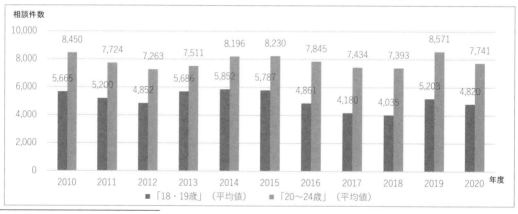

[1] PIO-NET（パイオネット：全国消費生活情報ネットワークシステム）とは、国民生活センターと全国の消費生活センター等をオンラインネットワークで結び、消費生活に関する相談情報を蓄積しているデータベースのこと。相談件数は、2021年2月末までの登録分。消費生活センター等からの経由相談は含まれていない。
[2] 「18・19歳」（平均値）は、18歳、19歳の2歳分の相談件数の合計を2で割った値。「20〜24歳」（平均値）は、20歳から24歳までの5歳分の相談件数の合計を5で割った値。平均値は、全て小数点以下第1位を四捨五入した値。
[3] 2019年度同期件数（2020年2月末までのPIO-NET登録分）は、「18・19歳」（平均値）が4,272件、「20〜24歳」（平均値）が6,909件。

（2）商品・役務（表1）

　「18・19歳」「20～24歳」でみられる上位の商品・役務を表1にまとめました。

　表1のうち、「18・19歳」（平均値）に比べて、「20～24歳」（平均値）で相談件数が2倍以上の商品・役務（表1の緑色部分）としては、「エステティックサービス」（脱毛エステ、痩身エステ、美顔エステなど）や「内職・副業その他」（オンラインカジノ、副業サイトなど）、「ファンド型投資商品」（暗号資産（仮想通貨）への投資など）等がみられます。

　「18・19歳」（平均値）ではみられないものの、「20～24歳」（平均値）でみられる商品・役務（表1のオレンジ色部分）としては、「フリーローン・サラ金」（サラ金、消費者金融など）、「教養娯楽・資格教材」（投資用USB[4]など）、「医療サービス」（医療脱毛、包茎手術等の美容医療など）等がみられます。

　また、「健康食品」（ダイエットサプリメント、バストアップサプリメントなど）、「化粧品」（除毛剤など）、「紳士・婦人洋服」、「デジタルコンテンツその他」（情報商材[5]など）、「出会い系サイト」、「アダルト情報サイト」等が、「18・19歳」「20～24歳」で共通してみられました。

表1．「18・19歳」「20～24歳」の商品・役務別相談件数（平均値）

順位	2019年度				2020年度			
	「18・19歳」（平均値）		「20～24歳」（平均値）		「18・19歳」（平均値）		「20～24歳」（平均値）	
1	化粧品	885	デジタルコンテンツその他	731	健康食品	721	デジタルコンテンツその他	827
2	健康食品	616	化粧品	546	デジタルコンテンツその他	489	健康食品	555
3	デジタルコンテンツその他	396	エステティックサービス	476	化粧品	427	商品一般	399
4	商品一般	199	賃貸アパート・マンション	433	商品一般	235	エステティックサービス	370
5	紳士・婦人洋服	173	健康食品	417	出会い系サイト	214	賃貸アパート・マンション	364
6	出会い系サイト	158	商品一般	362	紳士・婦人洋服	181	出会い系サイト	314
7	放送サービス	154	出会い系サイト	349	アダルト情報サイト	141	内職・副業その他	282
8	賃貸アパート・マンション	144	内職・副業その他	320	賃貸アパート・マンション	127	化粧品	262
9	アダルト情報サイト	132	移動通信サービス	273	他の役務サービス	124	移動通信サービス	206
10	電気	126	フリーローン・サラ金	237	電気	101	他の役務サービス	206
11	エステティックサービス	90	電気	216	移動通信サービス	77	紳士・婦人洋服	199
12	移動通信サービス	87	四輪自動車	184	エステティックサービス	74	電気	172
13	内職・副業その他	86	紳士・婦人洋服	174	内職・副業その他	73	フリーローン・サラ金	166
14	四輪自動車	84	教養娯楽・資格教材	167	自動車運転教習所	69	四輪自動車	142
15	コンサート	72	他の役務サービス	157	四輪自動車	64	インターネット接続回線	122
16	他の役務サービス	72	インターネット接続回線	142	オンラインゲーム	53	ファンド型投資商品	119
17	オンラインゲーム	63	ファンド型投資商品	130	音響・映像機器付属品	51	アダルト情報サイト	107
18	インターネット接続回線	62	アダルト情報サイト	108	かばん	47	医療サービス	98
19	相談その他	54	他の教養・娯楽サービス	100	インターネット接続回線	46	修理サービス	86
20	靴・運動靴	52	医療サービス	91	ファンド型投資商品	46	複合サービス会員	66

＊緑色部分　　　　は、「18・19歳」（平均値）に比べて、「20～24歳」（平均値）で相談件数が2倍以上の商品・役務。
＊オレンジ色部分　　　は、「18・19歳」（平均値）ではみられないものの、「20～24歳」（平均値）でみられる商品・役務。

（3）販売購入形態（図2）

　販売購入形態をみると、「20～24歳」（平均値）は「18・19歳」（平均値）に比べて、マルチ取引の相談件数は5.5倍と多く、店舗購入は2.5倍、訪問販売は2.4倍、電話勧誘販売は3.5倍、通信販売は同程度でした。また通信販売のうち「18・19歳」の87％、「20～24歳」の83％がインターネット通販に関する相談でした。

　なお、「20～24歳」の各販売購入形態で多くみられる商品・役務（2020年度）は次の通りです。

---

[4] 投資用USBとは、バイナリーオプション取引やFX取引等に関するプログラミングツールが記録されたUSBメモリ。
[5] インターネットの通信販売等で、副業、投資やギャンブル等で高額収入を得るためのノウハウ等と称して販売されている情報のこと。国民生活センター「簡単に高額収入を得られるという副業や投資の儲け話に注意！－インターネット等で取引される情報商材のトラブルが急増－」（2018年8月2日）http://www.kokusen.go.jp/news/data/n-20180802_1.html

・店舗購入：「エステティックサービス」（脱毛エステ、痩身エステ、美顔エステなど）
　　　　　　「賃貸アパート・マンション」
　　　　　　「医療サービス」（医療脱毛、包茎手術等の美容医療など）
・訪問販売：「電気」
　　　　　　「インターネット接続回線」
・通信販売：「健康食品」（ダイエットサプリメント、バストアップサプリメントなど）
　　　　　　「化粧品」（除毛剤など）
　　　　　　「紳士・婦人洋服」
　　　　　　「デジタルコンテンツその他」（情報商材など）
・マルチ取引：「内職・副業その他」（オンラインカジノのアフィリエイト、副業サイトなど）
　　　　　　　「デジタルコンテンツその他」（情報商材など）
　　　　　　　「ファンド型投資商品」（暗号資産（仮想通貨）への投資など）
　　　　　　　「化粧品」（化粧品全般、化粧品セットなど）
　　　　　　　「教養娯楽・資格教材」（投資用USBなど）
・電話勧誘販売：「デジタルコンテンツその他」（情報商材など）
　　　　　　　　「内職・副業その他」（副業サイトなど）

図2．「18・19歳」「20〜24歳」の販売購入形態別相談件数（平均値）[6]

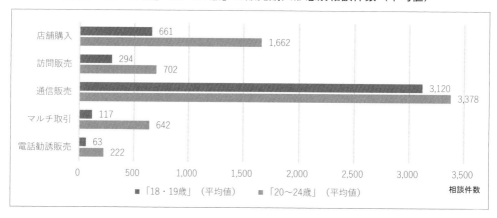

（4）販売方法・手口（図3）

　販売方法・手口をみると、「20〜24歳」（平均値）は「18・19歳」（平均値）に比べて「販売目的隠匿」「説明不足」「虚偽説明」「強引」「長時間勧誘」などの問題勧誘が多くみられました。

　特に、契約の際に無理やり消費者金融等から借金をさせたり、クレジット契約を組ませたりする「クレ・サラ強要商法」は、「20〜24歳」（平均値）は「18・19歳」（平均値）の14倍となっています。

---

[6] 「18・19歳」（2020年度）、「20〜24歳」（2020年度）について分析。

図3.「18・19歳」「20〜24歳」の販売方法・手口別相談件数（平均値）[7]

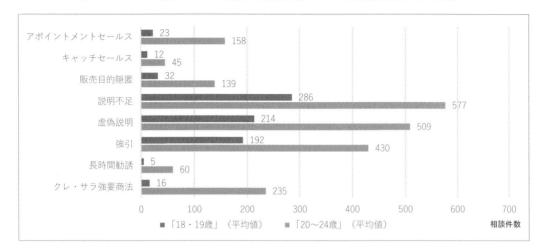

（5）契約購入金額（図4）

　平均契約購入金額（2020年度）をみると、「18・19歳」は 15.8万円、「20〜24歳」は41.7万円でした。また、「18・19歳」（平均値） に比べて、「20〜24歳」（平均値）では契約購入金額が10万円以上の相談の割合は約半数と高くなっています。

図4.「18・19歳」「20〜24歳」の契約購入金額[8]

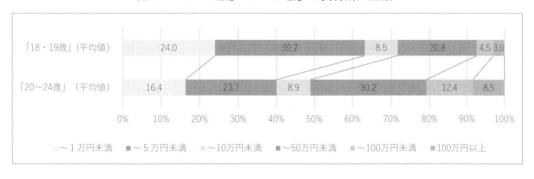

（6）「18・19歳」「20〜24歳」の消費生活相談の傾向

　「18・19歳」「20〜24歳」の消費生活相談の傾向をみると、「18・19歳」「20〜24歳」とも、ダイエットサプリメントやバストアップサプリメント、除毛剤などの詐欺的な定期購入商法[9]、洋服

---

[7]　「18・19歳」（2020年度）、「20〜24歳」（2020年度）について分析。1件の相談に複数の販売方法・手口が含まれる場合は、各々に対し1件ずつカウントしている。

[8]　「18・19歳」（2020年度）、「20〜24歳」（2020年度）について分析。契約購入金額が0円及び無回答を除く。

[9]　通信販売の広告において、初回分については無料又は低額な金額を提示し、2回目以降に高額な金額を支払わせる手口。消費者が定期購入であることを容易に認識できないような形で表示を行うケースや、消費者に定期購入であることを明示しつつも「いつでも解約可能」として契約を締結させるが、解除には応じない等のケースがみられる。国民生活センター「相談激増！『おトクにお試しだけ』のつもりが『定期購入』に！？」（2019年12月19日）http://www.kokusen.go.jp/news/data/n-20191219_1.html

消費者庁では、「詐欺的な定期購入商法」のトラブルに関連して、通信販売業者に対して特定商取引法に基づく行政処分を実施しており、併せて『「これって1回限りじゃないの!?」通販申込前の確認ポイント』チラシや詐欺的な定期購入商法をめぐる状況を公表し、注意喚起を行っている。

（https://www.caa.go.jp/notice/entry/018420/）　（https://www.caa.go.jp/notice/entry/018419/）
（https://www.caa.go.jp/notice/entry/018692/）　（https://www.caa.go.jp/notice/entry/020964/）
（https://www.caa.go.jp/notice/entry/022500/）　（https://www.caa.go.jp/notice/entry/022759/）

などの詐欺・模倣品サイト [10]、アダルト情報サイトや出会い系サイトといったインターネット通販のトラブルが多くみられます。

　「20〜24 歳」は「18・19 歳」に比べて、情報商材 [11]、オンラインカジノ、暗号資産（仮想通貨）、投資用 USB などの儲け話のトラブル、エステティックサービスや医療脱毛、包茎手術等の美容医療などのトラブルが多くみられます。これらのトラブルのきっかけとしては①インターネット・SNS の広告・書き込み等を見て連絡をするケース、②SNS で知り合った人から誘われるケース、③学校や職場の友人・知人から誘われるケースがあります。また、「販売目的隠匿」「説明不足」「虚偽説明」「強引」「長時間勧誘」や「クレ・サラ強要商法」など問題のある販売方法・手口も目立ちます。

２．相談事例（（　）内は受付年月、契約当事者の属性）

（※契約当事者の年代が「10 歳代」は 18 歳・19 歳、「20 歳代」は 20〜24 歳。）

【事例１】未成年時に投資用 USB を勧誘され、成人してすぐに借金を指南されて契約した

　大学の寮の先輩から「バイナリーオプション [12] で儲かっている。もっと儲かっている人から話を聞いてみないか」と誘われて、３人で会うことになった。先輩に紹介された人から「投資用 USB を使用すると、１万円を１年間で何百万にすることができる。定年までの生涯年収では一生を暮らすことができない。投資用 USB は 50 万円だが、今投資すれば後で楽に暮らすことができる」と説明された。その時はまだ 19 歳だったため、20 歳になってから投資用 USB を購入することになった。20 歳になってすぐ契約書を記入したところ、学生ローンからの借り入れを指南され、学生ローン３社から合計 50 万円を借り入れて代金を支払った。その後、販売業者のセミナーに複数回参加したり、購入した投資用 USB を使ってバイナリーオプションをやってみたりしたが、勧誘時の説明と異なり儲からない。契約を解約し、返金してほしい。

（2021 年 1 月受付　20 歳代　男性）

【事例２】SNS で知り合った人に儲かる情報商材を勧誘され、契約したが儲からなかった

　SNS の自分のアカウントに知らない人から「ネットビジネスに興味がないか」とメッセージが届いた。興味を持ったので、無料メッセージアプリの通話機能を利用して話を聞き、詳しい話は会って話すと言われ、喫茶店で会うことになった。そこで突然、儲かる情報商材の購入を勧められ、断り切れず 10 万円の情報商材を契約してしまった。支払いは２種類のクレジットカードに分けて決済した。契約当時は未成年で、契約には親権者の同意が必要だったが、親に知られたくなければ契約書の親権者同意欄を自分自身で書けばいいと言われ、自らサインをした。しばらく情報商材を使ったが、儲からない。クーリング・オフについて記載された契約書面が渡されていないので、書面不備でクーリング・オフできないか。　　　　（2020 年 9 月受付　20 歳代　男性）

---

[10] インターネット通販での「商品が届かない」「偽物が届いた」といったトラブル。国民生活センター「格安をうたう家具や家電品等の模倣サイトにご注意！」（2020 年 10 月 1 日）http://www.kokusen.go.jp/news/data/n-20201001_2.html
[11] 消費者庁では、「情報商材」をめぐるトラブルに関連して、特定商取引法違反事業者に対して特定商取引法に基づく行政処分を実施しており、併せて注意喚起を行っている。
（https://www.caa.go.jp/notice/entry/019409/）（https://www.caa.go.jp/notice/entry/022975/）
[12] バイナリーオプション取引は、為替相場等が上がるか下がるかを予想するもので、取引期間終了時（権利行使期限）に事前に定めた権利行使価格を上回った（又は下回った）場合に、一定額の金銭（ペイアウト）を受け取ることができる。予想がはずれれば、支払ったオプション料がすべて損失になる。また、短期間に繰り返し取引することができるため、損失額が大きくなるおそれがある。バイナリーオプション取引はリスクの高い取引であり、確実に儲かるというものではない。

【事例３】無料エステ体験後、別室で執拗な勧誘を受け、高額なコースを契約してしまった

　街中で脱毛エステの無料体験に誘われた。無料体験を受けた後、断ったにもかかわらず別室へ案内され、有料のエステの勧誘を受け続け、断り切れずに約20万円の全身脱毛コースの契約をしてしまった。後日、初回の施術を受けに行った際、頭金として７万円を請求されたが、持ち合わせていないと言ったところ、スマホを勝手に使われ７万円をリボ払いでキャッシングされ、エステ事業者の口座に送金された。さらに当日の所持金を聞かれ、持っていた2,000円を支払った。帰宅後、キャッシングの支払いが不安になり、エステ事業者に解約したいと言ったところ、初回施術料約６万円を支払うように言われた。契約を取り消したい。

（2020年４月受付　10歳代　女性）

【事例４】包茎の無料相談に行ったら、親の同意なく即日施術されてしまった

　包茎の相談をしたいと思い、インターネットで包茎手術５万円と記載されていたクリニックに電話をかけた。クリニックの担当者から「診察をしてみないといくらかかるかは伝えられない。無料相談の予約を入れる」と言われた。無料相談の当日、手術着を着た担当者から、「早めに手術を受けたほうがよい」「未成年なので本当は親の承諾が必要だが、もうすぐ20歳になるから承諾なしでよい」と言われ、狭い部屋に担当者と２人きりだったため怖くて断ることができず、そのまま手術を受けることになってしまった。手術代金50万円のうち、頭金5,000円をATMでお金を下ろして支払った。無料相談に行っただけなのに、親の同意もなく手術を受けてしまった。未成年者契約の取り消しをしたい。

（2020年８月受付　10歳代　男性）

【事例５】低価格で１回限りの購入だと思って申し込んだが、支払総額が高額な定期購入だった

　動画投稿サイトで「初回無料、送料500円のみ」と記載されている広告を見て、１回限りの購入のつもりでダイエットサプリメントを申し込んだ。クレジットカードで支払えば100円で購入できるが、高校生でクレジットカードは持っていなかったので、コンビニ等の後払い決済サービスを選択した。購入後、販売サイトをよく見ると、小さな文字で「２回継続が条件である」と記載されていた。２回目の商品は、初回商品を受け取ってから６日後に約３万5,000円の代金となっていた。高校生のため、２回目の代金は支払えないと考え、販売業者に電話で連絡したが、電話がつながらない。どうしたらよいか。

（2020年５月受付、10歳代、女性）

【事例６】支払総額が高額な定期購入だとわかり、販売業者に未成年者契約の取り消しを求めたが拒否された

　インターネットで「初回600円」と記載されている青汁の広告を見て、体によさそうな印象もあり、１回限りの購入のつもりで申し込んだ。商品はすぐに届き、コンビニで代金600円を支払った。その後、商品についてインターネットで調べると、２回目も商品の購入が必要な定期購入の契約で、２回目は３カ月分がまとめて届き、代金が約３万円と高額であることが分かった。自分は未成年者なので販売業者に電話で未成年者契約の取り消しを求めたが、「申し込みの際に、親の承諾を得て申し込むという利用規約に同意しているので、取り消しには応じられない」と言われた。どうしたらよいか。

（2020年５月受付、10歳代、女性）

３．若者へのアドバイス

（１）うまい話はうのみにせず、きっぱり断りましょう

　「簡単に儲かる」「手軽にキレイ」「○% OFF」などのインターネット・SNS の広告や書き込み、友人や知人、SNS で知り合った人からの誘いをきっかけに、トラブルに巻き込まれています。こうした広告や説明はうのみにせず、安易に契約しないようにしましょう。

　「お金がない」と言うと、消費者金融や学生ローンから借金をさせられたり、クレジットカードで支払わされたりする場合もあります。必要がなければ「契約はしない」ときっぱり断りましょう。

（２）クーリング・オフや消費者契約法など、消費者の味方になるルールを身につけましょう

　特定商取引法では、訪問販売・電話勧誘販売・連鎖販売取引での契約や、特定継続的役務提供（エステティックや美容医療等）の契約では、クーリング・オフができる場合があります[13]。

　消費者契約法では、「うそを言われた」「帰りたいと告げたのに帰してくれなかった」場合に締結した契約を、後から取り消すことができます[14]。

　また、2022 年 3 月 31 日までは 20 歳未満の未成年者が親の同意を得ずに契約した場合には、民法で定められた未成年者取消権[15]によってその契約を取り消すことができます。

　こうした消費者を保護するルールを身につけ、いざというときには活用しましょう。

（３）トラブルに遭ったと感じた場合は、最寄りの消費生活センター等に相談しましょう

　少しでも不審に思ったりトラブルに遭ったと感じたら、最寄りの消費生活センターへ相談しましょう※。

　※消費者ホットライン：「１８８（いやや！）」番

　最寄りの市町村や都道府県の消費生活センター等をご案内する全国共通の 3 桁の電話番号です。

４．情報提供先

　本報道発表資料を、以下の関係機関に情報提供しました。
- 消費者庁　　　　　　　　　　　　　　（法人番号 5000012010024）
- 内閣府消費者委員会事務局　　　　　　（法人番号 2000012010019）

 国民生活センター 公式LINEアカウント
LINE ID：@line_ncac
[QRコード]を読み取って「友だち追加」！

---

[13] 特定商取引法では、「クーリング・オフ」を規定しており、法律で決められた書面を受け取ってから一定の期間（訪問販売・電話勧誘販売・特定継続的役務提供（エステティック、美容医療等）においては 8 日間、連鎖販売取引においては 20 日間）内であれば、無条件で契約を解除できる。なお、通信販売には、クーリング・オフに関する規定はない。国民生活センターのホームページでは、クーリング・オフ制度や手続き方法等を掲載している。http://www.kokusen.go.jp/soudan_now/data/coolingoff.html
[14] 消費者庁「不当な契約は無効です！－早分かり！消費者契約法－」
https://www.caa.go.jp/policies/policy/consumer_system/consumer_contract_act/public_relations/pdf/public_relations_190401_0001.pdf
[15] 法定代理人が目的を定めて処分を許した財産をその目的のために使う行為や、自由な処分を許された財産を使う行為などは法定代理人の同意は不要。また、未成年者が相手を誤信させる目的で、成年者であると伝えたり、法定代理人の同意を得ていないにもかかわらず同意を得ているなどうそをついたりすること（詐術）により相手を信用させて契約した場合には原則として取り消しはできない。

【遠隔講義 消費者法〈第2版〉2021　〈3〉】

成年年齢の引き下げと消費者法
◆成年年齢の引き下げと若年消費者保護について(覚書) ◆

(初出はジュリスト、現代消費者法)

S.Kawakami

1　成年者とは

　日本国憲法 15 条 3 項は「公務員の選挙については、成年者による普通選挙を保障する」と定めるが、ここにいう「成年者」についての定義はなく、1945 年の衆議院議員選挙法改正によって選挙年齢を 25 歳から 20 歳として以来、2015 年の公職選挙法改正で 18 歳に引き下げられるまでは満 20 歳以上が「成年者」とされてきた。2015 年の選挙権年齢引き下げの直接のきっかけは、2007 年に成立した「日本国憲法の改正手続に関する法律」(いわゆる「国民投票法」)第 3 条であり、同法附則 3 条 1 項で「国は、この法律が施行されるまでの間に、年齢十八年以上二十年未満の者が国政選挙に参加できること等となるよう、選挙権を有する者の年齢を定める公職選挙法、成年年齢を定める民法その他の法令の規定について検討を加え、必要な法制上の措置を講ずるものとする」とされていたことによる。公職選挙法改正の実質的な提案理由は、18 歳選挙権を既に実現している世界的趨勢があったようである (世界 199 カ国・地域の約 9 割が 18 歳選挙権を定める)。

　他方、私法上の成年年齢については、民法 4 条が「年齢二十歳をもって、成年とする」と規定し、「年齢計算ニ関スル法律」(明治 35 年法 50 号)、「年齢のとなえ方に関する法律」(昭和 24 年法 96 号)によって、「満二十歳」の誕生日を迎えると「成年」に達するものとしている。「私法上の成年」と「公法上の成年」は必ずしも一致させる必然性はなく、憲法上の「成年」を私法上の「成年」より低く設定することは理論上可能である (逆に高く設定すると憲法違反となる)。しかし、国家の統治機構の在り方にかかわる問題であって、私法上のそれとは異なる(東京地判平成 25・3・14 判時 2178 号 3 頁も参照)。個々の法律ごとに、その立法目的に照らして成年の年齢設定を異にすることが合理的であることも少なくない。しかし、その両者が一致していることが望ましいとの漠然とした感覚は存在していたであろうことは、1945 年の選挙法改正からも推測できよう。

　民法 4 条の成年「満二十歳以上」は、1898 年の民法施行以来のものであるが、これは明治 9 年(1876 年)の太政官布告第 41 号「自今満二十年ヲ以テ丁年ト相定候」に由来し、この「**丁年**」を「成年」に改めたものである。「丁年」は、「強壮の時にあたる[丁る]年齢」を意味した。歴史的には、社会的に「一人前」とされる労働能力・戦闘能力・生殖能力などは、伝統的に、もう少し早く、概ね 13 歳から 15 歳前後で「成年式・元服」を迎えていたが、太政官布告は、さらに成熟した判断力を求めたのであろう。

2　国民投票法と公職選挙法改正

　2007 年成立の「日本国憲法の改正手続に関する法律」3 条は、「日本国民で年齢満十八年以上の者は、国民投票の投票権を有する」としたうえで、その附則 3 条 1 項において、「国は、この法律が施行されるまでの間に、年齢満十八年以上満二十年未満の者が国政選

挙に参加することができること等となるよう、選挙権を有する者の年齢を定める公職選挙法、成年年齢を定める民法その他の法令の規定について検討を加え、必要な法制上の措置を講ずるものとする」との法制上の措置を求めた。もっとも、2014 年の同法一部改正の際、同法附則 3 条は、その期限がすでに経過していたため全体がいったん削除され、あらためて、改正法附則 3 項で、「国は、この法律の施行後速やかに、年齢満十八年以上満二十年未満の者が国政選挙に参加することができること等となるよう、国民投票の投票権を有する者の年齢と選挙権を有する者の年齢との均衡等を勘案し、公職選挙法、民法その他の法令の規定について検討を加え、必要な法制上の措置を講ずるものとする」とした。

　選挙権年齢の満 18 歳への引下げに関する公職選挙法改正は、2015 年 6 月に成立し、同法改正法附則 11 条でも、「国は、国民投票（日本国憲法の改正手続に関する法律第一条に規定する国民投票をいう。）の投票権を有する者の年齢及び選挙権を有する者の年齢が満十八年以上とされたことを踏まえ、選挙の公正その他の観点における年齢満十八年以上満二十年未満の者と年齢満二十年以上の者との均衡等を勘案しつつ、民法、少年法その他の法令の規定について検討を加え、必要な法制上の措置を講ずるものとする」とされた。

3　民法改正法に向けた動き（1）

　これを受け、民法上の成年年齢の引下げに関し、2008 年 2 月に法務大臣から法制審議会に対し、「若年者の精神的成熟度及び若年者の保護の在り方の観点から、民法の定める成年年齢を引き下げるべきか否か等について御意見を承りたい」旨の諮問があり、法制審議会では「民法成年年齢部会」を設置して審議が行われた。同年 12 月の「中間報告書」では、成年年齢の引下げ自体については両論併記となり、仮に成年年齢を引き下げる場合についても、A 案 18 歳、B 案 18 歳に達した直後の 3 月の一定の日（例えば 3 月 3 1 日など）、C 案 19 歳との 3 つの考え方が提示された。また、民法上の成年年齢を引き下げる場合に必要となる施策の実行との先後関係についても、成年年齢の引下げを先行させたうえで、施行までに一定の猶予期間をおき、その間に施策を実行に移すとの意見（Ⅰ案、猶予期間については、①2、3年、②5 年程度、③10 年程度とする案が提示されている）と、施策の充実または確実になったことが確認できるまでは、成年年齢を引き下げるべきではないとの意見（Ⅱ案）が示された。同部会は、その後、2009 年 7 月に、民法の成年年齢を 18 歳に引き下げるのが適当とする「民法の成年年齢の引下げについての最終報告書」（以下「最終報告書」）をとりまとめた。

　法制審議会総会では、この最終報告書についての審議がなされ、2009 年 10 月の総会において、次のような「民法の成年年齢の引下げについての意見」がとりまとめられ、法務大臣に答申された。

　「1　民法の定める成年年齢について

　　民法が定める成年年齢を 18 歳に引き下げるのが適当である。

　　ただし、現時点で引下げを行うと、消費者被害の拡大など様々な問題が生じるおそれがあるため、引下げの法整備を行うには、若年者の自立を促すような施策や消費者被害の拡大のおそれ等の解決に資する施策が実現されることが必要である。

　　民法の定める成年年齢を 18 歳に引き下げる法整備を行う具体的時期については、関連施策の効果等の若年者を中心とする国民への浸透の程度やそれについての国民

の意識を踏まえた、国会の判断に委ねるのが相当である。

　2　養子をとることができる年齢（養親年齢）について

　養子をとることができる年齢（養親年齢）については、民法の成年年齢を引き下げる場合であっても、現状維持（20歳）とすべきである。」

　この意見では、「若年者の自立を促すような施策や消費者被害の拡大のおそれ等の解決に資する施策」の実現が求められているが、それを引き下げの条件とするのではなく、法整備の具体的時期は国会の判断に委ねるという玉虫色のものとなった。

　なお、消費者保護の具体的施策として、最終報告書は、若年者の特性に応じて事業者に重い説明義務を課すこと、若年者の社会経験の乏しさによる判断力不足に乗じた契約の取消権を付与することなどを具体例として掲げている。

4　民法改正法に向けた動き（2）

　法務省は、その後、成年年齢の引下げに向けた民法改正を行うことを前提に、改正法の具体的な施行方法、施行日、経過措置等に関する次の4点についてパブリックコメントを募集した。すなわち、（1）改正法施行時点で既に18歳、19歳に達している者は、改正法の施行日に一斉に成年に達するとすることによる支障の有無、（2）施行までの周知期間、（3）改正法の施行日、（4）施行に伴う支障の有無である。パブリックコメントの結果は11月8日に公示されたが、その多くは安易な引き下げに対する慎重論であった。しかしながら、法務省は、引き下げに伴う弊害への危惧を払拭するための制度整備をすすめるとともに、成人年齢を18歳に引き下げる民法改正案を2017年の通常国会に提出する方針を固めた。

5　改正法の成立

　かくして、2018年6月13日、成年年齢を引き下げる民法改正法案が可決成立した。**平成30（2018）年法59号**では民法第4条について、「年齢十八歳をもって、成年とする」との改正が施され、その**施行**は**令和4（2022）年4月1日**とされた。その結果、旅券法、国籍法、性別変更などの申請は18歳に引き下げられた（養親年齢は20歳から）。関連して、タバコ・酒・競輪・競馬・モーターボートレース・オートレース　などは、そのまま20歳からとされた。婚姻能力に関しては、18歳で統一されたので、女性については16歳から18歳に引き上げられたことになる。

6　「人」の「能力」の問題から

　成年年齢の問題は、様々な観点からの検討を要するが（「特集18歳選挙権のインパクト」法学セミナー744号の諸論稿も参照）、その一つとして、人の「能力」についての基本的分析が欠かせない。

（a）能力の諸相

　人の「**能力**（capacity, fähigkeit, capacité）」は、これまでも様々な観点から語られ、それを制度に反映させようとする試みが古くから存在する。

　人の能力は、身体的能力・活動能力と精神的能力から観察できるが、これまた多様である。精神的能力の前提となる認知能力を支えるには、視力・聴力をはじめ嗅覚・触覚のよ

うな身体的知覚能力に対する配慮も必要である。また、人間が社会的に見て「一人前・大人」になったかどうかについて、古くは、その「生殖能力」や「戦闘能力」が問われたことは既に述べた。たとえば、プロイセン一般ラント法では、木の切り株から馬に一人で乗れるかによって、その人の能力が計られた。しかし、現在では、身体的能力よりも精神的能力、つまり自分の独立した意思を形成する能力に重心を移して私法上の能力が問題とされている。民法は、基本的に、「能力」を一定の「法的資格」の要素と考え、そのうちの「精神的能力・判断能力」に着目した制度を用意することで、判断能力に問題のある者を支援・保護しているが、これに尽きない。

（b）権利能力から行為能力へ

　人には、生まれながらにして権利義務の帰属点となり得る能力（権利能力）が備わっているが、行為の法的効力を考える場合は、その背後にある意思的活動に対する評価の結果として、「意思能力」あるいは「事理弁識能力」の存在が必須とされ、完全に単独で有効な法律上の行為をなすには、さらに成熟した財産管理能力・判断能力としての「行為能力」が必要とされ、これが民法上の「成人」と結びつけられている。しかし、精神的な判断能力は対象によって異なり得ることから、身分行為に関連する、「遺言能力」や「養子縁組能力」、「婚姻意思形成能力」のように、問題ごとに適切な能力が探られた。さらに、不法行為法の世界では、不法行為をなす能力としての「不法行為能力」や行為者の「責任能力」の有無を問題とし、一定範囲で本人の保護と被害者の保護の調整を図っており、その効果である損害賠償問題では、人の「生存能力（平均余命）」や「稼働能力」に着目して賠償範囲を考え、「過失相殺能力」によって賠償額の調整をすることは周知の通りである。訴訟法の領域では、訴訟（遂行）能力」、刑事法の世界では、犯罪をなし、刑罰を受けることができる資格を「犯罪能力・刑罰能力」などと呼ぶ。なお、法務省は2021年通常国会に提出予定の少年法改正法で、20歳未満の者について、従来通り「少年」と位置づけた上で、民法上の成年となる18歳、19歳の古書王を「特定少年」とする方針であるが、刑事責任を問う対象を拡大し、厳罰化を予定している。また、起訴後の実名報道も可能となる見通しと伝えられている。その限りで、少年法での成年年齢の引き下げは見送られたことになる（2021年2月19日閣議決定）（www.moj.go.jp/keiji1/keiji12_00167.html）。

（c）年齢との関係

　こうした能力は、個別に判定される場合もあれば、一律に、一定の「年齢」によって推定されていることもある。具体的には、意思能力・事理弁識能力は、これまでの裁判例などなどからは6、7歳で備わるとされ、責任能力は12、3歳、身分行為能力は15、6歳が考えられている（養親となる年齢は原則20歳以上[792条]）。婚姻年齢は、男子18歳、女子16歳（→18歳）である。そして、単独で完全に有効な法律行為をなし、取引行為をできる年齢が、原則として成年たる20歳（→18歳）と定める。一方で、「成年」になったとしても精神上の障害によって事理弁識能力を欠く場合や、それが「著しく不十分」あるいは「不十分」な場合は、家庭裁判所の審判によって能力に制限を受ける場合があり（民法7条、11条、15条）、他方で未成年者であっても法定代理人の同意・包括的同意の存在を前提に行為能力を認められる場合がある（同法5条3項、6条など）。つまり、未成年者取

消権制度には、法定代理人の包括的同意によって、その時々の本人の成長段階に応じた能力制限の緩和措置が予め組み込まれていると考えることができ、婚姻による親権解放や、営業許可による成年擬制などもこの観点から説明可能である。

　もっとも、若年者の具体的な成長過程は多様であって、年齢で画一的に保護の要否や程度を考えることは本来的には困難であり、その要保護状態については、むしろ一定の「幅」をもって検討されることが望ましいことは言うまでもない。その結果、さしあたって、**17，8歳から22，3歳の幅を持った、「年齢への配慮」が必要になるというのが実態に即している**ように思われる。

（d）消費者の能力問題と多様な「脆弱性」

　消費者法の世界では、「成人」を前提としながらも、「情報の質及び量並びに交渉力等の格差」が考慮され（消費者基本法１条、消費者契約法１条）、取引に際しては「消費者の知識、経験及び財産の状況等」への配慮が要請されている（基本法５条第３号）。これらは、精神的能力を考える上での前提となる「認知能力」、「理解力」、「分析力」、「判断力」と、そのための「情報収集能力」や「意思貫徹能力」が問われていると同時に、「財産的能力」、「資力」、その背後にある「財産管理能力」にも法が配慮していることを示している。これは、対象や状況によって異なり得よう。その意味では、**誰もが多かれ少なかれ、一定の脆弱性を有している**ことを前提に、**目的物や生活環境や置かれた状況ごとに、かかる脆弱性が顕在化する**と考えるのが適切である。また製造物責任法などでは、**生身の人間の「傷つきやすさ」**にも配慮されているといえようか。

　消費者法で、このような「能力」が論じられる場合は、マスとしての消費者を問題にする場合が多く、「平均的消費者」あるいは「合理的消費者」が念頭に置かれることが少なくない。もちろん、このような能力上の問題や脆弱さは、個人の状態や、取引態様や給付目的の属性・個性等によって異なり得るものでもあるため、特別法においても、更に様々な工夫が凝らされている。

　なるほど消費者法では、個性を捨象した「クーリング・オフ」や「消費者取消権」が中心になる場合も多いが、とくにリスクの大きな投資取引などでは、厳格な個別具体的な判断能力に対する配慮が求められ、適合性がないと判断された顧客は、市場から排除されることもある点に留意すべきである（適合性原則と市場の問題）。

　従来、消費者政策の課題は、どちらかと言えば、高齢消費者の財産被害・身体的危険からの保護や見守りの問題が重要な課題とされ（現在でも、その問題は大きい）、消費者教育に関しても、高齢消費者を念頭に置いた消費者啓発等に重心が置かれてきた。しかし、翻って考えてみると、誰もが一定の脆弱性を保有しているのであり、相対的に弱い立場にある「傷つきやすい消費者（vulnerable consumer）」には、高齢者のみならず、児童や少年、障害者さらには若年者層等が存在することになる（この問題については、ノルベルト・ライヒ（角田美穂子訳）「EU 法における『脆弱な消費者』について」一橋法学 15 巻 2 号 979 頁以下［2016 年］など。最近では、谷みどり『「弱い消費者」に関する海外の認識と対応』消費者法研究 2 号［信山社、2017 年］、菅富美枝『「脆弱な消費者」と包摂の法理（上・下）現代消費者法 33 号、35 号、同・新消費者法研究—脆弱な消費者を包摂する法制度と執行体制［成文堂、2018 年 2 月］、岩本諭・競争法における『脆弱な消費者』の法理［成文堂、2019 年 9 月］、など参照）。ただ消費者の脆弱性や、具体的な「児童」、「子

供」といった概念すら、必ずしも一様ではなく、なし崩しの危険を避けるには、一定の類型や消費者圏を措定することも必要となろう。

　とくに、成長期にある若年者（子供、若年成人など）は、知識や社会的経験が乏しいためにトラブルに巻き込まれやすく、身体的にも成人のような体力がないために思わぬ事故に遭遇することがある。**耐性の乏しさ**を始め、これらの点は、ちょうど高齢者問題とパラレルに語ることも可能であり、その差は、「衰退途上」か、「成長途上」かという点にあるに過ぎない（財産管理能力の低さ、攻撃的勧誘に対する耐性の乏しさ等。もちろんこれに尽きない）。

　小さな子供が、歯ブラシ加えて転倒し口内を損傷したり、スタンプ状トイレ洗浄剤を口にすることもあれば、こんにゃくゼリーの嚥下障害による窒息事故に遭遇することや、商業施設内の遊戯施設のエアボールで遊んでいる最中に骨折事故を起こすといった安全面での問題も、近時、少なくない。また、少し成長すると、スマートホンでインターネットを利用して個人情報を安易に入力して被害に遭ったり、オンライン・ゲームなどで思わぬ課金を背負い込むなどということもある。高校から大学にかけては、アポイントメントセールス、サクラサイトや異性紹介や投資勧誘、マルチ販売など、宗教まがいの不当勧誘さらに手口の込んだ詐欺的勧誘行為にさらされ、耐性がないばかりに被害に直面する若者がおり、深刻な挫折感に見舞われて、残念ながら悲惨な選択をする者もいる。

　そればかりか、<u>安易な小遣いほしさから、中には、自らが**加害者となる若者**さえ現れている</u>。厳罰化等を含む少年法改正に向けた法改正については、前述。

＊【高齢者と若年者】

高齢者の場合	若年者の場合
身体能力・判断能力の低下	身体能力は形成途上
判断の前提知識の陳腐化	判断の未熟さ、経験不足
不安感・頑固・プライド	好奇心・純粋さ・不安感
記憶力・精神力の減退・自信のなさ	思い込み・没入感・軽率さ・暴走
さみしさ（攻撃に対する耐性の弱さ）	依存性（攻撃に対する耐性の弱さ）
老後資金	経済力の乏しさ（与信への依存）
コミュニケーション範囲の減少	コミュニケーション能力の乏しさ
被害回復能力の低下	深刻な挫折感・自殺念慮など
自立と依存の葛藤	自立と依存の葛藤
老化の程度には個体差あり	成長の程度には個体差あり

　これまでのところ、高齢者に比して、未成年者・若年者はまとまった財産を有しないことが多いため、欺瞞的取引のターゲットになる可能性は小さく、専ら、安全面での配慮の必要が中心に考慮されてきたが、親のカード利用に伴う損害額の増大をはじめ、今日では、必ずしも財産的被害から無縁ではなくなっている。

　未成年者に関しては、古くから保護の必要性が認識されており、民法でも「**未成年者取消権**」が認められていることは前述の通りである。しかし成人年齢が 18 歳に引き下げら

れるとなると、高校卒業前後から、個人名義のクレジット・カードを作成でき、完全に独立した契約上の責任を自ら負うため、一層、若年成人に対する配慮が必要となる(被害の傾向については別添資料参照)。若年消費者に対する消費者教育が重要な課題となるゆえんである(未成年者のクレジットカード利用につき、消費者法判百〈第 2 版〉7 事件[板東俊矢]参照)。

7　消費者教育による支援

　若年消費者にとっての**消費者教育**の重要性は、明らかである。

　第 1 に、成長途上にある若年者は、好奇心が旺盛であり、経験を積み重ねながら知恵を身につけていくべき存在である。したがって、危険なもの(物・者)から遠ざけ、隔離し、保護するというだけでは十分でない。一方でセーフティ・ネットを張りつつ、物の危険や社会の危険に目を向け、そこでの危険を理解して回避の方法を身につけることができるようにすることが大切である。このことは、ナイフや包丁、ガスの点火装置など、日常生活に必要な器具の利用を考えれば、容易に理解される。社会的危険についても、安全な形でこれに触れさせ、自覚させることが必要である。食品についても同様で、自ら、腐敗臭や不適切な味などから身を守る術も身につけていくことが望ましい。

　第 2 に、若年者は、概して社会的な経験にとぼしいことから、問題の具体的なイメージ化が困難であることにも配慮が必要である。これまで、小遣いの範囲で日用品や食物を手に入れる程度の取引経験しかない者に、いきなり金融・投資に関するリスク情報を提供しても、ほとんど実感をもって理解することは期待できない。それだけに、若年消費者に対する消費者教育における素材の選び方には慎重な配慮が必要である。金銭教育一つをとっても、段階をおって行う必要がある。また、その世代にあった問題・話題を選んで、効果的に素材を提供することが求められよう。たとえば、包茎手術や美容整形での消費者問題、デート商法における留意点などは、高校生・大学生にはふさわしいかもしれないが、小学生には不適切であろう。その前提として、消費者教育に利用できる多様な教材が用意され、選択可能な形で存在していることが望ましい。こうした教育には、教育哲学が必要である(2021 年消費者法学会では板東俊矢教授を中心に、成年年齢引き下げの消費者法的課題が論じられる)。

　若年消費者を育て上げることは、第 1 次的には、両親を始めとする保護者・家庭のの社会的責任であろうが、そればかりではなく、仲間たちと多くの時間を過ごす学校の教育現場や職場などにも広がっており、地域、国の責務でもある。これは、高齢者に対する「見守り」ネットワークの構築と同様の問題である。とくに、学校教育の場は、将来において自立的かつ安全に生活していく「人間力」の基礎を涵養する場でもあるから(教育基本法 5 条 2 項参照)、家庭教育と並んで重要な消費者教育の場とならねばならない。学校教育と家庭を結びつけるには PTA の果たすべき役割も大きい。その際、消費者問題について詳しい者と、こうした、主体間を結びつける、専門的知識を持った消費者相談員やコーディネーターの存在は、消費者教育を効果的に進める上で極めて重要である。若年者教育は、公的教育・家庭教育・学校教育が互いに連携しなければ、その実をあげることが不可能である。その際、学校教育の現場では、残念ながら、「消費者教育」は、まだまだ正面から必要な教育内容として受け入れられていない場合が多い。一部の教師の貴重な努力は存在するが、それを一般化するには、やはり学習指導要領などで具体的に、どの段階で、如何なる教材を用いて、何を学ばせるかを明らかにしていく必要で、これを教える指導者の育成

が大きな課題となる。同時に、若年者が、自ら考え、主体的に問題と取り組めるような、体験型の教育内容の工夫が求められる。こうした試みが、実施され、未成年者取消権がなくとも、自立的判断ができ、財産管理能力をある程度身につけて社会に出て行けるようになるには、一定の時間を必要とする。したがって、成年年齢を引き下げるとしても、一定の猶予期間を確保しておくことが望ましいことは明らかである（2021 年 3 月現在、あまり時間はない）。

8　適合性原則と年齢等配慮義務

　制度的に、１８歳、１９歳という年齢に着目した一般的な保護策を用意することは、それなりに意味のあることではあるが、それならば「成人年齢の引き下げ」自体を止めれば良いということにもなろう。しかし、法制審議会が慎重な検討を経て、被害に対する制度的手当を用意することを前提として、成人年齢の引き下げをよしとしたことを考えれば、一般的な保護策は、そのままでは不適切である。したがって、考えられるとすれば、①インターネット被害やマルチ取引被害、エステティック・サービス被害、サイドビジネス商法など、若年者に特有の被害状況に対処するための特別法上の手当(特商法上の手当など)をすることと、②年齢に配慮しつつ、高齢者・子供・若年者を含めて判断力や知識・経験不足につけ込まれた「脆弱な消費者」一般を保護する形での制度的手当や、③こうした脆弱な消費者を念頭に置いた説明義務・情報提供義務の強化ではあるまいか。これは、年齢・知識・経験への配慮という、広い意味での「適合性原則」の考え方を導入することを意味するが、「適合性原則」という表現に違和感があるのであれば、**「年齢等配慮義務」**と言い換えても良い。かような制度的な「てこ入れ」があってはじめて、市場で安心して、若年消費者も取引を行うことが可能になるように思われる(宮下修一「合理的な判断をすることができない事情を利用した契約の締結」法律時報 88 巻 12 号 (2016 年) 37 頁以下も参照)。「行為能力」が、「市場」という道路で自動車を運転する資格となる「免許証」であるとすれば、市場で独立した契約当事者となる若年者に対して「若葉マーク」をつけて、みんなで見守る体勢をとることが考えられてよい。

　若年者に対する消費者教育の充実や若年消費者に対する制度的支援は、将来の力強い「消費者市民」を育てあげることにつながる重要な課題である。「子供の貧困」や「ワーキング・プア」が話題となるような社会にあって、若年層を支え、賢明な市民・消費者に育てて、消費者被害から自らを守るとともに、社会や環境にも配慮できる力強い消費者市民を育て上げることは、おそらく経済政策以上に重要な国家的課題である。学校教育に於ける消費者教育の全体的底上げを図り、充実した若年消費者教育が追求されることが望まれるとともに、制度的な下支えが実現することを祈念したい。

【遠隔講義 消費者法〈第2版〉2021 〈4〉】
消費者契約法について

（初出、民法総則講義など）
S.Kawakami

Ⅰ 消費者契約法とは
消費者契約法制定の背景

超高齢社会のインフラ（介護保険・成年後見）として取引上の包括的民事ルールを備えること、事前規制から事後規制への転換をはかること、林立する業法から抜け落ちる諸問題への後追い的対応から、包括的ルールによる対応への転換を図ること、が求められた。

消費者契約法は、民法と特定商取引法のいわば「中二階的位置」にある抽象性・包括性の高い立法である。同法は、平成 12(2000)年以来、これまでは、手続法部分での対応に終始してきた。時の立法担当者は、「小さく産んで大きく育てる」と述べたが、結局「小さく産んで捨て子に」なっていたと皮肉られている。

Ⅱ 「消費者契約法」の制定
1 立法の必要性とその背景
立法の必要性についての議論は、多方面から、生じていた。

第1に、消費者を取り巻く契約環境の急激な変化と多発する消費者被害への対応、

第2に、新種の取引形態の出現や商品の高度化・複雑化・サービス化・情報化などへの対応

第3に、「規制緩和」と、これに向けた市場の基盤整備の必要

第4に、取引の国際化と、消費者保護のための民事ルールの平準化への要請

第5に、超高齢化社会の到来に伴う高齢消費者保護の要請

などである。すでに、判断力の低下した高齢者を能力面で支援する「成年後見制度」が、用意され、典型的弱点を備えた消費者たる高齢消費者をも念頭に置く適正な取引ルールの確立が求められたわけである。介護保険法における措置から契約への動き、成年後見制度、消費者契約法の制定は、三位一体として進められたと言えよう。

2 「消費者契約法」とその理念
(1)「消費者契約法」の理念と特色

消費者契約法は、私法規定を中核とする包括的民事立法として計画された。そこで、構造的には、「契約の締結過程」の環境整備と不当契約条項の規制が、当面の課題となった。ちなみに、金融サービス法における説明義務の強化が別に進行していた。日本版金融ビックバンに伴う金融システム改革にそなえて金融商品販売法の準備が行われた。

(2)介入の正当化としての情報・交渉力の構造的不均衡

消費者契約法における介入の根拠は、第1条に書き込まれた「消費者と事業者との間の情報の質及び量並びに交渉力の格差に鑑み」という文章に端的に表れている。その結果、実体法部分への手当ては、不十分な意思決定、不当な勧誘行為態様への「消費者取消権」創設、契約

条項内容の不当性についての「無効条項」の策定で、構成された。

3　適用対象など

（1）「**消費者契約**」とは（第2条）

「**消費者**」＝「（事業として又は事業のために契約の当事者となる場合のものを除く）**個人**」

「**事業者**」＝「法人その他の団体及び事業として又は事業のために契約の当事者となる
　　　　　　　個人」

　　・問題は、「事業者性」の遠近で決まる。

　　・営利性の有無、また事業者が公法人であるか私法人であるかを問わない

　　・唯一の例外：労働契約

　　・事業準備段階の取引などは個別判断？　　　事業者性・消費者性の接近交錯

　　＊なお金融商品販売法では第2条「金融商品の販売」に該当する行為

「金融商品の販売等」は、販売のみならず、その代理若しくは媒介を含む（第2条2項）。

cf.消費者契約法第5条（→媒介の委託を受けた第三者及び代理人）

（2）「**約款**」**問題**との交錯

　　　「約款」？・・・・・隠れた約款規制へ（94頁以下の「コラム」も参照）

4　契約締結過程の環境整備

（1）「**透明性の要求**」　消費者契約法第3条1項前段

　　　「消費者にとって明確かつ平易なものになるよう配慮する（よう努めなければならない）

　　　Q.「不意打ち条項の禁止」と「作成者不利の原則」の脱落の影響をどう見るか？

　　　Q約款開示と個別契約への「採用要件」

（2）**重要事項の情報**　提供

　a.一般的**努力義務**　同法3条1項後段

　　　「必要な情報」の提供に関する努力義務の懈怠

　　　　　「契約準備段階の信義則」に反する行為と評価される余地の存在

　b.**重要事項についての不実告知など**（第4条関係）

　　誤認惹起型

　　・重要事項に関する**不実告知**

　　・将来における変動が不確実な事項についての**断定的判断の提供**

　　・当該契約がもたらすリスクとメリットにつき**重要事項をアンバランスな形で故意に提供**

　　→「**重要事項**」**の意味**（第4条4項参照）

　　　cf.解釈上、「故意」と同視しうる「重大な過失」の取り込みの必要

　　　cf.「金融サービス法」第3条の重要事項と元本割れリスク情報

損害賠償責任(同法第4条)、「元本欠損額」を損害の額と推定する規定（第5条）

（3）威迫・困惑型の不当勧誘

消費者契約法第4条3項

威迫又は困惑させる行為→**不退去・監禁型**の不当勧誘

Q.受け皿的要件や、消費者のおかれた状況に「つけ込む」行為は？　その後の課題へ

cf.金融サービス法第7条(勧誘の適正の確保：努力義務)

第8条(勧誘方針の策定と公表義務)　cf.「適合性原則」等

（4）取消権の行使期間および効果

追認をすることができる時から6ヶ月、契約の時から5年(第7条)

取消→原状回復へ。効果は、善意の第三者に対抗し得ないこと(第4条5項)。

5　不意打ち条項の禁止は？　(約款条項の採用の積極要件・消極要件)

6　契約条項の解釈準則は？

「不明確準則」または「作成者不利の原則」の行方→民法上のルールとしてなお存在

7　不当条項の内容規制について

（1）不当条項規制の一般的問題点・留意点

・なにが不当性をもたらすのか←契約締結過程・条項内容・履行過程の関係

・無効とすべき不当条項を具体的に策定することの意味

・情報提供機能　　　　　　　・実質的競争促進機能

・裁判外での紛争処理機能　　・紛争予防機能

・　無効とすべき不当条項の抽象度・要件の硬さ

・約款条項・個別条項・商議の有無など

（2）不当条項のタイプ

不当条項の不当性は何に由来するか

（3）消費者契約法の不当条項

①第8条（免責・責任制限条項）

a）1項1号、2号：　債務不履行責任の減免

b）1項3号、4号：　不法行為責任の減免

c）1項5号、2項：　瑕疵担保責任の減免

②第9条（法外な違約金・賠償額予定条項）

＊学納金返還請求訴訟（最判 H18・11・27 民集 60-9-3437）

③第10条（一般条項）

a．一般条項とその正当化

b．判断基準としての民法・商法の任意規定・任意法規範

c．効果など　　　→条項の全部無効

＊敷引特約訴訟 (最判 H17・12・16 判時 1921-61)

(4)不当条項禁止から適正条項の要請へ

III　改正の動き

1　消費者契約法（実体法部分）の**第1次改正**(平成 28 年法 61 号)

（1）第 4 条 4 項(過量販売規制の導入)

「消費者は、**事業者が消費者契約の締結を勧誘するに際し、物品、権利、役務その他の消費者契約の目的となるものの分量、回数又は期間**(以下この項において「分量等」という)**が当該消費者にとっての通常の分量等**(消費者契約の目的となるものの内容及び取引条件並びに事業者がその締結について勧誘をする際の消費者の生活の状況及びこれについての当該消費者の認識に照らして当該消費者契約の目的となるものの分量等として通常想定される分量等をいう。以下この項において同じ)**を著しく超えるものであることを知っていた場合**において、その勧誘により当該消費者契約の申込み又はその承諾の意思表示をしたときは、これを取り消すことができる。事業者が消費者契約の締結について勧誘をするに際し、消費者が既に当該消費者契約の目的となるものと同種のものを目的とする消費者契約(以下この項において「同種契約」という)を締結し、当該同種契約の目的となるものの分量等と当該消費者契約の目的となるものの分量等とを合算した分量が当該消費者にとっての通常の分量を著しく超えるものであることを知っていた場合において、その勧誘により当該消費者契約の申込み又は承諾の意思表示をしたときも、同様とする。」

2　同条　5 項 3 号(「重要事項」の「動機」への拡張)

　　「前 2 号に掲げるもののほか、**物品、権利、役務その他の当該消費者契約の目的となるものが当該消費者の生命、身体、財産その他の重要な利益についての損害又は危険を回避するために通常必要であると判断される事情**」

　　Ex.「床下のシロアリで根太が危ない！」→シロアリ駆除剤、乾燥剤等の販売

3　第 5 条(媒介の委託を受けた第三者及び代理人の規定の明確化)

4　第 6 条の 2(取消権行使後の消費者の返還義務)

　　改正民法 121 条の 2 第 1 項「原状回復」を「現存利益」へ

5　第 8 条の 2(消費者の解除権を放棄させる条項の無効)

6　第 10 条前段

　「消費者の不作為をもって当該消費者が新たな消費者契約の申込み又はその承諾の意思表示をしたものとみなす条項その他の」を追加。　最判平成 23・7・15 民集 65 巻 5 号 2269 頁をうけ、任意規定には明文の規定のみならず、一般的な法理等も含まれることを、「意

思表示の擬制条項」で例示したもの。事実上の「グレイ・リスト」の誕生。

III 消費者契約法(実体法部分)の第2次改正
1 第2次改正の全体像(2018年3月2日閣議決定)

---

1 【取り消しうる不当な勧誘行為の追加】

(1)社会生活上の経験不足を不当に利用しての契約

①不安をあおる告知

②恋愛感情などの人間関係を乱用

(2)契約締結前に、契約内容を実施しての強要

(3)勧誘で生じた損失の補償を請求しての強要

国会で更に追加

・4条3項

⑤号「加齢又は心身の故障により、その判断力が著しく低下していることから‥‥‥」

⑥号「霊感その他の合理的に実証することが困難な特別な能力による知見として、‥‥‥」

2 【不利益事実不告知の要件緩和】

故意だけでなく、重過失の場合も対象に

3 【無効となる不当な契約条項の追加】

(1)消費者の後見等を理由とする解除条項

(2)事業者が自分の責任、消費者の解除権の有無を決定する条項

4 【事業者の努力義務を明示】

(1)解釈に疑義が生じない明確かつ平易な条項作成

(2)個々の消費者の知識や経験を配慮した情報提供

5 【施行日】 公布の日から1年

・「広告」については、最高裁の判例(勧誘となる可能性を肯定)を前提に対応。

・事業者の適切なキャンセル料額を、類似・同種事業者の平均的な損害額から推定する規定等は、盛り込まれていない。

・約款の事前開示に関する規定(努力義務)も、盛り込まれていない。

・「不明確準則」は見送り(但し、努力義務規定に「疑義が生じない明確」さを要求)

---

2 広告と勧誘について

　広告と勧誘の関係については、当初から議論があったが、平成29年の最高裁判決を前提に、現時点で、要件を過不足なく書き込むことは困難との判断により、今後の裁判例の

積み重ねの中で更に検討することが適当とされた(広告が、契約交渉過程で果たす役割に鑑みると、「勧誘」と実質的に区別する理由はあまりない)。

　最高裁平成 29・1・29 民集 71 巻 1 号 1 頁(「クロレラ事件」)の判決理由は次のように述べている。

　　「法は、消費者と事業者との間の情報の質及び量並びに交渉力の格差に鑑み、消費者の利益の擁護を図ること等を目的として（1条）、事業者等が消費者契約の締結について勧誘をするに際し、重要事項について事実と異なることを告げるなど消費者の意思形成に不当な影響を与える一定の行為をしたことにより、消費者が誤認するなどして消費者契約の申込み又は承諾の意思表示をした場合には、当該消費者はこれを取り消すことができることとしている（4条1項から3項まで，5条）。そして、法は、消費者の被害の発生又は拡大を防止するため、事業者等が消費者契約の締結について勧誘をするに際し、上記行為を現に行い又は行うおそれがあるなどの一定の要件を満たす場合には、適格消費者団体が事業者等に対し上記行為の差止め等を求めることができることとしている（12条1項及び2項）。／　ところで，上記各規定にいう「勧誘」について法に定義規定は置かれていないところ、例えば、<u>事業者が、その記載内容全体から判断して消費者が当該事業者の商品等の内容や取引条件その他これらの取引に関する事項を具体的に認識し得るような新聞広告により不特定多数の消費者に向けて働きかけを行うときは、当該働きかけが個別の消費者の意思形成に直接影響を与えることもあり得るから、事業者等が不特定多数の消費者に向けて働きかけを行う場合を上記各規定にいう「勧誘」に当たらないとしてその適用対象から一律に除外することは，上記の法の趣旨目的に照らし相当とはいい難い</u>。／　したがって、<u>事業者等による働きかけが不特定多数の消費者に向けられたものであったとしても、そのことから直ちにその働きかけが法12条1項及び2項にいう「勧誘」に当たらないということはできないというべきである</u>。」

3　改正法の内容解説（1）

（a）契約の強要につながる4類型

（1）社会生活上の経験不足を不当に利用して不安をあおる告知での契約強要

　当該消費者が、<u>社会生活上の経験が乏しいことから、社会生活上の重要な事項又は身体の特徴・状況に関する重要な事項</u>に対する<u>願望の実現に過大な不安を抱いている</u>ことを<u>知りながら、その不安をあおり、正当な理由がある場合でないのに</u>、物品、権利、役務その他の<u>当該消費者契約の目的となるものが当該願望を実現するために必要である旨を告げる</u>こと。

（2）社会生活上の経験不足を不当に利用して恋愛感情などの人間関係を乱用した契約強要

　当該消費者が、<u>社会生活上の経験が乏しいことから、当該消費者契約の締結について勧誘を行う者に対して恋愛感情その他の好意の感情を抱き、かつ、当該勧誘を行う者も当該消費者に対して同様の感情を抱いているものと誤信していることを知りながら、これに乗じ、当該消費者契約を締結しなければ当該勧誘を行う者との関係が破綻することになる旨を告げること</u>

（3）契約締結前に、契約の内容を実施しての契約強要

　当該消費者が消費者契約の申込み又はその承諾の意思表示をする前に、当該消費者契約

により負うことになる義務の全部又は一部を実施し、その実施前の**原状回復を著しく困難**とすること。

（４）勧誘で生じた損失の補償を請求しての契約強要

（３）を除くほか、当該消費者が消費者契約の申込み又はその承諾の意思表示をする前に、当該事業者が当該消費者契約の締結を目指した事業活動を実施した場合において、正当な理由がある場合でないのに、当該事業活動が当該消費者のために特に実施したものである旨および当該事業活動の実施により生じた**損失の補償を請求する旨を告げる**こと。

（ｂ）消費者委員会専門調査会報告書（以下「報告書」）で新たに追加するとされた(1)不安があることを知りながらあおる告知をして契約させた場合および、(2)恋愛感情などの人間関係につけ込んで契約させた場合の取消権には、「**社会生活上の経験不足**」という**要件が追加**されている。立法担当者は、年齢で制限しているわけではないことを明らかにするためと説明したが、この点についての因果関係の存在の要件が加わることで、どこまで適用があるかは不明確。高齢者・若年者のみならずどこまで救済があるかは不明で、解釈・運用の努力に期待するほかない。

　「不安をあおる告知」については、①社会生活上の経験が乏しく②願望の実現に過大な不安がある消費者に対し、「**過大な不安**」があることを知りながら、契約が願望の実現に必要であると告げた場合の契約取り消しが可能としている。「報告書」を踏まえたパブコメでは、「消費者の不安を知りながら、損害等を回避するために、必要だと正当な理由なく強調して告げる」とされていたところ「社会生活上の経験が乏しい」ことが要件に追加修正されたもの。「強調して」は削除されたが、「不安」が「**過大な不安**」に厳格化されている。「社会生活上の重要な事項又は身体の特徴・状況に関する重要な事項に対する」願望の実現に過大な不安がある場合が対象とされ、「重要な事項」として、進学や就職、結婚、病気で長期に療養した場合などを具体的に法令等に書き込む方向とされている。審議過程では、就活中の学生に、過大な不安があることを知りつつ、「あなたは一生成功しない」と告げられて就職セミナーに加入した場合が参考事例として紹介された。ただ、「過大な不安」とは、他人より自分が著しく劣っていると思い込んでいることなどが必要とされ、アンケートを受けて事業者からその点を指摘されたなどの立証が求められる可能性がある。「夫が死んだのはあなたのせい」、「除霊しなければ家族全員ダメになる」などの霊感商法、「肌年齢が実年齢より10歳上」などと言われて契約してしまったエステ・トラブルなども想定されていたが、どこまで適用されるかは不明である。**霊感商法**や親切商法などにつけ込まれた高齢者が置き去りにされるような解釈にならないよう、「社会生活上の経験が乏しい」とする要件は、解釈・運用で、**当該契約になじみが薄い場合を広くカバー**する必要がある。

（ｃ）(1)の不安をあおる告知をした場合の契約取消権で、事業者が知っているべき「不安」は、他人より著しく劣等感を抱いているなど「**過大な不安**」へと要件が厳格化されている点にも注意が必要である。単純な不安心理だけでは駄目だとすると、その立証には「通常人の感じる不安」と比較しての立証上の工夫が必要であろう。

ｃ．(2)の「**恋愛感情などの人間関係**」を乱用した場合の取消権は、新たに作出した場合

だけでなく、既存の人間関係につけ込む場合をも対象にした点では拡張が見られるが、「両思い（同様の感情を抱いているもの）」と誤信した場合に限定したのは、いかにも不適切である（立案者は、本当の恋愛感情を経験したことがないのではないか）。そもそも「恋愛感情」という表現が必要であったのかも疑問である（ちなみに六法全書に「恋」が登場するのは「ストーカー防止法」くらい）。この点についての立証は極めて困難ともなりかねない。一方的に好意を抱いて、嫌われないために契約してしまったという場合は対象から外れる可能性があるとすれば、明らかに不適切。基本は、相手方に対する依存的心理につけ込んだ点が問題であり、「両思い」かどうかは、どちらでもよいことであろう。

　「恋愛感情など、人間関係を乱用」した場合の契約取消権は、①社会生活上の経験が乏しく②勧誘者に恋愛感情等を抱き「両思いであると誤信」した場合に、事業者がこれを知りながら契約しなければ関係が破綻する旨を告げた場合が対象となる。パブコメでは、「勧誘に応じさせる目的で、密接な関係を新たに築き、契約しなければ関係が維持できないと告げる」場合とされていたところ、「新たに」が削除され、従来からの人間関係につけ込んだ場合も対象とされたが、勧誘者が「同様の感情を抱いていると誤信していた」という要件が追加されている。「両思い」であることは、直接「好きだ」と言われていなくても、そのような「素振り」を見せている場合も対象になると庁は説明するが、お互いがやり取りをしたメールなど立証が求められる可能性を考えると、適用範囲が狭まろう。悪質事業者は証拠を残さないように対応するからである。「男性から電話があり、何度か電話をしているうちに好きになった。男性に誘われ宝石展示場に行ったところ、『買ってくれないと関係を続けられない』といわれて契約した」場合が、適用対象事例に挙がっている。30歳代や40歳代で、デート商法で投資用マンションを購入させられた場合に、過去に大きな買い物の経験がない場合などは対象になるであろうが、どこまで適用されるのか不明確である。

　「恋愛感情その他の好意の感情」を抱いている場合が対象で、先輩や後輩、上司や部下などの人間関係も対象となると考えられるが、立案担当者によれば、「通常の友人関係ではなく恋愛感情と同程度の親密な場合が対象」と説明されている。マルチ商法は、若者をはじめ、地域コミュニティーで中高年にも広がっているが、通常の友人や知人の場合には適用困難とも考えられる。しかも、人間関係の乱用にまで、「社会生活上の経験不足」を問う必要があるのかは疑問である。

（d） 超高齢社会に突入し、高齢者の「金、健康、孤独」の3大不安につけ込む悪質商法は後を絶たない。2014年8月に首相から諮問された内容は、「**情報通信技術の発展**や**高齢化の進展**を始めとした**社会経済状況の変化への対応等の観点**」から見直しだったはずである。消費者委員会の「答申」では、消費者契約法専門調査会の報告書に「付言」として、「高齢者や若年成人、障碍者等の知識・経験・判断力の不足と不当に利用し、過大な不利益をもたらす契約の勧誘が行われた場合の取消権」という包括的な受け皿規定の導入などを、特に早急に検討すべき喫緊の課題としたが、法案には盛り込まれるにいたっていない。

（e） このほか、パブコメ案に盛り込まれていた、契約締結前に、消費者に心理的な負担を抱かせた場合の取消権2つも導入が目指されている。竿だけ売りが、契約をする前に、

消費者宅の物干し台の寸法に合わせて竿だけを切ってしまった場合などが想定されるという。「契約前に契約の義務の全部または一部を履行し、契約を強引に求める」としていたパブコメ案から、「契約を強引に求める」を削除し、「契約前に契約の義務の全部または一部を履行し、実施前の原状回復を著しく困難とする」場合を対象とする。頼んでもいないのに草刈りをしてしまった場合などは対象となりそうであるが、どこまでが「原状回復が著しく困難」となるかは不明確である。問題の核心は、既成事実によって消費者に心理的圧迫を加えることではないのか。

　また、勧誘に際し「ここまで時間や交通費をかけたのに、なぜ契約しないのか」と契約を迫られる場合を想定して、パブコメ案では、「契約しないことで損失が生じると強調して告げ、契約を強引に求めた」場合の取消権が提起されていたところ、「当該消費者のために特に実施したとして、損失の補償を請求する旨を告げた」場合の取消権を規定しようとしている。立案担当者によれば、マンションを勧誘され、「業者から他都市からあなたのためにここまで来た。断るなら交通費を払え」と言われた場合などが、対象事例として紹介されている。無料だと思って家電の引き取りを依頼したのに、有料だったために断ったところ「わざわざ上の階まで来たのに帰れない」と言われた場合などが想定されるが、「労賃を払え」などの請求がない場合は対象から外れるという。

（f）　不当勧誘について、新たに4類型の勧誘態様を追加規定することには、それなりの意味があるが、本来であれば、これらを包括する「受け皿」的な「つけ込み型勧誘」の規定がなければ、消費者契約法としては、不完全と言うほかない（まるで、「ここまでやらねば取り消されない」と示しているようなものである）。消費者契約法が、民法と特商法などの特別法の中間にある**包括的な民事立法**として用意されたことを、思い起こす必要がある。

4　改正法の内容解説（2）
不利益事実の不告知につき重過失の場合
　「日照良好」と説明しつつ、隣に別のマンションが建つことを告げずに、マンションを販売した場合、これまでは、利益になる事実を告げ、なおかつ、不利益になる事実を「故意に」告げない場合が取消しの対象だったが、「重過失」の場合も取り消しができるようにする。別のマンションの建設計画の説明会が、その事業者も参加できる状況で実施されていたなど、「故意に近い著しい注意欠如がある場合」が例に挙げられている。消費者庁の説明では、「他の事業者にも周知の事実であるような場合が対象」という。

5　改正の内容解説（3）不当条項
（a）不当条項の追加
　無効にできる不当な契約条項に、
　①消費者が後見、補佐、補助開始の審判を受けたことのみを理由に解除権を付与する条項
　②事業者が自らの責任の有無を自ら決めることのできる条項

（b）平均的損害の推定規定（9条関連）

　現行消費者契約法9条では、解約時に事業者の平均的損害を超える請求をされた場合は無効とされているが、消費者が事業者の平均的損害を立証することが困難であることは以前から指摘されていた。本来であれば、事業者の責任領域の問題であるため、立証責任の転換が適当であるが、消費者委専門調査会の「報告書」では、議論の末、「事業の内容が類似する同種の事業者の平均的損害を立証した場合は、その事業者の平均的損害と推定する規定」を設けることを盛り込むにとどまった。これ自体、かなり控えめなものであったにもかかわらず、改正法案では、かような推定規定すら盛り込まれなかった。庁の説明では、「すべての消費者契約に適用することができる類似性を判断するための要件を、法律で規定するのが困難だった」と詰めの甘さを理由にしている。翻って考えてみると、もともと、この9条の枠組みを前提として推定規定を組み込む方向での改正に無理があったのかもしれない（「ゼロの推定が働く」のがベスト）。むしろ、損害賠償額の予定に関しては、民法420条の適用が排除され、原則に戻って、事業者が自己の平均的損害の立証責任を負うと考えるか、適格消費者団体に対する「調査権」付与が認められるべきであるように思われる。

6　消費者契約法改正に向けた動きについての所感　（弁護士会での河上発言）

（1）消費者委員会の付言では、判断力不足等につけ込んで過大な不利益をもたらす契約の取消権のほか、事業者が配慮に努める義務に「年齢等」を含むことや、消費者が契約締結前に契約条項（改正民法の「定型約款」含む）をあらかじめ認識できるよう努める規定の導入を早急に検討することも求めていたが、これらにも対応されていない。庁は、消費者契約法への契約取消権追加と併せて、若者の自立を支援する消費者教育の充実などを挙げているが、地方に配分される交付金が削減され、自治体が消費者教育を縮小せざるを得ない状況にあることも大きな問題といえる。こうしてみると改正案は、残念ながら、超高齢化、成人年齢引き下げという重大な社会状況の変化に、十分に対応できる改正とはいい難いものとなっている。更なる改正に向けた取り組みが求められよう。

（2）今回の消費者契約法改正に向けた動きには、いろいろ注文をつけたいことが多い。とくに消費者庁から出たパブコメの提案に関しては大変問題であったと思われる。パブコメを募集したフォームの一番下に「参考」として出されたのは、答申の「付属文書」である専門調査会報告書だけであった。ご存じのように、消費者委員会の親委員会は、その報告書を受けて「答申」を出したが、パブコメでは、肝心の答申に書き込んだ付言内容に一切触れていない。答申は、基本的に、専門調査会報告書の中で、「これはコンセンサスが得られているので、措置すべきである」とした提案部分に関しては、「速やかにやってほしい」としているが、「それでは足りない」として3点の「付言」を付けた。この付言は、「わけても、これだけは、喫緊の課題なので、速やかに対応してほしい」という意図を持って敢えて付けたものであった。

①　付言の第1は、消費者契約における約款等の契約条件の事前開示の問題である。改正民法の「定型約款」に関する規定では、一部で、事業者は自分の準備した定型約款によるということを表示しただけで、その内容を相手に事前に知らせることはせずとも、その条項内容が契約内容になるかのような規定ぶりになっている。もちろん、消費者が、その契約内容を「見せてくれ」と請求すれば、事業者は見せなければならないことになってい

るものの、そのようなことを言う消費者は、まずいない。つまり、事業者は、黙って、自己の契約条件を隠したままでも、自分の約款内容を個別の契約の内容と見なしてもらえるということになりそうである。法務省は、そんなつもりではないと言われるかもしれないが、少なくとも、卒然と読めば、このような誤ったメッセージが民法典から出てくるとすれば、悪質な事業者にとってみると、容易に自分の条件を隠しておいて、後出しをして、「これが契約条件でした」と言える。「そんなことは知らない」といっても、「民法をご覧下さい」と言われそうである。もちろん、内容が無効かどうかを争うことは裁判所でできるが、一旦は契約内容と「見なされる」。それを考えると、改正民法は既に成立したので、それに関して、施行までに消費者契約法できちんと手当てして、「少なくとも消費者契約においては、消費者と契約をする前に、消費者が何も相手に頼まなくても契約内容を見ようと思えば見えるという状態にまで約款は事前開示しておくべきだ」ということである。とりわけ、契約内容の分かりやすさや情報開示が強調される消費者契約では、非常に重要な要請で、この点は、早急に法律の中で明らかにしていく必要がある。

事業者の行為規範として考えたとき、契約内容をお互いに予め認識できる状態にしておくことは、真っ当な契約当事者にとっては至極当たり前の要請である。その当たり前のことに事業者側代表委員から反対されることには、大変に意外でもあった。改正民法における定型約款の事後的内容変更の問題性についても申し上げたいことがあるが、ここでは省略する。

②　第2は、今日、大変問題になっている**「つけこみ型」の規定**である。高齢者、そして若年成人に関し、その判断力不足や経験不足につけこんで不当な利益を上げようとする悪質な事業者から消費者を保護するために、「取消権を与える」という提案が、なぜ事業者代表委員の方によって反対されるのか、私には理解できない。「悪質な事業者も守ってやらないと、まっとうな事業者が萎縮する」とでもいうのであろうか。本来なら、このような行為は、民法上の「暴利行為」になってもおかしくない行為である。それを、いちいち「暴利行為だ」という主張・立証するまでもなく、せめて消費者に取消権を与えて、顧客に契約からの離脱を選択できるようにしておこうではないかというに過ぎない。

まさに、この春の国会に、成年年齢を18歳にまで引下げる法案提出が予定されているときに、青少年に対し、このような形で未成年者取消権に代わるセーフティー・ネットを張っておくことは、われわれ大人の責務ではないかとさえ思う。今まで、われわれ自身が、若い頃に、この未成年者取消権で守られてきた存在である。それを、今、若者から奪おうとしているときに、きちんとセーフティー・ネットを張っておいてやることは、これから大人に仲間入りしようとする若者に対する私どもの義務ではあるまいか。

成年年齢の引下げとセットに、必ず、この「年齢等に対する配慮義務」、そして、「年齢等につけこんで不当な利益を上げようとする悪質な事業者に対しては、取消権で消費者を防衛する」ことは、是非とも必要であろうと考える次第である。

③　第3に、第2とも関連して、「消費者に対する配慮に努めるべき義務」のところから、「年齢」の要素が落ちたということがある。高齢者や若年者に対する配慮を、消費者委員会が全く考えなかったかのようなイメージが、答申や報告書だけでは出てしまうことを懸念して、敢えて書き込んだものである。少なくとも、この三つは、早急に対応してほしい。

　（3）実は、この専門調査会の中での議論で、事業者の方に特に申し上げたいことが幾つかあった。

　一つは、もう何十年も前の古い規制緩和論、これを、いつまでも金科玉条のように述べることは、もう、やめていただきたい。規制があると、どのようなものでも「業界の活動を委縮させる」というような議論をされることがあるが、そのようなことではない。悪質な事業者が市場を荒らして被害者を出しているときに、その人たちを排除するための公正なルールを市場に与えることは、むしろ適正な事業活動をやっている事業者にとっても必要なことである。莫大な被害額が、まともな市場に還流すればどれだけ市場が活性化するかを考えて戴きたい。公正で安心のできる市場環境は、消費者にとっても事業者にとってもウィン・ウィンの結果をもたらすはずで、それこそが、「消費者志向経営」と言われるものの実質であろう。その意味では、古い規制緩和論を持ち出して、結果として、悪質な事業者を利するというようなことは是非やめていただきたい。

　もう一つ問題であったのは、昨年、第1次の消契法改正に向けた答申を出したときに、それが、消費者契約法だけではなくて特定商取引法の改正と並んで議論されたという経緯である。特定商取引法改正の際に、事業者側委員は、「このように主張すれば、この規定は、もう少し要件が限定される」、「要件が厳格になる」ということを経験的にご存じだったため、消費者契約法においても同じ議論をされたのではないかと思われる。

　しかし、消費者契約法は、特定商取引法のように行政がワン・ポイントで何かを規制したり取り締まったりするものではない。むしろ、公正な市場における取引の理念や秩序・ルールをきちんと示す、それが消費者契約法の本来の役目である。従来あったワン・ポイントでの種々の個別業法での規制でぬけ落ちていたところの受け皿になる「包括的な民事ルール」を立てて、事前規制から事後規制への転換を図ろうという目標、これが2000年に消費者契約法を制定したときの思いだったことを思い起こして戴きたい。

　今回、4類型の、消費者契約法というよりも、特商法で規定しても良いような悪質な不当勧誘の行為類型が提案されている。これは消費者保護にとって前進かもしれない。しかし、それだけを見ると、「それ以外の行為はやってもかまわない」という誤ったメッセージを発しているようにさえ見える。4つの不当勧誘の行為類型は法律に明定されることが良いとしても、それを統合した受け皿的規定、つまり、「相手の弱みにつけ込んで不当な利益を上げようとする悪質な勧誘行為は許されない」という包括的ルールが、本当は最も必要であった。とくに年齢・障害等によって判断力が落ちた人間に対して不当な勧誘行為を行っている悪質事業者に対して消費者が取消権を持つこと、これは是非とも必要なことであると個人的には考えている。

　当時の委員長として私にも責任があるが、消費者委員会の消費者契約法専門調査会で、「立法事実」の存否が何度も語られた。「立法事実が、ないではないか」、「もう少し様子を見て、それから考えればいいではないか」と。しかし、被害が拡大してからでは遅い。高齢者被害などは、日常的に発生しており、若年者被害は現実に差し迫っている。たとえば、18歳はまだ高校生であり、学校でマルチが蔓延したり、あるいは高校での上下関係の中で様々な消費者被害に陥る可能性が高まっている。若者は良い意味でも悪い意味でも純粋で耐性に乏しいため、場合によっては、それを苦にして自殺者が出るかもしれない。もちろん加害者になるかもしれない。そのような中で、消費者教育の充実だけに頼るわけ

にはいかない。成年年齢の引下げなどがあったときに生ずる「高度な蓋然性のあるリスク」を理解し、これに対して予防的に立法的手当てをするということは消費者契約法の重要な役割であろう。もちろん、詐欺まがいの悪質商法に対しては、行政・刑事の側面からの手当も必要であるが、民事における個別救済も不可欠である。

　また、この際に、「立法事実とは何か」ということを問いたい。今回、「立法事実」と言うために、事務局は一生懸命、わかりやすい事例を持ち出した。しかし、その結果、その特別な事例に合った厳格な要件のルールしか認められなかった。たとえば、「デート商法」を強く意識した「恋愛感情」うんぬんがそれである。そのようなことでは、明らかに不十分である。典型事例の中に含まれているエッセンスを抽出し、<u>脆弱な人間が有する相手に対する**依存心**</u>を巧みに悪用して契約をさせようとする行為を捉えた受け皿ルールの要素をきちんと示そうとする姿勢が専門調査会になかった。姿勢がなかったといより、わずかな反対でコンセンサスを調達できなかったのではないか。このような考え方で専門調査会が今後何回開かれたとしても、いつまでたっても包括的民事ルールなどはできないであろう。要は、専門調査会の在り方、あるいは、それをバックアップする消費者庁事務局の人たちの基本的考え方や発想を、この際、きちんと変えてもらう必要がある。「委員長、立法はそんなに簡単なものではありません」と言われるかもしれないが、そのような後ろ向きの姿勢が、日本の消費者立法を世界水準から遙かに遅れたものにしてきたことを自覚すべきである。

　2021 年 3 月現在、第 3 次改正に向けた検討会の検討が進んでいる。

〈法令〉
■消費者契約法　平成十二年法律第六十一号　　　　（H30・6・15法54改正）

第一章　総則
（目的）
第一条　この法律は、消費者と事業者との間の**情報の質及び量並びに交渉力の格差に鑑み**、事業者の一定の行為により消費者が誤認し、又は困惑した場合等について契約の申込み又はその承諾の意思表示を取り消すことができることとするとともに、事業者の損害賠償の責任を免除する条項その他の消費者の利益を不当に害することとなる条項の全部又は一部を無効とするほか、消費者の被害の発生又は拡大を防止するため適格消費者団体が事業者等に対し差止請求をすることができることとすることにより、消費者の利益の擁護を図り、もって国民生活の安定向上と国民経済の健全な発展に寄与することを目的とする。
（定義）
第二条　この法律において「**消費者**」とは、個人（事業として又は事業のために契約の当事者となる場合におけるものを除く。）をいう。
2　この法律（第四十三条第二項第二号を除く。）において「**事業者**」とは、法人その他の団体及び事業として又は事業のために契約の当事者となる場合における個人をいう。
3　この法律において「**消費者契約**」とは、消費者と事業者との間で締結される契約をいう。
4　この法律において「**適格消費者団体**」とは、不特定かつ多数の消費者の利益のためにこの法律の規定による差止請求権を行使するのに必要な適格性を有する法人である消費者

団体（消費者基本法（昭和四十三年法律第七十八号）第八条の消費者団体をいう。以下同じ。）として第十三条の定めるところにより内閣総理大臣の認定を受けた者をいう。

（事業者及び消費者の努力）

第三条　事業者は、次に掲げる措置を講ずるよう努めなければならない。

一　消費者契約の条項を定めるに当たっては、消費者の権利義務その他の消費者契約の内容が、その解釈について疑義が生じない明確なもので、かつ、消費者にとって平易なものになるよう配慮すること。

二　消費者契約の締結について勧誘をするに際しては、消費者の理解を深めるために、物品、権利、役務その他の消費者契約の目的となるものの性質に応じ、個々の消費者の知識及び経験を考慮した上で、消費者の権利義務その他の消費者契約の内容についての必要な情報を提供すること。

2　消費者は、消費者契約を締結するに際しては、事業者から提供された情報を活用し、消費者の権利義務その他の消費者契約の内容について理解するよう努めるものとする。

第二章　消費者契約

第一節　消費者契約の申込み又はその承諾の意思表示の取消し

（消費者契約の申込み又はその承諾の意思表示の取消し）

第四条　消費者は、事業者が消費者契約の締結について勧誘をするに際し、当該消費者に対して次の各号に掲げる行為をしたことにより当該各号に定める誤認をし、それによって当該消費者契約の申込み又はその承諾の意思表示をしたときは、これを取り消すことができる。

一　重要事項について事実と異なることを告げること。　当該告げられた内容が事実であるとの誤認

二　物品、権利、役務その他の当該消費者契約の目的となるものに関し、将来におけるその価額、将来において当該消費者が受け取るべき金額その他の将来における変動が不確実な事項につき断定的判断を提供すること。　当該提供された断定的判断の内容が確実であるとの誤認

2　消費者は、事業者が消費者契約の締結について勧誘をするに際し、当該消費者に対してある重要事項又は当該重要事項に関連する事項について当該消費者の利益となる旨を告げ、かつ、当該重要事項について当該消費者の不利益となる事実（当該告知により当該事実が存在しないと消費者が通常考えるべきものに限る。）を故意又は重大な過失によって告げなかったことにより、当該事実が存在しないとの誤認をし、それによって当該消費者契約の申込み又はその承諾の意思表示をしたときは、これを取り消すことができる。ただし、当該事業者が当該消費者に対し当該事実を告げようとしたにもかかわらず、当該消費者がこれを拒んだときは、この限りでない。

3　消費者は、事業者が消費者契約の締結について勧誘をするに際し、当該消費者に対して次に掲げる行為をしたことにより困惑し、それによって当該消費者契約の申込み又はその承諾の意思表示をしたときは、これを取り消すことができる。

一　当該事業者に対し、当該消費者が、その住居又はその業務を行っている場所から退去すべき旨の意思を示したにもかかわらず、それらの場所から退去しないこと。

二　当該事業者が当該消費者契約の締結について勧誘をしている場所から当該消費者が<u>退</u><u>去する旨の意思を示したにもかかわらず、その場所から当該消費者を退去させないこと。</u>

三　当該消費者が、**社会生活上の経験が乏しいことから、**次に掲げる事項に対する願望の実現に過大な不安を抱いていることを知りながら、<u>その不安をあおり、裏付けとなる合理的な根拠がある場合その他の正当な理由がある場合でないのに、物品、権利、役務その他の当該消費者契約の目的となるものが当該願望を実現するために必要である旨を告げること。</u>

イ　<u>進学、就職、結婚、生計その他の社会生活上の重要な事項</u>
ロ　<u>容姿、体型その他の身体の特徴又は状況に関する重要な事項</u>

四　当該消費者が、**社会生活上の経験が乏しいことから、**<u>当該消費者契約の締結について勧誘を行う者に対して恋愛感情その他の好意の感情を抱き、かつ、当該勧誘を行う者も当該消費者に対して同様の感情を抱いているものと誤信していることを知りながら、これに乗じ、当該消費者契約を締結しなければ当該勧誘を行う者との関係が破綻することになる旨を告げること。</u>

五　当該消費者が、加齢又は心身の故障によりその判断力が著しく低下していることから、生計、健康その他の事項に関しその現在の生活の維持に**過大な不安**を抱いていることを<u>知りながら、その不安をあおり、裏付けとなる合理的な根拠がある場合その他の正当な理由がある場合でないのに、当該消費者契約を締結しなければ</u>**その現在の生活の維持が困難となる**旨を告げること。

六　当該消費者に対し、**霊感その他の合理的に実証することが困難な特別な能力による知見**として、そのままでは当該消費者に重大な不利益を与える事態が生ずる旨を示してその不安をあおり、当該消費者契約を締結することにより確実にその重大な不利益を回避することができる旨を告げること。

七　当該消費者が当該消費者契約の<u>申込み又はその承諾の意思表示をする前に、当該消費者契約を締結したならば負うこととなる義務の内容の全部又は一部を実施し、その実施前</u>の原状の回復を**著しく困難にする**こと。

八　前号に掲げるもののほか、当該消費者が当該消費者契約の申込み又はその承諾の意思表示をする前に、当該事業者が調査、情報の提供、物品の調達その他の当該消費者契約の締結を目指した事業活動を実施した場合において、<u>当該事業活動が当該消費者からの特別</u>の求めに応じたものであったことその他の取引上の社会通念に照らして正当な理由がある場合でないのに、当該事業活動が当該消費者のために特に実施したものである旨及び当該事業活動の実施により生じた**損失の補償を請求する**旨を告げること。

4　消費者は、事業者が消費者契約の締結について勧誘をするに際し、物品、権利、役務その他の当該消費者契約の目的となるものの分量、回数又は期間（以下この項において「分量等」という。）が当該消費者にとっての通常の分量等（消費者契約の目的となるものの内容及び取引条件並びに事業者がその締結について勧誘をする際の消費者の生活の状況及びこれについての当該消費者の認識に照らして当該消費者契約の目的となるものの分量等として通常想定される分量等をいう。以下この項において同じ。）を著しく超えるものであることを**知っていた**場合において、その勧誘により当該消費者契約の申込み又はその承諾の意思表示をしたときは、これを取り消すことができる。事業者が消費者契約の締結に

ついて勧誘をするに際し、消費者が既に当該消費者契約の目的となるものと同種のものを目的とする消費者契約（以下この項において「同種契約」という。）を締結し、当該同種契約の目的となるものの分量等と当該消費者契約の目的となるものの分量等とを合算した分量等が当該消費者にとっての通常の分量等を著しく超えるものであることを知っていた場合において、その勧誘により当該消費者契約の申込み又はその承諾の意思表示をしたときも、同様とする。

5　第一項第一号及び第二項の「**重要事項**」とは、消費者契約に係る次に掲げる事項（同項の場合にあっては、第三号に掲げるものを除く。）をいう。

一　物品、権利、役務その他の当該消費者契約の目的となるものの**質、用途その他の内容**であって、消費者の当該消費者契約を締結するか否かについての判断に通常影響を及ぼすべきもの

二　物品、権利、役務その他の当該消費者契約の目的となるものの**対価その他の取引条件**であって、消費者の当該消費者契約を締結するか否かについての判断に通常影響を及ぼすべきもの

三　前二号に掲げるもののほか、物品、権利、役務その他の当該消費者契約の目的となるものが当該消費者の生命、身体、財産その他の重要な利益についての**損害又は危険を回避するために通常必要であると判断される事情**

6　第一項から第四項までの規定による消費者契約の申込み又はその承諾の意思表示の取消しは、これをもって善意でかつ過失がない第三者に対抗することができない。

（媒介の委託を受けた第三者及び代理人）

第五条　前条の規定は、事業者が第三者に対し、当該事業者と消費者との間における消費者契約の締結について媒介をすることの委託（以下この項において単に「委託」という。）をし、当該委託を受けた第三者（その第三者から委託（二以上の段階にわたる委託を含む。）を受けた者を含む。以下「受託者等」という。）が消費者に対して同条第一項から第四項までに規定する行為をした場合について準用する。この場合において、同条第二項ただし書中「当該事業者」とあるのは、「当該事業者又は次条第一項に規定する受託者等」と読み替えるものとする。

2　消費者契約の締結に係る消費者の代理人（復代理人（二以上の段階にわたり復代理人として選任された者を含む。）を含む。以下同じ。）、事業者の代理人及び受託者等の代理人は、前条第一項から第四項まで（前項において準用する場合を含む。次条から第七条までにおいて同じ。）の規定の適用については、それぞれ消費者、事業者及び受託者等とみなす。

（解釈規定）

第六条　第四条第一項から第四項までの規定は、これらの項に規定する消費者契約の申込み又はその承諾の意思表示に対する民法（明治二十九年法律第八十九号）第九十六条の規定の適用を妨げるものと解してはならない。

（取消権を行使した消費者の返還義務）

第六条の二　民法第百二十一条の二第一項の規定にかかわらず、消費者契約に基づく債務の履行として給付を受けた消費者は、第四条第一項から第四項までの規定により当該消費者契約の申込み又はその承諾の意思表示を取り消した場合において、給付を受けた当時そ

の意思表示が取り消すことができるものであることを知らなかったときは、当該消費者契約によって**現に利益を受けている限度**において、返還の義務を負う。

（取消権の行使期間等）

第七条　第四条第一項から第四項までの規定による取消権は、追認をすることができる時から一年間行わないときは、時効によって消滅する。当該消費者契約の締結の時から五年を経過したときも、同様とする。

2　会社法（平成十七年法律第八十六号）その他の法律により詐欺又は強迫を理由として取消しをすることができないものとされている株式若しくは出資の引受け又は基金の拠出が消費者契約としてされた場合には、当該株式若しくは出資の引受け又は基金の拠出に係る意思表示については、第四条第一項から第四項までの規定によりその取消しをすることができない。

第二節　消費者契約の条項の無効

（事業者の損害賠償の責任を免除する条項等の無効）

第八条　次に掲げる消費者契約の条項は、無効とする。

一　事業者の**債務不履行により**消費者に生じた損害を賠償する**責任の全部を免除し、又は当該事業者にその責任の有無を決定する権限を付与する**条項

二　事業者の債務不履行（当該事業者、その代表者又はその使用する者の故意又は重大な過失によるものに限る。）により消費者に生じた損害を賠償する**責任の一部を免除し、又は当該事業者にその責任の限度を決定する権限を付与する**条項

三　消費者契約における事業者の債務の履行に際してされた当該事業者の**不法行為により**消費者に生じた損害を賠償する責任の全部を免除し、又は当該事業者にその責任の有無を決定する権限を付与する条項

四　消費者契約における事業者の債務の履行に際してされた当該事業者の不法行為（当該事業者、その代表者又はその使用する者の故意又は重大な過失によるものに限る。）により消費者に生じた損害を賠償する責任の一部を免除し、又は当該事業者にその責任の限度を決定する権限を付与する条項

2　前項第一号又は第二号に掲げる条項のうち、消費者契約が有償契約である場合において、**引き渡された目的物が種類又は品質に関して契約の内容に適合しないとき**（当該消費者契約が請負契約である場合には、請負人が種類又は品質に関して契約の内容に適合しない仕事の目的物を注文者に引き渡したとき（その引渡しを要しない場合には、仕事が終了した時に仕事の目的物が種類又は品質に関して契約の内容に適合しないとき。）。以下この項において同じ。）に、これにより消費者に生じた損害を賠償する事業者の責任を免除し、又は当該事業者にその責任の有無若しくは限度を決定する権限を付与するものについては、次に掲げる場合に該当するときは、同項の規定は、適用しない。

一　当該消費者契約において、引き渡された目的物が種類又は品質に関して契約の内容に適合しないときに、当該事業者が履行の追完をする責任又は不適合の程度に応じた代金若しくは報酬の減額をする責任を負うこととされている場合

二　当該消費者と当該事業者の委託を受けた他の事業者との間の契約又は当該事業者と他の事業者との間の当該消費者のためにする契約で、当該消費者契約の締結に先立って又は

これと同時に締結されたものにおいて、引き渡された目的物が種類又は品質に関して契約の内容に適合しないときに、当該他の事業者が、その目的物が種類又は品質に関して契約の内容に適合しないことにより当該消費者に生じた損害を賠償する責任の全部若しくは一部を負い、又は履行の追完をする責任を負うこととされている場合

（消費者の解除権を放棄させる条項等の無効）

第八条の二　事業者の債務不履行により生じた**消費者の解除権を放棄させ、又は当該事業者にその解除権の有無を決定する権限を付与する**消費者契約の条項は、無効とする。

（事業者に対し後見開始の審判等による解除権を付与する条項の無効）

第八条の三　事業者に対し、**消費者が後見開始、保佐開始又は補助開始の審判を受けたことのみを理由とする解除権**を付与する消費者契約（消費者が事業者に対し物品、権利、役務その他の消費者契約の目的となるものを提供することとされているものを除く。）の条項は、無効とする。

（消費者が支払う損害賠償の額を予定する条項等の無効）

第九条　次の各号に掲げる消費者契約の条項は、当該各号に定める部分について、無効とする。

一　当該消費者契約の**解除に伴う損害賠償の額を予定し、又は違約金を定める条項**であって、これらを合算した額が、当該条項において設定された解除の事由、時期等の区分に応じ、当該消費者契約と同種の消費者契約の解除に伴い当該事業者に生ずべき**平均的な損害**の額を超えるもの　当該超える部分

二　当該消費者契約に基づき支払うべき金銭の全部又は一部を消費者が支払期日（支払回数が二以上である場合には、それぞれの支払期日。以下この号において同じ。）までに支払わない場合における損害賠償の額を予定し、又は違約金を定める条項であって、これらを合算した額が、支払期日の翌日からその支払をする日までの期間について、その日数に応じ、当該支払期日に支払うべき額から当該支払期日に支払うべき額のうち既に支払われた額を控除した額に年十四・六パーセントの割合を乗じて計算した額を超えるもの　当該超える部分

（消費者の利益を一方的に害する条項の無効）

第十条　消費者の不作為をもって当該消費者が新たな消費者契約の申込み又はその承諾の意思表示をしたものとみなす条項その他の法令中の公の秩序に関しない規定の適用による場合に比して**消費者の権利を制限し又は消費者の義務を加重する消費者契約の条項**であって、民法第一条第二項に規定する基本原則に反して**消費者の利益を一方的に害する**ものは、無効とする。

第三節　補則

（他の法律の適用）

第十一条　消費者契約の申込み又はその承諾の意思表示の取消し及び消費者契約の条項の効力については、この法律の規定によるほか、民法及び商法（明治三十二年法律第四十八号）の規定による。

2　消費者契約の申込み又はその承諾の意思表示の取消し及び消費者契約の条項の効力について民法及び商法以外の他の法律に別段の定めがあるときは、その定めるところによる。

第三章　差止請求
第一節　差止請求権
（差止請求権）
第十二条　**適格消費者団体**は、事業者、受託者等又は事業者の代理人若しくは受託者等の代理人（以下「事業者等」と総称する。）が、消費者契約の締結について**勧誘をするに際し**、不特定かつ多数の消費者に対して第四条第一項から第四項までに規定する行為（同条第二項に規定する行為にあっては、同項ただし書の場合に該当するものを除く。次項において同じ。）**を現に行い又は行うおそれがあるとき**は、その事業者等に対し、当該行為の停止若しくは予防又は当該行為に供した物の廃棄若しくは除去その他の当該行為の停止若しくは予防に必要な措置をとることを請求することができる。ただし、民法及び商法以外の他の法律の規定によれば当該行為を理由として当該消費者契約を取り消すことができないときは、この限りでない。
2　適格消費者団体は、次の各号に掲げる者が、消費者契約の締結について勧誘をするに際し、不特定かつ多数の消費者に対して第四条第一項から第四項までに規定する行為を現に行い又は行うおそれがあるときは、当該各号に定める者に対し、当該各号に掲げる者に対する是正の指示又は教唆の停止その他の当該行為の停止又は予防に必要な措置をとることを請求することができる。この場合においては、前項ただし書の規定を準用する。
一　受託者等　当該受託者等に対して委託（二以上の段階にわたる委託を含む。）をした事業者又は他の受託者等
二　事業者の代理人又は受託者等の代理人　当該代理人を自己の代理人とする事業者若しくは受託者等又はこれらの他の代理人
3　適格消費者団体は、事業者又はその代理人が、消費者契約を締結するに際し、不特定かつ多数の消費者との間で第八条から第十条までに規定する消費者契約の条項（第八条第一項第一号又は第二号に掲げる消費者契約の条項にあっては、同条第二項の場合に該当するものを除く。次項において同じ。）を含む消費者契約の申込み又はその承諾の意思表示を現に行い又は行うおそれがあるときは、その事業者又はその代理人に対し、当該行為の停止若しくは予防又は当該行為に供した物の廃棄若しくは除去その他の当該行為の停止若しくは予防に必要な措置をとることを請求することができる。ただし、民法及び商法以外の他の法律の規定によれば当該消費者契約の条項が無効とされないときは、この限りでない。
4　適格消費者団体は、事業者の代理人が、消費者契約を締結するに際し、不特定かつ多数の消費者との間で第八条から第十条までに規定する消費者契約の条項を含む消費者契約の申込み又はその承諾の意思表示を現に行い又は行うおそれがあるときは、当該代理人を自己の代理人とする事業者又は他の代理人に対し、当該代理人に対する是正の指示又は教唆の停止その他の当該行為の停止又は予防に必要な措置をとることを請求することができる。この場合においては、前項ただし書の規定を準用する。
（差止請求の制限）
第十二条の二　前条、不当景品類及び不当表示防止法（昭和三十七年法律第百三十四号）

第三十条第一項、特定商取引に関する法律（昭和五十一年法律第五十七号）第五十八条の十八から第五十八条の二十四まで又は食品表示法（平成二十五年法律第七十号）第十一条の規定による請求（以下「差止請求」という。）は、次に掲げる場合には、することができない。

一　当該適格消費者団体若しくは第三者の不正な利益を図り又は当該差止請求に係る相手方に損害を加えることを目的とする場合

二　他の適格消費者団体を当事者とする差止請求に係る訴訟等（訴訟並びに和解の申立てに係る手続、調停及び仲裁をいう。以下同じ。）につき既に確定判決等（確定判決及びこれと同一の効力を有するものをいい、次のイからハまでに掲げるものを除く。以下同じ。）が存する場合において、請求の内容及び相手方が同一である場合。ただし、当該他の適格消費者団体について、当該確定判決等に係る訴訟等の手続に関し、次条第一項の認定が第三十四条第一項第四号に掲げる事由により取り消され、又は同条第三項の規定により同号に掲げる事由があった旨の認定がされたときは、この限りでない。

イ　訴えを却下した確定判決

ロ　前号に掲げる場合に該当することのみを理由として差止請求を棄却した確定判決及び仲裁判断

ハ　差止請求をする権利（以下「差止請求権」という。）の不存在又は差止請求権に係る債務の不存在の確認の請求（第二十四条において「差止請求権不存在等確認請求」という。）を棄却した確定判決及びこれと同一の効力を有するもの

2　前項第二号本文の規定は、当該確定判決に係る訴訟の口頭弁論の終結後又は当該確定判決と同一の効力を有するものの成立後に生じた事由に基づいて同号本文に掲げる場合の当該差止請求をすることを妨げない。

第二節　適格消費者団体
＜中略＞

（書面による事前の請求）
第四十一条　適格消費者団体は、差止請求に係る訴えを提起しようとするときは、その訴えの被告となるべき者に対し、あらかじめ、請求の要旨及び紛争の要点その他の内閣府令で定める事項を記載した書面により差止請求をし、かつ、その到達した時から一週間を経過した後でなければ、その訴えを提起することができない。ただし、当該被告となるべき者がその差止請求を拒んだときは、この限りでない。

2　前項の請求は、その請求が通常到達すべきであった時に、到達したものとみなす。

3　前二項の規定は、差止請求に係る仮処分命令の申立てについて準用する。
＜中略＞

（適用除外）
第四十八条　この法律の規定は、**労働契約**については、適用しない。

【コラム】「約款」について

1　普通取引約款・附合契約の問題

　一般に「約款」と呼ばれているのは、「特別約款」との対比で語られる「普通取引約款」の略称で、元々は、ドイツ法で用いられていた用語（AGB）の翻訳に由来している。日本語の「款」は、契約の「条件・条項」を意味する漢字で、学説の間では、大量取引あるいは多数取引の迅速かつ画一的な処理の要請に応えるために、定型化された契約条件あるいは条件群を指す。よく似た言葉に、「附合契約・附従契約」があるが、こちらはフランス法から輸入された概念で、相手の提示した条件に「付き従う」という契約状況を表現したものである。附合契約・附従契約の場合には、定型化された価格である「定価」などのように核心的な合意内容も対象とされるが、約款の場合は、もっぱら付随的契約条件に対象が絞られている。ドイツ法における中心部分への経済的介入に対する慎重な姿勢は、戦時中のナチス統制経済に対する反発を背景にした学問的伝統に由来している。

2　約款の何が問題なのか？

　約款では、顧客がその内容を十分に認識して、熟慮の上で合意するということが、極めて困難であることが知られている。つまり、当事者（特に顧客側）の意思的関与の希薄さが見られ、口頭で伝えられたら到底同意できないような条項でも、知らず知らずのうちに契約内容として包括的同意によって、個別契約に組み込まれてしまう危険がある。これを「約款」のもつ「隠蔽効果」という。しかも、仮に嫌だといっても、「嫌なら辞めろ（take it or leave it !）」というわけで、これが、まさに附合契約的状況ということになる。不意打ち的な条項の組み入れを排除することが必要となる所以である。また、約款では、その作成者・使用者が、内容を一方的に形成しているため、どうしても自分に都合の良いものになりがちである。そこで、約款の解釈方法として、拡張や類推より制限的解釈が求められ、客観的・合理的に解釈してもなお多義的であるときは、作成者・使用者にとって不利な解釈がなされる必要があると考えられている。これを「作成者不利の原則」あるいは「不明確準則」と呼ぶ。また、こうして、約款の組み入れが認められ、解釈上も内容が明らかであるとしても、その内容が信義則に反して顧客に不利となっている場合、その内容的規整が問題となる。とくに、ドイツでは約款使用者側の責任や義務を免除したり、制限するような条項に対しては、信義則上も、これを無効視することが判例上も展開してきた。

3　いわゆる「三つの砦」について

　約款規制には、「三つの砦」がある。第 1 は、約款の個別契約への採用段階であり、そこでは個別合意が優先し、不意打ち条項は採用の対象範囲から抜け落ちる。約款の開示における説明義務や情報提供義務が砦における武器となる。第 2 は、約款解釈の段階で、制限的解釈や、客観的合理的解釈によっても多義的条項における作成者不利の解釈原則によって、約款内容が限定される。第 3 は、直接的な内容規制であり、とくに約款なかりせば得られたであろう任意規定、任意規定的準則からの合理的理由のない逸脱は、信義則上認められない。

4　消費者契約法との関係

　消費者契約法の策定において、約款を中心に規制のシステムを作るか(約款アプローチ)、それとも交渉力の格差を前提に介入のシステムを作るのかという考え方の相違があった。しかし、この問題は、対象の土俵が「事業者対事業者(BtoC)」に限定された旧経済企画庁国民政策局であったため、事実上表面化しなかった。しかも、消費者契約について、それぞれの合意内容が、個別合意か約款かという線引きの煩わしさから、結局、交渉力アプローチの中での消費者アプローチが採用された。ただ、そのシステムでは、契約締結過程での条項内容開示や情報提供・説明などが努力義務として配置され、契約締結過程での不当な勧誘行為が民法の錯誤・詐欺・強迫の拡張法理として、取消権と結びつけられた。また、無効となる不当条項では、ほとんどの場合、不十分ながら、ドイツやEC での約款不当条項リストや規制の一般条項が利用されることになり、我が国の消費者契約法は、「隠れた約款規制法」と評された。もちろん、内容的には、消費者約款に限っても、かなり中途半端であり、ときの立法者は「小さく産んで大きく育てる」と語ったが、つい最近まで「小さく産んだまま捨て子になっていた」と揶揄されてきた。8 条以下の無効条項はごく限定された条項に限られ、とくに、一般条項である第 10 条は、ドイツの約款判例のエッセンスを参考にしていたが、構造的には相当に屈折している。2 段構えの要件になってしまったため、日本の判例では、不当条項の規制の運用上の壁にもなっている。また、グレイ・リスト(一定の評価余地ある不当条項)も、つい最近まで排除されたままとなって、諸外国の約款規制から大きく立ち後れている。

5　改正民法における「定型約款」の問題

　2017 年改正民法 548 条の 2 以下には「定型取引合意」・「定型約款」に関する条文が入った。この条文では、約款の採用・組み入れに関して、従来の判例である「意思推定説」を超えて、一定条件下での「みなし合意」の書きぶりとなっている。しかも、結局は不特定多数の者を相手方とする「消費者約款」のみを対象とするべく、理論の枠組みが作られた。「どうせ消費者は約款など読みはしない」という判断があるらしいが、そこには、消費者取引に関する限り、契約自由と合意の重視を標榜する新規定(521 条、522 条)とは明らかに矛盾する評価が含まれている。改正民法において、消費者は、いわば「2 級市民」なのである。なお、事業者間の約款は、これまで通り、解釈論で対応することになる。

　改正民法の規定ぶりには、約款問題について誤ったメッセージを発している危惧がある。少なくとも消費者契約法では、確実に契約内容が開示されるよう対応する必要がある。改正民法の定型約款の採用をめぐる内容限定規定と消契法 10 条の書きぶりは酷似しているが、両者はそれぞれ異なる発想の産物であり、消費者契約法の一般条項の意義を低減するものではないと考えられる。

6　約款問題で注意すべきことは？

　さしあたって、「約款」に関して注意すべきことは次の諸点である。

　第 1 に、契約条項が消費者に対して、見やすい場所にきちんと「開示」されているか、わかりやすい内容となっているかに目配りすること。見せろと言うまで、見せなくても良

いわけでは決してない（新 548 条の 3 の書きぶりには疑問がある）。

　第 2 に、約款解釈上のサブルールを意識して（不明確準則など）、一方的な、事業者による解釈を鵜呑みにすべきではないこと。

　第 3 に、条項が不公正である場合、決して泣き寝入りしないこと。個人レベルでは、どうしても限界があるため、不当条項の内容的規制においては、適格消費者団体などによる監視機能が働くことを期待したい。

　第 4 に、消費者個人のレベルでは、約款内容を事前に読んで、完全に理解することは至難の業であるが、せめて契約上の重要な事項については、きちんと理解した上で、契約に臨む姿勢を持つこと。個人意思の自治、私的自治は、新しい時代にあっても重要な価値であり続けているからである。

【遠隔講義 消費者法〈第2版〉2021 〈5〉】
広告・表示と情報提供

S.Kawakami

【ここでの課題】 ここでは、契約法の締結過程あるいは形成過程の諸問題について検討する。具体的には、広告・表示・情報提供を扱う。契約法では、広告・表示はあまり問題とされてこなかったが、今日では、契約の前段階の問題として無視できない重要性を帯びている。契約当事者となる者の間での情報をめぐる調整問題は、すでに社会的接触のところから始まるからである。

1 広告・表示

（1）広告とは何か

　契約関係の成立以前に、一方当事者から他方当事者に提供される情報には、様々なものがある。それは、広告・表示から、具体的な契約締結過程での情報提供や説明、助言にいたるまで、提供されるものの性質や目的、程度なども変化する。

　「**広告**」は、一般に、事業者が顧客を誘引するために、自分の商品を広く世間に知らせることを意味する。その手法は実に多彩で、新聞・雑誌広告、テレビ・コマーシャル、パンフレット、ウィンドウのディスプレイ、チラシ、インターネット広告など実に多くの媒体が存在する。似て非なるものに「**表示**」があり、こちらは何らかの事柄を他者に知らせるための「手段」を指すものであるから、広告もこれに含まれることになる(景表法 2 条 4 項は「広告その他の表示」として、表示を上位概念にしている)。ただ、しばしば「食品表示」等のように狭い意味での「表示」として論じられる商品**ラベル・タグ**に記載された商品の仕様・品質・成分量などは具体的な「事実」の開示であって、広告のような販売促進的意味合いはあまりなく、「**イメージ広告**」のような問題も起きにくいと言えるかもしれない。しかし、こうした区別は、そこでの情報が顧客に対して結果的にいかなる影響を及ぼすかによって、区別の意味を失う可能性がある(カルシウムをたっぷり含んだ牛乳、プロテイン入りシャンプー、カシミヤ＊%のコートなど、表示内容が顧客の購買意欲を刺激する結果となる)。要は、<u>その内容を手がかりに、顧客が当該商品を購入するかどうかを決定するとなれば、いずれにせよその動機に働きかける重要な要素となり、その適正化が課題となる。</u>

（2）広告の法的意味

　「広告」の法的意味については、従来は、それが不特定多数の者に対する一方的な意思表示であるから、当事者間での主観的意思の合致は問題になることはなく、それら不特定多数の中の一人が広告の示すとおりに契約を締結したい旨の意思表示をしても契約は成立せず、広告は、「**申込みの誘引**」にとどまると考えられていた(我妻・債権各論上[76]など)。しかし、今日では、広告の内容が商品の品質・用法などを具体的に指示し、意思表示をした者がそれらを重要と考え、広告を信頼して意思表示をしたかぎり、その意思表示は「承諾」と解釈すべきであると見解が有力である(平井・契約総論 152 頁、磯村保「法律行為の課題(上)」民法研究 2 号 15 頁、平野裕之・総合(5)契約法 53 頁など)。この見解では、商品が、不動産

のように非代替性の大きなものでないときは、カタログ送付なども「申込み」と理解され、広告は、これに応じた意思表示によって、そのまま契約の内容になる可能性が開かれている（PECL2－201も参照）。

　一般的にも、当事者間での「契約の解釈」においては、対面での具体的交渉で言明された事柄や合意書面に記載されたもののみならず、それまでの接触からはじまる様々なやりとりや前提とされた事実(広告その他の言動を含む)が、最終的合意内容に反映されうると考えるべきであって、私法的に無色なものではあり得ない(たとえば、旅行代理店の旅行パンフレットの最終頁に旅行約款が小さな活字で印刷されているのを想起されたい)。ちなみに、かつて、消費者契約法4条の「勧誘に際して」の表示には広告は含まれないとする公的解釈が存在し（内閣府・逐条解説消費者契約法〈新版〉93頁[商事法務研究会、2007年]など）、一部の裁判例にも影響を与えたが、明らかに不適切である。特に、同法では、広告による表示内容と顧客の意思表示が要件の上で因果関係で結ばれているだけに、当然、射程に収めるべきものであったといえよう。

　さらに、インターネットの普及した今日では、広告と見えるサイトから、直ちに注文ができ、**ターゲティング広告**では、不特定多数ではなく特定の属性をもった顧客予備軍に集中的に商品の提案情報が送られるだけに、通常の申込みとの区別はますます微妙なものになりつつある。

（3）広告と錯誤
　虚偽広告・誇大広告を信じて対象商品を購入した場合、錯誤を語ることが可能か。とくに、情報提供型の広告の場合が問題となるが、現実には、①情報の解釈が一様でないこと、②ある広告に接したとき消費者が持つに至る期待内容と広告との対応関係の多様性、③契約締結に至った動機に広告が占めた重要性などを考えると、錯誤無効にたどり着くことは必ずしも容易ではない(早川・後掲論文の指摘参照)。

　しかしながら、事業者が行った広告・宣伝内容と事実が一致しない場合には、平均的消費者の認識と事実の間に不一致が生じていると推定することは可能であり、このような錯誤状態に合理的顧客が陥っていることは、事業者にとって定型的に予見可能と考えるべきではあろう（むしろ、それを狙っての広告ではないか）。もちろん、広告によってもたらされた顧客の期待の全てが保護されるわけではないが、少なくとも、通常の顧客にとって契約を締結するかどうかに重要な事項に関する限り、**欺瞞的広告による錯誤**を利用することは可能というべきではあるまいか。

（4）偽装・誇張・誇大な広告の規制
　我が国における広告・表示に対する規制には、一般規制と個別規制が存在するが、それらのほとんどは行政的な市場行動規制であり、民事の規制は乏しい。

　このうち、積極的に一定の表示を義務づける積極規制には、食品表示法、食品衛生法、農林物資の規格化及び品質表示の適正化に関する法律（いわゆる「JAS法」）、健康増進法、家庭用品品質表示法などがある(食品表示に関しては食品表示法[2015年4月1日施行]による表示の一元化が実現した)。

　これに対し、**虚偽・誇大広告を禁ずるタイプの消極規制**では、**景品表示法**が重要であり、

不正競争防止法 2 条 1 項 13 号、特商法、食品衛生法、健康増進法の諸規定ほか、食品安全基本法、医薬品医療機器等法(旧薬事法)、消費生活用製品安全法などの個別の規制法が存在している。

とくに景品表示法は、業種横断的に、一般消費者の自主的・合理的選択を阻害する不当表示を規制しており、具体的に、「**優良誤認表示・有利誤認表示**」が規制対象となっている(同法 5 条 1 項 1 号、2 号参照)。平成 26(2014) 年には、不当表示を行った事業者に対して、不利益を課する「課徴金制度」が導入され、違反行為者が、被害を受けた消費者に対して返金計画を立てて実行した場合にはその返金相当額を**課徴金**から減額するという形で、間接的に、消費者の被害回復を促進することに寄与する仕組みが導入されている。

しかし、こうした行政的な対応だけでは必ずしも十分ではないため、顧客からの損害賠償請求を認める方向が模索されている。せめて、景表法上「著しく優良・著しく有利と誤認させる表示である」場合には、民事的効果を結びつけることが望ましい。

【参考文献】広告をめぐる法律問題についての先駆的研究は、故長尾治助博士によるところが大きい。長尾治助・広告と法(日本評論社、1988 年)、同・アドバタイジング・ロー広告の判例と法規制の課題(商事法務研究会、1990 年)。比較的早い段階での契約法との関係を論じた検討として、早川眞一郎「広告と錯誤(1)~(3・完)」NBL491 号 24 頁、492 号 42 頁、493 号 43 頁が貴重である。また最近のものとして、鹿野菜穂子「日本における広告規制と消費者の保護」中田邦博=鹿野菜穂子編・ヨーロッパ消費者法・広告規制法の動向と日本法(日本評論社、2015 年) 所収、「<特集>表示・広告をめぐる法規制」現代消費者法 6 号所収の諸論稿、南雅晴「広告・表示と消費者」中田邦博=鹿野菜穂子編・基本講義消費者法<第 2 版>(日本評論社、2016 年)所収、中田邦博「現代邦楽研究から見た広告規制」水野由多加ほか編・広告コミュニケーション研究ハンドブック(有斐閣、2015 年)39 頁以下所収などがあり参考になる。簡潔には、日本弁護士連合会編・消費者法講義<第 4 版>第 9 章[日本評論社、2015 年]、松本恒雄「表示の適正化」消費者法判例百選 185 頁(2000 年) も参照。なお、医療法上の情報提供機能と不当広告問題の衝突する最近の話題として、宮城朗「美容医療をめぐる広告規制」現代消費者法 31 号 77 頁(2016 年)が興味深い。

(5) 消費者契約と広告規制の将来

消費者基本法は、国は、消費者が商品の購入や使用、役務の利用に際して、その選択を誤ることがないように「商品及び役務について、品質等に関する広告その他の表示に関する制度を整備し、虚偽又は誇大な広告その他の表示を規制する等必要な施策を講ずるものと」している(同法 15 条)。そこでは、消費者の実質的な選択権の保障が求められている。これまでのところ、広告に関しては、私法上、一般的な規制は存在しない。そのため、不当な広告によって損害を受けた場合には、広告主・広告推奨者・広告媒体業者などの責任を不法行為法によって追及するほかない状態にあった(最判平成元・9・19 集民 157 号 601 頁[広告掲載新聞社の責任]、大阪地判昭和 62・3・30 判時 1240 号 53 頁[広告出演者の責任(肯定)]、東京地判平成 6・7・25 判時 1509 号 31 頁[広告出演者の責任(消極)]。しかし、広告の現状からすれば、契約内容として取り込んだ上で、完全履行を請求したり債務不履行責任を問う可能性があるだけでなく、表示が契約締結にとって重要な動機であった場合には要素の錯誤を、表示が虚偽であることを事業者が認識し、かつ、それによって消費者を

欺罔しようとする故意のあるときは詐欺取消を認めるなど不実表示を理由に契約の効力を否定するなどの手段が、容易に可能となるよう「推定」の工夫をする余地があるように思われる。消費者契約法4条は、そうした要件の客観化の工夫の一つではあるが、なお改善の余地がある。

　また、広告・表示を誤認して商品を購入した顧客の個々の被害額が大きくないとすれば、消費者団体による集団的な損害賠償システムが実効性を発揮できるような環境を整備することも必要である(消費者の財産的被害の集団的な回復のための民事裁判手続の特例に関する法律(平成25年法96号)が2016年10月から施行されるが、これをうまく機能させることが必要である)。

2　情報提供義務

（1）一般的情報提供義務？

　いわゆる情報提供義務が問題となる局面は、多くの場合、相手の「認識」に働きかけるものであり、説明義務は「理解」に働きかけ、助言義務は「判断」に働きかけるものといえよう。私的自治・意思自治の原則に基づけば、各人が契約に拘束される根拠は、それが各人の意思決定に由来するものであるからであって、その前提として、各人が自ら自己の判断の材料となる情報を収集・分析し、それによって当該契約が自分の取引目的に適合するかどうかを認識した上で、契約を締結することが要請されるのが基本である。したがって、一般的情報提供義務を語ることは困難であり、適切でもない。

　しかし、現実問題として、当事者の情報収集・分析能力には構造的に格差が見出される局面も少なくないため、情報劣位者にとって著しく不利な取引が行われる可能性があることは否定できない。そこで、そのような情報・交渉力劣位者の実質的契約自由を回復し、自ら決めたという常態を作出するべく、信義則を媒介としつつ、その相手方に**情報提供義務**あるいは**説明義務**が課せられる局面が増えている。信義則が、当事者間での情報格差是正義務と自己決定基盤の環境整備義務を要請しているわけである(潮見佳男・契約法理の現代化[有斐閣、2004年]86頁以下など参照)。具体的には、不動産売買契約、フランチャイズ契約、リース契約、銀行取引契約、証券取引・投資契約、保険契約などで裁判例が多い。特に、専門的知識や情報について著しい格差があり、一方が相手方の専門的判断に依存するような局面では、**助言義務**が語られる場合がある(大阪地判昭和62・1・29判時1238号105頁、広島高判平成9・6・12判タ971号170頁など)*。その意味では、当事者間の関係に応じて、情報提供義務が具体的に導かれ、そこで付与される効果も決まると言うべきであろう。

　　*【参考文献】　横山美夏「契約締結過程における情報提供義務」ジュリスト1094号128頁(1996年、山田誠一「情報提供義務」ジュリスト1126号180頁[1998年]、後藤巻則・消費者契約法の理論(弘文堂、2002年)71頁以下、初出は、同「フランス契約法における詐欺・錯誤と情報提供義務(3)」民商102巻4号458頁[1990年]、同・消費者契約と民法改正(弘文堂、2013年)232頁以下、松本恒雄「詐欺・錯誤と契約締結における情報提供義務－消費者取引における不当勧誘からの救済」池田真朗ほか・マルチラテラル民法(有斐閣、2002年)1頁以下所収(初出は法学教室177号55頁[1995年])、野澤正充「情報提供義務(説明義務)違反」法学教室273号34頁(2003年)、潮見佳男「説明義務・情報提供義務と自己決定」判タ1178号9頁[2005年]、宮下修一・消費者保護と私法理論(信山社、2006年。初出は「契約関係における情報提供義務－非対等者間における契約を中心に(1)～(12・完)」名古屋大学法政論集185号

～ 205 号[2000 年～ 2004 年])など。また、フランス法における情報提供義務違反に基づく損害賠償の問題については、山城一真・契約締結過程における正当な信頼（有斐閣、2014 年）273 頁以下も参照。

＊【情報提供義務・説明義務・助言義務】 情報提供義務は、契約当事者簡での知識や情報に大きな格差がある場合に、そのような知識・情報を保有する側が、相手がにおいて情報をよく知った上で契約を締結できるように、一定の情報を提供することが信義則上認められるような場合に、一定の情報を提供する義務を負うとするものであり、その情報提供が主として客観的事実の指摘や説明に関する場合に用いられる。概念的には、「情報提供」では一定の事情を相手方に「**認識**」させることが主たる目的となり、「説明義務」では認識を超えた「**理解**」に働きかける場合が多いように思われるが、実際問題として、単なる情報提供義務と説明義務には大きな違いはない。他方、「助言義務」では、一定の信頼関係などを基礎に、一方の専門家としての情報・知識に依拠して、他方が、契約の当否に関しての自己の判断材料を得ようとするものであり、「**判断**」に働きかける点で、更に踏み込んだ情報の提供になる。すべてを説明義務に包摂すれば情報提供義務・説明義務と助言義務を区別することに大きな意味はないとする見解もあるが（横山・前掲判タ 22 頁）、当事者間の関係性や説明の目的、義務の程度など考えると、助言義務は、やや異質な側面をもつことは否定できない（後藤・前掲消費者契約の法理論 103 頁、同「情報提供義務」新争点 217 頁、218 頁など）。

（２）情報提供義務違反の効果

情報提供義務違反の効果は、少なくとも契約締結前の義務違反に関しては、基本的に不法行為を理由とする損害賠償（**慰謝料**もしくは**原状回復的損害賠償**）であり、「機会の喪失」理論がこれを補強しよう（もっとも、経済的評価の困難な場合には、これとは別に、個人の選択権・自己決定権といった人格権の侵害が問題となるため「慰謝料」の形での損害賠償にとどまる）。

たとえば、マンションの販売が既購入者の期待利益と衝突した事案で、最判平成 16・11・18（民集 58 巻 8 号 2225 頁）は、次のように述べている。

「Aは、X らが、本件優先購入条項により、本件各譲渡契約締結の時点において、X らに対するあっせん後未分譲住宅の一般公募が直ちに行われると認識していたことを少なくとも容易に知ることができたにもかかわらず、X らに対し、上記一般公募を直ちにする意思がないことを全く説明せず、これにより X らがAの設定に係る分譲住宅の価格の適否について十分に検討した上で本件各譲渡**契約を締結するか否かを決定する機会を奪った**ものというべきであって、Aが当該説明をしなかったことは信義誠実の原則に著しく違反するものである‥‥。そうすると、被上告人らがAとの間で本件各譲渡契約を締結するか否かの意思決定は財産的利益に関するものではあるが、Aの上記行為は慰謝料請求権の発生を肯認し得る違法行為と評価することが相当である。」

つまり、より適切な形で情報を提供されていれば、別の意思決定をすることによって損失を回避したり、利得を取得する機会があったであろうが、そのような機会を喪失したこと、すなわち「当該契約をしたこと」自体が損害であり、より有利な契約をなす「機会」そのものが財産化しているといえようか。

さらに、出資契約における説明義務違反に基づく損害賠償請求の事案につき、最判平成 23・4・22（民集 65 巻 3 号 1405 頁＝民法判百Ⅱ 4 事件［角田美穂子］）は、次のように述べる。

　　「一方当事者が信義則上の説明義務に違反したために、相手方が**本来であれば締結しなかったはず**
の契約を締結するに至り、損害を被った場合には、後に締結された契約は、上記説明義務の違反に
よって生じた結果と位置付けられるのであって、上記説明義務をもって上記契約に基づいて生
じた義務であるということは、それを契約上の本来的な債務というか付随義務というかにかか
わらず、一種の背理であるといわざるを得ない‥‥。契約締結の準備段階においても、信義則
が当事者間の法律関係を規律し、信義則上の義務が発生するからといって、その義務が当然に
その後に締結された契約に基づくものであるということにならない‥‥。このように解すると、
上記のような場合の損害賠償請求権は不法行為により発生したものであるから、これには民法
７２４条前段所定の３年の消滅時効が適用されることになる‥‥」。さらに、千葉勝美裁判官の
補足意見は「本件のような説明義務は，そもそも契約関係に入るか否かの判断をする際に問題
になるものであり、契約締結前に限ってその存否、違反の有無が問題になるものである。加え
て、そのような説明義務の存否、内容、程度等は、当事者の立場や状況、交渉の経緯等の具体
的な事情を前提にした上で、信義則により決められるものであって、個別的、非類型的なもの
であり、契約の付随義務として内容が一義的に明らかになっているようなものではなく、通常
の契約上の義務とは異なる」と言う。

　そもそも契約をすべきかどうかに関わる情報提供や説明義務の履行は、「契約上の付随
義務の前倒し」と考えられる場面とは区別されるべきである、ということであろうか。

（3）錯誤・詐欺と情報提供義務違反

　情報提供義務違反の効果は損害賠償に限られない。誤情報を、そのまま契約内容へと取
り込んで、その強制的実現を図ることで相手方の信頼に対する救済を図ることも不可能で
はない。また、法律行為の効力問題として、端的に契約的拘束からの解放をもたらすこと
もある。

　錯誤は、内心的効果意思(→「真意」)と表示の不一致について自ら認識していない場合
であり、原則として「動機の錯誤」は顧慮されない(但し新民法 95 条)。しかし、相手が
積極的に誤った情報を提供して、動機の錯誤に陥って意思表示をした場合、相手方の行動
が「欺罔行為」と評価される限り、詐欺による取消しが認められよう(96 条)。問題は、
錯誤に陥っている者に対して相手方が提供すべき情報を与えなかった場合(不作為・不告知)
である。この場合、当該情報提供義務違反が違法な欺罔行為と同視されるときには、「不
作為による詐欺」又は「沈黙による詐欺」が成立する可能性がある。詐欺における「故意」
の要件に関しても、当該情報が表意者にとって重要であることを相手方が認識しつつ、当
該情報を適切に告げなかった場合は、詐欺の故意が推定できるとの指摘がある(横山美夏「契
約締結過程における情報提供義務」ジュリスト 1094 号 135 頁[1996 年]、同「消費者契約法における情
報提供モデル」民商 123 号 4=5 号 576 頁[2001 年]。なお、重要事項の提供に関する事業者の努力義務を
定めた消費者契約法 3 条 1 項、詐欺的情報不開示を詐欺と同視するユニドロア国際商事契約原則 3・8 条
も参照)。かりに、「故意」の立証が困難な場合にも、<u>相手方の情報提供が不十分であった</u>
<u>り、誤認誘導的である場合は、裁判実務上、錯誤での処理が容易になる傾向にある</u>(平野
裕之「投資取引における被害者救済法理の相互関係について(2)」法論 71 巻 2=3 号 119 頁以下[1998 年]、
後藤巻則・消費者契約の法理論 72 頁、同・前掲『消費者契約と民法改正』246 頁以下、山下純司「情報
の収集と錯誤の利用－契約締結過程における法律行為法の存在意義(1・2 未完)」法協 119 巻 5 号 779 頁

[2002年]、123巻1号1頁[2006年]以下、同「情報の収集と錯誤の利用」私法70号107頁[2008年]などに詳しい）。錯誤が、相手方の認識可能性、結果の重大性、表意者側の帰責性などを総合的に勘案して法律行為の効果を否定するための一般条項化しているからである（河上・民法総則講義349頁、355頁以下）。

（4）消費者契約法と情報提供義務

消費者契約法4条1項1号は、事業者が、消費者契約の締結について勧誘をするに際し「重要事項について事実と異なることを告げること」により、消費者が「当該告げられた内容が事実であるとの誤認」し、それによって当該契約の申込み又は承諾の意思表示をした場合は、その意思表示を取り消すことができると定めている。

同規定は、事業者の主観的態様を問わず、告知内容が客観的に事実と一致しない場合に、消費者の取消権を認める（福岡地判平成18・2・2判タ1224号255頁[マンションの眺望阻害事情の不実告知]など）。同様に、同法は、不利益事実の不告知、断定的判断の提供についても、一定要件の下で消費者の取消権を認めている（消契法4条1項、2項）。同法の解釈上、周囲の事情から、黙示的に表示があったと見ることができる場合にも取消しを認めている裁判例もあるなど、事実上、情報提供義務違反が契約の効力否定につながっている。なお改善の余地はあるものの（勧誘の概念、重要事項の範囲、不利益事実の不告知における先行行為要件・故意要件、効果としての損害賠償の欠如など）、情報の不提供・誤提供を契約の効力否定に結びつけている（これについては、山本敬三「消費者契約法と情報提供法理の展開」金法1596号8頁（2000年）、同「消費者契約法の意義と民法の課題」民商123巻4=5号43頁（2001年）など参照）。

（5）新たな動向

契約締結過程における説明義務・情報提供義務に関しては、債権法改正の立法過程で具体的規定を設けることも検討されたが、対象となる事項、義務の存否を判断するために考慮すべき事情の外延の曖昧さや、説明のコストなど取引実務に与えるマイナス面の影響が問題とされ、慎重論が主流となり規定化が見送られた（円谷峻編著・民法改正案の検討（第2巻）172頁以下[有賀恵美子]が簡潔に紹介している）。信義則の具体化をはかって判例準則を見通しの良いものにしようという改正の趣旨からは、およそ適切な態度とは思われないが、当面は、これまで通り信義則を根拠に個別的判断を積み重ねるほかない。

（6）情報提供義務の具体例

情報提供義務違反や説明義務違反が問題とされる典型的場面としては、不動産売買契約、フランチャイズ契約、投資取引、保険契約などがある。さらに医療契約においては、インフォームド・コンセントの議論として定着している問題がこれに関係する。いくつかの具体例を検討しよう。

a. 不動産売買

不動産売買において宅地建物取引業法は、宅建業者に**重要事項説明義務**を課している（同法35条）。この説明義務は、私法上も、宅建業者による、重要事項の調査・説明義務として論じられている（東京高判昭和52・3・31判時858号69頁、札幌地判昭和63・6・28判時1294号110頁など）。このことは、宅建業者と業務提携関係にあるような者についても妥当する場合

があり得る。たとえば、否定例ではあるが、最判平成 15・11・7（判時 1845 号 58 頁=片岡宏一郎・民商 130 巻 4=5 号 910 頁、後藤巻則・リマークス 30 号 62 頁）では、金融機関の従業員が融資契約を成立させる目的で宅地の購入を勧誘した事案で、当該宅地が建築基準法上の接道義務を満たしていないことを説明しなかったことについて、原審が、

> 「本件売買契約は、X と Y との間の融資契約と一体となって、Y の利益のために、Y の従業員である A のあっせんによって行われたものであるから、このような場合には、A は、X に対し、信義則上、本件売買契約締結に先立って、本件土地が接道要件を満たさないことなどについて説明する義務を負うものと解するのが相当である」

としたのに対し、最高裁は、

> 事案の事実関係によれば、「（1）本件売買契約と X と Y との間の上記の融資契約とは、当事者を異にする別個の契約であるが、A は、後者の融資契約を成立させる目的で本件土地の購入にかかわったものである。このような場合に、A が接道要件が具備していないことを認識していながら、これを X に<u>殊更に知らせなかったり、又は知らせることを怠ったり</u>したこと、<u>Y が本件土地の売主や販売業者と業務提携等をし、Y の従業員が本件土地の売主等の販売活動に深くかかわっており</u>、A の X に対する本件土地の購入の勧誘も、その一環であることなど、信義則上、A の X に対する説明義務を肯認する根拠となり得るような特段の事情を原審は認定しておらず、‥‥（2）本件前面道路部分は、本件私道の一部であり、本件売買契約締結当時、本件土地の売主である B が所有しており、不動産登記簿上の地目も公衆用道路とされていたことから、同人が X に売却した本件土地の接道要件を満たすために本件前面道路部分につき道路位置の指定を受けること等の B の協力が得られることについては、その当時、十分期待することができたのであり、本件土地は、建物を建築するのに法的な支障が生ずる可能性の乏しい物件であった。（3）本件土地が接道要件を満たしているかどうかという点は、宅地建物取引業法 3 5 条 1 項所定の重要事項として、書面による説明義務がある。本件売買契約においては、売主側の仲介業者である C 株式会社がその説明義務を負っているのであって、A に同様の義務があるわけではない。／これらの諸点にかんがみると、‥‥Y の従業員である A が、X に対し、Y から融資を受けて本件土地を購入するように積極的に勧誘し、その結果として、X が本件売買契約を締結するに至ったという事実があったとしても、その際、A が X に対して本件土地が接道要件を満たしていないことについて説明をしなかったことが、法的義務に違反し、X に対する不法行為を構成するということはできない」

とした。

　問題は、売主が住宅公団の場合にも生じている。分譲価格の適否について判断するための適切な説明がなかった点について、最高裁は、信義則違反を理由に慰謝料請求を肯定している（前掲最判平成 16・1118 民集 58 巻 8 号 2225 頁=消費者判百 14 事件[小粥太郎]）。

　また、最判平成 17・9・16（判時 1912 号 8 頁=民法判百 II〈第 6 版〉4 事件[尾島茂樹]）では、防火設備の一つとして重要な役割を果たしうる防火戸が室内に設置されたマンションの専有部分の販売に際して、防火戸の電源スイッチが一見してそれとは分かりにくい場所に設置され、それが切られた状態で専有部分の引渡しがされた場合において、宅地建物取引業者 Y が、購入希望者に対する勧誘・説明等から引渡しに至るまで販売に関する一切の事務について売主 Z から委託を受け、売主 Z と一体となって同事務を行っていたこと、買主 X は、業者 Y を信頼して売買契約を締結し、上記業者から専有部分の引渡しを受けたことなど判示の事情においては、業者 Y には、買主 X に対して防火戸の電源スイッチの位置・操

作方法等について説明すべき信義則上の義務(売買契約上の付随義務)があったとして、不法行為に基づく損害賠償責任を肯定した。同判決は、いわゆる事例判決ではあるが、宅建業者が契約の一方当事者から委託を受け、他方当事者から委託を受けていない場合に、委託を受けていない当事者に対して、説明義務違反を理由として不法行為に基づく責任を負う場合があることを明示している点で注目される。ここでは、契約を締結するかどうかに関する事項ではなく、契約目的を円滑に達成できるか否かに関し、しかも購入者の生命に関わる重要な事項についての説明義務が問題となっている点にも留意したい(小粥太郎・民商134巻2号275頁参照)。

b. フランチャイズ契約

　フランチャイズ契約における情報提供義務の問題については、具体的な事例の紹介から始めることが理解を助けよう。さいたま地判平成18・12・8(判時1987号69頁=消費者判百<初版>1事件[河上正二])は次のような事案である。

　　　Xら9名(フランチャイジー・加盟店)は、自動車運転代行のフランチャイズ事業を展開するY(フランチャイザー)との間で各々「フランチャイズ契約」を締結し、運転代行業務を開始してこれに従事していたが、当初Yの従業員から説明を受けた際に予想した売上・営業収益をあげられず経営困難に陥った。そこで、本件契約を解除するとともに、各契約の締結段階においてYの従業員から加盟店として運転代行業務を行う際の費用・売上・収益の額やYの加盟店への営業支援等に関する説明が、不充分、虚偽又は不正確であったために契約締結についての判断を誤り、加盟店となった結果、過大な費用を負担するなど損害を被ったとして、契約締結段階における保護義務違反を理由にYの債務不履行又は不法行為に基づく損害(加盟金・車両購入代金等)の賠償を求めて本訴に及んだ。

　判決は、次のように述べて、その情報提供・説明義務を肯定した。

　　　「フランチャイズ事業においては、一般に、フランチャイザーは、当該事業について十分な知識と経験を有し、当該事業の現状や今後の展望及び既存のフランチャイジーの経営内容、収支状況などの情報を豊富に有しているのに対し、フランチャイジーとなろうとする者は、当該事業についての経験や情報に乏しいのが通常であり、フランチャイジーとなろうとする者が、フランチャイザーとの間でフランチャイズ契約を締結するか否かを判断するに当たっては、フランチャイザーから提供される情報に頼らざるを得ないのが実情である。‥‥‥また、フランチャイザーは、フランチャイズ事業を展開することで、自ら店舗を経営することのリスクを回避しつつ、他方で、フランチャイジーから加盟金やロイヤルティなどとして金員を収受して、収益を上げることができるのに対し、フランチャイジーは、フランチャイズ契約を通して、必ずしも豊富でない資金を投じて、自ら店舗を開設し、その経営リスクをも負担することになる。／このような、フランチャイザーとフランチャイジーとの関係にかんがみれば、フランチャイザーは、フランチャイジーとなろうとする者と契約を締結するに当たって、フランチャイジーとなろうとする者がフランチャイズ契約を締結するか否かについて的確な判断ができるよう、フランチャイジーとなろうとする者に対し、フランチャイザーが有する当該フランチャイズ事業に関する正確な情報を提供し、当該情報の内容を十分に説明しなければならない信義則上の保護義務を負うものと解すべきである。」‥‥本件では、「Y従業員による費用及び営業支援に関する説明については説明義務違反が認められないものの、

売上及び営業収益に関する説明については説明義務違反が認められ、このことによって、X らが本件フランチャイズ契約の締結に関して、判断を誤ったものと認められ‥‥、Y は、契約締結段階における**信義則上の保護義務違反**に基づき、X らが本件フランチャイズ契約を締結したことにより被った損害を賠償する責任を負う」／　しかし、「他方で、フランチャイジーとなろうとする者についても、フランチャイズ契約の締結を通じて、独立した事業者として、利潤を追求すべく事業を営み、かつその事業に伴うリスクを自ら負担していくべき地位に立とうとするのである以上、当該契約の締結に当たって、単にフランチャイザーが提供する情報を受動的に受け取り、それに全面的に依拠して契約の是非を判断するだけでなく、フランチャイザーが提供した情報の正確性や合理性を吟味し、必要であればフランチャイザーに対し、さらなる説明や情報の提供を求め、あるいは自ら調査し、情報を収集するなどして、自己が営もうとする事業の採算性、収益性、将来性などを慎重に検討すべき責任があ」り、本件における「X らの事前の準備や覚悟が十分でなかった面も否定し難い」として 4 割の過失相殺。

　以上のとおり、フランチャイズ事業は、その事業本部(フランチャイザー) が加盟店(フランチャイジー)となろうとする者との間でフランチャイズ契約を締結し、加盟店に対し、開業前及び開業後の研修、指導、営業支援等を実施し、他方で、加盟店が、本部に対して一定のロイヤルティを支払いつつ、その作成したマニュアルに従って、しばしば統一的外観の店舗・自動車等を使用して業務を行うもので、今日では、ファースト・フードやコンビニエンス・ストア等をはじめとして、様々な業種において展開している事業システムである。本判決は、「自動車運行代行業」(自動車運転代行業の業務の適正化に関する法律[平成 13 年法 57 号] 2 条参照) のフランチャイズ契約締結段階における売上・営業収益に関する説明が不正確であったとして信義則に基づく説明義務違反を認めた。

　フランチャイズの加盟店契約を締結するに際しては、中小小売商業振興法や日本フランチャイズチェーン協会が、その自主規制規約によって、事業本部の加盟店に対する重要情報の提供・開示を求めているが、実際の交渉では、かかる法令等の情報開示の他に、立地条件等を加味した加盟後の売上予測等の情報が示され、開業後に、そのような予測通りに事業が展開しない場合、損失を生じた加盟店からフランチャイザーに対して損害賠償請求する例が相当数存在する。本判決もその一例で、フランチャイジーになろうとする者に対するフランチャイザーの情報提供のあり方とその責任内容を明らかにする裁判例である。

　いうまでもなく、フランチャイズ契約は、加盟店として事業を行うための事業者間契約であって、当事者には、自らの経営判断と責任が求められねばならないが、開業準備段階あるいは開業初期において、フランチャイジーになろうとする者は、少なくとも当該事業に関する限り「素人」であって、多くの場合、フランチャイザーとの間に構造的情報格差が存し、消費者取引に近い問題背景を持つ(いわば**「消費者的事業者」**である)。したがって、フランチャイザーのみがロイヤリティーを獲得しつつ、その経営リスクを一方的にフランチャイジーに転嫁することは、必ずしも適当ではない。

　フランチャイズ事業において、フランチャイザーには、フランチャイジーになろうとする者に対して適切な情報(専門知識・ノウハウなど) を提供し、その内容を十分に説明すべき信義則上の情報提供義務・説明義務があることは、東京高判平成 11・10・28(判時 1704 号 65 頁：クリーニング店[過失相殺 7 割])、福岡高判平成 18・1・31(判タ 1235 号 217 頁)、さいた

ま地判平成 18・12・8(判時 1987 号 69 頁)、仙台地判平成 21・11・26(裁判所ウェブサイト)などで
でも指摘されており、より具体的に、その際の売上・営業収益予測に関する説明義務違反を
認めた裁判例も少なくない (福岡高判平成 13・4・10 判時 1773 号 52 頁(サンドウィッチ店[過失相殺 8
割])、京都地判平成 3・10・1 判時 1413 号 102 頁(パンの製造販売[過失相殺 7 割])、名古屋地判
平成 10・3・18 判タ 976 号 182 頁(持ち帰り弁当[過失相殺 8 割]など)。他方、責任否定例として
は、東京地判平成元・11・6(判時 1363 号 92 頁：イタリア料理店)、東京地判平成 3・4・23(判タ 769
号 195 頁：アイスクリーム)、京都地判平成 5・3・30(判時 1484 号 82 頁：学習塾。但し、信義則上の
義務違反を理由にフランチャイザーからのロイヤリティー等の本訴請求も棄却)、千葉地判平成 6・12
・12(判タ 877 号 229 頁：持ち帰り弁当)、などがある。裁判例における責任判断の根拠は、必
ずしも一致しないが、「信義則上の保護義務」に求められることが多く、債務不履行責任
と不法行為責任の両面から問題が語られている。しかし、そもそもフランチャイザーのフ
ランチャイジーに対する専門知識やノウハウの提供、権利・義務の分配は、フランチャイ
ズシステムを維持していく上で必須の内容としてフランチャイズ・パッケージを構成して
おり、加盟店契約自体のフランチャイザーの債務として、その適切な履行の有無を分析し
ていくのが適切である(この関連で、小塚・後掲第 3 章の検討が有益である)。確実な売上予測は、
一般的に困難な場合が多く、その提供自体が信義則上の情報提供義務の一内容となるとま
では言えないかもしれない。しかし、ひとたび情報が提供された以上、合理性を欠いた方
法による無責任な予測や情報提供は許されまい。

　フランチャイザーが、フランチャイズ契約の契約準備段階において何をどの程度までフ
ランチャイジーに情報提供し、いかに経営支援をはかるべきかは、それぞれの業態によっ
て異なるため、単純な一般化は困難である。しかし、本判決理由中で「加盟後の月々の売
上や営業収益に関する情報は、当該フランチャイズ契約を締結するか否かの判断において、
最も基本的かつ重要なものであるから、かかる被告従業員の説明義務違反は、原告らの契
約締結に至る判断に対して、決定的な影響を与えたもの」とする評価は、錯誤法のみなら
ず消費者契約法における「重要事項」の説明違反(4 条 4 項)を彷彿とさせるもので参考に
なろう。

　　＊【参考文献】関連裁判例の東京高判平成 11・10・28 につき、井上健一・ジュリスト１２１６
　　　号、山下友信・別冊ジュリスト１６４号１３４頁、同・商法 (総則・商行為) 判百＜第 5 版＞、
　　　福岡高判平成 13・4・10 につき、高田淳・法学新報１１１巻１＝２号４６９頁、島田邦雄ほか
　　　・旬刊商事法務１６２７号６１頁、京都地判平成 3・10・1 につき、内田・民法Ⅱ＜第 3 版＞27
　　　頁、山嵜進・ジュリスト１００４号、松本恒雄・私法判例リマークス (法律時報別冊) ６号、
　　　菊地博・朝日法学論集１２号、名古屋地判平成 10・3・18 につき、木村義和・法律時報７２巻
　　　２号、京都地判平成 5・3・30 につき、岡部真澄・消費者取引判例百選 86 事件などがある。よ
　　　り、一般的には、川越憲治・フランチャイズ・システムの判例分析(別冊 NBL29 号)(2000 年)、
　　　木村義和「フランチャイズシステムとフランチャイズ契約締結準備段階における売上予測(1・2
　　　完)」大阪学院大学法学研究 29 巻 2 号、30 巻 1=2 号(2003 〜 2004 年)、金井高志・フラン
　　　チャイズ契約の裁判例の理論分析(2005 年)、小塚荘一郎・フランチャイズ契約論(2006 年)

ｃ. 投資取引
(i) 投資取引における情報提供義務・説明義務

　投資に関連する取引でも情報提供義務（「説明義務」とされる場合が多い）が、しばしば問題となっている。たとえば、ワラント取引においては、顧客の属性(年齢・証券取引に関する知識・経験・資力等)を考慮した上で、当該顧客が自らの責任と判断に基づいて取引ができるよう、取引内容とリスクについて適格な説明を行うことが信義則上要求されており(東京高判平成 8・11・27 判時 1587 号 72 頁=消費者判百 15 事件[藤田寿夫])、商品特性の情報格差からはプロ的な顧客に対しての説明義務違反も肯定される場合がある(東京地判平成 21・3・31 金法 1866 号 88 頁)。

　具体的に、広島高判平成 9・6・12(判タ 971 号 170 頁)では、ワラントの価格が株価に比して数倍の値動きをすること、権利行使期間を経過するとワラントが無価値になること、ワラントが現実の株式と異なり購入資金とは別途の資金を出すことで一定額で株式を引き受けることができる権利であって、権利行使期間内に株価が権利行使価格より高くなると予想されることで価値を持つものであること、現実の株価より高い権利行使価格のワラントであることについて説明すべきであり、顧客の理解の程度を見極めて、その理解が得られなければワラント取引をしないよう助言・警告する義務があったという(大阪地堺支判平成 9・5・14 金判 1026 号 36 頁。その他、説明義務違反に基づく事業者の不法行為責任が認められた裁判例に、東京高判平成 9・7・10 判タ 984 号 201 頁、大阪高判平成 10・4・10 判タ 1004 号 169 頁、東京地判平成 15・5・14 金法 1700 号 116 頁=消費者判百 57 事件[松岡久和]など枚挙にいとまがない。詳しくは清水俊彦「投資勧誘と不法行為」[199 年]など参照)。

　そこでの損害賠償の範囲は、概ね、ワラントの購入価格相当額であるである。また、商品先物取引(東京高判平成 13・4・26 判時 1757 号 67 頁など)や、金利スワップ取引(東京地判平成 21・3・31 判時 2060 号 102 頁、福岡高判平成 23・4・27 判タ 1364 号 158 頁）などでも同様の説明義務違反に関する裁判例が出ている。もっとも、投資家自身は、自らの判断と責任で取引を行うことが原則と考えられているためか、過失相殺がほどこされる場合が多い(取引的不法行為と評価される局面で、過失相殺が相応しいかには疑問があるが)。

(ii) 理解困難者と情報提供義務の限界

　当事者の状況によっては、取引内容や契約目的の利害が、理解困難である場合もあることへの配慮も重要である。情報開示の在り方についての工夫の重要性は、これまでも消費者保護の問題として強調されてきたが、高齢者の場合にはその要請が一層大きい。　細かな文字をきちんと読み、複雑な取引形態が持つ意味を理解して取引に臨むことは、高齢消費者の場合には、容易に期待できない。目や耳が不自由になり、身体が思うように動かなくなると、一般の 消費者として想定されている「合理的平均人」よりも情報へのアクセスが困難になる。高齢者を顧客圏の一部として予想する取引では、平均的顧客の合理的注意や理解力を基準(平均的合理的消費者基準)とした開示や説明では明らかに不充分であって、開示の方法・態様・表現上の分かりやすさにも工夫が求められる。顧客から「同意」をとりつけるということは、内容についての一定水準の的確な理解を前提とするという基本に立ち返り、開示や説明のあり方を見直さねばなるまい。相手が高齢者であることを認識し得るにもかかわらず、適切な開示義務や説明義務が尽くされていない局面では、広く錯誤や説明義務違反が語られて然るべきである。通常人の情報収集力や判断力、活動力を前提に高齢者を評価しては、現実と大きくかけ離れた法律論になりかねない。高齢者本人の帰

責性に限界があることを認めた上での制度設計の検討が必要である。最近の認知科学では、通常の消費者であっても、情報の与えられ方によって必ずしも合理的判断をするとは限らないことが明らかにされている。まして、**基礎となる認識力や認知枠組みが陳腐化した高齢者**では尚更であって、そのことを責めるのは酷であろう。総じて、事業者には、高齢消費者の財産状態や能力に見合った形での、勧誘・説明行為や商品の提供が求められる(説明義務の履行における「適合性の原則」)。

(ⅲ)**適合性原則**

　特定商取引法は、訪問販売などでの禁止行為として「老人その他の者の判断力の不足に乗じ、契約を締結させること」を挙げ(施行規則 7 条、23 条、39 条)、金融商品取引法では、事業者が 勧誘方針を策定する際に定めるべき項目に「勧誘対象となる者の知識、経験及び財産の状況に照らし配慮すべき事項」をあげるなど(同法 40 条も参照)、事業活動において高齢者や知的障害者への配慮の必要を強調している(消費者基本法 2 条 2 項も参照)。より一般的には、特定取引や特定商品について、資産状況や当事者の知的能力・経験などに照らして、取引への勧誘が制限されるべきであるとの考えが注目される(いわゆる狭義の「**適合性原則**」)。特に投資取引における適合性原則の進展は著しい。金融商品取引法 40 条はこれを「金融商品取引行為について、顧客の知識、経験、財産の状況及び金融商品取引契約を締結する目的に照らして不適当と認められる勧誘を行って投資者の保護に欠けること」のないよう業務を行わなければならないという表現で、公法上の規制原理を明文化している。適合性原則の違反行為は、直ちに無効・取消といった私法上の効果に結びつくものではないが、判例上、不法行為責任を導くこともあることが肯定されている(最判平成 17・7・14 民集 59 巻 6 号 1323 頁)*。いまや事業者は、自ら提供する商品をきちんと知って説明するだけでなく、顧客にとって何が必要か、適合的かに配慮することが求められている。この適合性原則の核心にある思想は、相手に対する利益顧慮義務であると同時に、「事業者が相手に一定の商品の推奨表明するときは、それだけの合理的根拠を有しているべきである」という、きわめて普遍的な行為規範である。さもなければその者の言明や情報提供は、無責任な思いつきか、欺瞞的勧誘態度でしかない。今日では、事業活動の基本的な行為規範として、「思想としての適合性原則」の確立が求められる(河上「思想としての適合性原則とそのコロラリー」現代消費者法＊＊号＊＊頁[2015 年])。

> **【最判平成17・7・14＝消費者法判百〈第 2 版〉11 事件[上柳]と「適合性原則違反」】** 　事案では、X が、証券会社 Y に対して、Y の従業員らが X の計算で行った証券取引等には、過当取引、オプション取引についての適合性原則違反、説明義務違反などの違法があるとし、不法行為による損害賠償を求めたが、X がおよそオプションの売り取引を自己責任で行う適正を欠き、取引市場から排除されるべき者であったとはいえず、担当者が X に 3 回目、4 回目のオプション取引を行わせた行為が適合性の原則から著しく逸脱するものであったということはできないとして、その不法行為責任を認めた原判決を破棄し、原審差戻とした。判決理由は、その際、一般論としてではあるが、適合性原則と民事責任を次のような表現で架橋した。
> 　「平成 4 年法律第 7 3 号による改正前の証券取引法の施行されていた当時にあっては、適合性の原則を定める明文の規定はなかったものの、大蔵省証券局長通達や証券業協会の公正慣習規則等において、これと同趣旨の原則が要請されていた‥‥。これらは、直接には、公法上の業

務規制、行政指導又は自主規制機関の定める自主規制という位置付けのものではあるが、証券会社の担当者が、顧客の意向と実情に反して、明らかに過大な危険を伴う取引を積極的に勧誘するなど、適合性の原則から著しく逸脱した証券取引の勧誘をしてこれを行わせたときは、当該行為は不法行為法上も違法となると解するのが相当である。／そして、証券会社の担当者によるオプションの売り取引の勧誘が適合性の原則から著しく逸脱していることを理由とする不法行為の成否に関し、顧客の適合性を判断するに当たっては、単にオプションの売り取引という**取引類型における一般的抽象的なリスク**のみを考慮するのではなく、当該オプションの基礎商品が何か、当該オプションは上場商品とされているかどうかなどの**具体的な商品特性**を踏まえて、**これとの相関関係において、顧客の投資経験、証券取引の知識、投資意向、財産状態等の諸要素を総合的に考慮する**必要があるというべきである」。判旨は、公法上の業務規制等であっても、「適合性原則から著しく逸脱した勧誘行為」は不法行為法上も違法となることを明らかにした点で画期的であり、その際の考慮要素として、「顧客の意向と実情に反し、明らかに過大な危険を伴う取引を勧誘する」ことを例示し、具体的に本件では、「オプションの売り取引」の勧誘につき、具体的商品特性を踏まえて、顧客の投資経験、証券取引の知識、投資意向、財産状態等の諸要素を総合的に考慮する必要があるとした。しかし、事例判決としてのこの判断枠組みは、その後の裁判例に対して、同原則の適用対象を著しく狭く限定する方向で作用してしまったようである。

d.保険契約

(i).変額保険　　保険契約に関しては、融資一体型変額保険等における保険会社や銀行の説明義務違反の問題が、数多くの裁判例を生んでいる(大阪高判平成7・2・28 判タ 897号 150 頁[消極]、東京高判平成8・1・30 判タ 921 号 247 頁[将来の運用実績の断定的判断の提供につき積極]、最判平成8・10・28 金法 1469 号 51 頁[前掲東京高判平成8・1・30 の上告審で積極]、大阪地判平成 12・12・22 金法 1604 号 37 頁、東京高判平成 14・4・23 判時 1784号 76 頁[相続税対策としての商品の不適格性])。

(ii)火災保険地震免責条項　　火災保険契約における地震免責条項に関して説明義務違反が争われた事例では、最判平成 15・12・9(民集 57 巻 11 号 1887 頁=消費者判百 22 事件[岡田豊基])が興味深い。事案は、阪神淡路大震災の被災者が、火災保険契約締結に際して保険会社が地震保険契約について情報提供をしなかったために、地震免責の適用される保険契約を締結してしまったために被害に対する保険金を受け取れなかったとして慰謝料請求をなしたものであるが、最高裁は

> 「地震保険に加入するか否かについての意思決定は、生命、身体等の人格的利益に関するものではなく、財産的利益に関するものであるであることに鑑みると、この意思決定に際し、仮に保険会社側からの情報の提供や説明に何らかの不十分、不適切な点があったとしても、特段の事情が存しない限り、これをもって慰謝料請求権の発生を肯認し得る違法行為と評価することはできない者と言うべきである」

とした。当時としては情報提供を受けていたとしても地震保険契約を締結した蓋然性は高くないと考えられたこと(契約締結当時の兵庫県での地震保険加入率は3%程度)もその一因をなしているようであるが、3・11 東日本大震災を経験し、熊本地方大震災を目の当たりにした今日でも、そう言えるかは大いに疑問である。

　この関連では、「奥尻保険金請求訴訟」第1審判決の函館地判平成 12・3・30（判時 1720号 33 頁）は結果的に損害賠償請求を認めなかったが、優れた判決理由で問題状況を浮き彫りにしている。少し立ち入って、その判決理由を検討してみよう。

　　　「少なくとも、本件地震が発生した平成 5 年当時において、火災保険契約における地震免責条項及び地震保険について、国民一般の広い範囲において十分に知られていたとは到底言い難い状況にあり、地震火災による損害についても火災保険契約によって担保されると誤解する者も少なからずいたものと推認することができる。また、・・・・Ⅹらの学歴、職業、年齢等を考慮すると、Ⅹらは、その傾向がより高かったのではないかと推認することもあながち不合理ではない」。「一般に、契約当事者間において、その契約に関わる情報が、専門性が高いこと、高度なこと若しくは多量なこと又は契約内容が一方当事者（事業者）の定めた技術的、精緻な条項規定によらざるを得ないこと等の理由によって、事業者側に偏在し、他方の当事者（消費者）が当該情報を得ることは、事業者による提供がない限り困難な状況にあり、私法上の根本原則たる私的自治や自己責任原則・・・・を十分に全うすることができないと認められる場合には、当該情報の保有者である事業者は、消費者に対して、その情報を開示して、十分に説明して、十分な理解を得るべきことが要請され・・・・その義務を懈怠した場合には損害賠償責任を負担すべきであると判断される場合があり、その根拠は信義則に求めることができる」。地震免責条項および地震保険についての情報は募取法 16 条 1 項にいう「重要な事項」に該当し、「私法上の法的義務の存否を判断する際に、重要な要素として、相当の比重を占めるべきことは、明らかである」。しかし、「少なくとも、本件各火災保険契約締結時においては、保険会社ないし保険代理店の当該違反行為が損害賠償責任に直結するような『一般的な情報開示説明義務』として、右の要望をとらえることは困難であって・・・・個別の具体的な契約締結状況における信義則違反ないし信義則上要求される義務の違反を評価するにあたり、重要な要素として考慮すべきもの」にとどまる。しかして、「Ⅹらの個別の具体的な本件各火災保険契約締結の状況において、Ｙらの契約締結補助者が、Ⅹらに地震保険加入・不加入の意思決定の機会を与えずに、地震保険意思確認欄が作出された旨の・・・・信義則に違反する事実は肯認することができ（ない）」

とした。

　問題は、いくつかの局面で展開する。

　第1に、そのような条項内容が火災保険契約に組み込まれたと評価できるかどうか。この点、従来の判例理論が、いわゆる「意思推定説」に立脚して結論を肯定してきたことは既に見た（大判大正 4.12.24 民録 21 輯 2182 頁）。しかし、現在では、その前提として一定の事前の約款開示措置が不可欠であること、「給付記述条項」や「オプリーゲンハイト条項」といった条項内容の種類や性格によって要求される開示の程度に差異があることが論じられており（山下友信「普通保険約款論」法協 96 巻9号〜97 巻2号）、アン・ブロックな拘束力肯定の前に、契約締結過程でのヨリ実質的開示の要求される場面が少なくないことも認識されている。その意味では、無形サービスである保険商品内容を形成する給付記述条項にあって、その重要な商品特質に関するものは、一般の付随的条項である約款の拘束力に関する伝統的議論とは別の次元で論ずることがふさわしく、そこでは、契約内容の説明義務・情報提供義務との連続面が強く意識される。商品の重要な特質を正しく買い手に伝えることは、通常の契約にあっても大前提であって、約款が組み込まれるべき個別の契約

本体を有効に成立させるためにも不可欠な事柄だからである。とりわけ投資関連商品に関する顧客の契約への適合性に関する議論を考慮すると、重要な契約内容情報についての実質的開示のあり方は、顧客圏との対応で、更にきめ細かな配慮が要求される段階にあることに留意しなければなるまい。

　第2は、条項内容の解釈・適用に関わるが、この点は省略しよう。

　第3は、地震免責条項の内容的合理性についてである。旧商法640条の規定ぶりと比較した場合、現在用いられている地震免責条項が「戦争其他ノ変乱」を具体化した上で、幾分拡張していると見られる可能性は否めない。無論、旧商法665条、640条は任意規定と解されているから、当事者の合意によって改変可能なものであるが、およそ約款を用いて任意規定に含まれた正義内容を一方的に改変しようとする場合には、約款使用者の相手方の利益への配慮義務に基づき、一定の合理的理由が存在しているのでなければなるまい。とすれば、軽微な地震や保険数理に与える影響の小さな局地的な災害にまで免責の対象を拡大している場合は、そこに合理的な理由が見いだされるかどうかが吟味されてしかるべきである。確かに、地震災害の発生や規模は予測困難であり、大数法則にのっとった厳密なリスク計算に馴染まないものであるから、これを付保の対象から排除することにもそれなりの合理性がある。しかし、日本のような地震国において、かかる危険を完全に排除することは、顧客の合理的期待や保険の持つ社会的使命からも、必ずしも適当ではない。その意味で、昭和41年の地震保険法制定は一つの制度的選択であるが、この地震保険を充実させるには、保険資本を危殆化しないだけの合理的な保険金額の設定と、公的支援、できるだけ広汎な危険分散が必要である。地震保険を火災保険に原則自動付帯とすることによって、広く危険の分散をはかろうとした政府の方針は、そのような意図にでたものであろう。むろん、地域的特性に左右された逆選択によるリスク偏在の危険があるにせよ、顧客の意に反した加入の強制がないよう、地震保険への加入に関する十分な選択権を顧客のために確保することも重要であって、保険契約申込書に敢えて、その点に関する特別な意思確認欄を設けているのも適切な配慮である。となると、この段階での地震免責の射程と内容的合理性は、別途地震保険への加入への選択権が適切な形で保障されているかどうかを踏まえて、判断されるべきではないか。このことは、契約成立レベルでの、顧客の合理的期待と商品内容の不一致を能う限り回避するという意味でも重要である。その際、仮に地震保険付きの火災保険を「セット商品」として提示し、申込み段階で、事業者側の説明不足や手続の省略などにより地震保険を不要とする意思確認に失敗した場合、いかなる内容で合意ができあがっていると解釈すべきかは問題たり得る。セットとしての地震保険付きの保険契約あるいは旧商法665条によって補充された形での保険契約が成立したと解すべき余地があるからである。また、そうでないとした場合にも、顧客の地震保険契約締結の「失われた機会」が放置されてよいということにはなるまい。

　以上のような問題枠組みから見たとき、本件の判決理由で詳論されている保険会社の情報開示・説明義務は、問題処理の中間項として極めて重要な意味を持つ。それは、<u>消費者契約法第3条の努力義務、取消権と結びつけられた第4条1項、2項の「重要事項」の適切な形での情報提供義務、損害賠償責任と結びつけられた金融商品販売法第3条の説明義務などの根底に流れる思想に通じるものであり、募取法16条と相まって、少なくとも民</u>

法1条2項の信義則を媒介として一定の私法上の効果を導くのに十分な根拠を提示しているように思われる。なお、同判決理由は、一般的な情報開示説明義務と、個別の具体的な契約締結状況における信義則違反を分けて論じるが、いずれも契約締結過程における信義則の現れであり、問題は、いかなる効果（罰則・給付内容の確定・損害賠償・取消権など）をそれを結びつけて論ずるかにかかっているに過ぎない。判決が言うように、当時の保険会社には、概して損害賠償責任と結びついた一般的情報開示説明義務を肯定することができないとすると、個別の信義則違反を認定できるだけの追加的な間接事実の主張・立証が必要となるだけに、顧客にとっては酷な結果となるかも知れない。取締規定違反の私法上の効果を含めて、更に検討の余地がありそうである。

【遠隔講義 消費者法〈第2版〉2021　〈6〉】
約款法と消費者法

S.Kawakami

1　はじめに

　日本では、2001 年 4 月から施行された消費者契約法によって、消費者と事業者間の情報や交渉力格差を前提として、一方で契約締結段階における不当勧誘行為(不実表示等の誤認惹起行為および威迫・困惑行為)を契約取消事由とし、民法の法律行為における規律を拡充するとともに、一定の不当な契約条項を無効とする規定を備えている。その後、適格消費者団体による差止制度を導入することによって、その実効性確保のための基盤が整備されるに至っている。

もっとも、日本の消費者契約法は、なお完成途上にあり、実体法・手続法の両面からの更なる整備が強く望まれており、2016 年 10 月に施行された消費者団体訴訟手続特例法によって、損害賠償にも道が開かれてはいるが、残された課題は多い。

　実体法分野でも、とりわけ、不当勧誘行為に対処するための受け皿となる規定がなく、無効とすべき不当条項も必ずしも十全とは言い難いため、諸外国における不当条項規制リストと比較して、かなり貧弱なものであることは否めない。消費者契約法制定時の国会の付帯決議では、5 年を目途とした見直しに向けた検討が行われるべきこととされ、2005 年 4 月に閣議決定された第 1 期消費者基本計画では平成 19(2007)年までに一定の結論を得るとされたものの、残念ながら作業は遅れに遅れ、おりからの消費者庁・消費者委員会設置の動きや、大震災への対応などの問題も重なって、実体規定の抜本的改正につながるには至らなかった。

2　民法と消費者契約法の関係について

　まず、新法との関係では、民法と消費者法の関係をどう見るかという大きな問題があった。これは、「民法」をどのような規律と考えるかという根本的な問題にも関係しており、具体的には、民法における「人」概念を文節化して「消費者・事業者」の概念を導入することで、消費者契約において基本となる規律を民法(債権法)の中で、一般化あるいは統合化することの当否が問われた。そもそも、民法における「人」の原型が「自然人」であることからすると、民法自身が消費者法の基本を為していることは当然で、民法規範と消費者法規範は本来的に親和的であるべきと考えられよう。

　消費者法の基本精神を一般化することはともかく、消費者のためだけの特別ルールを民法の中に組み込むことは、結果として本来は互換性のある自立した自由人を前提とする民法の中に「一級市民」と「二級市民(消費者)」を生み出す結果となること、特別法としてなお生成途上にある消費者法が有する機動力が損なわれるのではないか、行政法や経済法との連携を強めている消費者法の特殊な性格が民法の規律の中でうまく活かせるか、解釈上も思い切った消費者保護へのルール形成が阻害されないかといった疑念も払拭されず、統合は断念された。したがって、民法の中では、消費者法等の格差是正の源泉となる一般条項のみを備えるにとどめ、消費者法の更なる進展を後押ししつつ、一般化可能なルールに成熟した段階で、必要に応じて民法に組み込むということも、考えられよう(結果的に、債権法改正法では、消費者概念の導入や消費者契約関連の規定の導入は見送られたのみならず、本来一般化を目指した規律も法案から抜け落ちた)。

3 「約款」概念の導入について

　民法(債権法)改正では、消費者法と同時に、「約款」の扱いが問題となった。消費者法と約款法には、情報や交渉力の格差に由来する問題の面で、多くの共通した要素があるが、もともと、約款問題は事業者間でも議論されうるところでもあり、その個別合意を離れた「隠蔽効果」の存在を前提とする国家的介入を求める点では、単に、取引弱者たる消費者を「保護する」ために用意される規律とは微妙に異なる背景を持つと考えられた。確かに、消費者契約において用いられる定型的契約条件の圧倒的多数が「約款」と評価できるものであるから、開示・採用要件など、ルールとして共通のものが問題となる。しかし、事業者間取引にも適用があるとなると、そこでの過度な契約自由への介入が適当であるのかが激しく論じられる可能性がある。少なくとも、事業者間約款における不当条項規制にあっては、消費者取引とは区別した議論が必要となる。おそらく、両者に共通する一般条項を設けることが可能としても、個別の不当条項規制は消費者契約用に特別にあつらえるのが適切である(改正法では、「定型約款」に関する規律が導入されたが、その内容は極めて問題の多いものである(改正法の問題点については、河上正二「民法(債権関係)改正要綱─とくに『定型約款』について」ジュリスト 480 号参照。また、沖野眞已「約款の採用要件について」星野英一先生追悼・日本民法学の新たな時代[有斐閣、2015 年]所収も参照)。

4 背景となる思想・介入根拠について

　従来、日本における消費者法における介入を支えてきた思想は、情報・交渉力の構造的格差を背景として、市場の透明度を高めること、当事者間での武器対等原則・情報=交渉力格差是正・公正競争の確保などである。そこでは、当事者の主観的要素、事業者の行為規範的要素、内容の客観的要素が問題とされ、とりわけ契約締結過程に関する規律は、意思表示論の延長で、その主観的要素にかなりの比重をおいて設計されてきた。個別契約の効力を争う限りでは、これでもよい。しかし、集団訴訟を前提に実体規範を考える場合は、個々の契約における意思表示の瑕疵の問題というよりは、市場における事業者の行為規範としての公正さの評価に重心を移らざるを得ないのではあるまいか。消費者契約法の見直しを考える場合は、それが集団訴訟における差止等の対象となるものである点にも配慮することが必要であり、とりわけ、公正な市場ルール、事業者のあるべき行動規範を確立するという課題には、これまで以上の配慮が必要となる。

　その限りで、これまで以上に約款法との接近が生じ、消費者契約法には競争法的性格が加わることになる。日本法における消費者契約法の不当条項規制が、実質的には、消費者取引における「隠れた約款規制」法であったにもかかわらず、約款という概念を用いなかったのは、約款と個別交渉合意との線引きにともなう煩わしさを避けようとしたことにあるといってよい。

5 対価的不均衡への介入

　「何をいくらで買うか」ということに直結する対価並びに主要な対価関連条項は、契約の中心部分をなしており、公序良俗とくに暴利行為禁止などによる枠付けは必要としても、原則として契約自由に委ねられるべきものとされ、むしろ開示規制に馴染むものである。正当価格へと経済統制する必要があるのは、かなり特殊な局面であって、原則として適切な情報開示と取引環境の整備を通じて市場メカニズムが有効に機能することを狙うのが適当と考えられ約款法の規制対象からは外されてきた。現在の日本の消費者契約法でも、価格や主要な価格関連条項そのものは無効とすべき不当条項の直接の対象とはされていない。

　しかしながら、多くの契約条項が多かれ少なかれ価格決定に反映されることは紛れもない事実であり、まして「価格・対価の決め方」、複雑に仕組まれた給付内容決定方法などのような条項は、対価形成に深く関わり、顧客が不用意にそれを受け入れてしまうおそれが高い。それだけに、むしろ不当条項規制に服すべき価格関連条項もあると考えるべきである。

6 「透明性の要求」と開示規制

　消費者契約法第3条1項前段は、「事業者は消費者契約の条項を定めるに当たっては、消費者の権利義務その他の消費者契約の内容が消費者にとって明確かつ平易なものになるよう配慮する(よう努めなければならない)」と定める。当時から、その具体的効果は必ずしも明らかではなく、訓示規定的色彩が強い書きぶりである。契約内容確定のルールとして、当初の懸案であった「約款条項の採用要件」や「不意打ち条項の禁止」、条項解釈における「作成者不利の原則」などが立法段階で抜け落ちたことで、結果的に、この努力規定が民法の錯誤法や「信義則」を背景とした解釈準則と結びつくことで、それらの見送られた準則に代わる意義を持たされているのが現状である。同法3条1項後段は、事業者から消費者への適切な情報提供の確保のために、「事業者は契約の締結について勧誘するに際しては、消費者の理解を深めるために、消費者の権利義務その他の消費者契約の内容について、必要な情報を提供するよう努めなければならない」として事業者の情報提供を単なる努力義務とする。

　当初の立法段階では、不適切な開示しかなされていない約款条項の契約内容への組み入れを否定する(条項の不採用)といった効果の付与も論じられたが、一方で提供されるべき「重要事項」の意味が曖昧であるとの批判を受け、結果的にこのような形で基本的情報提供が努力義務の中に押しやられた。しかし、問題は、幾つかのレベルに分けて考える必要がある。そもそも商品内容をはじめとして「契約内容が何か」についての顧客に「必要な情報」は、商品やサービスを提供する契約である以上、当然に事業者から顧客に伝えられてしかるべきものであり(さもなければ如何なるものを購入しようとしているのか顧客には判らない)、「努力義務」以前の合意あるいは契約としての正統性(legitimacy)の問題である。また、顧客の権利義務を定めた付随的な契約条件を適切に開示していない場合には、知り得ない条件を契約内容とすることができないため、合意の構成部分から排除されると考えるのが本来の効果であろう。他方、消費者契約法では、一般的に論じられる契約準備段階での説明義務や情報提供義務の存否の問題(しばしば「損害賠償義務」と結びついている)と混同されたまま、「取消権付与にふさわしい重要情報の不提供とはいかなるものか」という形に矮小化されたまま、結局、様々な問題が「努力義務」の形にとどまった。少なくとも、民法レベルの議論としては、適切な方法での約款条項の開示がなされていない場合は、契約内容として組み入れられていないと評価される場合や、ときに信義則違反を理由とする損害賠償を基礎づける場合があると考えねばならない。

7 債務内容確定ルール

　日本の消費者契約法における債務内容の確定に関するルールの不備は著しい。具体的には、約款条項の不適正開示や不意打ち条項の契約内容への不採用に関わる準則、契約条項の解釈に関する準則などである。

(1)諸外国の約款規制立法にしばしば見られる「不意打ち条項の禁止」の法理は、日本の消費者契約法では明文化されていない。制定過程では「交渉の経緯からは消費者が予測することができ

ないような契約条項(不意打ち条項)は契約内容とならない」とのルールが提言されていたが、その位置づけが曖昧であるとの理由で立法が見送られた経緯がある。ルールとしての明確化を考えるなら、約款条項の個別契約への採用要件とセットに、包括的同意の例外(消極的要件)として規定しておくべきものであった。このルールは、約款が適正に開示され、消費者がその適用に(明示・黙示に)同意することによってアン・ブロックに契約内容の一部を構成することを前提としつつ、契約締結に至る具体的事情や交渉の経緯を勘案した結果、顧客の合理的期待から著しく逸脱する不意打ち的条項あるいは非慣行的で異常な条項は、その内容の当否を問わず包括的同意の対象外として、最初から契約内容に組み込まれ得ないと考えるものである。つまり、事業者は、顧客の包括的同意によって約款を契約内容に組み入れることができるが、それは顧客が当該契約締結の事情から通常予期できる範囲内の条項に限られると考えるものである(債権法改正法案の見なし合意の規定では、部分的に不意打ち禁止の考え方が採用されたといわれる)。

(2)「不明確準則」または「作成者不利の原則」

個々の消費者契約における契約解釈について、通常の契約解釈準則以上のものを策定すべきかは、消費者契約を民法上どのように位置づけるかという根本問題に関わる。しかし、事業者が多数の消費者を相手とする定型的な契約における「約款条項」においては、顧客側の意思的関与も乏しく、顧客間の平等待遇や画一的処理の要請に応えるため、個々の具体的当事者の「真意」を探求するという以上に、一定の「顧客圏」を前提とした客観的・類型的・合理的な解釈が求められることになる。個別になされた特別な取り決めを除けば、当該取引圏における平均的合理的顧客の理解を基準とした客観的・合理的解釈を施すことで、契約内容を画一的に確定し、大量取引を迅速に処理することは、事業者にとっても必要なことであり、ひいては消費者の利益にも適うことだからである。しかし、そのような解釈を施した場合にも、なお複数の解釈の可能性が残る場合には、かかる不明確さに起因するリスクは、約款条項を策定・提示する事業者によって負担されるべきである(「不明確準則」・「約款作成者不利の原則」)。少なくとも、事業者は、自ら契約条項を提示するにあたって、そのような不明確さを取り除く可能性を有していたといえるからである。その意味では、事業者による一方的設定にかかる契約条件であることが、この準則を正当化する。ちなみに、民法レベルでも対債務者との関係での「不明確準則」は、早くから確立した解釈準則である。消費者契約法の立法の原案段階では、「契約条項の解釈は、合理的解釈によるが、それによっても契約条項の意味について疑義が生じた場合は、消費者にとって有利な解釈を優先させなければならない」との規定が提案されていた。「悪質消費者が条項に異議を唱える手がかりを与えることになる」など、さして合理的と思われない反対意見によって規定化が見送られた苦い経緯がある。かつて、諸外国の裁判例において作成者不利の原則や不明確準則・制限解釈の手法が、不当な約款条項の効力を限定するための「隠れた内容規制」の手段として好んで用いられたことが、事業者にとって必要以上の警戒心を生んだのかもしれない。しかし、平均的顧客の合理的理解を基準とした場合でも、文言の意味に一定の幅が生ずることは当然あり得ることであり、既に民法上一般的解釈ルールとして確立した考え方でもあり、債務内容確定ルールとして明文化しておくことが望ましいことは言うまでもない。

8 不当条項規制

消費者契約における不当条項規制は、基本的に「隠れた約款規制」である。消費者契約で契約条件が個別に交渉されることは、まず期待できないことだからである。

　ある契約条項が不当性を帯びるかどうかには、いくつかの局面がある。もっとも単純なのは、当該契約類型にとって条項内容が客観的にみて不公正であると評価できるような場合であり、それ自体、抽象的審査にも馴染むものである(客観的要素)。これに対し、内容的にはさほど不公正とは言えないようなものであっても、一定の追加的「状況」が加わることによって不公正さを発揮する場合もある。例えば、いわゆる不動産売買における「違約金勝負」のように、契約締結過程での勧誘方法に問題が潜んでおり、結果的に事業者は最初からキャンセルにともなう「違約金」を目当てとしているような場合は、違約金の額がさほど高額でなくとも、当該違約金条項が不法性を帯びてくる可能性がある。従って、契約の個別的プロセスに関わる要素と、客観的な内容面での要素を合わせて条項の不当性を判断する枠組みと、両者を一応区別して論ずる枠組みのいずれを採用して不当条項評価基準を策定するかは、一つの立法政策的問題となる。多数取引を前提とするときは、基本的に、客観的指標を探ることが得策である。

　これまで、諸外国で形成されたリスト等を参考に簡単な内容的整理を試みると、**不当条項とされるものの内容分類**は、概ね

　　①顧客を不当に契約関係に引き込み、拘束することを可能にする条項、

　　②顧客に不相当に重い義務を課する条項、

　　③事業者の法律上の責任を不当に排除・制限する条項、免責・責任制限条項(債務不履行責任・瑕疵担保責任などにつき)、

　　④契約締結時の給付間の不安定・不均衡、清算段階での不均衡をもたらす条項、

　　⑤顧客の権利実現の手段を著しく制約する条項

などである。以上のほか、

　　⑥インターネットの普及や複合的取引を前提とした今日的問題に対処する条項群

が加わろう。より積極的に「品質保証責任」や「契約の目的適合性」のように積極的債務を事業者に課する形で、**適正条項**を定めることも今後検討に値しよう。

　　不当性の共通因子は以下のようなものである。

　　　①契約関係における相互性を無視していること(一方的であること)

　　　②通常の顧客の能力に照らすと、過大な要求や義務を伴っていること

　　　③顧客を長期にわたって不安定な状態におく結果となること

　　　④結果として両当事者に著しい対価的不均衡をもたらすおそれが高いこと

　　　⑤顧客の無知・無経験・無思慮に乗じられるおそれが高いこと

　　　⑥顧客の交渉・権利主張・被害救済の可能性を阻害する結果となること

　さらに注意すべきは、ある条項は、特定事案での個別事情をひとまず度外視したとしても、その表現の仕方や組み合わせ方の如何によって、種々の機能を果たし、逆に、形式的には異なっていても、同一の機能を果たすことに奉仕する場合があることである。

　今後、日本において検討を要すると考えられる当条項を簡単に整理すると次の通りである。

　第1に、種々の「**意思表示の擬制条項**」(これは 2016 年改正で 10 条前段に導入された)、いわゆる「同意条項」や「見なし条項」のほか、「**契約内容変更権条項**」、「**契約適合性判定権条項**」のように給付内容の確定・確保に関わる条項などがある。これらは、一定の条項を利用することで、消

費者を不利な地位に置き、間接的に、契約への不当な拘束や、事業者の責任制限・免責、消費者の権利放棄につながるおそれの高い条項群である。

　第2に、**契約の履行・解除をめぐる問題条項**が、たとえば、「顧客に先履行を強制する条項」、「顧客の解除権制限条項（逆に事業者の解除権留保条項・無催告解除条項）」などがある。給付内容の適正な履行を促すためにも、積極的なルールが打ち立てられる必要がある（2016 年改正では、法定解除権の排除条項が条項リストの一つに掲げられた）。

　第3に、消費者契約法において既に規定があるにも関わらず、「人身損害に対する責任制限条項」、「債務の履行責任の減免条項」、「履行補助者の行為についての免責条項」などは、必ずしも解釈上の帰結が明らかでないまま、なお数多く利用されている。違約金条項においても、その表現のあり方が問題視されるものが存在しており、よりきめ細かな対処が望まれる。

　第4に、現行の消費者契約法第 10 条による捕捉が可能と考えられるものでも、「消費者の義務の加重条項」、「権利行使期間の制限条項」、「契約への長期拘束」、さらに、契約解消にともなう清算のルールは、現行法で対処するには、やや困難を伴うものと思われ、より具体的ルールの策定が必要であろう。

　第5に、「裁判管轄条項」、「挙証責任転換条項」、「仲裁条項」さらには「準拠法条項」のように、消費者が司法上の救済を求める際に大きな障害となる可能性の高い条項も問題対象とされる必要がある。

　最後に、やや一般的な問題であるが、次々と現れる不当条項や条項によって形成される「契約のしくみ」が、結果的に既存のルールの脱法を目的としているような場合に対処するため、「**脱法行為禁止規定**」の創設が正面から検討されるべきではないか、また、事業者が「法によって許容される限りで責任を免れる」ことを求める「**サルベージ条項**」についても、条項の一部無効の効果と関連してルールが必要ではないかと考えられる。

　ちなみに、**不当条項リストの基本的なあり方**については、民商法典や、その判例理論で予定されている法律状態を基準とすべきか、消費者保護の見地から、その限界を認識して民商法典の規範を超えた部分に踏み込んだ規範定立をはかるべきかについては見解が分かれる。前者の見解では、不当条項リストは基本的には現行消費者契約法第 10 条の具体化を検討すべきものであり、消費者に対して新たな権利を創設する等の制度設計は射程外となる。一方、後者の見解に立てば、現行消費者契約法第 10 条の具体化に留まらず、コストやリスクを正当な理由なく一方的に消費者に転嫁する性質の条項は全て射程内におさめるべきことになる。もっとも、両者の見解の対立は、実際上は個別類型別の契約条項の精査を進める中で、新しい商品やサービスの登場に伴う新たな消費者契約の性質決定等を経る過程で、民商法規範の射程内におさまるものと、おさまらないものが整理でき、最終的には立法技術的に解決されるとも考えられる。その内容は、民法（債権法）改正の結果によっても左右される。現段階においては、事業者と消費者の情報力、交渉力の格差の下で問題となりうる契約条項を精査し、消費者権益擁護の見地から問題を看過しないことが重要であるが、将来的には、人間そのものの脆弱性につけ込むような不当な事業活動への対処が大きな課題となろう。

【遠隔講義 消費者法〈第2版〉 2021　〈7〉】
改正民法の「定型約款」規定と消費者保護

（初出 2017 法教）
S.Kawakami

1　はじめに

　民法正法案の審議が終了した(2017 年 4 月 12 日衆議院法務委員会で可決、同 14 日衆議院本会議で可決)。明治 29(1896)年に制定されて以来の大幅な見直しで、国民生活に及ぼす影響も極めて大きい。しかし、こと「定型約款」に関する規定については、民法の基本理念である私的自治や自己決定の尊重に対する要請さらには契約法の基本原理とも抵触する可能性が高く、残念ながら必ずしも消費者保護の理念にそうものとも言えない。結論から言えば、法案とは逆に、①約款内容の原則的事前開示と相手方顧客の同意の要件を原則化して徹底すること、②みなし規定を推定規定に改めること、③少なくとも約款変更に伴う相手方の契約からの撤退権・解約権を認めることが、是非とも必要であった。仮に、それが困難となれば、新法における「定型約款」の概念をできるだけ限定し、その適用の射程を限り、その余を従来の約款論に基づく規律に大幅に委ねるという解釈論が必要である。また、消費者契約法において、何らかの手当が必要になる。

　　＊【衆議院附帯決議】　本稿との関連では、法学セミナー 739 号 75 頁以下、ジュリスト 1480 号 82 頁の拙稿も参照。衆議院法務委員会での附帯決議(五)は、「定型約款」につき、次の点が留意されるべきものとして掲げられている。「①定型約款に関する規定のうち、いわゆる不当条項及び不意打ち条項の規制の在り方について、本法施行後の取引の実情を勘案し、消費者保護の観点を踏まえ、必要に応じ対応を検討すること。②定型約款準備者が定型約款を変更することができる場合の合理性の要件について本法施行後の取引の実情を勘案し、消費者保護の観点を踏まえ、適切に解釈、運用されるよう努めること。」しかし、残念ながら、**契約法の基本理念との抵触問題**には触れられていない。

2　消費者法との関係

　周知のように、民法改正論議の当初は、事業者対消費者間(BtoC)の契約に関する規律の扱いが大きな争点の一つとなっていた。民法に「消費者」概念を導入し、消費者契約法の実体法部分の規律を統合あるいは一般法化する可能性が模索され、同時に、これまで主として消費者法の分野で形成されていた判例法理の明文化も論じられた。しかし、「中間試案」以降は、 BtoC の特別ルールのほとんどが姿を消した。のみならず、これまで既に「信義則」に基づく一般ルールとして判例上確立していた不実表示・情報提供義務、暴利行為などの具体的ルールさえも、明文化が見送られた。そのため、消費者保護の関連規定としては、敷金と個人保証に関するわずかの規定が残っただけであり、その意味で、今回の民法改正が消費者保護を前に進めるものとはお世辞にも言えない。

　最後まで微妙な問題となったのが、企業が「不特定多数の顧客」と画一的契約を結ぶ際に利用する契約条件(いわゆる「**定型約款**」)に関する規定の導入の可否とその内容であった。「不特定多数」の顧客は、多くの場合「消費者」と言い換えても良いもので、その限りで、「定型約款」に関する規律は、消費者取引約款に関する規律と重なるところが大きい(その当否はともかく、事業者間取引約款は基本的に「特定多数」を相手方としているため、「定型約款」に該当しないとの議論が展開された)。消

費者契約法の対象は事業者対消費者の契約であり、不当条項とされているものは、いわゆる約款条項か商議を経た個別合意かを問わない建前となっている。現実には、事業者の提示する対消費者の契約条件のほとんどは定型化され、その大半は「約款」と考えても差し支えない。それだけに、消費者取引における取引内容の透明化、契約に関する情報の適切な提供を求め続けてきた消費者法の理念と抵触する「定型約款」の規律は、大いに疑問である。

3　「定型約款」に関する新法の規定

a.　採用要件と事前開示・包括的同意

新法548条の2によれば、

①「ある特定の者が不特定多数の者を相手方として行う取引であって、その内容の全部又は一部が画一的であることがその双方にとって合理的なもの」が「**定型取引**」と定義され、

②「定型取引において、契約の内容とすることを目的としてその特定の者により準備された条項の総体」が「**定型約款**」と呼ばれる。

③この「定型取引行うことの合意」(すなわち「**定型取引合意**」)をした者は、(i)「定型約款を契約内容とする旨の合意をしたとき」、もしくは、(ii)「定型約款を準備した者(**定型約款準備者**)があらかじめその定型約款を契約内容とする旨を相手方に表示していたとき」は、「個別の条項についても合意したものとみな」される(同条第1項)。

　その際、「定型約款準備者が定型取引合意の前において」、上述の相手方からの「請求を拒んだとき」は、定型約款に関する合意に関する548条の2は適用されない(つまり、当該約款条項は契約内容とはみなされない)。ただし、「一時的な通信障害が発生した場合、その他正当な事由がある場合はこの限りでない」(同条第2項)。

　ここでは、相手側の契約内容に対する事前の認識可能性や同意の要素は、著しく後退せられ、「定型約款」を契約内容とする旨の包括的同意がある(i)の場合だけでなく、定型約款準備者が、あらかじめその定型約款を契約内容とする旨を相手方に表示しただけで(ii)、個別条項が契約内容と「みな」されている(反証の余地もない)。立法提案としては、定型取引合意を語ることのできる特定状況下では相手方顧客からの「黙示の包括的同意」があるとし、「合意したものと推定する」余地があったにも関わらず(それが、おそらく最も緩やかな要件下で約款の拘束力を肯定する判例の「意思推定説」の立場に合致するものであろう)、ここでは強力な「みなし規定」を置いた。事業者の「自己の準備した定型約款を契約内容とする旨」の表示があるだけで契約内容とみなせる体裁になっているため、定型約款準備者には、もはや事前に約款条項を顧客に開示する必要はないという誤ったメッセージを送ることにもなりかねない。「私の準備した約款による」と不特定の相手方に対し表示・宣言するだけで、当該約款が契約内容とみなされ、相手方当事者には、「そんな条項が内容になっているとは知らなかった」と争う余地がない。これが、極めて異常な事態であることには多言を要しない。約款準備者は、後から、自己に都合良く改訂して、おもむろに「実は、これが契約条件の内容であった」と語ることもできる。この規定の異様さは、諸外国の法制との比較によって、一層際立つ結果となる。諸外国では、約款が個別契約の内容となるためには、原則として、合理的な手段での予め条項の認識と吟味の機会が提供され、これについての同意を得たことをもって初めて契約内容になるものとされているからである(ドイツ民法305条、フランス民法2016年2月10日オルドナンス第2016-131号 Art.1119(1)、米国消費者契約法リステイトメント Sec.2(a)(b)、台湾消費者保護法11条以下、とくに11条の1[審閲期間の保障]など)。相手方である消費者は、定型

約款準備者に対して、契約内容とみなされてしまった条項の妥当を否定するには、裁判所で、その合理性を争うほかない状況におかれる。従来、しばしば問題とされたソフトウェアの利用約款のシュリンク・ラップの諸条項等が、難なく契約内容として拘束力を獲得できる可能性がある。法案の示す方向性は、消費者契約における開示や説明義務の強化によって(消費者契約法 3 条参照)、少しでも契約内容を顧客が正しく認識でき、契約を締結するか否かについての選択に資する情報提供の充実を図ろうとしてきた消費者法の展開にも逆行している。

b.　新法に付された一定の留保

　　まず、開示に関して、法案 548 条の 3 において、「定型取引を行い、又は行おうとする定型約款準備者は、定型取引合意の**前**又は定型取引合意の**後**相当の期間内に相手方から請求があった場合には、遅滞なく、相当な方法でその定型約款の内容を示さねばならない」が、「定型約款準備者が既に相手方に対して定型約款を記載した書面を交付し、又はこれを記録した電磁的記録を提供していたときは、この限りでない」とする。つまり、どうしても必要であれば、相手方顧客は、予めもしくは事後に約款準備者に請求して「約款を見せてほしい」と言えば良いというわけである。しかし、消費者が、そのような要求をすることはおよそ期待できないばかりか、それによって交渉したり、その認識に基づいて契約内容が形成されるということはほとんど想定されていない(とくに後からの請求には確認以上の意味はない。嫌であっても契約の解消は困難であろう[審議会での議論では否定されている])。これは、ずいぶん乱暴な話である。

　　確かに、事前開示をしても消費者がそれを読んだり、内容について交渉することはほとんど期待できない。しかし、約款条項の事前開示制度が無駄なことだから省略されて良い、ということには決してなるまい。問題は、約款準備者の行動を待つまでもなく、消費者が契約内容を知ろうと思えば自力でそれを知り得る状態にあることが「手続として」保障されていることが重要であって、具体的認知や交渉可能性があるかどうかではない(「公示送達」を想起されたい)。私的自治の観点からすれば、契約内容となるべきものが、相手方の協力を得ない限り予め本人の知り得ない状態にあってもよいとされることは、契約的所産たる約款条項の法的正統性を疑わしめ、副次的には社会監視をも困難にする。国の法律でさえ、「公布」によって、官報で国民に開示されることを前提として効力が認められる。ところが、「定型約款」と性質決定されたとたん、事前に相手方が直ちに知りうる状態におくことが必要とされていない(依ラシムベシ、知ラシムベカラズ)。約款事前開示の要請をここまで無視した例を筆者は知らない。これまでの現実の商慣行としても、約款の事前開示が概ね実施されていたと考えられるだけに、**新法が、「約款は相手から要求されるまでは開示しなくてもよい」という誤ったメッセージを社会に送り出す可能性がある**ことは極めて残念である。「まともな事業者は、法律で書かれてなくとも、事前に契約条件を開示するから問題ない」というのは、理由にならない。むしろ、よからぬ事業者が「詳細は自社の約款によります」と表示しただけで、相手方顧客がその開示を要求しない限り、机に引き出しに入れたまま、自分に比較的有利な契約条件を、契約内容とみなしてもらえるとほくそ笑むに違いない。

　　かりに民事での事前開示の有無を問題とする必要がないかのような「定型約款」が我が国に存在するとすれば(容易には考えにくいが)、それは、法によって既に一般的開示義務が定められ、内容の正当性が業法規制等によって担保されている特殊な業法上の約款(たとえば電気事業法 2 条の13、2 条の 14 の電力供給約款の説明・書面交付など、電気通信事業法 23 条の基礎的電気通信役務の契約約款の掲示など、ガス事業法 14 条、15 条によるガス供給約款の説明・書面交付など、水道法 14 条 4 項の水道供

給規程の一般周知措置など)に限られるのではあるまいか。そのようなものであれば、消費者が、当該「定型取引」に異議なく臨んだことをもって約款に対する「黙示的承諾」があったとの強い推定→擬制を働かせることも、あながち不可能ではないからである。とりわけ生活必需契約における締約強制や顧客の平等待遇への要請からも、個別の合意が入り込む余地がほとんどない契約類型が存在するため、そのような特殊約款について、顧客の事前の認識可能性や包括的同意の要素が後退する局面があることは否定できない。しかし、仮にそうであるとしても、かような例外的事態を一般化・原則化する形で民法に示す必要があったのか。むしろ、事前開示を前提とした上で、必要に応じて適用除外を定める方が素直ではなかったか。叶うことであれば、改正法案 548 条の 2 第 1 項 2 号には、少なくとも**「生活必需の契約において他の法令によって当該定型約款の一般的開示義務が定められているものについては」という限定を付して解釈すること**が望まれる(もし、筆者としては、そのような解釈論を展開せざるを得ない。ちなみに広瀬久和「民法改正案『定型約款』規定についての覚書(1)青山法務研究家論集 13 号 159 頁以下(2017 年)も同様な見解を示している)。いずれにせよ、新法は、契約的所産である約款の本質を見誤った規定と言うべきである(開示や内容適正化ににかかる公的モメントに対する配慮も全く窺えない)。

> この生命線が突破される過程を、森田修「約款規制:制度の基本構造を中心に(その 1)～(その 4)」法学教室 432 号～ 435 号は克明に追究しているが、およそコンセンサスが得られたというような議論ではない。

c.内容的規制との関係

　新法における、もう一つの留保は、約款の内容規制(個別契約に組み入れられるべき約款条項の内容的限界付け)に関するものである。すなわち、この「条項のうち、相手方の権利を制限し、又は相手方の義務を加重する条項であって、その定型取引の態様及びその実情並びに取引の社会通念に照らして」信義則に反して「相手方の利益を一方的に害すると認められるものについては、合意しなかったものとみな」される(同条 2 項)。

　これがみなし合意の例外として、定型約款の個別契約への組み入れの消極要件となっていることは、一部で積極的に評価されている。確かに、内容の限界付けと組み入れを一元的に処理しようとする立法技術は、他国にも例があり、それ自体は否定されるべきではない。しかし、内容が合理的であるかどうかは、結局のところ、裁判で争ってみなければ定かでない問題であるだけでなく、そもそも、知り得ないものについては、その内容の如何を問わず、契約内容に組み込まれていないはずであると主張することができてしかるべきであり、事前開示や同意の要件が不要であるということには決してならない。

　契約内容が新法のような信義則上の制限に服することは、ある意味で当然のことで、しかも、その表現ぶりは消費者契約法第 10 条と驚くほど似ている。立法担当者は**民法での規律と消費者契約法の規律は全く独立して存在する**ものと説明する。ともあれ、消費者契約法は、およそ事業者と消費者間の契約であれば、約款条項であるか交渉された通常の契約条項であるかを問わず適用されるため、民法の「定型約款」とされるものの射程より遙かに広い適用範囲を持つ。とすれば、「ある特定の者が不特定多数の者を相手方として行う取引であって、その内容の全部又は一部が画一的であることがその双方にとって合理的なもの」とされる可能性の高い定型的消費者取引については、消費者契約法の規律が既にカバーしており、民法でのこの留保にどの程度の意味があるかは疑問である。結局、内容的限界についての留保がつけられているから、相手方顧客

の同意は問題にする必要がないとの主張には、たいした価値はなく、法案の最重要の効果は、「定型約款」である限り、「自分の準備した約款による」との表示さえすれば、実際に相手方に事前開示せずとも、契約内容とみなしてもらえるという事業者の便宜に応えた点にあると評せよう。

d.「定型約款」の変更

　「定型約款」の変更についても、**新法548条の4**によれば、事前に変更に関する適当な周知をしておくことにより、その変更が、①「相手方の一般の利益に適合するとき」または②「契約した目的に反せず、かつ、変更の必要性、変更後の内容の相当性」、③「変更をすることがある旨の定めの有無」及び、④「変更に係る事情に照らして合理的なものである」ときは、「個別に相手方と合意することなく契約内容を変更することができ」、変更後の定型約款の条項について「合意があったものとみな」される。

　契約内容の変更は、本来であれば、契約の一般原則に従い、各相手方から約款条項内容の変更についての同意を得ることが求められるが、多数取引を前提とする約款による契約では、多くの場合に困難であり、実際的でもない(現実には、一般的な告示や「お知らせ」を前提に、次の取引が為された時点で変更が追認されたものとしている)。この問題については、判例及び学説の蓄積が乏しいが(約款の変更についての最近の研究として、吉川吉衛「民法(債権関係)改正と約款に関する考察－約款の変更を焦点として」国士舘法学47号1頁以下[2014年]、金融法務研究会・金融取引における約款等をめぐる法的諸問題(2015年12月)48頁以下[野村豊弘]など)、法文からすれば、「変更をすることがある旨の定めの有無」も考慮要素とされ、予めの変更の留保さえ必須とはされていない。立法担当者の説明によれば、ここでの「定型約款」には、「中心的条項・付随的条項」の区別はないとされており(「補充」という要件が削除された!)、相手方消費者は、その変更内容の合理性が事業者に主張されれば、変更後の契約条件や給付内容に拘束され、変更後の契約関係から離脱することも許されない仕掛けになっている。一方的に給付内容や契約条件を変更されたときに、「それなら嫌だから契約から離脱したい」と消費者が言えないのは何故であろうか。この仕組みは、契約法の基本を大きく逸脱している(給付内容の一方的変更権を定める条項を不当条項としてリスト化している立法例もある)。

　確かに「事情変更の原則」は認められ、変更権留保も合理的である場合があろうが、従来の裁判例からしても、それはあくまで継続的取引における例外的事態であって、「定型約款」であるとの性質決定がされると、これほど容易に契約内容や給付内容の変更を認めるだけの理由があるのかは疑問である。これでは、悪意ある約款準備者が「必要に応じて約款条項を変更する場合があります」としておいて、事後的に契約内容や条件を恣意的に変更し、当該変更内容が「必要かつ合理的なものである」と述べて争うことで、当初の条件や内容を魅力的であると信じて契約した相手方顧客の期待を裏切ることも容易であろう。

　考えられるとすれば、定型約款が、業法などによってその内容や変更について行政的に監視・監督され、必要に応じて改善命令等に服するものとされているような場合くらいであろうか。しかし、定型化への要請が強く、顧客の平等待遇から、個々の相手方の同意などを問題とする必要がないように思えるところでも、個々の相手方にとって重要な契約条件や給付内容が変更されてしまった以上、「それならば、契約関係から撤退させてほしい」という主張は認められてしかるべきではあるまいか。全体にとって合理的であるとしても、少数の不適合者に無用の我慢を強いるものであってはなるまい。たとえ信義則といえども、当事者に合意を強要することは許されない。まして、そこに潜む**悪意ある給付内容変更権の濫用の危険**があるとすれば、問題を回避する努力を怠る

べきではないと考えられるが、どうであろうか。

　総じて、新法は、後から裁判官の目から見て内容さえ良ければ、「合意」として扱うことに問題はないとの安易な姿勢が一貫して窺えるが、自由市場を支える契約法の世界が、本当にそれでよいとは思われない。個人の選択権は最大限認められて然るべきだからである。

4　消費者保護のために何が必要か

　さしあたり、**消費者契約法に最小限のセーフティネット**を張っておくことが必要である。

　第 1 は、第 3 条の情報提供に関する努力規定のところで、「消費者契約における定型的契約条件は、合理的手段によって事前に消費者がその内容を知りうるように開示されなければならない」との原則を明らかにしておくことである（言うまでもなく、採用要件［適用除外を含む］と不意打ち条項の禁止規定を明文化することができれば、それに越したことはない）。消費者の知る権利や選択する権利を確保することは、現実にそれが行使できるかどうかはともかく、極めて重要な課題である。

　第 2 は、新法 548 条の 2 第 2 項の「みなし合意」の例外となる内容的限界に関する規律と、消費者契約法 10 条の一般条項の関係を明らかにしておくことである。

　第 3 は、「定型約款」と個別合意の関係を明らかにしておくことである。

　第 4 は、約款一般についての解釈準則（不明確準則を含む）を定めておくことである。

　これらのルールは、適格消費者団体による差止請求や特定適格消費者団体による集団的消費者訴訟手続きにおける約款適正化のための訴訟活動にとっても、重要な意味を持つように思われる。

5　「定型約款」の採用要件と内容的限界付けの一元化

　新法 548 条の 2 第 2 項に関する立法担当者の説明では、「従前の案においては、不当条項規制及び不意打ち条項規制を二つの異なる規律として設けることとしていたが、これを一本化すること」とし、「合意があったものとみなすとの構成を採ったことに鑑み、一定の条項を無効とするのではなく、みなしの対象となるべき条項から一定の条項を除外するとの構成を採ることとした」と説明する。また、「定型約款の特殊性に鑑み・・・・、相手方にとって予測し難い条項が置かれている場合には、その内容を容易に知り得る措置を講じなければ、信義則に反することとなる蓋然性が高い」ことから導かれる帰結である（この限度で不意打ち条項に果たさせようとしていた機能はなお維持されるという。）。もっとも、「これはその条項自体の当・不当の問題と総合考慮すべき事象であることから、このような観点は一考慮要素として位置づけることとした」とされる。

　このような内容規制の構造は、約款の拘束力を基礎づける議論と内容的規制の議論を融合し、個別の契約締結過程での事情との総合判断によって規制の実をも挙げようとするもので、立場として考えられないものではない。しかし、理論的にも方法的にも決して望ましいものではない。いわゆる「不意打ち条項」について、従前の「中間試案」第 30-3 では、「約款に含まれている契約条項であって、他の契約条項の内容、約款使用者の説明、相手方の知識及び経験その他の当該契約に関する一切の事情に照らし、相手方が約款に含まれていることを合理的に予測することができないものは、上記 2 によっては契約の内容とはならないものとする」として、その内容上の当・不当を問わず約款採用合意の射程を画していた。しかし、新法では、まさに内容規制に関する要件（特に消費者契約法 10 条の要件を意識した書きぶり）が追加的に組み込まれた形になっている。諸外国の約款規制立法にしばしば見られる「不意打ち条項の禁止」法理は、「（取引慣行などを考慮

して) 交渉の経緯から消費者が予測することができないような契約条項 (不意打ち条項) は契約内容とならない」とのルールであり、むしろ約款条項の個別契約への積極的採用要件とセットに、包括的同意の例外 (消極的要件) として規定されるべきものであったろう。このルールは、約款が適正に開示され、消費者がその適用に (明示・黙示に) 同意することによってアン・ブロックに契約内容の一部を構成することへの最小限の防波堤であって、契約締結に至る具体的事情や交渉の経緯を勘案した結果、顧客の合理的予想を逸脱する不意打ち的あるいは非慣行的で異常な条項は、「その内容の当否を問わず」包括的同意の対象外として、最初から契約内容に組み込まれ得ないと考えるもので、拘束力の根拠を裏側から支えるものと考えるのが適当である。このことは、民法の契約や意思表示において、民法90条に基づき内容が不当かどうかを考えるまでもなく、効果意思を欠く場面では95条の錯誤無効で合意が効力を持たないとするのと同様の関係にある規範であって、不当条項を無効化する規制手段があれば、不意打ち条項禁止規定は不要であるということにはならない性格のルールである (韓国約款規制法6条2項2号や、債権法改正委員会の基本指針【3.1.1.A】では、不当条項規制と重複する場合が多いとの理由で明文規定をおくことはしないものとしたが、立法論としては疑問であった。河上正二「民法と消費者保護 -「不意打ち条項禁止」原則のことなど (特集 民法改正) 消費者法ニュース81号90頁以下[2009年]も参照)。

　これに対し、**約款条項内容の不当性は、できる限り抽象的・客観的に判断され、オープンな場で議論できるものとしておくことが適切である**。多数契約のために、任意法規範を押し除けて定型的に当事者間の権利義務を定めようとする以上、**約款条項には法に比肩するレベルでの公正な内容と合理的根拠が求められ、それは個別事情を加えた総合的判断とは別に論ずることの可能な作業**であろうし、そのことがまた、健全な市場行動規範の新たな発展にもつながるに違いない。なるほど、個別の契約締結過程での事情から、当該条項の「援用」が規制される場面はあるとしても、問題は分けて考えるべきである。これは消費者契約法 8 条以下における「無効な不当条項」の位置づけにも深く関わる問題である。現在の消費者契約法では、不当条項が差止請求の対象とされているが (現在では集合訴訟の第 1 段階での無効確認訴訟の対象ともなる)、そこに「当該定型取引の態様及びその実情並びに取引上の社会通念」の総合的判断が求められるとすると、差止訴訟等が極めて困難になるばかりでなく、同法の無効条項に関する規律の位置づけについても、根本的組替えが必要となるように思われるだけに、慎重な対応が望まれる。法務省の見解では、消費者契約法10条の問題とは、全く別の問題として、それぞれ処理されるものとしているが、両者の問題が重なるものであることは否定できないだけに、その調整問題は不可避である。

　約款についての一般的規律を民法典に置くことは、新しい時代の契約法のインフラとして極めて重要で、新法に約款に関する規律を導入しようとした努力は大いに評価されてよいが、一般的規律として、新法の示す方向には大きな疑問が残る。民法規定であるだけに、基本的コンセプトとしての約款関係の規律の持つ重みは小さくない。それだけに、慎重な検討と抜本的見直しを、今後とも期待したい。

（補論1） 約款の解釈準則

　約款の採否とともに、債務内容を確定するには、約款の解釈が必要となる。約款が、事業者によって一方的に作成され、一定の顧客圏を対象として多数契約を定型的に処理するための法技術であることや、顧客によって十分内容を了知される機会が乏しいことなどから、一般にその解釈方法においても、通常の合意の解釈とは異なった準則が説かれている*。

　第一に、多数契約の画一的処理の要請と顧客の平等待遇への要請から、**顧客圏の平均的合理的理解可能性を基準とした「客観的解釈」**が要求される。事業者が多数の消費者を相手とする定型的な契約における「約款条項」においては、顧客側の意思的関与が乏しく、個々の具体的当事者の「真意」を探求するという以上に、一定の顧客圏を前提とした客観的・類型的・合理的な解釈が求められるわけである。個別になされた特別な取り決めを除けば、当該取引圏における平均的合理的顧客の理解を基準とした客観的・合理的解釈を施すことにより、契約内容を画一的に確定して扱うことが可能となり、事業者は大量取引を迅速・確実に処理することができる。このことは、ひいては顧客の利益にも適うことである。加えて、同一約款を利用した契約の集合全体について**「画一的・統一的解釈」**が語られることがあるが、むしろそれは「客観的解釈」の産物であって、それ自体、固有の解釈準則というほどのものではない。さらに、通常の契約の解釈が専ら個々の具体的当事者の指向する契約目的にそって解釈されるのと同様に、集団レベルで、約款が用いられる当該契約集団の指向する目的に照らした**「目的論的・合理的解釈」**が要求されるのも「客観的解釈」のサブ・ルールといえようか。

　しかし、そのような解釈を施した場合にも、なお複数の解釈の可能性が残るような場合、かかる不明確さに起因するリスクは、約款条項を策定・提示する事業者によって負担されるべきである（**「不明確準則」・「約款作成者不利の原則」**）。事業者は、自ら契約条項を提示するにあたって、そのような不明確さを取り除く可能性を有しており、解釈上のエラー・コストを顧客に転嫁することは許されまい。その意味では、約款が、事業者による一方的設定にかかる契約条件であることが、かかる解釈準則を正当化する。ちなみに、民法上、債務者との関係での「不明確準則」はローマの時代から確立した解釈準則でもある（*ambiguitas contra stipulatorem est*：河上・歴史の中の民法188頁参照）。また、法規範とは異なり、約款が事業者によって一方的に設定され、自己完結性を持たない特殊な抽象的規範であることから、顧客に不利になるような類推解釈・拡張解釈をすべきでないとの準則（＝**「制限的解釈」**）も、不明確準則と同様の機能を営むことがある。

　ちなみに、「消費者からの苦情を誘発する畏れがある」とか、「信義則を踏まえた合理的解釈を経れば多義的条項が放置されることはない」との見方もあって（不明確準則は、まさにそのような解釈のために必要となる準則なのであるが）、消費者契約法では規定化が見送られたが、民法上は既に確立した不文の解釈準則というべきであろう。かつて、諸外国の裁判例においては、作成者不利の原則や不明確準則・制限解釈の手法が、不当な約款条項の効力を限定するための「隠れた内容規制」の手段として好んで用いられたことが、事業者に必要以上の警戒心を生んでいるのかもしれないが、平均的顧客の合理的理解を基準とした場合でも、文言の意味に一定の幅が生ずることは当然あり得ることで、債務内容確定のルールとして明文化しておくことが望ましいものであることはいうまでもない。

　　＊約款の解釈については、河上・約款規制の法理260頁以下(1988年)、同「約款の解釈（最判 H9・3・25 民集 51 巻 3 号 1565 頁）」別冊法学教室・民法の基本判例［第 2 版］19 頁以下のほか、米谷隆

三・約款法の理論560頁以下(1954 年)、大塚龍児「約款の解釈方法」民法の争点Ⅱ92頁以下(1985年)、上田誠一郎「約款による契約の解釈」同志社法学 42 巻 4 号 615 頁(1991 年)、など参照。不明確準則については、特に、石原全「約款解釈における不明確準則」喜多退官・商事法の現代的課題29頁以下所収(1985 年)、上田誠一郎「法律行為解釈の限界と不明確条項解釈準則(1・2)」民商95巻1号、2号(1986 年)、同「英米法における『表現使用者に不利に』解釈準則(1 〜3)民商100巻2号、4号、5号(1989 年)〈いずれも同・契約解釈の限界と不明確条項解釈準則(日本評論社、2003 年)に所収〉、野田龍一「前期普通法学における不明瞭規則論」福岡大学法学論叢35巻1、2、3号(1990 年)など参照。なお旧ドイツ約款規制法第5条(現行BGB305e条2項)には明文規定があり(石田編・注釈ドイツ約款規制法54頁以下、65頁以下)、EC指令もこれを採用している。

（補論２）　消費者契約法10条理解のために

　　－任意法の指導形像機能（Leitbildfunction）について－

1　はじめに

　強行法・任意法の分類や個々の規定の法的性格をめぐる議論は、古くからの問題ではあるが、これまで必ずしも十分な検討が加えられてきたとは言えない。

　何気なく用いてきたこの分類について、まずもって生ずる素朴な疑問は、「法の分類」としての任意法・強行法には如何なる意味があるのか。「強行法・任意法」は、アプリオリに定まる法規の性質なのか（しかも、その効果は、強行法規違反→法律行為の有効要件を欠き無効）。むしろ、各規定の、具体的適用の中で、当事者の意思とは無関係に強行的に作用する場面と任意法的に作用する場面があり、「強行規定・任意規定」は、当該法律行為の最終的効果を導く際の説明概念に過ぎないのではないか、といった点であろう。

　確かに法文の表現から、強行法・任意法が明らかである場合もなくはないが、多くの場合、個々の規定の趣旨を考えながら、その性格を判断するほかないというのが大方の見方であるが（制度趣旨勘案説［幾代・鈴木・星野］）、それでも「一応の分類」は可能なのか。とはいえ、「物権法や家族法は原則として強行規定である」、「債権法は原則として任意規定である」等の言説が必ずしも妥当しないことについては既に明らかになりつつある（椿・強行法・任意法で見る民法［日本評論社、2013 年］）。

　では、「何が強行法を強行法たらしめているのか」、「当該法規範が特約で修正・変更できる任意法であるとすれば、それは何故か」が問われよう。また、一定のグラデーションを伴う「半強行法」や、一方向だけの「片面的強行法」といったものも想定されるとすれば、それは何故かも問われよう。

　今般の債権法改正においても、強行規定と任意規定の区別の明記については，その技術的困難さや，解釈論の固定化が不適切であること，単純な二分化ができないなどの立法技術上の困難性を理由に、立法化が見送られたことは記憶に新しい。

　こうして、さしあたり、実務的にも、具体的吟味を経た、個々の規定の強行法・任意法の性格決定の判断基準・考慮要素の抽出に向かう研究が重要となることは疑いない（①椿寿夫編著・強行法・任意法でみる民法［日本評論社、2013 年］、②同編著・民法における強行法・任意法［日本評論社、2015 年］は貴重な包括的研究の成果であり［椿ほか①②と略］、更に踏み込んだ検討成果の公表［③近江幸治＝椿寿夫編著・強行法・任意法の研究（成文堂）］が予定されている）。

　しかし、翻って考えてみると、国家意思の発現である「法」と私的自治領域での「法律行為自由の原則」との拮抗という観点からすれば、ここでのある種の「緊張関係」は、決して一様なものではあるまい。

　法は、当事者間での自由な合意に委ねることが適切と考えていた場合でも、一方当事者の恣意的自由の押しつけによって当事者間の利益調整がもはや期待できないと考えたところでは、とくに劣位にある一方当事者の実質的自由を守るためにも、任意規定的性格を放棄して、契約自由の領域に様々な仕方で介入するからである。それは、立法上の明文による修正のみならず、特別法（たとえば特定商取引法）による①法定書面の要求、②クーリング・オフ権、取消権の付与、③禁止規定や④違反行為に対する行政措置や罰則規定が用意され、さらには⑤事業者の自主規制に委ねつつも行政指導・ガイドライン等を通じた事実上

の許認可制など、実に様々な手法が見られることが知られている。それは、全体主義的発想による個人の自由の抑圧というより、当事者の実質的自由と実質的競争関係を維持しようとする政策目標の実現を目指すものであることが多い。

　たとえば、具体的に、民法 415 条、416 条という債務不履行責任に関する規定に関しても、法は、免責特約や責任制限特約を禁じているわけではない。そればかりか、民法 420 条は、当事者間での損害賠償の予定を有効と定め、改正前規定では、これに対する裁判所の介入を禁じてさえいた (椿ほか① 149 頁以下、152 頁以下 [藤田寿夫])。もちろん、公序良俗に反するほどの免責や責任制限特約は無効とする余地を残しており、司法は、解釈によって、かような特約を「違約罰」とみて無効としたり、公序良俗違反で無効視したり、一定の状況下で信義則違反と評価して特約の援用を抑えていた。しかし、後には、消費者契約法 8 条によって全部免責条項や故意・重過失による責任制限条項を不当条項として無効としただけでなく、同法 9 条で、平均的損害を超える賠償額の予定部分を無効とし、現在では、立証責任の負担を消費者に課することの問題性に対処する修正が立法上の課題となっている。また、今般の債権法改正では、裁判所の不介入に関する法律の文言が削除され、民法規定上の債務不履行責任への引き戻しが試みられている。このことは、債権法改正で、債務不履行責任が、「合意内容への不適合」という形に書き換えられてとしても変わらない。

　こうした法の「半強行法化」、あるいは介入の「契機」は、私的自治の前提の確保、第三者の権利義務の安定化、社会的弱者の保護、公益の擁護など多様であり、介入の仕方も、無効・取消しのように私法上の効果を否定することのみによるわけではないと考えるのが、実態に適しているのではあるまいか。

おそらく 19 世紀には、強行法規は最低限度の倫理的基準に止まっていたであろうが、20 世紀に至り、次第に強行法規が増加し、任意法規の半強行法化が始まった。居住賃貸借、労働法、約款法、消費者法であり、ヨーロッパでは、これにＥＵ指令による消費者保護と基本権の影響による差別禁止の動きが加わっている。

　ここでは、任意法・強行法の単なる二項対立ではなく、「法」本来の意味に留意しつつ、この問題と向き合って、課題を別の角度から照射してみたい。

2「法」は「正しきもの」？
　古代ローマの法学者ツェルズス (Celsus) は、「法 (ius) の発見は、善と衡正の技法 (ars boni et aequi) である」と述べ、この言葉は「ローマ法大全」の学説彙纂の冒頭に引用されている (Celsus, D1,1,1　pr.)。法 (ius) は、まさに「正しきもの」として語られ、西洋法における法 (Recht) は、客観法 (objectives Recht)、主観法＝権利 (subjectives Recht) と表現され、厳格法 ius strictumu、強行法 ius cogens は、当事者の意思とは無関係に語られ、その背景には「良き慣習」たる "mores ，sitte "(→ guten Sitten"(良俗))が存在したといえよう。その結果「悪しき慣行は、慣習法にあらず」「悪しき法 (legis) は法 (ius) にあらず」とされた。つまり、「あるべき社会的秩序・摂理・正義」として「法」は語られたのである。しかしながら、あるべき規範としての「法 (ius)」が常に見いだされるわけではない。誤りや腐敗した法 (legis) の存在は否定しようもなく、このことは、S.ブラントの風刺文学「阿呆船」で愚者によって目隠しされた「法の女神」が、裁判所の周囲を彷徨する姿にも象徴的に示されている。法律は、時代の立法者たちの力関係や緊張関係の中で制定される妥協の産物

でもあるからである。

　また、経済的自由主義が支配する時代には、「法」と個人の「自由意思」との相克は避けがたいものと感じられ、人は自由気儘に法から逸脱することはできないとして、私的自治の最外部に引かれた土俵あるいは私権に内在的制約としての公共の福祉・権利濫用・信義則・公序良俗が強く意識された（民法 1 条の追加は第 2 次大戦後のことである）。これにより、法は、「私的自治と自己決定を支援するシステム」と観念され、個人の自由を支える「基盤」としての強行法、個人の自由を補完する「基準」としての任意法が語られてきたように思われる。確かに、「当事者は、自由な合意によって任意法から離れることができる。なぜなら、当事者間の利益状態について、最もよく知っているのは当事者自身だからである」との説明は、必ずしも間違いではない。しかし、その場合も、任意法は、混沌とした当事者関係を法的に理解するためのマトリックスを提供しつづけ、新たな法秩序を構想する上での道具となってきたのである（大村敦志・典型契約と性質決定 352 頁は、これを「分析基準機能」「想像補助機能」と呼ぶ）。

3　私的自治と任意法

　私的自治と任意法の関係について、近時の法の経済分析は、「あるべき合意」と任意法規の親和性とその交渉コスト削減機能を明らかにしている。自由な交渉がもたらすであろう主観的正義・衡平を前提にしつつ、「任意法規は、契約当事者による自由な交渉の成果を模写したものであるときに、市場に於ける取引費用を低減し最も効率的な結果をもたらす」と考えるのである（Charles Goetz&Robert E Scotto, The Limits of Expanded Choice,73 Calif. L. Rev,1985（アメリカ法 1987（1）164[河上]（1987 年）。松田貴文「任意法規をめぐる自律と秩序（1・2 完）」民商 148 号 1 号、2 号[2013 年]など参照。なお、松田貴文「厚生基底的任意法規の構想」神法 63 巻 1 号 171 頁[2013 年]の分析では、任意法規は、客観秩序を基準とする「客観秩序基底的理論」、各人の自律支援を基底的価値とする「自律基底的理論」、そして、社会的厚生を基底的価値とする「厚生基底的理論」が構想されるという）。つまり、任意法規は、最適状態のとき、当事者の自由な合意の成果を模写し、当事者の合意が曖昧なときに「仮定的当事者意思」を基準として、合意内容を**解釈し**、合意の欠缺を**補充し**、債務内容を**確定する**作用を持つことになる。同時に、それは、公正な権利・義務の分配のあり方に関する「大多数の仮定的当事者の意思」にかなう合理的内容であろうとする国家の「提案」にほかならない。

4　約款法における任意法・強行法

　任意法の「秩序付け機能（Ordnungsfunction）」あるいは「指導形像機能（Leitbildfunction）」が、注目されたのは、ドイツ約款法の領域においてである。たとえ当事者の意思によって改変可能とされる任意規定であっても、契約当事者である「約款設定者」が、その内容形成自由を濫用して、自己にとって一方的に有利な契約条件を、附合契約を余儀なくされた相手方当事者たる多数の顧客に押しつけることは、国家の制定した法の正義内容に対する重大な挑戦と受け止められた。そこには、もはや法に比肩する「自由な合意」を語る素地がなく、契約合意の正当性保障（Schmidt Rimpler）も機能しないにも関わらず、約款条項が法に優先して妥当することを要求するからである。ライザー(L.Raiser)は、その古典的名著『約款法』（Das Recht der AGB, 1935）の中で、国際法における準拠法指定に想を得た「指

定理論」を約款拘束力の根拠としつつ、不当条項の内容的規制について、「いまや、契約がその成立の仕方や内容において、法によって保護される諸価値に反するときは、自由に承認を与えないことを肯定し、かつこれを要請する正義命令に服するべきである」と述べた。それは、基本的に「契約自由の濫用」法理による約款の内容的規制であり、客観的・標準的な共同体的秩序観に基づく任意法規範の再評価でもあった。20年後のニッパーダイのテキストでは（Enneccerus/Nipperdey, AT des BGB,1959 S.301f.）、既に次のような指摘を見ることができる。

　　　　「任意法規は、立法者によって慎重に考案され、当事者間の標準的利益状況を作り指すものであって、一定の秩序づけ機能（Ordnungsfunction）を有する。それは、尊重されることを要するが、強行法規と同じ態様によるものではない。当事者は実質的根拠、とりわけ法が前提としていない特殊な事実状況や利益状況が存在する場合に限って、任意法規から逸脱することが許される。この逸脱は、合理性準則によって正当化されねばならない。任意法規の変更は、その内容において、信義則や契約によって排除・修正された法律規定の正義思想の基準に従い、両当事者の利益を適切に顧慮した公正なものでなければならない」。「それこそが、人の自由な発展を、憲法に則した秩序、他人の権利の尊重、および、良俗法則の限界で保護する、基本法の『自由な社会的法治国家』の基準となる原則である。それが特に当てはまるのが、立法者が考えた法律関係の秩序に逆行する普通取引約款、および、経済的優越性の利用によって課された契約条項、商取引での免責条項の判断においてである。」

同様の見解は、約款法を論じた多くの研究にも見出される＊。

　　　　＊たとえば、Mroch, Zum Kampf gegen die unlauteren Geshaeftsbedingungen. 1960 は、「約款が、存在する法規定からの逸脱を含む場合には、その逸脱が、取引関与者の特別な事情から正当化される限りでのみ有効となる」。「事業者は、強行法・任意法を問わず、法規に対して拘束される。法規が現状に適合せざる場合にのみ、事業者は、公正と認められる範囲内で法を修正する合理的根拠を有する。しかし、争いある場合は、事業者が、その根拠を証明せねばならない」という（任意法の処分自由的性格の否定）。また、M.Wolf 「実定法規が、事情の変化に基づき、もはや正当な利益調整を保証せず、従って双方の利益の衡量の下で、法規からの逸脱が要求される場合にのみ、そのような条項は有効である」とし、ケッツ（Hein Kötz）は、（法改正のための Gutachten）, ; Vertragsrecht, 2.Aufl.(2012);dispsitives Recht und ergaenzende Vertragsauslegung, JuS2013,289 で、「約款及び契約書式は、それによって当事者双方の権利義務を不均衡なものとしない限りでのみ有効である。とりわけ、特別の理由によって逸脱が正当化されることなく、契約内容が、相手方当事者の不利に法規定を著しく逸脱している場合には、不均衡が存在する」とした。

5　約款と任意法

　立法者が熟考し、当事者の通常の利益状況から策定した法命題は、一定の「秩序づけ機能を有し」当事者がその任意規定から乖離できるのは、実質的な理由、つまり、法律の基礎としなかった実質・利益状況が存在する限りでであるとの発想は、約款問題と鋭く対立する。約款は、時代の変化や多様性に対応できない任意法を修正しつつ取引社会の規範を発展させるツールでもある。しかし、約款は、その隠蔽効果によって、当事者の主観的認識を遠ざけ、包括的同意によって、相手方がその内容に付き従うことを要求する。その結

果、約款による合意は、熟慮した合意にはほど遠い「希薄な合意」でしかない。その結果、約款によって一方当事者は、一方的に、任意法を排除することは許されず、約款条項には、任意法（約款なかりせば得られたであろう権利・義務の分配）に比肩する公正さが要求され、任意法からの逸脱に合理性がないと認められるときには、「信義則」等の一般条項に基づき、当該条項は無効となる。これが、約款法と任意法の関係を示す一つの考え方である。

6　ドイツ約款法

ドイツの約款法は、こうした発想を早くから判例の中で展開し（BGHZ22,90［瑕疵担保責任につき］）；BGHZ41,151［倉庫業者の帰責事由の立証責任につき]；BGHZ54,106［雇用契約の途中解約と報酬請求につき]など）、それが「契約自由の内在的限界」であるとしてきた。

1977 年以来のドイツ約款規制法の一般条項は（旧 AGB-Gsesetz9 条、現 BGB307(1)(2)条）、「(1)約款中の条項が、信義・誠実の命ずるところに反して約款使用者の相手方に不当に不利益を与えるとき、その条項は無効である。(2)約款中の条項が次の各号に該当する場合、疑わしいときは、その条項は不当に不利益を与えるものと推定される。(1号)法規定の本質的基本思想（wesentlichen Grundgedanken der gesetzlichen Regelung）と相容れないとき、または(2号)条項が契約の本姓から生ずる本質的な権利または義務（wesentliche Rechte oder Pflichten,die sich aus der Natur des Vertrages ergeben）を、契約目的の達成を危殆化するほどに制限するとき。」と定める。

このようなドイツ約款法の検討を機に、わが国でも、約款と任意法規の関係がしばしば論じられている（河上・大村・山本［敬]）。それは、任意法規範に含まれた正義内容が高度であればあるほど、そこからの約款による逸脱には厳格な尺度で不当性が吟味されるべきであるとするもので、約款内容の公正さを判断する際の重要な決め手とされる。任意法は、もはや当事者によって自由気儘に改変される「さしあたりの補充規定」ではなく、国家によって公正と考えられる当事者間の権利義務分配提案であり、そこには長い年月を耐え抜いてきた正義内容が含まれていることが少なくない。従って、自らの具体的利益状況をよりよく判断できる当事者によって改変されることは認められるとしても、一方的に設定された約款等によってこれを自由に改変できると考えるべきではない（これを「任意法の半強行法化」と呼ぶことが多い）。僅かながら、この点に触れた下級審判決がある（盛岡地判昭和 45・2・13 下民集 21 巻 1 = 2 号 314 頁。最近では最判平成 13・3・27 民集 55 巻 2 号 434 頁における奥田裁判官の補足意見も参照）。確かに、約款が任意法の不備や欠陥を補うべく開発されてきたという事情を考慮するなら、任意法万能に陥ることは慎重に避けるべきであり、契約目的の特性や類型ごとの慎重な吟味が必要である。しかし、任意法およびそこから導かれた判例準則を駆使して、「約款なかりせば得たであろう顧客の地位」を判断の出発点とし、条項内容の公正さや合理性を吟味することは概ね支持されてよい考え方ではあるまいか（河上・約款規制の法理 383 頁以下参照）。消費者契約法第 10 条は、事業者対消費者の契約における条項（多くは約款条項）について「民法、商法その他の法律の公の秩序に関しない規定（任意規定）の適用による場合に比し、消費者の権利を制限し、又は消費者の義務を加重する消費者契約の条項であって、民法第 1 条第 2 項に規定する基本原則（信義則）に反して消費者の利益を一方的に害するものは、無効とする」と定めたことは注目されてよい。最近の改正債権法における「定型約款」に関する民法 548 条の 2 第 2 項にも同様の規定があるが、

そこでの「相手方の権利を制限し、又は相手方の義務を加重する条項であって、その定型取引の態様及びその実情並びに取引上の社会通念に照らして・・・・[信義則に反して]相手方の利益を一方的に害すると認められるもの」の拘束力を否定するときの「権利」や「義務」は、約款なかりせば(任意法規範として)有したであろう権利や義務を意味していると考えられる。

　このような約款設定者に対する適正な約款策定の義務や任意法からの逸脱を正当化する説明義務の存在は、おそらく「信義則」によって基礎づけられるものと考えられるが、より具体的には、**契約内容の策定を委ねられた者が負う相手方の利益顧慮義務**とでもいうべきものであろう。

7　一応の結論

　なるほど「任意規定」と呼ばれる法規定群は、その語義からも、当事者によって排除・改変されることが可能な性格のものである。しかし、そこには国家によって公正かつ合理的と考えられた権利・義務の分配に関する提案が含まれ、その正義内容の強弱には程度の差こそあれ、一定の社会に対する「秩序づけ機能」あるは、「指導像(Leitbild)」を提供する「指導形像機能」があると見るべきであり、実質的交渉による正当性保障が疑われるような局面(「約款による契約」あるいは「消費者契約」など)では、「任意規定」あるいは「任意規定から導かれる任意規定的判例」が簡単には排除できない場合があると考えたい。「任意規定」は、当事者の自由な交渉に基づく特約がない場合の単なる補充や解釈規定に過ぎないと見るべきものではなく、立法者によって、当該法律関係における「合理的当事者意思」と推測されるもの、ひいては、公正で妥当な権利・義務やリスクの分配の在り方のモデルが提案されている。なるほど、通常は、当事者の意思や特約が任意規定に優先する。しかし、一方当事者の認識や影響力が及ばないところで恣意的に契約条件が策定されたり、情報・交渉力に社会構造的格差が存在するなど、契約の正当性保障が機能し難いと考えられる状況下では、任意法が半強行法的に作用し、「信義則に照らして正当な理由なく任意法あるいは任意法規範の正義内容(権利・義務関係)を一方的に改変し、自己の不当な利益を追求するするような契約条項を無効とすべき場合」があることを正面から認める必要がある(消費者契約法10条、改正民法548条の2第2項参照。河上正二・民法総則講義[日本評論社、2007年]256頁、263頁など。同・約款規制の法理[有斐閣、1985年]383頁以下など)。

　この強行法化に伴う効果は一様ではない。少なくとも、私法上の効力を否定する場面では、単に「任意法の半強行法化」を語るのみでは不十分であるため、さしあたり契約当事者間における「相手方の利益顧慮義務」を前提としつつ、「信義則違反」あるいは「公序良俗違反」を媒介項とすべきであろう。

　もとより、本稿における「法」の見方は、原則・例外の観点を排除するものではなく、法律万能主義を標榜するものでもない。むしろ、法の機能を正しく理解し、公正な私的自治的紛争解決にとって何が必要であるかを考える一助となることを期待するものである。「どんな改正法になっても、すべて任意法規と見て基本的には契約書や特約で処理するのでかまいません」とうそぶいたり、公正なルール形成を目指そうという場で、「まともな事業者を萎縮させることになる」といった反対論を唱えるいずれの見解に対しても、そうではないということを明らかにしておきたい。

（補論3） 法形式の選択等によるリスク再分配と「脱法行為禁止」論

　法が強行規定によって一定の契約内容を民事上無効とした場合にも、その法律構成を組み換えること等によって、明示された強行規定の要件に該当しないように工夫し、結果として相手方の利益を損なう場合がある。個別的に法律関係を観察すると、法形式的には適法行為が装われ、あるいは複数の契約条件や取引関係が結合して遂行されることで、結果的に、法の禁ずる一定の経済効果が実現される場合、それらの行為を「脱法行為」という。

　このような場合に備え、たとえばドイツの約款規制（旧ABGG7条、BGB306a条）、消費者信用立法（VerbarKrG18条第2文）では、「脱法・回避行為の禁止（Umgehungverbot）」条項（「本法の規定は、それが別段の法的構成によって回避されている場合にも適用される」）を用意している。たとえば、わが国の消費者契約法（特に不当条項規制）などにも、このような、一般的脱法行為禁止規定を置くべきかが検討されてよい。

　もともと、そのような脱法行為禁止の考え方は、（信義則や権利濫用法理と共通する背景を持った）不文の一般的法理として法に内在しているものであるから、これを具体的に明文化するかどうかという問題に過ぎないともいえそうである（脱法行為禁止原則については、Teichmann, das Gesetzumgehung, 1962. また、Flume, Das Rechtsgeschäft 3Aufl §17,5　S.350 f.　Medicus、Allge. Teil　des BGB　2Aufl.Rn.660など）。

　脱法行為禁止原則を明文化することで、消費者契約法における不当条項や不当勧誘行為について、他の法形式や契約の仕組みを利用することで実質的に潜脱されることを防ぎ、立法の趣旨をより確実に実現・貫徹させることが可能となる。

　わが国における古典的な例では、恩給の担保化を禁止する規定を回避するために、恩給受領権の債権者と第三者が受取委任契約・受領金弁済充当契約・完済までの不解除特約・恩給証書交付などの行為を結合させ、実質的に恩給を担保とする行為が問題とされたものがある（大判明治36・1・23民録9輯53頁）。判例は、恩給の取り立てを債権者に委任すること自体は無効としないまでも、取立委任契約に付された不解除特約・復委任に関する事前同意部分を無効とした（最判昭和30・10・27民集9巻11号1720頁も同旨）。大阪地判平成16・9・9（金判1212号4頁）は、そのようなやり方での恩給担保化を不法行為と評価している。現在では立法的に解決されたが、以前には、金銭消費貸借に付随する保証契約の「保証料」名目で、利息制限法の制限を超過した利益を上げようとする金融業者も少なくなかった。

　迂回行為・脱法行為の可能性を封じておかないと、迂回された法規はいわゆる「ザル法」となり、法の趣旨・理念が潜脱される（利息制限法3条や農地法22条2項のように、明文規定で一定の脱法行為を禁ずる場合もある）。脱法行為への対処は、行為の法形式を超えた社会的・経済的実体をどのように評価するか、行為の法的性質決定にかかわる問題でもある。ただ、一般的には、脱法が容易に可能であることは法の不備でもあり、反対解釈の力学が働くと、客観的に法の禁ずる結果が招来されているとの一事をもって当該結果を招来した行為を無効とすることに困難がともなう（権利濫用の可能性はある）。おそらく、民法レベルで、それらを「公序良俗」に反する行為あるいは「権利の濫用」として脱法行為を無効とするには、脱法によって侵害される保護法益の存在が、結果の招来を許容できない性質のものであること、主観的に当事者に脱法の意図が存在することが必要であろう。効果的に脱法行為に対処しようとするには、明文規定があることが望ましい。

　いうまでもなく、「特定の手段によって」当該効果を発生させることのみが禁じられている場合や、合理的な社会的必要に基づく行為で、そのような手段による目的実現が法の理念に反しないときは、脱法行為も無効とする必要はない。社会における新たな需要の強さや合理性、当該強行法規や禁止規定の存続・貫徹の合理性のせめぎ合いの中で、一定の価値判断として、裁判所が法律外の事実の力に譲歩せざるをえない場面が「無効とされない脱法行為」となる。たとえば、約定担保である「代理受領」は、公共工事請負代金債権の担保化禁止の脱法行為のように見えるが、必ずしも無効とされておらず、「譲渡担保」は、物権法定主義や質権の設定における占有改定禁止規定（民法349条参照）である流質禁止規定の脱法行為に見えるが、社会的経済的必要性を考慮して、今日では必ずしも無効とされてはいない(清算義務などによる内容の制限を受けたが)。消費者リースも、割賦販売法の規制の脱法行為といえなくもないが、すでにリース契約としての特殊な性格のもので、それ自体の合理的な枠組みが模索された（ただし、それをよいことに「ホームページ・リース」のような脱法行為がはびこっている。住田浩史「ホームページリース問題」消費者法ニュース80号193頁以下など）。

　少なくととも、条項レベルでの不当な内容(権利義務の分配が信義則に照らして不当に消費者に不利な内容）については、むしろ、同様の結果を招来する条項の表現形式や契約条項の組合せは極力排除される必要がある。実態として例えば、ある英会話教室では、期間が経過したら受講したものとみなしたり、清算単価を高くする、ポイント有効期限が切れた分は返さない、というような形で、結果的に特定商取引法の清算ルールを回避する方法を採っているものがある。そのほか、結婚情報サービスにおいて、会員期間に応じた単価設定、入会後すぐに異性会員情報を見せることで情報料の半額程度が消化されるなど、特定商取引法の清算ルールを回避する構成を採っている例や、情報通信サービスで、契約中は端末機器が無償貸与であるとしているところ、契約期間中に解約すると当該機器の買取義務が発生し、事実上の損害賠償原因として機能させる例など、数多くの類例がある。実質的には不当に消費者の利益を害するにも関わらず、直接には不当条項等を規制する法律の規定とは異なる概念構成や契約上の仕組みを採用することで、その適用を回避する事例は数多く認められ、また、いくつかの契約条項を複合的に組み合わせて全体で事実上、事業者にとって有利に機能するよう構成されているものもある。このような実態に鑑みれば、単に個別の無効条項リストや一般条項によって対処するだけでなく、脱法行為を禁止することが不当条項の効果的な規制にとって効果的である。

　もちろん、脱法行為禁止論は実務における法発展の工夫を尊重する観点からは波及効果の大きい議論で、十分に検討を深める必要がある。脱法行為禁止を導入する場合、さしあたり、単に「脱法・回避を許さない」とするのみでなく、「それによって、消費者の利益擁護を目指した法の意図が潜脱される結果となる(法によって擁護された消費者の利益が不当に害される)こと」を要件として加えておくことが適切である。

（補論4）「サルベージ条項」と強行規定の射程

　いわゆる「サルベージ条項」とは、「強行法によって禁じられない限りで」事業者の権利を最大限拡張し、義務を免れることを要求することを内容とした条項で、結果として民法や消費者契約法等の強行規定の適用を、あたう限り排除しようとするものである。本来

であれば無効となるべき条項を、救い出し、ぎりぎり有効なところでの維持を狙うところから、この名前がある。強行法規違反による無効となる基準が曖昧なところでは、問題は深刻である。「サルベージ条項」によって、事業者は、予め定めた自己の契約条項の不採用や全部無効となるリスクを一律に顧客に転嫁することが可能となる。したがって、たとえ問題条項や無効の疑いある条項でも、「ぎりぎり事業者に有利な法的地位」を確保すること(効力保持縮減的効果)を要求する点で、きわめて問題のある条項といえる。通常、無効や不採用となった条項の欠缺部分には、裁判所等によって適正な契約条件や契約内容が補充されるが、「サルベージ条項」は、これを妨げる効果を持ち(相手方は当該条項の無効の主張立証に成功しても、最低ラインでの保護で満足すべきことを要求される)、同時に、裁判所に対し、ぎりぎり無効とならない有利な条項水準(相手方にとって最も不利な契約条件)を探し出す負担を強いる結果となる。具体的な条項例には、事業者の責任制限、消費者の権利放棄に関してできるだけ拡張した契約条項を規定した上で、「法律上無効とされない限りで‥‥」、「法に適合する限りで、責任を負わないものとします」等といった表現を付加することが多い。包括的な免責条項に続き、「ただし、本条項は、強行規定によって保護された顧客の利益を排除するものではありません」という何気ない文言によっても同様の効果を生み出すことが可能となる。「サルベージ条項」は、わが国のみならず、諸外国でもしばしば見受けられるようで、ドイツ語の約款では、"soweit gesetzlich zulässig‥‥"という表現がこの種の常套文句となり、その効力は、約款規制の一般条項(AGBG9条、現BGB307条)によって無効とされている (BGH NJW1983, 159, 162など。ドイツ法の状況につき、Vgl. Baumann,Salvatorische Klauseln in Allgemeine Gschäftsbedingunngen, NJW 1978,1953; Garrn,Zur Zulässigkei salvatorischer Klauseln bei der Vereinbarung Allgemeiner Geschäftsbedingungen, JA 1981,151; Ulmer-Branndner-Hensen,AGB-Recht(10Aufl.)S.467ff.)

(補論5)　最高裁の判例から──任意法と強行法──

①最判平成 11・2・23 民集 53 巻 2 号 193 頁

　民法６７８条は、組合員は、やむを得ない事由がある場合には、組合の存続期間の定めの有無にかかわらず、常に組合から任意に脱退することができる旨を規定しているものであるところ、やむを得ない事由があっても任意の脱退を許さない旨の本件ヨットクラブ組合契約は、**組合員の自由を著しく制限するものであり、公の秩序に反する**ものというべきであるから、同条のうち右の旨を規定する部分は、強行法規であり、これに反する組合契約における約定は効力を有しないものと解するのが相当である

　　　＊強行法と考えることは現状を固定化し、将来の発展を束縛する？
　　　＊改正法では明文規定を設けない方向で決着。

＜判決理由から＞

「民法 678 条は、組合員は、<u>やむを得ない事由がある場合には、組合の存続期間の定めの有無にかかわらず、常に組合から任意に脱退することができる旨を規定しているものと解されるところ、同条のうち右の旨を規定する部分は、**強行法規**であり、これに反する組合契約における約定は効力を有しない</u>ものと解するのが相当である。けだし、<u>やむを得ない</u>

事由があっても任意の脱退を許さない旨の組合契約は、組合員の自由を著しく制限するものであり、**公の秩序に反する**ものというべきだからである。／ 2　本件規定は、これを・・・の趣旨に解釈するとすれば、やむを得ない事由があっても任意の脱退を許さないものとしていることになるから、その限度において、民法 678 条に違反し、効力を有しないものというべきである。」

②最判平成 24・12・14 民集 66 巻 12 号 3559 頁

　根保証契約の主たる債務の範囲に含まれる債務に係る債権を譲り受けた者は、その譲渡が当該根保証契約に定める元本確定期日前にされた場合であっても、当該根保証契約の当事者間において上記債権の譲受人の請求を妨げるような**別段の合意がない限り**、保証人に対し、保証債務の履行を求めることができる。

　　　　＊根抵当法は、なぜ**根担保**一般についての範型(Leitbild)になり得なかったのか。
　　　　＊個人による「**賃金等根保証契約**」（465 条の 2 以下）の基本思想は、個人保証人について秩序づけ機能(Ordnungsfunction)が働かないのか。
　　　　＊ここでのデフォルト基準が保証債務一般の随伴性から導かれていることに問題はないか。
　　　　＊本判決は、むしろ個別保証と根保証が併存していた特殊な事案ではなかったのか？
　　　　＊判決が、法人根保証・個人根保証の区別なく、一般的な射程をもって語られていることへの疑問。判断の差は、物的担保と人的担保の性質に由来した？（銀行関係者の勝利）
　　　　→改正法 464 条の 2 以下「個人根保証契約」は、この点についての規定を置くことを意識的に断念（「当事者の自由に委ねる」）。しかし、なおデフォルトを何処に置くかについては、解釈上の争いが残った。

＜判決理由から＞
「　根保証契約を締結した当事者は，通常，主たる債務の範囲に含まれる個別の債務が発生すれば保証人がこれをその都度保証し，当該債務の弁済期が到来すれば，当該根保証契約に定める元本確定期日（本件根保証契約のように，保証期間の定めがある場合には、保証期間の満了日の翌日を元本確定期日とする定めをしたものと解することができる。）前であっても、保証人に対してその保証債務の履行を求めることができるものとして契約を締結し、被保証債権が譲渡された場合には保証債権もこれに随伴して移転することを前提としているものと解するのが合理的である。そうすると、被保証債権を譲り受けた者は、その譲渡が当該根保証契約に定める元本確定期日前にされた場合であっても、当該根保証契約の当事者間において被保証債権の譲受人の請求を妨げるような別段の合意がない限り、保証人に対し、保証債務の履行を求めることができるというべきである。／本件根保証契約の当事者間においては上記別段の合意があることはうかがわれないから、被上告人は，上告人に対し，保証債務の履行を求めることができる。」
（須藤裁判官の補足意見）
　上告人は，本件根保証契約を根抵当権と同じように捉えるべきであり，元本確定期日前にＡから譲渡された債権については保証人としての責めを負わないにもかかわらず、上告人に保証人としての責めを負わせることになる原審の結論が上告人の予測に反する結果を招来する旨の主張をする。もとより，根保証契約については，契約自由の原則上、別段の

合意により保証債権に随伴性を生じさせないようにすることも自由であり、したがって、例えば、根保証契約において、主たる債務の範囲に含まれる債務のうち、元本確定期日の時点で主債務者が当初の債権者に対して負う債務のみについて保証人が責めを負う旨の定めを置いておけば、その定めは、法廷意見における「譲受人の請求を妨げる別段の合意」と解されて、そのとおりの効力が認められるというべきである。・・・・・・・・上告人は、この個別の債務を含めて保証したものである。もとより，個別の債務の保証債権は主たる債権の移転に随伴するところ、もしこの８億円の貸付けに係る債権について譲渡がされれば、保証債権も債権の譲受人に移転するから、その場合，上告人は８億円の貸付けに係る債権について保証人としての責めを免れないところのものである。しかして、この８億円の貸付けに係る債権とその借換えによって発生した７億９９９０万円の貸付けに係る債権とは経済的実質においては同一と評価され、後者は元本確定期日前にＣに譲渡され、それが更に被上告人に譲渡されたものであるから、上告人が当該債権について保証人としての責めを負うということはその予測の範囲内のことと思われるのである。

　以上要するに，本件根保証契約書の記載文言に沿った合理的意思解釈という見地に立ってみた場合，本件根保証契約においては，被上告人の請求を妨げるような別段の合意がされたとみることはできないというべきである。　」

（１）交渉コスト低減のための任意法（合理的当事者意思の模写）

（２）公正な権利・義務の分配のあり方に関する国家の「提案」としての任意法規

（３）任意法は、当事者の合意が不完備で曖昧なときにこれを解釈し、合意の欠缺を補充し、債務内容を確定するツール。

（４）法の性質としての任意法・強行法は一律の基準で分別できない。

　　　しかし、当事者にとって望ましい、正義の実現という目標は変わらないとすれば、・・・・、意思決定自由への実質的な介入要素の抽出とその強弱・当事者の属性等を検討して指標を提示する必要があるのではないか。

（５）法規の分類としての性質　　　　　　（裁判例の使い方や区別の基準は不明）

　　　　強行法規（＋－とも NG）　　公の秩序としての画一的規律

　　　　片面的強行法規　　（一方当事者に－となる場合のみ NG）弱者保護規定

　　　　半強行法規（一定の幅でのみ＋－が OK）

　　　　任意法規（＋－ともに OK ？）

★政策レベルでの「公益」の貫徹→強行法へ　（cf.全体主義的発想と命令規範）

★倫理レベルでの「個人の尊厳」→個人の意思の尊重、人権の擁護

★法の機能のレベル（制度的前提確保と制度の安定。制度の枠組みの決定）

　　　法的コミュニケーション・ツールの維持

★内容の不当性レベル（とくに弱者保護の要請と任意法の強行法化）

　　＊行政取締規定と効力規定　　　　　　　cf.大村敦志「消費者公序」論
　　　　　　　　　　　　　　　　　　　山本敬三「憲法的秩序」
　　　　　　　cf.消費者法研究第 4 巻「消費者法における規制の多様性」
　　　　　　　cf.保険契約法における 3 分類の意識化

近時の文献から

　・中山知己「ドイツ民法における任意法・強行法－ラーバントを手がかりに」明治大学法科大学院論集 17 号 83 頁（2016）
　・松田貴文「任意法規をめぐる自律と秩序（1・2 完）」民商 148 巻 1 号 35 頁、2 号 1 頁（2013）
　　同「任意法規の基礎理論的検討：自律・秩序・厚生の観点から」司法 79 号 158 頁（2017）
　　同「契約法における任意法規の構造」神戸法学雑誌 63 巻 1 号 171 頁（2013）
　＜法セミ、法時での連載稿とその成果＞
　・椿寿夫「強行法と任意法－強行法の観念をめぐる問題の所在（上下）」法時 85 巻 2 号、3 号　　、同・書斎の窓 607 号（2011）
　・椿寿夫編著『強行法・任意法でみる民法』（日本評論社、2013）
　・椿寿夫編著『民法における強行法・任意法』（日本評論社、2015）

【遠隔講義 消費者法〈第2版〉2021 〈8〉】
「クーリング・オフ」についての一考察
― 「時間」という名の後見人 ―

（初出、法学2000）
S.Kawakami

1 はじめに

（1）問題の所在

「契約は遵守されねばならない（Pacta sunt servanda）」。長い歳月をかけて近代法が教会法から獲得したこの命題が、現在なお取引社会を支える基本的要請の一つであることに異論はあるまい。ところが今日、外形上はいったん顧客の明示的な「申込」がなされたり、双方当事者による「合意」に達したかのような形跡があるにも拘らず、一定期間内であれば無条件にその取引的拘束から免れることを許容しようとする制度が広く存在する。いわゆる**「クーリング・オフ（Cooling off）」制度**がこれである。契約法の基本原理と正面から衝突しかねないこの制度が、初めてわが国に導入されたのは、1972（昭47）年の割賦販売法改正においてであった。爾来、とりわけ「消費者」を顧客とする現代型の取引において、不当勧誘からの消費者保護のための有力な法技術として利用され、専ら（業法的色彩の強い）特別法という立法形式によってであるにせよ、その適用範囲を徐々に拡げつつあることは周知の通りである。そして、世界的にも、こうした傾向は広くみて取ることができる。

いったんは契約締結へと押し切られたかに見える顧客の地位を、強制的に契約締結以前の状態へと回復させようとするこの制度は、実体私法上、いかなるものとして理解されるべきものか。この点について、今日なお、我々は明確な理解を共有していない。わが国では、専ら、社会問題化した様々な「不当勧誘商法」の出現と、これによる消費者被害への対処の必要という実践的課題に応えるために、充分な理論的検討を経ず、いわば緊急対処療法として、次々とクーリング・オフ制度を導入するという経過を辿ってきた。そのため、とりわけ一般契約法理との関係で、クーリング・オフに如何なる位置づけが与えられるべきか、その法的性格はどのようなものと考えられるべきか、如何なる根拠でかかる制度が正当化されるのか等々、基本的なところでも、なお不明な部分が少なくない。もちろん、これは単に理論的関心にとどまらず、これに付随した効果との関連でも吟味を必要とする問題群である。

なるほど、消費者のおかれている現代の取引環境からすれば、継続的取引における「中途解約権」とともに、今後ともこの制度が重要な機能を営んでいくであろうことは容易に理解される。ますます進展する商品の複雑化や販売形態の多様化によって、消費者が、いわば無防備なまま、事業者の一方的で攻撃的な販売方法にさらされ、商品自体についての的確な情報を持たず、充分に契約内容を吟味をする余裕もないまま同意を取り付けられ、うかつに若しくは不本意ながら契約関係に入り、ために、思いがけない被害やトラブルに巻き込まれる危険がますます増大していることは確かである。かかる消費者が、今一度契約の締結の要否について冷静に再考する期間（熟慮期間）や比較情報を入手するチャンスを保障され、必要とあれば不本意な契約的拘束から容易に脱しうるものとすることは、法政策的に見ても不合理なことではない。なぜなら、かかる仕組みによって、一方で、市場における顧客の意思決定を**「熟慮の結果」**というに相応しいものに近づけることが期待され、消費者の私的自治を保護する結果となり（効用最大化仮説のもとでは完全情報下の合理的判断で最も効

率的で好ましい選択が期待される)、他方で、販売業者にとっても、強引な勧誘や売り込みが無益に帰するばかりか、かえって経済的にマイナスともなることから、フェアーな取引態様へのインセンティブが与えられると期待されるからである(市場での適正な価格形成や競争阻害要因の除去)。

　　かかるクーリング・オフ制度をもって、現代的な特殊法政策的産物とみなし、従来の契約理論とは断絶された全く異質の修正原理に基づくもの(例外的措置)と説明することも、あながち不可能ではない。しかし、このように言ってみても、この新たな制度の持つ今日的意義が明らかになるわけではない。むしろ、翻って考えてみると、かかる修正原理を要求せざるを得なくなっている伝統的な契約法理論の側にこそ、根本的に反省すべきものがあるのではないか。あるいは、従来見落とされていた契約的拘束への制約原理が伝統的理論の中に既に胚胎していたにも関わらず、それが充分に意識されてこなかったがためにクーリング・オフ制度を「異物」と感じさせているに過ぎないのではないかとも考えられる。クーリング・オフ制度について、それが、単に消費者被害救済のための緊急避難的な特殊法理であるというにとどまらず、従来の契約理論のあり方に対する問題提起を見いだすこと、そして一般的な契約法理論との接合の可能性を探ることは、現代の契約法理論そのものに新しい視野を開いてくれるのではないかと期待を持つのは、筆者だけではあるまい。

(2)ここでの課題

　　本稿は、クーリング・オフ制度がどのような形で生成・展開してきた考え方であるのか、背景・介入根拠・考え方の枠組みなどを、比較法的検討(主としてドイツのそれ)を交えて吟味することを直接の課題としている。より一般的に、クーリング・オフ制度と伝統的な諸理論の関係や、その法的性質についての理解といった根本的問題に正面から切り込んでいく必要があることは言うまでもない。以下では、わずかに従来の立法や学説上の議論を検討し、やや具体的にいくつかの解釈上の問題点(顧客からの目的物引き渡し請求権、保管上の注意義務、目的物滅失にともなう危険負担等)を分析しつつ、あるべき方向性を模索する。

　　　　＊本稿は、拙稿「『クーリング・オフ』についての一考察―『時間』という名の後見人」法学60巻6号1178頁～1242頁(1997年)に、その後の動きを若干追加・補充して補訂したものである。そのため、文献などは省略した暫定版である。なお、前稿については、横山美夏「(民法学のあゆみ)」法時69巻13号229頁(1997年)に丁寧な紹介・批評がある。クーリング・オフ制度の我が国への導入に深く関わられた竹内昭夫教授は、この制度の有する理論的問題の深刻さを充分に承知された上で、「こういう権利と民法の原則との関係などという問題を法制審議会で議論することになれば、結論が出るまでに何年もかかるだろうから、割賦販売法の改正の中で消費者保護の手段ということで入れてしまったらどうかと主張したわけであるが、幸いにしてそれがうまく認められた」と述べておられる(竹内昭夫・改正割賦販売法[1985年]8頁以下)。

2　クーリング・オフ制度の生成と展開

(1)　　クーリング・オフ制度の世界的普及にとって、イギリスの「モロニー委員会報告」が決定的な影響を与えたことは、夙に知られている。1960年代初頭のイギリスでは、海外相場変動を利用した商品取引(いわゆる switch sales)に一般消費者が巻き込まれ、戸口で展開されたセールスマンの高圧的販売方法によって、深刻な被害が拡大していた。そこで、1962年のモロニー・レポートは、いわば緊急避難的に、最も問題の大きかった営業所外での割賦購買取引(Hire-Purchase)について、一定期間(72時間)に限り顧客が無条件で契約的拘束から抜け出せる法定契約解消権を導入する

ことを提案した。その主たる目的が、高圧的販売方法の抑制にあったことは言うまでもない。委員会報告の提出当時から、これが「**契約の神聖**(sanctity of contract)」を犯しかねない危うい制度であることが懸念されたが、結局、緊急避難的取消権の様相をもって、その導入が決断された。これが、割賦購買法(Hire-Purchase Act,1964)第4条である。イギリスは、その後も消費者信用取引の分野において、一九七一年の「クラウザー・リポート」をもとに、広く冷却期間中における契約解消権(protection after contract:right of cancellation)を「消費者信用法(Consumer Sale and Loan Act,1974)」67条以下に導入するなど、この分野での指導的役割を演じてきた。

もっとも、オーストリアでは、1929年・1930年という早い段階の「割賦販売法案(司法省案＝ Rategesetznovelle)」において、契約締結から5日間に限って、顧客に特殊な無条件解約を認める規定(「クーリングオフ権」に相当しよう)が用意され、これがそのまま1961年の割賦販売法(Ratengesetz)第4条に採用されたとも言われ、先陣争いには不分明なところもある。しかし、いずれにせよ、1960年代前半にこうした動きが一挙に拡大したことは事実であって、スイス(1962年)・イギリス(1965年)をはじめ、オーストラリア(ビクトリア・西オーストラリア)・カナダ(アルバータ・オンタリオ等)・アメリカ合衆国などで、次々と「クーリング・オフ」制度が導入された。かくして、一連の国々で、主として割賦販売取引領域での顧客の特殊な契約解消権(その名も「解除権(Rücktrittsrecht)」・「放棄権(Verzichtsrecht)」・「取消権、撤回権(Widerrufrecht)」と様々である)が認められるようになった。

ちなみに、比較的早いスイス債務法(OR)226条c(1962年)は、次のように定めて、契約の効力発生時期を遅らせるとともに、効力発生までの間は買主に無条件での「契約放棄権」を認めるという構成をとっている。

> 「割賦販売契約は、双方の契約当事者によって署名された契約書写しを買主が受領してから<u>5日後にはじめて効力を有する</u>ものとする。買主は、この期間内に、書面によって、売主に対し契約締結の放棄(Verzicht auf den Vertragsabschluß)を表明することが出来る。この権利の事前の放棄は、拘束力を有しない。‥‥‥」

(2)　第二の波は1970年代前半に集中しており、クーリングオフ制度は、それまで慎重であったベルギー(1970年)・フランス(1972年)・ノルウェー(1972年)・ドイツ(1974四年)・オランダ(1975年)等にも導入された。日本の割賦販売法に導入されたのが1972年のことであったことは、既述のとおりである。この時点では、ドイツとスイスだけが訪問取引に限定されない割賦販売に契約締結の放棄権ないし撤回権を認めていた。さらに、スウェーデンは、他の諸国に先んじて、1971年に「訪問販売法(Heimverkaufsgesetz,1971)」を制定し、消費者用動産売買のみでなく、通信教育のような一定の「サービス給付」をもクーリング・オフの射程におさめた(同法1条1項)。

やがて、立法の重心は、単なる「訪問販売型の割賦販売」にとどまらず、「訪問販売・店舗外営業」の領域一般へと移行する。

オーストリアは、1968年に「訪問販売法」の草案を持っていたが、結局、立法に成功したのは1973年の「営業法(Gewerbeordnung=GewO)」60条においてであった。これは、1978年の消費者保護法(Konsumentenshutzgesetz=KSchG)3条において実体的に整備された。

他方、(西)ドイツは、1975年に「訪問販売及び類似の取引についての撤回権に関する法律(案)」を提出したものの、一般的な訪問取引の禁止に向かうのものであるとの反対意見にあい、頓挫した(日本は、1976年に訪問販売法を成立させた)。ドイツで、同法の成立をみたのは1986年のことであり、これによって割賦販売法の規定から漏れていた「不意打ち的現金取引」にも消費者保護

の網をかぶせることに成功した(Gesetz über den Widerrufrecht von Haustürgeschäften und ähnlichen Geshäften(HausTWG)),1986)。

　これらの国々で制定された「クーリング・オフ」制度は、その表現も多彩であり、同じ国の法律においてすら、必ずしも安定した表現形式がとられているわけではない。この時期の代表的な立法例として、フランス「訪問販売法」の該当条文を見てみよう。

　　フランス訪問販売法(1972年)第3条
　　「顧客は、注文または購入約束(la commande ou de l'engagement d'achat)のときから起算して、休祭日を含む7日以内は、受取通知書付書留郵便によって、それを撤回する(renoncer)権能を有する。顧客がその注文または購入約束を撤回する権能を放棄する旨を定める全ての契約条項は、無効である」

　ちなみに、その表現形式の多彩さでは、フランスの立法例が最もバラエティーに富んでおり興味深い。例えば、「熟慮期間(délais de réflexion ou repentir)」の設定の仕方において、「通信教育に関する1971年7月12日法」第9条では、「契約書はその受領の時から六日の期間終了後でなければ、署名することができない。違反する場合には、これを無効とする」として、有効な契約書作成までに一定期間を強行法的に確保しており、他方、「金融訪問販売に関する1972年1月3日法」第21条では、「第14条に定められる条件に従って勧誘員によって勧誘された者が、その勧誘員の訪問時に、勧誘員によって勧められた取引に関する約務に署名して申し込む気にさせられたときは、申込のときから15日間を下回ることのない期間が、この約務を破棄することを予定して、その人に残されなければならない」とする。これなどは、法律上強行的に保障された一種の解除権留保あるいは法定解除条件のように見える。

（3）　EC域内での調整作業もまた大いに注目されるべきであり、とりわけ1977年1月17日付けのEC委員会による「営業所外で締結される契約における消費者保護に関する基準（案）」は、ほぼ当時のドイツの「訪問販売法（案）」に対応する形で提示された。それによれば「有償契約の締結に向けられた意思表示は、それが、契約の相手方あるいはその代理人の常設営業所以外でなされた口頭での交渉に基づいて表示者（購入者）により決意されたものであるときには、購入者が契約相手方に対して一週間以内に書面によってこれを撤回しない場合に、はじめて有効となる。‥‥‥但し、契約の基礎となった口頭の交渉が購入者の求めによって開始された場合は、この限りでない」とされ、顧客の意思表示の有効化を、一定期間の撤回の意思不表明にかからしめている。

　しかしながら、この基準案は、ドイツ国内での反対の動きもあり、しばらく棚上げとなり、訪問販売の領域での消費者保護を目指したEC指令が出たのは、かなり遅れた1985年のことである（適用範囲は、かなり制限された）。そして、これに歩調を合わすかのように、ドイツでは1986年に「訪問販売及びそれに類似する取引における撤回権に関する法律（ HausTWG ）」が制定され、やがて債務法改正にともなって民法典の中に指令に適合させる形で消費者契約の撤回権に関する一般的規定が導入されるに至った。その間、ベルギー・オランダ・ルクセンブルクでは撤回権と並んで（またはその代わりに）店舗外での直接的取引を原則的に禁止し、一定の事前許可にかからしめる方向を展開した。

（4）　以上からも判るとおり、わが国に限らず、世界的にみても、クーリング・オフ制度の生成と展開の大きな流れは、訪問販売型割賦販売を端緒として、割賦販売一般、特定業法、さらに訪問販売・

<u>無店舗販売一般へと拡大している。</u>つまり、**取引の「種類」から取引の「状況」へと適用範囲を拡大**し、展開している。各国に共通して訪問販売型の割賦販売に最初の介入が試みられたのは、それが、問題性の最も顕著に現れる領域だからである。すなわち、訪問販売には、高圧的・詐欺的販売慣行の発生しやすい取引環境があり、セールスマンの影響下で逃げ場を失った顧客（特に婦人）の精神的孤立・隔離状態を生じやすい。合わせて、不招請の訪問販売では、顧客側のイニシアティブが欠如しており、契約内容に関する熟慮と比較検討の時間が無いこと、商品の内容・客観的価値について不透明なまま、閉ざされた交渉の場にとどまらざるを得ない。加えて、それが割賦販売と結びつくと、一括払いの場合に較べて、手元不如意であるとのブレーキや抗弁が効かず、取引総額が大きいにもかかわらず、経済的負担の誤認を招き易く、結果として、事業者の言いなりに不用意な決定をなして、被害が深刻化することが容易に推測される。

　無条件でのクーリング・オフによる契約的拘束からの顧客の解放、そこには、確かに消費者の無知や弱さにつけ込んだ事業者の濫用的行為への**制裁的意味合い**も含まれていよう。しかしながら、最終的に常にそこで問題とされてきたのは、単なる「状況」や業者の「行為態様の悪性」ではなく、あくまで危殆化された**消費者の「理性的で、自由な、熟考された意思の保護」**であることに留意すべきであろう。攻撃的な販売方法に対し、契約をする前に充分な説明を受け、選択のためのチャンスを持つという契約者としての基本的な権利をどのようにして保護するかという課題に応えるための戦略として、クーリング・オフが用いられているわけである。このことは、「情報提供義務」の強化と連動してクーリング・オフが語られることが多いことにも、如実に現れている。

3　制度としての「クーリング・オフ」
〈1〉日本におけるクーリング・オフ
（1）各種業法の展開
　より具体的に問題に分け入るべく、以下では、わが国におけるクーリングオフ制度のあり方を、幾分立ち入って検討する。
　①割賦販売　　前述のように、我が国の法制度上、クーリング・オフの考えが最初に導入されたのは、1972（昭47）年の割賦販売法改正に際してである。立案の中心となった旧通商産業省は「訪問販売等セールスマンによる店舗以外での割賦販売においては、購入者が受動的な立場に置かれ、購入意思の形成においてセールスマンの言辞に左右される面が強く、購入者の購入意思が不安定なまま契約に至り、後日契約の履行や解約にあたり紛争を生じる場合が多いので、その弊害を除去するため」の制度であると説いた。しかも、「**店舗外割賦販売取引**」における顧客の購入意思の不安定さや、営業主体が不明確で勧誘員の責任追及が困難となる場合が多いことなどが、介入の契機であるところから、割賦販売を含めて店舗取引は全て適用対象外とし、さらには、実際に問題となっているものに対する「例外的な救済措置」であるという認識のもとで、「**指定商品制**」がしかれた。同法の具体的適用対象は「営業所以外の場所において割賦販売の方法により指定商品を販売する契約」であり（割賦4条の3→現4条の4）、当初のクーリング・オフ期間は、制度の告知を書面によって受けた日から起算して4日間で、この期間内であれば無条件で「当該契約の**申込の撤回又は当該契約の解除を行なう**ことができる」ものとされた。このクーリング・オフ期間は、1984（昭59）年の改正で7日間に、さらに1988（昭63）年改正で8日間に延長されて、現在に至っている。なお、この規定は**店舗外でのローン提携販売**（29条の4→現29条の3の3）と、**店舗外での割賦購入あっせん販**

売（30条の6→現30条の2の3）につき、それぞれ準用されている。なお、訪問販売での重複は、特商法が優先適用される。この割賦販売法の規定群は、我が国おけるクーリング・オフ制度の基本的なデザインと法文上の表現のあり方を示すところとなり、明らかに、その後の同種の制度のモデルとされている。すなわち、①書面による顧客へのクーリング・オフ権の告知、②クーリング・オフ権の行使は書面によるべきこと、③効力についての発信主義、④商品引取り費用は販売者負担とすること、⑤業者は損害賠償又は違約金の請求ができないこと、⑥規定に反して申込者等に不利な特約は無効とすべきこと、⑥購入商品の使用・消費など一定の場合にはクーリング・オフ権を失うこと、などである。なお、②の点は、その後の裁判例によって必ずしも厳格には解されてはおらず（いわば立証上の便宜）、実質的に、顧客のクーリング・オフ権を行使する意思が相手方に伝えられていれば足りると解されている。

　②訪問販売等　　次々と編み出されるいわゆる不当商法（「霊感商法」・「現物まがい」・「キャッチ・セールス」・「アポイントメント・セールス」・「ホームパーティー」その他）による被害が続出する状況下で、1976（昭51）年に「（旧）訪問販売等に関する法律」が制定され、同法6条（→現行特商法9条）で、割賦販売法の空隙を埋める形で**訪問販売**の領域に幅広くクーリング・オフ制度が導入された。もともと、割賦販売法にクーリング・オフが導入された際の立法趣旨からしても、そのような自衛手段を消費者に与える必要性は、「店舗外取引」あるいは「訪問販売」という販売形態そのものの中に一般的に存在していたわけであり、自然な成り行きといえよう。従って、クーリング・オフについての立法趣旨や基本的考え方については、割賦販売法の際の説明がほぼ踏襲され、法形式の面でも非常によく似たものとなった。今や、続出する被害によって、顧客に手持ちの現金がないということさえも、店舗外での取引勧誘に対する有効な防衛とはならないことが明かとなったわけである。同法の適用対象は、当初、「営業所等以外の場所」における「指定商品」、すなわち「物」の売買契約に限られていたが、1988年の改正で、「会員権販売」や「サービス契約」を含む「指定権利の販売又は役務を有償で提供する契約」をも射程に入れられた。これは、相当に大きな決断であった。というのも、役務はいったん提供されてしまった場合には実質的に回復不可能な商品だからである。

　旧訪問販売法でのクーリング・オフ期間は、当初4日間であったが、1984（昭和59）年の改正で7日間に、1988（昭和63）年の改正で8日間に延長され、現在に至っている（ただし、2000年特商法に組み込まれた連鎖販売取引・業務提携誘引販売については20日間）。指定商品の内容も割賦販売法と重なる部分が多く、実質的には、割賦販売法を包摂した形になっている。学説では、割賦販売も含め、後追いになりがちな指定商品制・指定役務制に対する疑問が何度も提起されており、さらに、特定の商品に関しては思い切って訪問販売そのものを禁ずべきではないかといった議論もあるがなおそのような形での規制に踏み切るには至っていない。その理由は、①過剰規制を避けるべきであること、②政府が機動的に対処する限り消費者保護は図りうること、③除外指定するのが実務上困難であること、④規制対象を明確にする必要があること、⑤ご用聞きのように生活に定着し特段の問題も生じていないものは除外する必要があること等が指摘されるが、あまり説得的ではない（現在では、指定商品制撤廃へ動いた）。

　1996（平成8）年に、従来は本法の適用がないとされていた「**電話勧誘販売**」（特に、いわゆる「士商法」）の問題がクローズアップされた。電話は直ちに切ることができ、訪問販売の場合とは状況が違うと言われてきたが、実際問題として、熱心にしゃべり続ける相手を無視して電話を切ることは、通常の礼儀感覚を持つ人にとっては困難な動作であることは誰しも経験があろうと思われる。しかも、時を選ばず飛び込んでくる電話勧誘の「不意打ち」的な性格は、その覆面性や再架電の容易さと相

俟って、訪問販売にまさるとも劣らぬ危険性をはらんでいる。このことは、被害の顕著な増加が、結果として雄弁に物語っていた。通信販売と訪問販売の両方にまたがる性格を持ったこの問題領域については、1996(平成8)年の訪問販売法改正によって、政令指定商品についてクーリング・オフ制度を導入するに至った(旧訪販9条の12→現行特商法24条)。そこでは、「電話通信(≒口頭)によっても契約は成立しうる」との民法上の前提をことさら否定するのではなく、事業者の書面交付義務とこれに結びつけられた顧客のクーリング・オフ権を付加することのみによって、実質的に問題に対処しようとしている。

また、1999(平成11)年には、**特定継続的役務提供**(エステティックサロン・外国語会話教室・学習塾・家庭教師派遣サービス[2003年に、結婚情報(相手紹介)サービス・パソコン教室が追加されている])についての規制が旧訪販法に織り込まれ、ここでも、中途解約権と並んで、クーリングオフ制度が導入された(→現行特商法48条)。店舗契約を含むが、金額・期間等に一定の制限が付されている。

なお、2000(平成12)年11月に、旧訪問販売法は、現在の**特定商取引法**(=特商法)と改称され、消費者保護的色彩を強めると共に、内職やモニター、紹介販売等の業務への誘引を利用した取引形態である「**業務提供誘引販売取引**」を取り込み、勧誘行為の規制と共にクーリングオフ制度を導入した(特商法58条)。業者が勧誘の際に説明した業務からの収入の実態などが判明するには、やや時間を要することから、顧客は、契約時の書面を受領した日から20日以内であれば、無条件に契約を解除することができるものとされている。店舗契約を含み、指定商品制はしかれていない。これは、やはり2000年に特商法に併合された次の**連鎖販売取引**に近づけた期間設定である。

なお、立法措置はとられていないものの、**通信販売**においても、顧客側の都合による商品到着後7日ないし10日以内の返品制度(送料顧客負担)を採用しているものが少なくない。

③**連鎖販売取引**　　「ねずみ講」にも似た「**マルチ商法**」は、昭和49年頃から本格的に社会問題となっていたが、1976(昭和51)年の旧訪問販売法17条は、解除に関する事項などを含めて契約内容を明らかにした「書面を受領した日」、または、再販売用の「商品の引渡しを受けた日」から14日間は「書面によりその契約の解除を行なうことができ」、その場合、連鎖販売業を行なうものは「その契約解除に伴う損害賠償叉は違約金の支払を請求することができない」と定めた。契約のしくみそのものが問題であることから、店舗契約を含むとともに、指定商品制もしかれていない。このクーリング・オフ期間は、1996(平成8)年改正で20日間に延長されて現在に至っている(特商法40条)。

ここでは一律に無条件の「契約解除」という体裁が採られているが、構造的には他のクーリング・オフ制度とほぼ同一内容である。おそらく、取引内容を確認してからのクーリング・オフ権行使を念頭に置いているためであろう。ここでの問題の一つは、契約締結からクーリングオフ権を行使するまでの間に新たに登場した第三者との関係に対する配慮である。しかしながら、その制度目的から考えて、第三者が現れた場合にも顧客のクーリング・オフ権は認められるべきであり、その際に、販売者にも第三者に対しても契約関係の維持を強制されるべきではない。とすれば、やや、技巧的ではあるが、あたかも賃借権の適法譲渡や適法転貸(民法613条等)があった場合のように、当該顧客だけが契約関係から「だるま落とし」的に退場すると考えることができる。

クーリング・オフの期間が、当初から通常の場合より比較的長い14日間(後に、20日間)とされたのは、マルチの組織が複雑であり、契約内容が充分に理解できないにもかかわらず、しばしば催眠状態で契約させられる点に鑑みての措置と説明された(当初の政府原案は7日であったが衆議院で大した議論もなく修正された)。本来かような契約関係を維持すること自体の不当性評価が、クーリング

・オフ期間の延長をもたらしたのかもしれない（もっとも、「良いマルチ・悪いマルチ」の議論もあるらしい）。
また、契約書面の交付に加えて、商品引渡日をクーリング・オフ期間の起算日とした点については、
顧客が「商品在庫を現実に見て、自分が売りさばけそうかどうかを冷静に判断させ」るとともに、「自
ら販売することとなる商品を実際に手にとってその品質等を確かめ、販売し得るか否かについて考
慮した上で、契約の解除を行なうか否かについて判断し得るように」との配慮、あるいは「実際に販
売などの取引を試みることにより、当該事業を継続するか否かを考慮するため」と説明された。つま
り、「不意打ち的」な勧誘による**契約締結意思の不安定性**というより、**取引内容の不明確さに由来す
るリスク情報の偏在の是正**に重心がある。

　ちなみに、1978（昭和53）年には「**無限連鎖講の防止に関する法律**」が成立し、正面から無限連
鎖講を禁止することになったが（同3条）、なおも法の間隙をぬうようにして「マルチまがい（変形マル
チ）商法」が巧妙に展開されていることは周知の通りである。特定商取引法では、2000（平成12）年、
2002（平成14）、2004（平成16）年とマルチの広告規制を強化し（特商法35，36条、36条の2、36条の
3など）、クーリング・オフ妨害に対しても改めて書面受領から20日間のクーリング・オフ権を認めると
ともに（同40条1項）、中途解約権の保障（同40条の2第1項）、不実告知を理由とする誤認取消権
（同40条の3）などを導入する形で、消費者のマルチ取引からの脱退を支援している。

　④**宅地建物取引**　　いわゆる「違約金勝負」や「原野商法」、「旅行招待販売」などによる被害
をはじめとして、欠陥プレハブ住宅や欠陥マンションをめぐる紛争など、とくに事業所外での不動産
取引をめぐるトラブルも1970年代後半に増加し、折りからの土地ブームがこれに拍車をかけた。「**宅
地建物取引業法**」は、1980（昭和55）年の改正で「消費者を保護する観点から、購入者の意思が不
安定な状況のもとで行なわれた契約の申込などを白紙還元できることとする」ために、クーリング・オ
フ制度を導入した（同法37条の2）。対象は、「宅地建物取引業者が自ら売主となる宅地又は建物の
売買契約」につき「宅地建物取引業者の<u>　事務所その他建設省令（現：国土交通省令）で定める場
所以外の場所</u>」で申込を受けたり契約を締結した場合であり、顧客は「当該買受けの申込みの撤回
又は当該売買契約の解除を行うことができる」。さらに、クーリング・オフが行使された場合の「手付
金」や申込証拠金などの金銭返還も義務づけられ、解約手付とは一線を画した形で原状回復が図
られている。クーリング・オフ期間は当初の5日間から、1988（昭和63）年改正により、割賦販売法・訪
問販売法（現行特商法）とそろえて8日間となり現在に至っている。起算日は、クーリング・オフの可
能性と方法について書面で告げられた日である。宅地・建物の引渡が行なわれ、代金全額の支払
があった場合にはクーリング・オフ権は消滅する（同法37条の2第1項2号）。

　宅建業法へのクーリング・オフ導入の背景には、店舗外取引に共通の問題があるだけでなく、取
引対象が一般に高額で、早い段階で相当の金銭の授受があるために被害が深刻となることが考慮
された。対象について、クーリング・オフの可能な取引の場所的限定を付した点については、「購入
者の購入意思が明確で安定していると定型的に判断できる場合には、取引の安定を確保する見地
から」不必要と考えられたためであり、業者自らが売主となる場合に限定したのは「媒介において業
者が得る利益は単に媒介報酬のみなので、利益動機からみても、多額の経費をかけてこのような
（＝顧客の契約意思を不安定にするような特殊な）状況設定を行なうことはない」と考えられたからで
ある。ここでは顧客の購入意思の明確性・安定性を確保することによって、「いわば『歪められた意思
決定』を『正常な意思決定』に回復させる期間を与えること」が主題となっている。

　⑤**先物取引の受託**　　商品先物取引の被害は1960（昭和35）年頃から出始めていたが、社会問
題化したのは、1970年代後半である。そこでは、取引の仕組みそのものの複雑さや、危険度の高い

騰貴的取引であること、本来非常に高度な商品知識や能力の要求される取引であることを顧客が充分に認識していないことなどが顕著であった。とりわけ、一般消費者である顧客からの直接的アクセスが比較的困難な海外商品市場での先物取引についての被害が深刻で、1982(昭和57)年に「**海外商品市場における先物取引の受託等に関する法律**」(海外受託法)の制定をみた。

同法8条は、「業者の事業所においてした顧客の売買指示」を除いて、「海外商品取引業者は、海外先物取引を締結した日から14日を経過した日以降でなければ、顧客の売買指示を受けてはならない」として、実質的に契約の成立と、効力の開始を遅らせている。この間であれば、顧客は無傷で先物取引から自由に撤退できるわけである(ただし、海外商品取引業者の事業所においてした顧客の売買指示を除く)。これもまた、一種のクーリング・オフ権と考えることが可能であり、規定の構造としても興味深いものがある。同法では明らかに「時間の経過」が、顧客から売買指示を有効に受け付けるための要件とされている。注意を要するのはその効果で、これに違反してなされた「売り付け・買付け」の注文は、「業者の計算によって」なされたものとみなされる(同条2項)。つまり、単純な解約権の付与ではなく、注文にかかる効果の帰属先を変更するのみである。

もっとも、この海外受託法は政令で指定された「市場」と「商品」についてのみ適用があるため(同法2条2項、3項)、事業者は、政令で指定されていない市場や商品の取引へと転身したり、脱法行為も多く存在することが指摘されている。

⑥特定商品等の預託　　利殖を売りものとする不当な勧誘行為は後を絶たず、有名な「豊田商事」事件(1980～1985年)に代表されるいわゆる「現物まがい商法」被害は大きな社会問題に発展し、1986(昭61)年の「**特定商品等の預託等取引に関する法律**」の制定を促した。同法第8条は、「第3条2項の書面を受領して14日を経過したときを除き、書面により預託等取引契約の解除を行うことができる」とする。さらに注目すべきことに、この期間を経過した後でも、「寄託」契約の民法上の性質が反映して(民法662条)「14日を経過した後においては、将来に向かって預託契約の解除を行なうことができる」(同法9条1項)として、顧客の一方的解約告知権を認め、この解約告知に際しては(特約の存在にも関わらず)「当該指定商品又は施設利用権の価額の百分の十に相当する額の金銭」が損害賠償限度額となるものとしている(同法9条2項)。

同法の適用範囲は、政令で定められた「特定商品」や「施設利用権」の3ヶ月以上の「預託」取引(店舗契約を含む)に限定されており、利殖の対象の多様性を考えた場合の立法政策としては甚だ不完全と言わざるを得ないが(指定商品制は撤廃への動きがある)、少なくともこの領域では、成立・存続の両面で契約の拘束力そのものがきわめて限定されたものになっている。なお、同法8条所定の期間である14日以内に行使できる権利は、文言上「契約の解除」と表現されているが、その具体的内容は、他の立法における「クーリング・オフ」とほぼ同一であり、そのように解して差し支えない。

⑥投資顧問契約など　　1980(昭和55)年頃から、株や外国国債証券など有価証券への投資顧問や抵当証券の取引の領域でも、利殖に対する消費者の関心の高さにつけこんだ不当勧誘や悪質な取引によるトラブルが急激に増加した。いわゆる「投資ジャーナル」事件(1984年)など、社会的にも大きな問題となり、1986(昭和61)年に「**有価証券に係る投資顧問業の規制等に関する法律**(有価証券投資顧問業法)」が、1988(昭和63)年に「**抵当証券業の規制に関する法律**」がそれぞれ制定された。このうち、有価証券投資顧問業法17条では、投資顧問契約締結前・締結時に重要事項を記載した書面の交付を義務づけるとともに、役務提供契約としては初めて、顧客は「書面を受領した日から起算して10日を経過するまでの間、書面によりその契約の解除を行うことができる」としてクーリング・オフ制度を導入した。この規定の表現は「特定商品等の預託等取引に関する法律」

8条と同様である。先行する割賦販売法や旧訪問販売法に較べて、若干長い10日間のクーリング・オフ期間を与えている。特定商品の預託取引についてのクーリング・オフ期間（14日）とのバランスなどが論拠とされ、多分に感覚的なもののようである。なお、原状回復については、その困難さに配慮して特別な手当が講じられている（投資顧問17条3項、4項）。

　一定の収益分配を約しながら不動産事業への出資を勧誘する不動産特定共同事業契約については、1994（平成6）年に**不動産特定共同事業法**が制定され、同法26条1項では「書面による解除」と題して、「事業参加者は、その締結した不動産特定事業契約について前条1項の書面を受領した日から起算して8日を経過するまでの間、書面により当該不動産特定事業契約の解除をすることができる」としている。

　商品投資契約についても、これまで「商品投資に係る事業の規制に関する法律」（**商品ファンド法**）19条が10日間のクーリング・オフ権を定めていたが、現在は姿を消した。しかしながら、2006（平成18）年に新たに金融商品・投資関連商品取引契約についての横断的顧客保護のために大改正を行った**金融商品取引法**において、「書面による解除」という表題の下で、内閣府令で「契約の内容その他の事情を勘案して」クーリングオフの対象範囲が機動的に定められること（37条の6第1項）、原状回復に際して内閣府令で定める一定金額は返還を免除する（同4号）など、基本的な枠組みが用意された（銀行法13条の4でも準用されている）。

　⑦**施設利用会員権取引**　　レジャーに対する需要の高まりにともなって、1980年頃からゴルフクラブ会員権をめぐるトラブル（水増し募集・倒産など）が多発し、同時に、リゾート施設やフィットネス・クラブの会員権をめぐっても苦情が増えた。これに対して、1992（平成4）年に「**ゴルフ場に係る会員契約の適正化に関する法律**」が制定され、一定の防止策が講じられた。同法は、会員契約に基づき「ゴルフ場その他スポーツ施設又は保養のための施設であって政令で定めるものを継続的に利用利用させる役務（指定役務）を提供する」事業者と顧客との契約を対象としており（2条）、契約締結まで及び締結時にそれぞれ一定の書面の交付を義務づけるとともに（5条）、12条で、この契約締結時に交付されるべき「書面を受領した日から起算して8日を経過したときを除き、書面により会員契約の解除を行うことができる」ものとしている。事業者は、この解除ともなう損害賠償・違約金の支払いを請求できず、既に役務が提供されている場合にも、それにより得られた利益に相当する金銭の支払請求が認められない（同条3号）。また、虚偽の情報提供によって会員が解除に関する意思決定を歪められ、解除を妨げられることのないよう、そのような事業者の行為を罰則担保により禁止している（7条2項）。会員契約では、契約内容がわかりにくいことが多く、勧誘員の言辞に左右されやすいこと、支払い金額が多額で、しかも役務提供が長期にわたることが通例であるため、顧客の締結意思が不安定なままでは後日のトラブルを生じることが多いというのが、その理由である。

　⑧**保険契約**　　外務員の訪問による加入勧誘に力をいれている保険契約については、既に立法的規制を受ける前（1974年）から、自主的にクーリング・オフ制度を導入していたところ、1995年（平成7）年の保険業法改正で保険契約者のクーリング・オフ権を規定することになった（保険業法309条）。ただし、申込者が事業用目的で契約申込みをしたとき、法人による申込みのとき、保険期間が1年以下のとき、法令によって義務づけられた保険（自賠責など）であるとき、および申込者等が保険会社・代理店・営業所・事務所などの場所で保険契約申込みをした場合など、一定の場合は適用除外とされている（保険309条1項2号〜6号、保険令45条）。保険期間1年以下の保険契約についてクーリング・オフが認められないため、多くの損害保険契約は適用除外となるが、実際上、クーリング・オフを必要とする実例が考えにくいからといわれる。

保険契約の特殊性を反映して、クーリング・オフ権が行使された場合の法律関係については、若干の特別な手当がなされている。すなわち、保険契約の解除の場合には、保険者は解除までの期間に相当する保険料として内閣府令で定める金額を請求することが可能であり、また受領した前払保険料の返還についても同額の保険料を返還する必要がない（保険業法309条5項但書、同6項但書、保険規則242条）。原状回復が不可能なため、完全な遡及的撤回や解除が適当でないと考えられたためである。なお、保険契約者が保険事故が既に発生したことを知らずにクーリング・オフ権を行使して保険金請求ができなくなるのを防止するために、申込の撤回等を行った当時既に保険金支払事由が生じているときは、（顧客がそのことを知っている場合を除いて）撤回等の効力が生じないものとしている（同法309条9項）。

＜特商法におけるクーリングオフ一覧＞

・訪問販売（キャッチセールス、アポイントメントセールス等を含む）：8日間（特商法9条）
　　　過量販売は書面受領日から1年間
・電話勧誘販売：8日間（特商法24条）
・連鎖販売取引：20日間（特商法40条）
・特定継続的役務提供（エステティック、美容医療、語学教室、家庭教師、学習塾、パソコン教室、　結婚相手紹介サービス）：8日間（特商法48条）
・業務提供誘引販売取引（内職商法、モニター商法等）：20日間（特商法58条）
・訪問購入（業者が消費者の自宅等を訪ねて、商品の買い取りを行うもの。いわゆる「押し買い」）：8日間（特商法58条の14）

　＊クーリング・オフ期間の日数は契約書を受領した日を含む。期間内に通知書を発信すればよく、相手に通知が届くのは期限後でも構わない。
　＊上記販売方法・取引でも条件によってはクーリング・オフできない場合がある。
　＊訪問購入の場合、クーリング・オフ期間内は、消費者（売主）は買取業者に対して売却商品の引き渡しを拒むことができる（引渡拒絶権）。クーリング・オフ期間は、申込書面または契約書面のいずれか早いほうを受け取った日から計算する。
　＊書面記載内容に不備があるときは、所定の期間を過ぎていてもクーリング・オフできる場合がある。
　＊**通信販売の場合**：　通信販売には、クーリング・オフ制度がない。しかし、返品の可否や条件についての特約（返品特約）がある場合には、特約に従う。　もっとも、平成21年12月1日より、通信販売事業者に返品特約表示（商品と指定権利の売買契約の申込みの撤回、または解除に関する事項の表示）が義務づけられている。返品特約に関する記載が無い場合、購入者が商品等を受取った日から8日以内は契約解除を行うことができるようになった。しかし、その場合は、商品の返品費用は消費者が負担する。（特商法15条の3）

＜割賦販売法のクーリングオフ＞
・個別信用購入あっせん（物品全て、権利は政令指定のもの）：8日間（割販法35条の3の10〜12）

＜特商法・割販法以外のクーリングオフ一覧＞
・宅地建物取引　クーリング・オフ制度の告知の日から8日間（宅建業法3条の2、施行規則16条の6）
　　適用対象は、店舗外での宅地建物の売買契約で、宅建業者が売主になるもののみ
・ゴルフ会員権契約　法定契約書面を受領した日から8日間（ゴルフ会員契約12条、同施行令1条）
　　適用対象は、50万円以上のゴルフ会員権の新規販売の契約。店舗契約を含む

・預託取引(現物まがい取引)　法定契約書面を受領した日から14日間(預託8条)
　　適用対象は、3ヶ月以上の特定商品・施設利用権の預託取引、店舗契約を含む
・生命・損害保険契約　法定契約書面を受領した日と申込日のいずれか遅い日から8日間(保険業309条、同施
　行令45条)
　　適用対象は、店舗外での、契約期間1年を超える生命・損害保険契約
・海外商品先物取引　　海外先物契約(基本契約)締結日の翌日から14日間(商品先物214条9号、同施行規則1
　02条の2第3号ハ(1))
　　適用対象は、店舗外での、指定市場・商品の海外商品先物取引。「初日不算入」に注意。
・投資顧問契約　　法定契約書面を受領した日から10日間(金融商品37条の6、同施行令16条の3)
　　適用対象は、投資顧問業者との契約
・不動産特定共同事業契約　法定契約書面を受領した日から8日間(不動産特定共同事業26条)
　　適用対象は、不動産特定共同事業者に、不動産の貸与・売買等の事業のために出資し、収益を分配
　　する契約。店舗契約を含む。
・冠婚葬祭互助会契約　　契約書面を受領した日から8日間(業界標準約款)
　　適用対象は、冠婚葬祭互助会への入会契約店舗契約を含む
・有料老人ホーム入居契約　　入居日から3ヶ月(老人福祉法29条8項、同施行規則21条)
・サービス付き高齢者住宅入居契約　　入居日から3ヶ月(高齢者住まい法7条1項、共同規則12条1項)
・電気通信役務提供契約　　契約書受領日から8日間(電気通信事業法26条の3)
・有料放送役務提供契約　　契約書面受領日から8日間(放送法150条の3)

　(2)我が国における介入の契機と法的性格づけなど
　我が国における現行クーリング・オフ制度の概観から、いくつかの介入の契機と法的性格づけを
抽出することができよう。
　まず、介入の趣旨と契機については、ウェイトのかけ方に差はあるものの、次のような要素の組合
せによって説明することができそうである。すなわち、
　①不意打ち的勧誘であること(顧客に事前の心の準備・商品に関する情報収集の機会がないこ
　　と)、
　②セールスマンによる心理的な追込み(強引な説得・脅し・巧みな心理操作)によって「顧客の商
　　品購入意思が瑕疵をおびていること」、
　③顧客たる消費者の事業者間の情報の遍在と商品そのものの特性あるいは取引の仕組みの複
　　雑さに起因して「商品の適正な評価が一般に困難であること」(取引の複雑性・不確実性・視認
　　困難性など)、
　④取引の場の密室性ゆえに発生しやすい顧客の不利益(例えば、比較購買が不可能であり、不
　　当な影響力行使が容易な環境であること、詐欺・強迫などの立証が困難であること)、
さらに、
　⑤それが高額被害に結びつき易いこと(商品に内在するリスクの大きさ)、
などが、実際上も介入を促進させる要因となっている。
　確かに、これらの諸要因は、伝統的には錯誤・詐欺・強迫によっても捕捉される可能性のある事情
であり、契約交渉段階における信義則上の説明義務・情報提供義務の問題にも深く関わっている。
また、場合によっては、勧誘行為の違法性如何によって、不法行為の成立を語る余地もないではな

い。現に、多くの裁判例においてもそうした手法が用いられてもいる。しかし、これらの制度に結びついた要件の隙間にあって容易に捕捉し難いものや、立証上の困難さ（とりわけ事業者側の帰責事由の存在についての立証困難）のゆえに顧客が泣き寝入りを余儀なくされている場合も少なくないとすれば、表面的な交渉自由や迅速な取引・取引の安全を犠牲にしても、一定の介入が正当化されることになる。本来ならば、正面から各制度の要件そのものと立証負担分配の見直しが計られるべきところ、定型的に一定領域で「時間」の要素と当事者による「再考」の可能性を組み合わせることで問題への対処を委ねた制度が「クーリング・オフ」であると考えることもできようか。

　ただ、制度趣旨を見る限り、主として表意者側の判断の不完全さに着目して立法的介入が正当化されているようであり、その意味では、既存の制度に比するなら「意思無能力者」や「制限能力者」制度が最も親近性を有すると言えよう。

　顧客のクーリング・オフ権の法的な性格づけについては、それぞれの立法当時に必ずしも充分な検討が加えられた形跡が認められない（むしろ、この点は意識的に保留されたように見える）。それが一般契約法の基本的な考え方と適合的であるかどうかはともかく、概ね、無条件の（従って解約手付や通常の不履行解除とは一線を画された）「申込撤回権」または「（有効な契約成立を前提とした）契約解除権」という特殊な形成権を特別に顧客に付与するという形式が採用されているのである（但し「海外受託法」）。したがって、法文の文言を額面通りに受け取る限り、顧客の「申し込みの意思表示」あるいは「承諾の意思表示」は、ひとまず完全に有効なものとされ、これがクーリング・オフ（申し込みの撤回もしくは契約の解除）によって事後的に効力を奪われる（遡及的無効）と構成されていると見るのが素直な理解であろう。民法上の既存の制度に引きつけて理解するならば、「取り消すことができる行為」と「取消権」の関係に比較的近いということになろうか。ただ、海外受託法のように、契約の成立もしくは効力発生そのものを一定の期間経過後としている例も存在するように、我が国においても必ずしも一定の構成でクーリング・オフの制度設計が一貫しているわけではない。いずれにせよ、現在付与されている表現形式とは別に、契約の成立に関する一般理論の中で本来どのような位置づけが相応しいかを考えることは、なお問題として検討に値しよう。

　なお、わが国の状況を概観するとき、被害発生後の「後追い的」対応の姿勢が目立つことは（しかもかなり立ち遅れる）、残念な事実である。あるいは、消費者取引全体を貫く明確なポリシーの欠如を意味しているのかも知れないが、私法上の契約成立に関する要件・効果に立ち入ることを避けて、立て割り行政の下で、専ら「業法的」観点から「高圧的・詐欺的販売慣行の是正」という側面が強調されていることにもよるのではないかと推測される。「指定商品制・指定役務制」を採っていることも、おそらくこのことと無関係ではあるまい。「民法上の原則に介入しないように」との謙抑的な配慮によって、いささか奇妙な形で、いわば「業法民法」の領域を拡大しつつあることは決して好ましい事態とは思われない。一般契約法の問題として、正面からの検討が必要とされるゆえんである。

〈2〉ドイツにおけるクーリング・オフ

　かくして、海外投資株の訪問販売に対する緊急対処で始まった、ドイツでの「クーリング・オフ」制度の導入は、広く消費者を対象とする店舗外取引に拡大され、今日ではきわめて広範な適用対象を有するに至っている。もともと、その法的な仕組みは、（一部の例外を除いて）基本的に、「撤回をしないで一定期間が経過すると、はじめて顧客の契約締結に向けられた意思表示が有効となる」とするものであり、あくまで顧客の自由な自己決定の具体的表明としての「意思表示」の尊重を中心に

据えた表現となっていた。現在の民法典における効果の定め方は、「期間内に撤回したならば、もはや契約締結に対する同人(=消費者)の意思表示に拘束されない」とされ、**浮動的有効**となっている。もちろん、このような構成のもとでは、少なくともクーリング・オフ期間中の安定した債務関係を見いだすことが困難であるから、それに伴う様々な問題も予想される。しかし、その理念とするところは、大いに学ぶべきである。介入の契機は、ほぼ一貫して顧客の充分な情報のもとでの自由な自己決定権の確保の要請に応えることにあり、とりわけ事業者からの「不意打ち(Überrumpelung)」への対処に着目されている。ちなみに、債務法の改訂をめぐって議論されていた当時に示されたメディクスの鑑定書での改正提案は、「民法規定としてのクーリング・オフ」の可能性を探る上では、今なお参考になる。

4　理論上の問題

　クーリング・オフをめぐる大きな理論的課題の一つは、その法的性質及び「契約の成立」との関係をどのように考えるべきかにある。これにともなって、当事者のおかれた法的地位にも大きな影響を受ける可能性があるからである。

　クーリング・オフ権の法的性質については、我が国でもなお定説は存在しない。そもそも、各法規の立法段階においては、この点に関する議論が意識的に回避された形跡すらあり、むしろ実際上の否認対象が消費者の「申込み」もしくは「承諾」の意思表示のいずれかに該当することから、この双方をカバーするべく「申込の撤回又は当該契約の解除」、「申込みの撤回又はその売買契約若しくは役務提供契約の解除」という表現が採用されているようである。これが、暗黙裡に既存の「申込みの取消(＝撤回)」(民法527条)や「契約解除」(民法540条以下)の制度に接合しようとしたものであることは容易に推測されるが、付与された要件・効果は相当に異なるものであり、その類似性は外観のみにとどまっている。

(1)我が国の学説から

　この問題については、既に我が国においても、いくつかの説明の試みが散見されるところから、先ずこれを整理しておこう。

　①「法定解除条件」としてのクーリング・オフ

　第一に、有効な契約の成立を前提にして、そこに法定の停止条件・解除条件がついていると見る見解がある。例えば、訪問販売におけるクーリング・オフについて、加賀山教授は「契約成立後、履行が完了するまでは、訪問販売という特殊な契約形態につき、法が、売買契約の効力を消費者の購入意思の変更という随意条件(民法134条)によって失効させることを消費者に認めた法定解除条件付売買であり、‥‥履行が完了するまでは、消費者に無条件解除権を与えたものである」とされる。おそらく、我が国の現行法の説明としては最も簡明なものであろうと思われる。しかしながら、「随意」ということが、果たして「条件」概念に馴染むものであるかに疑問がないではないし、また、この見解ではクーリング・オフ制度を必要とする契約の成立そのものに潜む「瑕疵」もしくは「意思形成の不全要素」が理論上見過ごされているかに見える。

　②「取消すことのできる行為」の拡張

　これに対し、長尾教授は「クーリング・オフ権による解約は、無能力、詐欺、強迫を理由とする取消の場合と同じように、一旦成立し一応は効力を生じている契約を、後になってはじめから存在していなかったものと扱う制度である。そして、この期間中になされた履行をめぐっての問題や危険負担の問題、ひいては、解約の効果は消費者契約の特殊性に基づいて、民法とは別に判断されるものと

考えたい」とされ、いわば民法上の取消事由を特別法によって拡張したものとして、クーリング・オフを理解されようとする。「状況に規定された一時的無能力」という発想にも似て、その実質を的確に表現しているといえよう。近時、伊藤進教授も「意思形成が不安定であるからといって必ずしも申込ないし契約の成立を前提とすることはできないというものではない。‥‥意思形成が不安定であっても意思表示は完結しているし、判断力不足によるものであっても意思表示は完結しているとみるならば、それに伴う拘束力を一応は認めるのが私的自治の原則からみて適切ではないか」とされ、これを前提とした上で長尾説（「特殊解約権説」と呼ばれる）を支持されている。

　しかしながら、そこで指摘されるような不完全な顧客の意思によって、契約がとにもかくにも「いったんは有効に成立する」とする必然性はなく、むしろかような状態でもなお迅速な契約の成立を認めようとする理論（ひいては、それを「私的自治」の帰結であるとすること）こそが反省を迫られているのではないかとも思われる。

　③期間満了時における合意の完成

　今一つ、消費者の事業者に対する意思表示を生成過程にある未完成なもの、クーリング・オフ期間を契約の熟成過程ととらえる見解がある。例えば、山田卓生教授は抽象的表現ながら、早くから現代の契約には熟慮の上で契約的拘束関係に入っていく「ウォーム・イン(warm in)」ということが考えられるべきであるとされた。また、浜上則雄教授は「クーリングオフはあくまでクーリング・オフであり、契約成立のための熟成期間という全く新しい法律制度であって、契約解除とは異なるものである」として、「（品物の引渡を受けた）消費者はクーリング・オフ期間中は一時的に商品の無償使用を許された受寄者の地位に立っていると考えられる」とされる。

　筆者自身も、かつて、迅速な契約の成立を求めんとする我が民法の従来の立場に疑問を呈し、契約の「要式性」の中に情報の偏在是正という積極的意味を見いだしながら、「一定の契約類型ではじっくりと考えて契約を成立させるものがあってよく、まさにかかるタイプのクーリング・オフを伴う契約とは『時間の経過』を契約の確定的成立のための要件とする要式契約と理解することも可能ではないか」と述べたことがある。これは、高度に複雑化した現代社会における新たな契約像を模索した多分に理念的な議論であって、必ずしも我が国の現行割賦販売法や訪問販売法におけるクーリング・オフの解釈論として述べたものではないが（現行制度の解釈論としてだけならば①②の方が文言や既存の理論に整合的である）、この考えは、現在でも基本的に変わっていない。

　近時では、近藤充代教授が「きちんとした合意に基づく契約成立を追及し、その意味では契約成立は遅くなるが、成立した以上は責任を負うという、基本原則にのっとった理解の方が、長い目で見て消費者の主体性確立にプラスになるのではないか」として、こうした方向に親近感を表明されている。

　しかしながら、こうした見解に対しては、契約締結行為から熟慮期間満了までの間の顧客の法的地位が如何なるものであるのかについて必ずしも明確な説明がなされておらず、「生成中の意思表示説はそれ（＝従来の契約理論との接合）を諦めている」と評されることもある。

　④売買の一方の予約

　さらに同様に、クーリング・オフを「漸進的な契約の成立過程」に位置づけようとする試みとして、田村耀郎教授の見解がある。これは「これを契約の成立の問題としてみて、売買の一方の予約が当事者間に成立しているに過ぎないとみるのが穏当」であり、「熟慮期間（つまり、オプション期間）の満了時に取消権（逆のオプション権）の行使のないときに、本来の訪問販売契約が『成立』するとみればよい‥‥　通常、オプション契約は契約の成立に向かう（が）‥‥訪問販売の場合は、これを単に

『逆転』させて、取消権（クーリングオフの権利）の行使があれば契約は成立しないが、なければ確定的に成立するというに過ぎない」とされている。つまり、「『随意権(droit potestatif)』という範ちゅうの中に、正の方向を向いたオプション権と負の方向を向いた『後悔権』が仲よく並んでいるとみればよい」というわけである。もっとも、一方で意思形成の不安定さを理由としつつ、「売買契約の一方の予約」（これも立派な契約である）が有効に成立しうるのに、本契約の方は有効に成立しえないとすることには、ある種の矛盾があるようにも思われる。あるいは、この点は「予約」というものの捉え方の違いによるのであろうか。

(2)若干の検討

　「クーリング・オフ期間」前後の当事者の法的地位がどのようなものであるべきかは、クーリング・オフの法的性質論を離れても（その説明の仕方はともかく）常に問題たりうるものである。効果の側面から考えた場合、少なくとも次の幾つかの問いに答えておく必要があるからである。理論的な立場を考慮しながら、若干の検討をくわえよう。

　①　第1に、「履行請求」はいつから可能なのか？。これは、消費者・事業者の双方について重要な関心事となる。これに関連して、消費者が受け取った商品あるいは事業者が受領した代金保持の正当化は可能なのかということも当然問題となろう。この点、クーリング・オフ期間中も、既に契約関係（債権債務関係）が存在しているとの前提に立てば、ほとんど問題は生じない。双方当事者は、契約締結の時から履行請求が可能であり、当然給付保持力を有し、履行が不完全であれば債務不履行責任や瑕疵担保責任を追求できることになる。このことは、一般に、顧客にとって有利に作用することが多いが、反面、代金請求は覚悟しなければならない。

　他方、契約は未だ完全には成立していないとの前提に立つとすると、ドイツの場合にのように、法律上の履行請求は認めがたいことになる。一定期間の不安定さは、全体としてよりよい契約関係を実現するための必要な社会的コストとして甘受しなければならない。しかし、ひとまず商品を手にとって、その内容を吟味した上で、契約関係を継続するかどうかを再考するチャンスを顧客に与える必要が認められるところでは、やはり特別な手当が必要となる。そして、多くの契約では、必要な商品情報を手に入れるためには、顧客からの履行請求が契約締結時から認められることが望ましいことも事実である。だとすれば、ここでは、商品の提供は事業者の契約準備段階における「情報提供義務」の一環として位置づけ、信義則上、本来の給付内容に相当する物を提供することが求められるべきことになろう。ちなみに、瑕疵担保責任を論じる場合の短期除斥期間の起算点や善意・悪意の判断基準時のとり方も難問ではあるが、前者については契約が有効の成立したとき、後者については契約締結時を基準とするのが適当であろうか。

　②　第2に、消費者の目的物の「保管上の注意義務」は自己のものと同等でよいのか。そして、この義務を怠った場合消費者はいかなる義務を負うべきか。そもそも、消費者はこの期間中に、目的物を処分することも可能なのか。

　契約成立を前提とするならば、受領した目的物は自己のものであるから、ことさら注意義務を論ずるまでもなく、当然、自己のものと同一の注意でよく、処分権も認められてしかるべきことになる。もっとも、義務懈怠による滅失・毀損や処分によって、クーリング・オフ権を消滅させるかどうかは、専ら政策的判断にかかることになるが（ちなみに「解除」の場合には、民548条で解除権者の有責性が顧慮されている）、制度の実効性からすればクーリング・オフ権の消滅をもたらすことなく、原状回復における価値変換（あるいは不法行為による損害賠償）の問題として処理すれば足りよう。

他方、クーリングオフ期間中はなお契約生成過程であると考えると、目的物は、理論上は「他人の物」と言わざるをえず、例えば無償使用を許された使用借人（善管注意）とか無償受寄者（自己の物と同一の注意）になぞらえて、目的物の保管義務を問題にすることが必要になりそうである。しかし、当該目的物は、まさにその使い勝手を知るために（クーリング・オフされるかも知れないことを覚悟しつつ）事業者によって交付されたものであるから、顧客が通常の自己の財産についてと同様な注意を持って存分に使ってみることが当事者間の了解であろう。また、その目的に必要な範囲での消費も当然予定されていよう。つまり、ここでは自己の物と同様な形態での利用についての事業者の使用許諾（最終的判断のための試験的利用・消費の合意）があると考えることも可能である。しかも、クーリング・オフ権を十全ならしめるには、そもそも事業者からの顧客に対する不当利得返還請求を否定しておくことが、より効果的であることも疑いない。

③ 第3に、両当事者の責めに帰すべからざる事由による「目的物の滅失・毀損」の場合の処理はどうあるべきか。

契約成立を前提とすると、少なくとも引き渡しがあった後の目的物滅失の危険は専ら買主が負担することになりそうである。しかし、我が国の学説では、クーリング・オフによって顧客は契約の拘束から離脱できる以上「双務契約の存在することを前提としての危険負担の制度は適用されない」としたり、「クーリング・オフに服する契約では、その特定もクーリング・オフ権を行使するか否かについての消費者の選択に依存しているから」まだ不特定物の特定はないとして債務者危険負担（＝事業者負担）の結論を導いているものが多い。このことは、解除に関して、解除権者が返還不能について無当責の場合に解除権が消滅せず、既払い代金を返還でき、しかも価値返還の義務を負わないとする通説的解釈論とも平仄がある。他方、契約の成立を前提としない場合には、危険はなお事業者にとどまっていることが、比較的容易に導かれよう。

いずれにしても、当事者の責めに帰すべからざる偶発的事情の発生によって、顧客のクーリング・オフ権行使に制約が課せられるべきでないとすれば、ここでの危険は事業者が負担せざるをえないものとなる。しかも、現在の危険負担に関する理論状況からは、契約の成立時期や「特定」の有無に拘泥することは、あまり適当とも思われない。

こうしてみると、いずれの立場からも、同様な効果を導くことは必ずしも不可能ではないように思われる。おそらく、（制度として）契約成立を前提とした特殊な解約権を語ることと、（理念として）一定期間経過後にはじめて本格的に拘束的契約関係に入るのだと語ることは、決して矛盾するものではあるまい。一方では、契約は即時に成立しているかのような顧客の権利を認めて、契約の内容を充分に吟味できるようにすることが望ましく、他方で、契約的拘束から無条件で免れるフリー・ハンドを顧客に与えるわけであるから、この契約はもともと「二つの顔」を持っているといってもよいからである（いわば「片面的に」契約の成立が遅らされている）。問題は、かかる形での法的介入の正当化にあり、弱い立場にあるものに特殊な保護を与えた社会法的な制度と見るか、個人の本来の自律的判断を実現するための支援（換言すれば私的自治に立脚した）制度に過ぎないと見るかによって、その姿は異なって映ってこよう。ただ、筆者としては、自律した個人の自由な自己決定に基づく成熟した合意こそが当事者を縛る「契約」と呼ぶにふさわしく、こうした理念が制度にも反映されることが望ましいのではないか、と考えるに過ぎない。

5 制度運用上の問題

理論上の問題をどう処理するかという点と並んで、問題となるのは具体的に「クーリング・オフ」を

制度として運用する場合のあり方に関するものである。一般に、①その適用範囲をどこまで認めるべきか、②いわゆる熟慮期間（クーリング・オフ期間）の開始時期をどこにとるべきか、③期間中の当事者の法律関係、④クーリング・オフ権行使の方法、⑤告知や意思表示の証明問題、⑥クーリング・オフの効果、⑥クーリング・オフ権の消滅事由、⑦多当事者間の関係などが、それぞれ問題となる。これらは、現行の各特別法の立法政策上の問題あるいは解釈問題としても、慎重に検討されるべきも

(1)裁判例に現れたクーリング・オフ問題

　以下では、時系列にそってクーリング・オフをめぐって争われた裁判例とその概要を掲げておこう。

【1】名古屋地判昭和55年11月21日判時1014号92頁（長尾治助・判評278号20頁）

　　　　図書の訪問販売業者が、同一商品について他の業者の既に締結している売買契約を、クーリング・オフ制度を利用して顧客に解約させた上で、自己と契約させたもの。この行為は先の売主に対する関係で不法行為にあたるとされた。

【2】大阪高判昭和56年9月30日判時1035号68頁（長尾治助・判評283号22頁、正亀・商法［総則・商行為］判例百選98事件）

　　　　コンドームの訪問販売で購入者が売買契約成立と同時に、商品の引渡を受け代金全額を支払った場合（現金取引）、旧訪問販売法6条1項によるクーリング・オフが否定された事例。否定の理由は、申込の撤回等に関する告知の方法を定めた旧訪販5条2項、3項、施行規則6条1項1号の解釈問題として、現金売買では書面交付を要求されていないので無期限に解除できることになりかねないこと、双方の義務の履行が完了した後まで効果の覆滅を認める法的不安定であることにある。

【3】大津簡判昭和57年3月23日（訪問販売苦情マニュアル214頁、法時54巻8号159頁、NBL271号19頁）

　　　　印鑑セット七5000円の訪問販売により、妻が立替払い契約を締結。日常家事代理による契約の成立を認めた上で、書面によるクーリング・オフ権の告知（＝教示）がなかったとされたため、約2年後の公判中での購入拒絶の意思表示（クーリング・オフ）の効力を認めた。

【4】大阪簡判昭和61年12月25日（生活行政情報338号89頁）

　　　　中学生学習用教材（14万4000円）の訪問販売・立替払契約に関する。翌日クーリング・オフの通知を書面で発信したが、再び販売員が訪問し改めて契約締結をさせられた。2日後に再度クーリング・オフ。翌日、販売員が訪れ「二度もクーリング・オフした人は初めてや」、「印鑑を捺してないものは、あかへんがな」などと1時間にわたって再度の契約続行をせまり、その翌日の立替払の確認電話に「はい」と答えたもの。クーリング・オフの有効性が争われ、業者は顧客の信義則違反を主張。判決では、むしろ業者の強引な売り込み姿勢に問題があり、「はい」の返事も錯誤・困惑の状態から完全に脱却しないままになされた、として業者からの信義則違反の主張を認めず、顧客のクーリング・オフは有効と判断した。

【5】大阪地判昭和62年5月8日判タ665号217頁

　　　　調理鍋セット（19万8000円）のホームパーティーによる販売に関する。4日後に電話で解除の意思表示。判決は、クーリング・オフにつき口頭（電話）による場合には認められないとして、その理由を次のように述べた。「（旧訪販法6条1項が「書面により」クーリングオフをなすべきことを要求している趣旨は）そも

そもクーリング・オフ制度は、契約当事者の一方の単独行為により合意による拘束を免れることを認めるものであるから、その行使の方法を厳格にし、かつ、その効果の発生について後日紛争が生じないようにするにある‥‥それ故クーリング・オフの方式に関する同条の規定は、これを厳格に解することが必要であり、‥‥電話による本件売買契約の解除は、かりにその事実があるとしても、右売買契約を失効させるものではなかったといわなければならない。」

【6】古川簡判昭和62年6月15日（NBL431号49頁［上谷愛子］）

学習教材「バランス・スタディ」約20万円について、訪問販売により契約締結（内金一万払込済み）。四日後に、顧客からの「子供がやる気がないからやめたい、本件教材を持ち帰ってほしい」旨の通告に対し、「いいから（子供と）相談しておいて下さい、考えなおしてほしい」旨の販売員の応答があった。判決は、口頭による解除権の行使を認めて、次のように述べた。「YのAに対する『商品を持ち帰ってほしい』旨の告知は、契約締結後4日後に本件売買を担当した従業員に直接口頭でなされたものであって、契約解除の意思表示として十分であるから、右告知はクーリング・オフの行使と解するのが相当である（書面による解除は必ずしも要式行為を規定しているものとは解されない）」

【7】大阪地判昭和62年8月7日判時1254号95頁（山下・新証券商品取引判例百選54事件）

顧客は外国航路の乗船員であり、再乗船の五日前に、海外金融先物取引の執ような勧誘を受けて、これに応じてしまった。判決は、違法な勧誘に対して（翌日解約を通知をしたがYは威嚇的な調子でこれに応じなかった）業者の不法行為責任を認めた。

【8】大阪地判昭和63年2月24日判時1292号117頁、判タ680号199頁

若い女性がアンケート調査を理由に顧客に接近し、ドライブがてらに現地へ連れていき、甘言をもって時価の10倍余りの価額で不動産購入契約を締結させた。未だ書面によるクーリング・オフ権の存在についての告知を受けていなかったことから、顧客が半年以上経過後に販売会社に対してクーリング・オフ権を行使し、契約解除の意思表示をした。判決では、かかるクーリング・オフも有効と認定。同時に、投資目的の土地売買契約を締結させる際の勧誘行為に違法性が認められるとして、次のように述べて宅地建物取引会社とその代表取締役に不法行為責任を認めた。「右勧誘に当たっては、ことさら若い独身男性で不動産取引や投資取引に知識経験がないと思われる者を客として選んだうえ若い女子従業員を使って関心を引き、現地へ案内すると同時に十分な考慮の余地を与えずに現地に近い旅館等で契約締結に至るまで同様の勧誘説得を繰り返していたことなど、不動産取引、投資取引に知識・経験の乏しい原告をして虚偽の説明を誤信させるような意図的な勧誘法方法をとっていたことが認められるのであって、かかる勧誘方法は、不動産業者として許容される顧客獲得のための正常な宣伝、勧誘行為の範囲を著しく逸脱したものであって、違法なものというべきである」

【9】大阪簡判昭和63年3月18日判時1294号130頁［大澤康孝・ジュリ1017号179頁］

学習用教材（約45万円）の訪問販売で、購入契約とともに立替払委託契約を締結させられた事例。業者から昼一時頃に電話で「教材があるので説明に時間を割いてほしい」旨の申し入れの後、同日の夜7時半に訪問。応答もしないのにドアを閉め、部屋に上がりこみ、困惑する顧客Yに詳しい内容を説明しないまま、申込書に署名させた。5、6日後教材を持参した同セールスマンに、教材受領を拒絶したところ、会社から宅急便で送付してきた。立替払した原告Xから立替金請求。判決は、次のように述べ

て、口頭によるクーリング・オフをもって有効と認めた(但し、割賦販売法上のクーリング・オフ)。「そもそもクーリング・オフの制度は、販売業者の強引な勧誘に乗せられて断わり切れず、また軽率に、申込みまたは契約をした申込者・契約者を保護する制度である。しかし一方販売業者は、いつ申込みの撤回又は解約されるかわからない不安定な状態におかれることになるので、割賦販売法は双方の利害を考えて「7日の期間内に、書面により」と規定している。「書面により」としたのは、期間内にクーリング・オフをしたかどうか、後日紛争が生じないように明確にしておく趣旨であると解されている。右の趣旨であるとすれば、本件のようにクーリング・オフの期間内であることが明かな場合には、書面によらなくてもクーリング・オフの効力を認めるのが相当である」

【10】神戸地判昭和63年12月1日判時1321号149頁

　　　YはXの招待旅行先での加賀友禅展示即売会で振袖(代金391万円、立替手数料合計で409万余円)の立替払い契約を締結。Yは4日後に書面でクーリング・オフ(割賦4条の3)をしたつもりであったが、その礼状にも似た書面の文言(「何卒御事情御察知くださいましてご了承いただきたく、おことわり旁々お願い申し上げます」)が解除の意思表示と解し得るかが争われたが、判決はこれを認めた。

【11】神戸地判平成1年10月1日(NBL477号35頁)

　　　顧客Yは、人物名鑑への経歴掲載と同書の購入契約を(代金7万円)締結して、内金250000円を支払った。その際、契約書面の交付・クーリングオフの告知はなく、約1年後に書籍が交付されたが、顧客は残金の支払を拒絶した。契約締結後、1年20日経過後になされたクーリング・オフの有効性が争われた(なお、この顧客は締結から半年後にも電話で書籍不要の意思を表明している)。判決は、クーリング・オフの権利行使の告知をしていなかった点で業者に落度があるとして、本件解約通知は信義則に反しないとした。

【12】神戸簡裁平成4年1月30日判時1455号140頁=判タ792号218頁

　　　訪問販売によって、カー・ポート兼バルコニーの設置及びこれに付随する工事契約を締結した際に、申込者に交付された契約書面にはクーリング・オフに関する事項が記載されていなかった事案。判決では、かかる書面は、旧訪問販売法5条所定の書面とは認められず、クーリング・オフの期間は進行していないとされた。

【13】東京地判平成5年8月30日判タ844号252号(清水巖・別冊ジュリ135号6頁)

　　　訪問販売によるアルミサイディング取付工事契約につき、事業者が商品の紛らわしい製造社名を用い、販売価格や役務対価について顧客の正確な認識を得られないような記載しかしていない書面を交付して契約を締結した事案で(内金350万円支払済み)顧客が解除を主張。判決は、かかる書面は、旧訪販法6条1項1号にいう「第5条の書面」に該当する書面を受領したものとはいえないから、同条項に基づく解除権を失ったものとはいえない、とした。

【14】大阪地判平成6年3月9日判タ892号247頁

　　　料理旅館の2階で開催された着物・和装用品の展示販売会での呉服売買契約につき、展示会が3日にわたって開催されていたことから、展示会場は訪問販売法上の「営業所」にあたり、また、あらかじめ1000円で販売していた特価品引換券をもって来場するよう電話で誘引していたとしても、転移販売会のた

めの勧誘であることが明らかにされていたとして、クーリング・オフの効力が否定された。

【15】福岡高判平成6年8月31日判時1530号64頁＝判タ872号289頁（青野博之・判評442号220頁、池田真朗・判タ885号46頁）

老女Aは業者Bから袋帯ほか30万円を購入する契約とともに、Xとの間に割賦購入斡旋による立替払契約を締結。娘Xが直ちにクーリング・オフをしたが、業者支店長Cの訪問により、代わってXが契約を締結することになった。その直後、XはCに口頭で、本件売買契約を解消する旨の意思表示をなした。Xより、立替金の支払いを請求。第1審ではY勝訴。原審では、逆に「申込みの撤回等の方式に関する右規定は厳格に解する必要があり、購入者に書面による申込みの撤回等を要求することが契約当事者間の信義に反するような特段の事情の認められない限り、書面によらなければならない」として、Xが勝訴。Yの控訴に対し、福岡高裁は、次のように述べて、再びYの主張を認めた。「同条項はその申込みの撤回等は書面によらなければ効力がない旨を明文で定めているわけではなく、その結論は、同条項の立法の趣旨を踏まえての解釈の問題に帰着する‥‥。‥‥同条項は‥‥いわゆる消費者保護に重点を置いた規定であること、書面を要する理由が申込みの撤回等について後日紛争が生じないようにしておく趣旨であるとすれば、それと同等の明確な証拠がある場合には保護を与えるのが相当である」

【16】東京地判平成6年9月2日判時1535号92頁

訪問販売による改装工事請負契約について、事業者が工事発注者（顧客）に交付した書面に、訪問販売法上の絶対的記載事項である「契約の解除に関する事項」の記載漏れがあったために旧訪販法5条所定の書面が交付されていないこととなり、工事完成後（締約から8ヶ月後）に顧客がクーリング・オフによる解除をなした事件。判決は、本件における顧客のクーリング・オフ権行使は権利の濫用にあたらないとした。

【17】東京地判平成7年8月31日判タ911号214頁

訪問販売による高齢者(84歳)を対象としたリフォーム契約。屋根用鋼板の販売・取付契約について、交付された書面の記載事項に不備があるため、「第5条の書面」を受領したとはいえず、クーリングオフ期間は進行しないとして、契約から18日目のクーリングオフ権の行使による解除が認められた事例。

【18】越谷簡判平成8年1月22日（消費者法ニュース27号39頁）

販売業者が、個人で理容業を営む者を、あたかもNTT職員であるかのように装って訪問し、現在使用中の電話が使用できなくなるかのように誤信させて電話機の売買契約を締結させ、クーリング・オフを封じるために、契約書に個人名を記入しようとしたのを止めて、店名入りのゴム印を押させ、営業行為に丸印を付したという場合に、その意味を理解していなかった買主が営業のために電話機を購入したものとはできないいとして、訪問販売法の適用除外規定の適用を否定し、クーリング・オフ権の行使を認めた。

【19】東京地判平成8年4月18日判時1594号118頁

購入者の事務所で入会申込みがなされ、その後内部審査を経て入会承諾がなされたゴルフ会員権の購入契約の締結が、訪問販売に該当するとされ、クーリング・オフの記載を欠いた書面不備を理由に、

契約から2年6ヶ月後のクーリング・オフを認めた（ちなみに、同判決では2年6ヶ月のゴルフ場の開場遅延そのものについての債務不履行責任は、否定された）。

【20】東京地判平成11年7月8日国民生活12月号46頁

呉服と帯の訪問販売について、商品の商標・製造者名、種類・型式、数量、販売担当者名の記載が欠け、書面不備を理由に、契約から7ヶ月（5ヶ月）後のクーリング・オフを認めた事例。

【21】大阪地判平成12年3月6日消費者法ニュース45号69頁

ダイヤの訪問販売いつき、商品の特定が不完全であり、その後に保証書・鑑定書が交付されても書面不備が補完されないとした事例

【22】東京地判平成16年7月29日判時1880号80頁

臨時着物展示場における呉服の売買について、事業者の交付した書面が旧訪問販売法5条所定の記載条件を満たしていないため、所定の書面交付があったとは認められず、被告らのクーリングオフ通知は旧訪問販売法6条1項1号の「第5条の書面を受領した日から起算して八日を経過したとき」にはあたらない、として、売買から10か月後における買主の相続人によるクーリングオフの行使が権利の濫用に当たらないとされた。

【23】京都地判平成17年5月16日国民生活2006年2月号66頁

連鎖販売取について特定負担の記載がなく書面不備とした事例

問題の型と対応

　裁判例に登場した問題の型は、およそ次のように整理できよう。

　①他業者によるクーリングオフの不正利用（【1】）　　クーリング・オフ制度の存在を利用して、他業者が取引を横取りするものである。裁判例では、結果的にクーリング・オフそのものは無効とはされておらず、より有利な商品への鞍替え、商品「選択権」も認める方向で処理されている。なるほど、「冷静に熟考して」納得のいかない契約的拘束からは免れさせという本来の趣旨からは逸脱することになるが、理由の如何を問わず顧客の契約的拘束からの解消を許容する制度として設計されている以上、この結論は妥当なものというべきである（権利濫用ともならない）。むしろ問題は、業者間の調整にあり、競争法上の規範に照らして判断されるべきものであろう。

　②（訪問販売）現金売買への適用の可否（【2】）　　前掲裁判例の結論は否定説であるが、学説の間では早くから批判の強い問題であった。ここでの適用を否定することは、現金まで払わされてしまったいわば「最も強引な」ケースを放置することにもなりかねないからである。法的安定性との調整、さらに、屋台の露天商、昔からの行商等との兼ね合いも考慮しなければならないが、少なくとも店舗外で締結された一定以上の高額商品の取引に関してはクーリング・オフを認める方向で問題を処理すべきであり、昭和63（1988）年の訪問販売法改正の際に適用対象に取り込まれるに至った。

　③口頭によるクーリングオフの可否（消極【5】、積極【6】【9】【15】）　　裁判例は、口頭でも認める方向にある。クーリング・オフ制度の趣旨から考えて、書面の要求はあくまで立証上の要請と考えるべきものであろう。従って、例えば電話によるクーリング・オフ等も一概に無効とされるべきではなく、録音テープなどによる相当な証明手段があれば、有効とされて良いのではないかと思われる。

④クーリングオフの意思表示の解釈（【10】）　要するに、実質的に見て顧客にとって「当該商品が不用である」こと、あるいは「契約をとり止めにしたい」との意思が明かであればよしとすべきであって、ことさらに形式を問題にすべきでないことは言うまでもあるまい。

⑤クーリングオフ権の告知と書面不備

（【3】【8】【11】【12】【13】【16】【17】【19【20】【21】【22】【23】）　クーリング・オフ期間の開始時期とも絡んで、しばしば裁判上問題となっている事例群である。裁判例は、いずれも厳密に業者からの適式の「書面」の交付を要求しており、相当長期の経過後（最長のものでは2年半に及ぶ）でもクーリング・オフ権行使を有効と認めている。「書面」から得られるクーリング・オフ権以外の情報も顧客の判断にとって重要であることや、業者による脱法の危険を考えても、業者の書面告知は厳格に解すべきであり、裁判所の示す方向は妥当なものというべきであろう。

⑥クーリングオフ妨害（【4】【7】【18】）　事実の局面では最も問題となるもので、担当者の外出やコンピューター処理を口実に契約を引き延ばしたり、再考を促したり、代替品を提供するなどによって結果的にクーリング・オフ期間を徒過させるケースがしばしば報告されている。顧客からの確定的な契約解消の意思が伝えられた時点でクーリング・オフの効果は生じていると解すべきであって（本来、業者からの交渉の余地はない）、いたずらに引き延ばしをはかろうとする行為は信義則によっても抑制される必要があろう。

なお、現在では、クーリングオフ妨害として、法律上も、再度のクーリング・オフによる保護が認められるようになった。

6　小　括

以上、不十分ながら、クーリング・オフ制度をめぐって一定の概観を得るとともに、理論上・制度上の若干の問題についての検討を進めてきた。クーリング・オフ制度が求められているような問題状況に対して、民法上の対処を考えるとした場合には、専ら本人側の事情に着目した「無能力者制度」や「錯誤」、主として契約内容に着目した「公序良俗則」、相手方の行為態様に着目した「詐欺」・「強迫」、ときに「契約締結上の過失責任」や「不法行為責任」も問題になりうることは、既に様々な形で論じられ、現に、裁判上もしばしば問題とされている。しかしながら、これらの制度がそれぞれの要件・効果上の内在的な制約から、十分に顧客保護の役割を果たすことができず、要件上の見直しや新たな法理論が模索されていることも周知の通りである。そして、消費者契約法の制定によって一定範囲での取消権が認められるようになった今日でも、なお消費者にとって自己防衛の負担は小さくない。そのような中にあって、クーリング・オフ制度が指し示す方向は、現代の契約法に「時間」の要素を持ち込んだ点で、もっと注目されてよい。あたかも「未成年」のように、**必ずしも充分な判断力を期待できない者が、法定代理人の判断を重ね合わせることで有効な意思表示ができるように、クーリングオフ権者には「時間の経過」を重ね合わせることで（自ら冷静さを取り戻し自己の行為を再吟味することにより）判断を十全ならしめる可能性が与えられているわけである。これは、一定状況下の消費者に対し、いわば「『時間』という名の後見人」が付けられている**に等しいと評せよう。

かように、クーリング・オフを契約の完全な成立を強行的に減速することで、消費者の判断力の回復をはかることを目指した制度と理解し、顧客の判断力・情報の偏在是正措置として位置づけることによって、はじめてこの制度は単なる緊急対処療法たる例外措置という不分明な性格を脱却して、消費者の私的自治を支援する契約法の一般理論に接合されることになるのではあるまいか。

【遠隔講義 消費者法〈第2版〉2021　〈9〉】
特定商取引

(初出法学セミナー 2018/08/no.763)
S.Kawakami

特定商取引（その1）

　ここでは特定商取引法の適用を受ける「販売」取引（「売買」より広く「役務の提供」を含む観念である）について学ぶ。特定商取引法は、売買を中心とした契約の「形態・態様」における特性に着目している。具体的には、訪問販売・通信販売・電話勧誘販売・連鎖販売取引・特定継続的役務提供・業務提供誘引販売取引・訪問購入の7類型（これに特殊なネガティブ・オプションが加わる）であり、その対象は、原則として非店舗の消費者取引である。

　そこでは、ときに不意打ち的、欺瞞的、強引な不当勧誘行為が見られ、消費者トラブルが数多く発生してきた。民事・行政の様々な規制が上乗せされた複合法領域である。

1　全体の概観

　特商法は、事業者による違法・悪質な勧誘行為等を防止するとともに、消費者(非事業者たる個人顧客)の利益を守ることを目的とする特別法で、特定の取引形態・態様に着目して、行政上・民事上の様々な規律を設けている。具体的には、訪問販売・通信販売・電話勧誘販売・連鎖販売取引・特定継続的役務提供・業務提供誘引販売取引・訪問購入の7類型を掲げ、別に、一方的な商品の送りつけに係る**ネガティブ・オプション**についての規定(特商 59 条)が含まれている。

　同法は、当初、「訪問販売等に関する法律(**訪販法**)」(昭和 51[1976]年法 57 号)から出発した法律であるが、平成 12(2000)年改正で「特定商取引に関する法律(特商法)」と改められ、今日では店舗外取引全般を包括する特別法となり、これらの特殊販売等を対象に、事業者が守るべき行政ルール・禁止規定、さらに「クーリング・オフ権」等の消費者を守るための民事ルールを定める複合的規範群からなる。

　特商法では、まず、消費者への適正な情報提供等の観点から、事業者に対し、各取引類型の特性に応じて多くの**開示規制・市場行動規制**が定められている。とくに、開示規制では、事業者に対し、勧誘開始前に事業者名や勧誘目的であることなどを消費者に告げるように義務付け、契約締結時等に、重要事項を記載した**書面交付**を義務付けている。この書面交付は、後述のクーリング・オフ期間の起算点となる役割を担う意味でも重要である(最近、「書面の電子化」が問題となっているが、基本は書面である点は変わらない)。また、事業者が広告をする際には、重要事項を表示することを義務付けており、景表法に準じて**虚偽・誇大な広告を禁止**している。さらに、**不当な勧誘行為を禁止**する規定として、消費者契約法にならって、価格・支払い条件等についての不実告知(虚偽の説明)又は故意に重要な事実を告知しないことを禁じ、消費者を威迫して困惑させたりする勧誘行為を禁止する。その違反行為は、業務改善指示・業務停止命令・業務禁止命令の行政処分、または罰則の対象となる(特商 70 条、70 条の 2 、72 条など)。また、これらの規制等は、**適格消費者団体による差止請求**の対象となる(特商第 5 章の 3)。

　他方、特商法では、消費者と事業者との間のトラブルを防止し、その救済を容易にする機能を強化すべく、いくつかの民事ルールを定めている。

このうち、顧客の「**クーリング・オフ権**」は、割賦販売法でも見るように、申込みまたは契約の後に、法律で決められた書面を受け取ってから一定の期間(「**熟慮期間**」という)内に、無条件で契約関係を解消すること可能とする。この熟慮期間は、訪問販売・電話勧誘販売・特定継続的役務提供・訪問購入においては 8 日間[翌週応答日の 24 時まで]、連鎖販売取引・業務提供誘引販売取引においては 20 日間である。通信販売には、今のところ、クーリング・オフに関する規定がないが、「**返品特約**」に関する規定があり(特商 59 条)、現に、これを含む通信販売は少なくない。また、特商法は、事業者が不実告知や故意の不告知を行った結果、消費者が誤認し、契約の申込みまたはその承諾の意思表示をしたときには、顧客は、その意思表示を取り消すことができる(消契法 3 条に準じた規定ぶりとなっている)。そのほか、継続的取引では、消費者が「中途解約」する際等に、事業者が請求できる損害賠償額に上限が設定されている。以下、敷衍しよう。

*【**参考文献**】 特商法に関する立法担当者の解説として、消費者庁取引・物価対策課=経済産業省商務情報政策局消費経済対策課編・特定商取引に関する法律の解説[平成 24 年版](商事法務、2014 年)があるほか、斉藤雅弘ほか・特定商取引法ハンドブック[第 5 版](日本評論社、2014 年)、圓山茂夫・詳解特定商取引法の理論と実務[第 3 版](民事法研究会、2014 年)、梶村太市ほか・新・特定商取引法(青林書院、2013 年)、後藤巻則ほか・条解消費者三法(弘文堂、2015 年)、中田邦博=鹿野菜穂子編・基本講義消費者法[第 4 版](日本評論社、2020 年)第 8 章〜第 11 章[大澤彩・宮下修一・圓山茂夫・丸山絵美子]など参照。

2　分野横断的課題

a. 指定権利制の見直し

特商法における分野横断的事項のうち、法の規制対象の見直しとして、かねてから指定商品制を見直して、規制の後追い問題の解消のため必要な措置を講じるべきことが求められてきた。既に、平成 20(2008)年に「指定商品制」、「指定役務制」は撤廃されたが、直近の平成 28(2016)年改正でも、**商品・役務・権利の三分類**が基本的に維持された(その理由は必ずしも明らかでないが、権利の外延が曖昧なため指定権利制は譲れないということらしい)。しかし、「権利」と称される問題商品のほとんどは、「役務」を含むものとして規制対象に含まれることを解釈上明らかにし、「特定権利」として施設利用権など既存の指定権利のほか、「社債その他の金銭債権」、会社の「株式」、「社員権」、「社員持分権等」を明文で掲げており(改正法 3 条 4 項)、指定権利制廃止に比べると、いささか煩瑣な構造ではあるが、少なくとも現在問題となっている「権利」と称される問題商品に対しては、ほぼ隙間なく対応できると期待されている。

b.不招請勧誘規制

分野横断的事項のうち最大の論点であった勧誘対策における「事前拒絶者に対する直接勧誘規制」の問題については、さしあたり、不招請勧誘禁止ルールの導入は断念され、法執行の強化、自主規制の強化、相談体制等の強化・充実、情報共有・連携の促進、高齢者被害対策の強化、消費者教育の推進などによって対応し、その状況を見守ることとされている。当面、これら複数の取り組みを積極的に推し進めることで、特商法の目的達成に向けた着実な取り組みが期待されている。もっとも、訪問販売に存在する**再勧誘禁止ルール**の趣旨から考えて、消費者が、「予め、明示的に勧誘を拒絶している」場合に、なお直接勧誘が許されるべきであるとの論拠は乏しく、これを正当化することは困難であろう。再勧誘禁止等の規制によっても、これを遵守しない事業者の存在によって十分な効果を上げることができず、現実に問題が多発していることは明らかであるが、今しばらく、具体

的分析と行為規制拡充による事業活動への影響についての実態の分析や予めの意思表明の方法の検討が必要ということであろうか。そもそも、私人の私的領域や職場に無断で踏み込み、一方的に勧誘・営業行為を行うというビジネスモデル自体が、見直されるべきであろう。既に、地方の条例レベルでは、不招請勧誘禁止のステッカー等が利用され始めており、状況の変化は時間の問題であるように思われる。

　　以下、やや具体的に、各類型に立ち入って概観しよう。

【特商法の内容一覧】

取引形態	商品役務	書面交付義務	クーリング・オフ	勧誘行為規制	意思表示取消制度	広告規制	その他
訪問販売	商品・役務・指定権利	申込書・契約書	8日間	あり	あり	なし	過量販売解除権
通信販売	商品・役務・指定権利	なし	なし／8日間返品特約	なし／広告メール規制	なし	あり	前払式につき承諾通知義務あり
電話勧誘販売	商品・役務・指定権利	申込書・契約書	8日間	あり	あり	なし	過量販売解除権
連鎖販売	限定無し	概要書面・契約書	20日間	あり	あり	あり	中途解約権
特定継続的役務提供	指定6業種	概要書面・契約書	8日間	あり	あり	あり	中途解約権
業務提供誘引販売	限定無し	概要書面・契約書	20日間	あり	あり	あり	
訪問購入	物品のみ	申込書・契約書	8日間	あり／不招請勧誘禁止	なし	なし	

3　訪問販売（特商法第2節）

　特商法上の「訪問販売」は、販売業者または役務(サービス)提供事業者が、営業所等以外の場所(例えば、消費者の自宅や職場)で契約して行う商品・特定権利の販売または役務提供をいう。「販売業者または役務提供事業者」とは、販売または役務提供を業として営む者を意味し、「業として営む」とは、営利の意思をもって、反復継続して取引を行うことを意味する(営利の意思の有無については、その者の意思にかかわらず、客観的に判断される)。ちなみに、C to C の場合を何処まで取り込ん

でいくかは、根本的な課題の一つである。

　最も一般的な訪問販売の形態は、消費者の住居や職場をセールスマンが訪問して契約を行う販売方法であるが、ほかにも、喫茶店や路上での販売、ホテルや公民館を一時的に借りるなどして行われる「展示販売」のうち期間・施設等からみて、店舗に類似するものとは認められないものも訪問販売に該当する。基本的には、非店舗販売がこれに該当する。さらに、特定の方法によって誘った顧客に対し、通常の店舗等で行う商品、権利の販売や役務提供もこれに含まれることがある。従来は、政令で指定された来訪要請方法のみを規制対象としたが、勧誘目的を告げない来訪要請でも、住居訪問以外における対面での要請やSNSによる要請なども政令で追加規定された。

　悪質事業者による呼出行為には常に一定の危険性がつきまとうが、規制の必要な取引をどのように画するかが課題となる。今日では、たとえば、路上等でアンケートなどと称して顧客を呼び止めて営業所等に同行させ、契約させる行為(いわゆる**キャッチ・セールス**)や、電話や郵便、SNS等で販売目的を明示せずに呼び出し、「あなたは特別に選ばれた」等、ほかの者に比べて著しく有利な条件で契約できると消費者を誘って営業所等に連れて行って契約させる行為(いわゆる**アポイントメント・セールス**)等も訪問販売に当たる。訪問販売とされる取引形態では、勧誘が一般に「不意打ち」的であり、しばしば強引な「監禁型」あるいは「不退去型」の長時間勧誘によって(消契法4条も参照)、顧客が困惑して契約に応じた結果、トラブルに発展する場合も少なくない。こうした場面では、しばしば消費者の**困惑・不安心理・興奮・依存心などにつけ込む不当な勧誘行為**が横行しやすく、また、閉鎖的な場所に顧客を集めて異常な心理操作等によって商品を購入させるいわゆる「新製品普及会商法(**SF商法**)」なども問題となる。

　　＊【**適用除外**】　以下の場合は特商法が適用されない。①事業者間取引の場合、②海外にいる人に対する契約、③国、地方公共団体が行う販売または役務提供、④特別法に基づく組合、公務員の職員団体、労働組合がそれぞれの組合員に対して行う販売または役務提供、⑤事業者がその従業員に対して行う販売または役務提供、⑥株式会社以外が発行する新聞紙の販売、⑦他の法令で消費者の利益を保護することができる等と認められるもの(例えば、金融商品取引法に基づき登録を受けた金融商品取引業者が行う販売又は役務の提供)。

(1)事業者の氏名等の明示義務・禁止行為等
a.書面交付・再勧誘禁止
　訪問販売では、厳格に、事業者自身の名称・連絡先や目的商品、契約内容などについての情報の提供が事業者に義務づけられている。

　まず、事業者は、訪問販売を行うときは、勧誘に先立ち、消費者に対して、①事業者の氏名(名称)、②契約の締結について勧誘をする目的であること、③販売しようとする商品(権利、役務)の種類を告げなければならない(特商3条)。また、事業者は、訪問販売を行うときには、勧誘に先立って消費者に勧誘を受ける意思があることを確認するよう努めなければならず、消費者が契約締結の意思がないことを示したときは、その訪問時において勧誘を継続すること、その後改めて勧誘することが禁止されている(**再勧誘の禁止等**[特商3条の2])。不招請勧誘を一般的に禁止すべきかも大いに議論されているが、いまのところ、訪問購入に限られている。

　さらに事業者は、契約の申込みを受けたときや契約を結んだときには、以下の事項を記載した書面を消費者に交付しなければならない(特商4条、5条)。すなわち、①商品の種類、②販売価格

(役務の対価)、③代金(対価)の支払時期、方法、④商品の引渡時期(権利の移転時期、役務の提供時期)、⑤契約申込みの撤回や契約解除に関する事項(クーリング・オフできない部分的適用除外がある場合はその旨)、⑥事業者の氏名(名称)・住所・電話番号、法人の場合はその代表者の氏名、⑦契約の申込み又は締結を担当した者の氏名、⑧契約の申込み又は締結の年月日、⑨商品名・商品の商標または製造業者名、⑩商品の型式、⑪商品の数量、⑫商品に隠れた瑕疵・不具合があった場合の販売業者の責任についての定めがあるときには、その内容、⑬契約解除に関する定めがあるときには、その内容、⑭そのほか特約があるときには、その内容。そのほか、消費者に対する「注意事項」として、書面をよく読むべきことを「赤枠の中に赤字で」(!)記載しなければならない。クーリング・オフの事項についても赤枠の中に赤字で記載しなければならない。そして、書面の字の大きさは8ポイント(官報の字の大きさ)以上であること(!)が必要である。このような内容の書面交付義務は、他の取引類型においても、同様に要請されている。デジタル化の進む今日、書面のデジタル化の可能性が論じられているが、書面主義が基本であることは変わらない。消費者からの同意・要請がある場合に限って、デジタルでの書面交付を可能とする方向が模索されているが、クーリングオフの起算点となることや一覧性の確保などの目的に鑑み、同意を実質的なものにするための厳格なお政令による留保条件が重要となる(そもそも訪問販売では書面を電子情報に置き換える必然性はあまりないだけに、慎重さが要求される)。

b.禁止行為

　特商法は、訪問販売において、①売買契約等の締結について勧誘を行う際、または契約の申込みの撤回や契約解除を妨げるために事実と違うことを告げること、②売買契約等の締結について勧誘を行う際、故意に事実を告げないこと、③売買契約を締結させ、または契約のクーリング・オフ等を妨げるために、相手を威迫して困惑させること、④勧誘目的を告げない誘引方法(いわゆるキャッチ・セールスやアポイントメント・セールスと同様の方法)により誘引した消費者に対して、公衆の出入りする場所以外の場所で、売買契約等の締結について勧誘を行うこと、などを事業者の不当な行為として禁止している(法第6条)。以上のような行政規制に違反した事業者の行為は、業務改善の指示(法第7条)や業務停止命令(法第8条)、業務禁止命令(法第8条の2)の行政処分のほか、罰則の対象となる。

(2)民事ルール

a.クーリング・オフ

　民事ルールとしては、契約の申込みの撤回または契約の解除(**クーリング・オフ制度**)が最も重要である(法第9条)。訪問販売の際、消費者が契約を申し込んだり、契約を締結した場合でも、法定書面を受け取った日から数えて8日間以内であれば、消費者は事業者に対して、書面により申込みの撤回や契約の解除(クーリング・オフ)ができる。事業者が、クーリング・オフに関する事項につき事実と違うことを告げたり、威迫したりすることによって、消費者が誤認・困惑してクーリング・オフしなかった場合は、上記期間を経過しても、消費者はクーリング・オフができる(クーリング・オフを行う際には、電話や電子的方法によっても可能であるが、後々のトラブルをさけるためにも葉書や特定記録郵便、書留、内容証明郵便等で行うことが薦められる)。

　クーリング・オフを行った場合、消費者は、すでに商品もしくは権利を受け取っている場合は、販売業者の負担によって、その商品を引き取ってもらうことや権利を返還することができる。また、商品が使用されている場合や役務がすでに提供されている場合でも、その対価を支払う必要は

ない。消費者は、損害賠償や違約金を支払う必要がなく、すでに頭金等の対価を支払っている場合は、すみやかにその金額の返還を受けるとともに、土地または建物そのほかの工作物の現状が変更されている場合は、無償で原状に戻してもらうことができる。但し、使用後に商品価値がほとんどなくなる消耗品(いわゆる健康食品、化粧品等)を既に使ってしまった場合の小売最小単位分や、現金取引の場合で代金総額が 3000 円未満の場合、自動車販売・自動車リース、葬式・居酒屋・マッサージの呼び込みは、クーリング・オフ規定の適用除外とされている(特商 26 条 3 項、4 項)。とはいえ、「押しつけられた利得」は、利得と評価されるべきではなく、単に消耗品を消耗したというだけで契約解消できなくなると短絡的に考えるべきではない。違法な勧誘行動による契約で給付されたものは、不法原因給付となる点にも留意すべきであり、「小売最小単位」についても厳格に考えるべきであろう。取消し後の清算については、消費者契約法と同様、**現存利益**の返還で足りる(平成 28 年改正法第 9 条 5 項。なお消契法 6 条の 2 も参照)。

b.過量販売契約の解消

訪問販売の際、消費者が「通常必要とされる量を著しく超える」商品(物品・役務・政令で定める権利)を購入する契約を結んだ場合、「契約締結後 1 年間」は、契約の申込みの撤回又は契約の解除ができる(法第 9 条の 2)。これを**過量販売契約解消権**という。いわゆる「**次々販売**」による被害が強く意識された規定である。例外は、消費者にその契約を結ぶ特別の事情があったときである。このときの清算ルールは、原則として「クーリング・オフ権」が行使された場合と同様である。

c.取消権

事業者が、契約の締結について勧誘する際、①事実と違うことを告げた場合であって、その告げられた内容を消費者が事実であると誤認した場合、②故意に(または重大な過失で)事実を告げなかった場合に、消費者がその事実が存在しないと誤認した場合、これによって消費者が契約の申込みやその承諾の意思表示をしたときは、追認をすることができる時から 1 年間(契約締結から 5 年)は、その意思表示を取り消すことができる(特商 9 条の 3)。これは、消契法上の誤認惹起型勧誘行為についての取消権に対応する規定であるが、不実告知の「重要事項」に契約締結を必要とする**動機**が含まれており、不利益事実の不告知に、利益となる旨を告げる**先行行為**要件が不要とされるなど、その適用範囲が広げられている。取消しの効果は、現存利益の返還で足りる(同条 5 項)。

d.契約解除時の損害賠償額等の制限

クーリング・オフ期間の経過後、たとえば代金の支払い遅延等消費者の債務不履行を理由として契約が解除された場合に、事業者から法外な損害賠償を請求されることがないよう、特商法は、事業者が次の額を超えて請求できないと定めている(法第 10 条)。すなわち、①商品(権利)が返還された場合、通常の使用料の額(販売価格から転売可能価格を引いた額が、通常の使用料の額を超えているときにはその額)、②商品(権利)が返還されない場合、販売価格に相当する額、③役務を提供した後である場合、提供した役務の対価に相当する額、④商品(権利)をまだ渡していない場合(役務を提供する前である場合)、契約の締結や履行に通常要する費用の額がこれである。これらには、法定利率の遅延損害金が加算される。

(3)適格消費者団体による差止請求

事業者が、①契約を締結するため、勧誘するときに、事実と違うことを告げる行為、②契約を締結するため、勧誘するときに、故意に事実を告げない行為、③契約を締結するため、または解除を妨げるため、威迫して困惑させる行為、④消費者に不利な特約、契約解除に伴う損害賠償額

の制限に反する特約を含む契約の締結行為を、「不特定かつ多数の者に、現に行い、または行う
おそれがあるとき」は、適格消費者団体は、事業者に対し行為の停止もしくは予防、その他の必
要な措置をとることを請求できる(法第 58 条の 18)。

　なお、公益社団法人日本訪問販売協会の「訪問販売消費者救済基金制度」(法第 29 条の 2)
において、同協会は、特商法の規定により、会員の訪問販売にかかる契約で申込みの取消しま
たは解除がなされた場合に、会員に支払った金銭の返還を請求した消費者が、会員から正当な
理由なく金銭の返還がなされない場合につき、「消費者救済基金」として会員から積み立てた基
金から一定額の金銭を交付することになっている。

4　通信販売 (特商法第3節)

(1)通信販売とは

　特商法上の「**通信販売**」は、販売事業者または役務提供事業者が「郵便等」によって売買契約
または役務提供契約の申込みを受けて行う商品、特定権利の販売または役務の提供をいう(特商
2 条)。たとえば、新聞や雑誌、テレビ、インターネット上のホームページ(インターネット・オークション
サイトを含む)などによる広告や、ダイレクトメール、チラシ等を見た購入者(消費者)が、郵便・電話・
ファクシミリ・インターネット等での広告・購入の申込みを行う場合をいう(ただし、「電話勧誘販売」に該
当する場合は除く)。電子メール広告やファクシミリ広告は、いずれも後述の「オプト・イン」規制に服
する(請求等をしていない消費者に対する広告の提供を禁止)。「郵便等」には、郵便または信書便、電話
機、ファクシミリ装置そのほかの通信機器または情報処理に用いられる機器を利用する方法、電
報、預金または貯金の口座に対する払込みなどが、これに該当する。

　新型コロナ渦により、とりわけ**インターネット・ショッピング**の伸びが著しい。「事業者」に
ついては、要件を満たせば、個人であっても特商法上の「事業者」に該当する。たとえば、**インター
ネット・オークション**において、営利の意思を持って、反復継続して出品・販売を行う場合は、
法人・個人を問わず「事業者」に該当し、規制対象となることに留意すべきである。出品者が「事業
者」に該当するかどうかはガイドラインで示されている。通常のインターネット通販やインターネット
・オークションなど、インターネット上で申込みを受けて行う取引も、これに該当する(なお、インター
ネット・ショッピングにおける契約の成否につき、沖野眞已「インターネット取引－消費者が行うインターネットに
よる商品の購入契約」野村豊広先生還暦・二一世紀判例契約法の最前線(2006 年)343 頁も参照)。「特定権利」
は、訪問販売の場合と同様である。一定の通信販売は、訪問販売と同様の基準で、特商法の適
用除外とされている(法第 26 条)。デジタルプラットフォーマー(DPF)の責務については、PF 事業
者が多様であることもあって、現時点では、自主規制にとどまっているが、将来的には、民事の責
任を含めた義務化やシステム構築者としての責任が求められよう(システム責任論については、中田裕
康古稀の拙稿[予定]参照)。少なくとも、不当な表示によって消費者被害をもたらしている提供事業者
についての開示請求に答える方向での介入が必要であり、市場の透明化・公正確保のためのルー
ル化が推し進められるべきであろう。

　通信販売の最大の問題は、「不意打ち的」というより、契約目的物を現に手に取って見ることが
できないために、広告等で知り得た情報による商品イメージと食い違うものが提供され、トラブル
に発展する場合が多いことである。そこで、通信販売についての規制は、先ずもって、広告表示
の適正化に向けられているが、他方で「返品制度」の可能性も認め(明示的な「返品特約」でこれを変
更することができる)、現に、これが導入されている通信販売は少なくない。ターゲティング広告の盛

んな今日では、あるいは、一般化して返品制度を導入することが検討されて良い。実務に及ぼす影響も大きいとは思われない。

(2) 通信販売における広告の表示規制

a. 広告表示の徹底

　広告表示の規制は、基本的に行政規制である。通信販売は、隔地者間取引であるため、消費者にとっては広告が唯一の情報源となることが多いため、広告の記載が不十分であったり、不明確であると、後日のトラブルに発展する可能性が高い。そのため特商法は、広告に表示すべき事項を次のように詳細に定めている（法第 11 条）。①販売価格（役務の対価。送料についても表示が必要）、②代金・対価の支払い時期・方法、③商品の引渡時期、権利の移転時期、役務の提供時期、④商品・指定権利の売買契約の申込みの撤回又は解除に関する事項（「返品特約」がある場合はその旨含む）、⑤事業者の氏名（名称）・住所・電話番号、⑥事業者が法人であって、電子情報処理組織を利用する方法により広告をする場合は、当該販売業者等代表者または通信販売に関する業務の責任者の氏名、⑦申込みの有効期限があるときには、その期限、⑧販売価格、送料等以外に購入者等が負担すべき金銭があるときには、その内容および額、⑨商品に隠れた瑕疵がある場合に、販売業者の責任についての定めがあるときは、その内容、⑩いわゆるソフトウェアに関する取引である場合には、そのソフトウェアの動作環境、⑪商品の売買契約を2回以上継続して締結する必要があるときは、その旨及び販売条件、⑫商品の販売数量の制限等、特別な販売条件（役務提供条件）があるときには、その内容、⑬請求によりカタログ等を別途送付する場合、それが有料であるときは、その金額、⑭電子メールによる商業広告を送る場合は、事業者の電子メールアドレス。

　もっとも、広告の態様は千差万別で、広告スペース等もさまざまであるため、以上の事項をすべて表示することは実態にそぐわない場合もある。そこで、消費者からの請求によって、これらの事項を記載した書面（インターネット通信販売においては電子メールでもよい）を「遅滞なく」提供することを広告に表示し、かつ、実際に請求があった場合に「遅滞なく」提供できる措置を講じている場合は、広告の表示事項を一部省略できる（法第 11 条但し書き）。ここでいう「遅滞なく」提供されることとは、販売方法、申込みの有効期限等の取引実態に即し、申込みの意思決定に先立って十分な時間的余裕をもって提供されること意味する。したがって、たとえば、インターネット・オークションでは、通常、短期間の申込みの有効期限が設定され、その直前に多数の者が競い合って申込みをすることも多いため、「遅滞なく」提供することは困難であるため、後からの提供では不十分というほかない。ちなみに、通信販売における売買契約の申込みの撤回等に関する特約（いわゆる「返品特約」）については、「返品の可否」、「返品の期間等条件」、「返品に係る費用負担の有無」に係る事項の記載を省略することは認められない。

b. 誇大広告等の禁止

　誇大広告や著しく事実と相違する内容の広告による消費者トラブルを未然に防止するため、特商法は、表示事項等について、「著しく事実に相違する表示」や「実際のものより著しく優良であり、もしくは有利であると人を誤認させるような表示」を禁止している（法第 12 条）。後者は、景表法 5 条の規定に準ずるものである。ただ、競争法的な市場行動規制である景表法では、実際に自己の供給する商品・役務の内容や取引条件と広告等で表示した内容との比較における優良・有利性の乖離のみならず、同種・類似商品等を供給する他の事業者の商品・役務・取引条件との

比較が不当表示の対象となるのに対して、特商法では、もっぱら購入者たる消費者の選択や契約判断の前提となる事実認識の誤りを防止するという観点から、当該通信販売事業者が実際に販売・提供しているものと広告表示との乖離や比較が対象となる。

c. 電子メール広告のオプトイン規制

特商法では、消費者が「予め承諾しない限り」、事業者が電子メール広告を送信することを、原則禁止している。これを「**オプト・イン**」規制という(法第12条の3、12条の4。なお、原則、送信自由を原則としつつ、消費者が拒絶した場合には送信してはならないとするものが「**オプト・アウト**」方式である)。

この規制は、通信販売・提供事業者のみならず、通信販売電子メール広告受託事業者も対象となる。したがって、当該電子メール広告の提供について、消費者から承諾や請求を受けた場合は、最後に電子メール広告を送信した日から 3 年間、その承諾や請求があった記録を保存することが必要となる。但し、以下のような場合は、規制の対象外となる。

　　　①「契約の成立」「注文確認」「発送通知」などに付随した広告 契約内容や契約履行に関する通知など「重要な事項」を通知するメールの一部に広告が含まれる場合

　　　②メルマガに付随した広告 消費者からの請求や承諾を得て送信する電子メール広告の一部に広告を記載する場合

　　　③フリーメール等に付随した広告 インターネット上で、無料でメールアドレスを取得できるサービスで、無料の条件として、利用者がそのアドレスからメールを送ると、当該メールに広告が記載されるものなどの一部に広告を記載する場合。

d. 前払式通信販売の承諾等の通知

消費者が商品の引渡し(権利の移転、役務の提供)を受ける前に、代金・対価の全部あるいは一部を支払う「前払式」の通信販売の場合、事業者は、代金を受け取り、その後, 商品の引渡しに時間がかかるときは、その申込みの諾否等、以下の事項を記載した書面を渡さなければならない(特商13条)。

　　　①申込みの承諾の有無(承諾しないときには、受け取ったお金をすぐ返すこと、及び、その方法を明らかにすること)

　　　②代金(対価)を受け取る前に申込みの承諾の有無を通知しているときには、その旨

　　　③事業者の氏名(名称)、住所、電話番号

　　　④受領した金銭の額(それ以前にも金銭を受け取っているときには、その合計額)

　　　⑤当該金銭を受け取った年月日

　　　⑥申込みを受けた商品とその数量(権利、役務の種類)

　　　⑦承諾するときには、商品の引渡時期(権利の移転時期、役務の提供時期。この記載は、期間または期限を明らかにすることにより行わねばならない)

e. 契約解除に伴う債務不履行の禁止

通信販売において、売買契約の申込みの撤回等ができることから、契約当事者双方に原状回復義務が課された場合、事業者は、代金返還など債務の履行を拒否したり、遅延したりすることが禁じられている(特商14条)。民事の責任としては、ある意味当然のことであるが、それが禁止行為とされ、行政措置や行政処分の対象行為となっているわけである。

f. 顧客の意に反して契約申込みをさせようとする行為の禁止

たとえば、インターネット通販で、①あるボタンをクリックすれば、それが有料申込みとなることを、消費者が容易に認識できるように表示していない場合や、②申込みをする際、消費者が申込

内容を容易に確認し、かつ、訂正できるように措置していないことが禁止されている(特商 14 条。なお、電子契約法 3 条も参照)。これらは、契約への不等な誘導であって、「顧客の意に反して売買契約等の申込みをさせようとする行為」となり、違反行為は行政処分の対象となる。いわゆる「紳士録商法」や「公営住宅申込代行商法」などでは、消費者が書き込んで返送した葉書(一見すると関係資料請求に見える)を消費者に配布する手口が見られる。

　以上の行政規制に違反した事業者は、業務改善の指示(特商 14 条)や業務停止命令(特商 15 条)、業務禁止命令(特商 15 条の 2)などの行政処分のほか、罰則の対象となる。

(3)民事ルール

　通信販売の際に、消費者が契約を申し込み、または契約をした場合でも、その契約にかかる商品の引渡し(又は特定権利の移転)を受けた日から数えて8日間以内であれば、消費者は事業者に対して、契約申込みの撤回や解除ができ(法文上「書面による」ことは要求されていない)、消費者による送料負担で返品できるとされている(特商旧 15 条の 2 →現 15 条の 3)。通常のクーリング・オフの場合と異なり、発信主義を採用していないため、消費者の契約解消の意思表示は、一般原則に従い、到達主義による(電子的通知の場合は、いずれでも大きな変わりはないが発信主義を原則とすべきであろう)。但し、この契約解消および返品については、事業者が広告等であらかじめ、契約申込みの撤回や解除につき、特約を表示していた場合は、その返品特約に従う(しばしば、この特約が分かりづらいため問題となることが多かったようである。そこで、返品特約表示の仕方に関する「ガイドライン」については、行政通達で明確化が図られている(http://www.caa.go.jp/trade/pdf/130220legal_6.pdf)。

　なお、事業者が、通信販売における広告について、不特定かつ多数の者に誇大広告などを行い、または行うおそれがあるとき、適格消費者団体は、事業者に対し、行為の停止もしくは予防、その他の必要な措置(差止請求など)をとることを請求できる(特商 58 条の 19)。その具体的意義や内容については、訪問販売の場合と同様である。

(4)ネガティブ・オプション規制(特商法 59 条)

　通信販売に関連して、いわゆる「送り付け商法」による**ネガティブ・オプション**規制に関する規定(特商 59 条)にも触れておこう。これは購入の申込みをしていない者に一方的に商品を送り付け、相手方から商品の返送又は購入しない旨の通知がない限り勝手に購入の意思ありとみなし、その代金請求をするという悪質商法に対処するものである。ごく最近も、高齢者を狙った、いわゆる「健康食品」の送りつけ商法が、大きな社会問題となった。

　特商法 59 条は、販売業者は、売買契約の申込みを受けた場合におけるその申込みをした者及び売買契約を締結した場合におけるその購入者(以下「申込者等」)「以外の者」に対して売買契約の申込みをし、かつ、その申込みに係る商品を送付した場合又は申込者等に対してその売買契約に係る商品以外の商品につき売買契約の申込みをし、かつ、その申込みに係る商品を送付した場合において、その商品の送付があつた日から起算して 14 日を経過する日(その日が、その商品の送付を受けた者が販売業者に対してその商品の引取りの請求をした場合におけるその請求の日から起算して7日を経過する日後であるときは、その7日を経過する日)までに、その商品の送付を受けた者がその申込みにつき承諾をせず、かつ、販売業者がその商品の引取りをしないときは、その送付した商品の返還を請求することができない、と定めていた。のみならず、消費者は、一定期間の商品の保管義務を負わない。なお、この規定は、当該商品送付を受けた者のために商行為となる売

買契約の申込みについては適用されない。

　やや判りにくい規定であるが、一方的に商品を送り付け又は配置する行為は、事前にカタログ等の送付をしていると否とに関わらず、単なる契約の「申込み」行為に過ぎない。したがって、この申込みを行った販売業者が勝手に、「購入の意思がない旨の通知がなければ購入を承諾したものとみなす」としていても、売買契約は成立しない(そのような意思表示の擬制は不当条項として無効でもある[消契法 10 条前段、参照])。同様に、勝手に商品を送付し、「購入しないのであれば返送せよ。返送しなければ購入とみなす」などとしていても、顧客に商品返送義務は生じない。

　このように商品代金支払義務も商品返送義務も生じないのであるから、実際のネガティブ・オプション問題は、民法でも十分解決されそうではある。しかし、当該商品の受領後、民法第 659 条(無償受寄者の保管義務)の類推によって自己の財産と同一の注意義務を課されたり、他人の所有物である以上、勝手に処分することもできないとも解される可能性もあるところから、かかる状態を長期にわたって続けることは、消費者に過重な負担を強いることになりかねない。そこで、特商法旧 59 条は、一定の期間経過後は、勝手に処分できるとしていた。

　しかし、2021 年改正では、そもそも保管義務を負わない方向が模索され、改正後は直ちに処分等が可能になる(改正特商法 59 条の 2 参照)。 ちなみに、外国の立法例には単に送りつけただけの場合、「贈与と看做す」とする立法例もある。

　同条の適用要件は、①売買契約の申込行為であること、及び②商品の送付が行われたことの2つである。したがって、売買契約の申込みでない場合は適用がない。例えば、1年間雑誌の購読契約をした際、1年経過前に購読者から購読を継続しないときにはその旨を通知すること及びその通知がない場合には継続すると両当事者間で合意がなされている場合、1年経過後当該雑誌を送付しても、それは売買契約の申込みとはならない。しかし、事前に何等の契約もない状態で勝手に商品を送付すれば、商品を送る行為が申込行為にも該当する場合が多く、この場合は要件を充足する。予めカタログを送付し、その際、購入しない旨の返事がなければ(購入の意思ありとみなして)商品を送付する旨をあわせて通知しても、その段階では「まだ」本条の適用はない。しかし、その後、返事がないからといって商品を送付すれば、その段階で本条の適用対象となる。①及び②の要件は、時点が異なっても構わず、両方の要件が充足された時点で、本条が適用される。なお、「送付した」とは、ある場所や人から他の場所や人に物を送り届けることであって、その手段は問わない。「送付」は、通常の場合、発送から到達までの過程を包括する観念である。したがって、郵便や運送等の手段により送付された場合はもちろん、販売業者自身が出向いて消費者のもとに商品を送り届ける場合も、これに該当する。例えば、**配置販売**で消費者の意思を確認しないままあるいは、消費者がいらない旨の意思を表示をしたにも関わらず、販売業者が勝手に商品等を置いていったような場合も本条の適用対象となる。

　現行特商 59 条は、一定の期間経過をもって販売業者の商品返還請求権が消滅する構成となっており、その一定期間を2種類に分けている。即ち、第1は、商品送付後 14 日であり、第2は商品の送付を受けた者が販売業者に対して商品の引取請求した場合に、その請求の日から7日である。この期間は、昭和 63(1988)年改正前においては「3月又は1月」とされていた。その理由は①民法第 240 条(遺失物の取得)と同等とみなして「6月」とする政府案が、国会審議で「3月」に短縮され、②他方、商品の送付を受けた者は、当該商品を自己のものと同一の注意を払って管理する義務が発生すると考えられることから、特に引取請求した場合は、販売業者が引取りに要

する期間をも考慮して「1月」とされた。しかし、その後の「ネガティブ・オプション商法」の実態では、商品の送付けを受けた者が所定期間内に返送できなかったり、包装を破ってしまった、家族が申し込んだものと誤解して、などの理由で代金支払義務が生じたと誤認し、商品を購入させられるというトラブルが多発した。このため商品の送付を受けた者が引取りを請求した場合におけるその商品を保管しなければならない期間はその引取りに要する期間として「7日間」に短縮されたが、それでも問題の解決にはならなかった。そこで、2021年改正法施行後は、直ちに処分することが可能となることになった(59条および59条の2参照)。いずれにせよ、送りつけによっても契約は成立していないのであるから、事業者は代金請求ができない。なお、商品の送付を受けた者にとって商行為となる売買契約については適用がない。

5 電話勧誘販売 (特商法第4節)

(1) 電話勧誘販売とは

特商法上の「電話勧誘販売」とは、販売業者または役務提供事業者が、消費者に電話をかけ、または特定の方法により電話をかけさせ、その電話において行う勧誘によって、消費者からの売買契約または役務提供契約の申込みを「郵便等」により受け、または契約を締結して行う商品、権利の販売または役務の提供をいう(特商2条)。事業者が電話をかけて勧誘を行い、その電話の中で消費者からの申込み(または契約の締結・承諾)を受けた場合だけでなく、電話をいったん切った後に郵便、電話等によって消費者が申込みを行った場合でも、電話勧誘によって消費者の購入意思の決定が行われた場合は、「電話勧誘販売」に該当する。要は、電話による勧誘行為と契約申込・承諾の間に因果関係が認められればよい。事業者が欺瞞的方法で消費者に「電話をかけさせて勧誘した」場合もこれに該当し、その方法として、政令では、①当該契約の締結について勧誘するためのものであることを告げずに電話をかけることを要請すること、②ほかの者に比して著しく有利な条件で契約を締結できることを告げ、電話をかけることを要請すること、などが規定されている。成人となった誕生日に「お誕生日おめでとう!」、「貴方が特別に選ばれました!」などと電話をして、商品購入を誘う手口は、よく知られている。「郵便等」には、郵便・信書便・電話・ファックス・情報処理の機器が含まれる。

電話勧誘販売は、勧誘手段が基本的に電話であるという点で、訪問販売以上に不意打ち性や攻撃性が強く、非対面での匿名性といった特徴がある。そこで、訪問販売とほぼ同様の規制が加えられている。ここにいう「特定権利」は、訪問販売と同様で、特商法における訪問販売、通信販売、電話勧誘販売に関する規定は、原則全ての商品・役務および特定権利について対象となり、その適用除外(特商第26条)も、訪問販売に準じる。

(2) 行政規制

a. 氏名等の明示義務および再勧誘禁止義務

事業者は、電話勧誘販売を行うときには、勧誘に先立ち、消費者に対して、①事業者の氏名(名称)、②勧誘を行う者の氏名、③販売しようとする商品(権利、役務)の種類、④契約の締結について勧誘する目的である旨を告げなければならない(特商16条)。そのうえで、事業者が電話勧誘を行った際、相手方が契約等を締結しない意思を表示した場合には、**勧誘の継続や再勧誘を禁止**している(特商17条)。匿名性の危険を低減し、執拗な電話勧誘を禁ずる趣旨である。

b. 書面交付義務および禁止行為

　電話勧誘販売により事業者が契約の申込みを受けたとき、あるいは契約を締結したときは、その後、上述の訪問販売に関する特商法 4 条、5 条の場合と同じく、一定の事項を記載した書面もしくは電子書面を消費者に交付しなければならない(法第 18 条、法第 19 条)。また、前払式電話勧誘販売における承諾等の通知についても特商法 13 条と同様の書面交付が義務づけられる(特商 20 条)。さらに、特商法 21 条は、電話勧誘販売において、①売買契約等の締結について勧誘を行う際、または締結後、申込みの撤回(または契約の解除)を妨げるために事実と異なることを告げること、②売買契約等の締結につき勧誘を行う際、故意に事実を告げないこと、③売買契約を締結させ、または契約の申込みの撤回(または契約の解除)を妨げるために相手を威迫して困惑させることを禁止している。

　以上のような行政規制に違反した事業者は、業務改善指示(特商 22 条)や業務停止命令(特商 23 条)、業務禁止命令(特商 23 条の 2)等の行政処分のほか、罰則の対象となる。

(3)民事ルール

a. クーリング・オフ

　電話勧誘販売の際、消費者が契約を申込み、または契約を締結した場合でも、<u>法定書面を受け取った日から8日間以内</u>であれば、消費者は事業者に対して、書面により、申込みの撤回または契約解除(クーリング・オフ)をすることができる(特商 24 条)。事業者が、クーリング・オフに関する事項につき事実と相違することを告げ、あるいは威迫したりすることによって、消費者が誤認・困惑してクーリング・オフしなかった場合は、上記期間を経過していても、消費者はクーリング・オフ権を行使できる。

　クーリング・オフ権を行使した場合、消費者が既に商品もしくは権利を受け取っているときは、<u>販売業者の負担によって</u>、その商品を引き取ってもらうこと及び権利を返還できる。また、役務がすでに提供されている場合も、その対価を支払う必要はない。同様に、消費者は、損害賠償や違約金を支払う必要もなく、既に頭金等の対価の一部を支払っている場合は速やかに当該金額を返還してもらうとともに、土地または建物そのほかの工作物の現状が変更されている場合は、無償で原状に戻してもらうことができる。但し、使用後は商品価値がほとんどなくなる、いわゆる消耗品を使ってしまった場合や、現金取引の場合で代金・対価の総額が 3000 円未満の場合は、クーリング・オフの規定が適用されない可能性があるので注意を要する。なお、2021 年改正法後の電子的方法による、クーリング権の行使は、前述(23 頁以下)のとおりである。

b. 過量販売契約の解消

　従来、訪問販売で導入されていた過量販売解除権は、電話勧誘販売では適用対象となっていなかった。しかし、平成 28(2016)年改正で、過量販売禁止規定と消費者の契約解消権が電話勧誘の局面にも導入された。したがって、現在では、電話勧誘販売で、消費者が通常必要とされる量を著しく超える商品・役務・特定権利を購入する契約を結んだ場合、契約締結後 1 年間は、契約の申込みの撤回又は契約の解除ができる(特商 24 条の 2)。もっとも、「過量」の観念は依然として問題であり、また、消費者にその契約を結ぶ特別の事情があったときは適用除外となる。このときの清算ルールは、原則、クーリング・オフの場合と同様の清算ルールに服する。

c. 顧客の意思表示の取消し

　事業者が、契約の締結について勧誘をする際、①事実と相違することを告げられた場合に、そ

の告げられた内容が事実であると誤認した場合、②故意に事実を告げられなかった場合で、その事実が存在しないと誤認した場合、それによって消費者が契約の申込みまたはその承諾の意思表示をしたときは、その意思表示を取り消すことができる（特商24条の3）。これは、消契法4条1項、2項に対応する取消事由である。

d. 契約解消に伴う損害賠償等の額の制限

クーリング・オフ期間の経過後、たとえば代金の支払い遅延等消費者の債務不履行を理由として契約が解除された場合にも、事業者から法外な損害賠償を請求されることのないよう、特商法は次のような制限をしており、事業者はこれを超えて請求できない（特商25条）。

①商品（権利）が返還された場合、通常の使用料の額（販売価格から転売可能価格を引いた額が、通常の使用料の額を超えているときにはその額）

②商品（権利）が返還されない場合、販売価格に相当する額

③役務を提供した後である場合、提供した役務の対価に相当する額

④商品（権利）をまだ渡していない場合（役務を提供する前である場合）、契約の締結や履行に通常要する費用の額

＊これらに法定利率の遅延損害金が加算される。

e. 適格消費者団体による差止請求

事業者が以下の行為を不特定かつ多数の者に、現に行い、または行うおそれがあるときは、適格消費者団体は、事業者に対し行為の停止もしくは予防、その他の必要な措置をとることを請求できる（特商58条の20）。

①契約を締結するため、勧誘するときに、事実と違うことを告げる行為

②契約を締結するため、勧誘するときに、故意に事実を告げない行為

③契約を締結するため、または解除を妨げるため、威迫して困惑させる行為

④消費者に不利な特約、契約解除に伴う損害賠償額の制限に反する特約を含む契約の締結行為

6 連鎖販売取引（特商法第3章）

（1）連鎖販売取引とは

個人を販売員として勧誘し、更にその個人に次の販売員の勧誘をさせるというかたちで、販売組織を連鎖的に拡大して行う商品・役務の取引を「連鎖販売取引」という。ここでは、勧誘による商品の販売連鎖と、遠からず訪れる組織展開の破綻に着目している。一般には、「**マルチ取引**（マルチレベル・マーケッティング・プラン[MML]）」などと呼ばれることもある。販路の拡張方法の一つとして利用されることも多いが、適正対価での商品販売よりも、ネズミ講的な金銭配当組織となっているものも少なくない（「ベルギーダイヤモンド事件（広島高判平成5・7・16判タ858号198頁」はその典型。最判昭和60・12・12刑集39巻8号547頁[人工宝石マルチ]、名古屋高裁金沢支判昭和62・8・31判時1254号76頁[印鑑マルチ]等も参照。なお**無限連鎖講の防止に関する法律**[昭和53年法101号]は、罰則をもって全面的に禁止している）。特商法の規制対象となる「**連鎖販売業**」は、①物品の販売（または役務の提供など）の事業であって、②再販売、受託販売もしくは販売のあっせん（または役務の提供もしくはそのあっせん）をする者を、③特定利益が得られると誘引し、④特定負担を伴う取引（取引条件の変更を含む。）をするものと定める（特商33条）。たとえば、「この会に入会すれば売値の3割引で商品を買えるので、他人を誘ってその人に売れば儲かる」とか、「他の人を勧誘して入会させると1万円の紹介料がもら

える」などと人々を勧誘し(このような利益が「**特定利益**」である)、取引を行うための条件として、1 円以上の負担をさせる(この 負担が「**特定負担**」である)場合であれば「連鎖販売取引」に該当する。さらに複雑かつ多様な契約形態をとるものも多くあるが、入会金・保証金・サンプル商品・商品などの名目を問わず、取引を行うために何らかの金銭負担のあるものはすべて「連鎖販売取引」に該当する。

(2)　連鎖販売取引の規制内容

a.規整の概要　　連鎖販売取引において、統括者・勧誘者・一般連鎖販売業者は、自己の氏名・名称・勧誘目的・対象商品等の明示義務を負う(33 条の 2)。

また、勧誘に際しての禁止行為として、商品・特定負担・解除可能性・特定利益等、相手方の判断に影響を及ぼす重要事項について不実のことを告げてはならず、解除を妨げる不実告知、解除を妨げる威迫・困惑させる行為、不当な誘引行為などが定められている(34 条参照)。こうした禁止行為については、統括者等に対し、違反していない旨の裏付けとなる合理的根拠を示す資料の提出義務が課されており、それが提出されない場合は、不実告知があったものと看做されることとし、行政的規整を容易にしている(34 条の 2 。36 条の 2 と併せて規整の手法として注目される)。広告の表示事項も定められており(35 条及び施行規則 25 条、26 条)、不実表示又は著しい優良・有利誤認をもたらす誇大広告は禁じられている(35 条、36 条)。また、承諾をしていない者に対する電子メール広告も禁じられている(36 条の 3 、36 条の 4)。

契約を締結しようとする場合には、契約締結前に、連鎖販売契約の概要書面の交付が義務づけられている。

b.クーリング・オフ等　　　取引相手方には、消費者契約法に準ずる形で取消権が認められているほか(40 条の 3)、鎖販売取引の際、消費者(無店舗個人)が契約をした場合でも、法律で決められた書面を受け取った日(商品の引渡しの方が後である場合には、その日)から数えて 20 日間以内であれば、消費者は連鎖販売業を行う者に対して、書面により契約の解除(クーリング・オフ)をすることができる(40 条)。また、 連鎖販売契約を結んで組織に入会した消費者(無店舗個人)は、クーリング・オフ期間の経過後も、将来に向かって連鎖販売契約を解除できる。そのようにして退会した消費者は、一定条件を満たせば、商品販売契約を将来に向かって解除することができる(40 条の 2)。あとは、「達磨落とし」のように、連鎖の関係から抜け出ることができる。

特定商取引（その２）

（初出法学セミナー 2018/09/no.764）

　ここでは、引き続き、特定商取引法の残りの取引類型に対する規制について説明する。対象となる取引類型は、特定継続的役務提供、業務提供誘引販売取引、訪問購入の３つである。いずれも、役務との結合や、役務提供が売買の誘引となっている場面、売主・買主が訪問販売とは逆転している場面など、きわめて実務的である。規制態様も、行政的規制と民事ルールの組み合わせによって、様々な工夫がほどこされている。

7　特定継続的役務提供（特商法第4章）

（a）特定継続的役務提供とは

　特定継続的役務提供は、長期・継続的な役務の提供と、これに対する比較的高額な対価を約する取引をいい、役務提供を受ける者の「身体の美化、知識・技能の向上などの目的を実現させることをもって誘引され」るが、その「目的の実現が確実でない」という特徴を持つ有償役務である。特商法上の「特定継続的役務」は、このうち、一定期間を超える期間にわたり、一定金額を超える対価を受け取って提供するもので政令等で指定されたものをいう(41条)。これには役務提供を受ける「権利」の販売も含まれ、「特定権利販売」と呼ばれ、要件に該当すれば、店頭契約も規制対象となる。従来の役務提供(ピアノ教室・習字・そろばん塾など)が「月謝型」であったのに対し、ここでは、数ヶ月から数年単位で契約期間が設定され、大量の単位でのチケット販売などによる代金前払いが要求されるために中途での解約が困難なタイプの契約も念頭に置かれている。

　現在、**エステティック、美容医療、語学教室、家庭教師、学習塾、結婚相手紹介サービス、パソコン教室**の7つの役務が対象として指定されている(特商41条、政令11条、12条、別表第4)。

　このようなサービスは提供者によって役務の質にばらつきがあるだけでなく、受け手の個性によっても効果が異なるため、トラブルになりやすい。民法651条は委任(準委任)契約について、中途解約権を定めているが、多くの事業者による契約書では、それが制限されている。そこで、特商法では、特定継続的役務取引について、関連商品を含めた契約内容や条件を正しく情報提供させるとともに、消費者の選択機会の確保のため、事業者の書面交付義務と消費者のクーリング・オフ権、広告規制や勧誘行為規制のほか、中途解約権と違約金の制限条項を定めた。

　特定継続的役務提供に関連して、近時、特に議論されたのは「美容医療契約」である。美容医療契約の中でも、特に役務が継続的に提供されるものについては、特定継続的役務提供ということで規制することに肯定的意見が多かったが、具体的に規定を置くに当たり、範囲をどう画するかについて、疑問が残った。継続性のない1回だけの施術などに関しても多くの問題事例があることを考えると、このように限られた局面だけでの対応で良いかが問われよう(その場合は、消費者契約法あるいは医療法での対応が必要である)。

（b）7種の指定役務

　現在、次の7役務が特定継続的役務として指定されている(いずれも契約金総額 5 万円を超えるものに限られる(政令11条2項))。

①「**エステティックサロン**」：人の皮膚を清潔にしもしくは美化し、体型を整え、または体重を減ずるための施術を行うこと（いわゆる「美容医療」に該当するものを除く）＜1ヶ月を超えるもの＞

②「**美容医療**」：人の皮膚を清潔にし若しくは美化し、体型を整え、体重を減じ、又は歯牙を漂白するための医学的処置、手術及びその他の治療を行うこと（美容を目的とするものであって、主務省令で定める方法によるものに限る）＜1ヶ月を超えるもの＞

③「**語学教室**」：語学の教授（入学試験に備えるためまたは大学以外の学校における教育の補習のための学力の教授に該当するものを除く）＜2月を超えるもの＞

④「**家庭教師**」：学校（小学校および幼稚園を除く）の入学試験に備えるためまたは学校教育（大学および幼稚園を除く）の補習のための学力の教授（いわゆる「学習塾」以外の場所において提供されるものに限る）＜2月を超えるもの＞

⑤「**学習塾**」：入学試験に備えるためまたは学校教育の補習のための学校（大学および幼稚園を除く）の児童、生徒又は学生を対象とした学力の教授（役務提供事業者の事業所その他の役務提供事業者が当該役務提供のために用意する場所において提供されるものに限る）＜2月を超えるもの＞

⑥「**パソコン教室**」：電子計算機またはワードプロセッサーの操作に関する知識または技術の教授　＜2月を超えるもの＞

⑦「**結婚相手紹介サービス**」：結婚を希望する者への異性の紹介＜2月を超えるもの＞

　以上のような限定に合理性があるかは、疑問がないではない（たとえば、浪人生のみを対象とする予備校教育や資格取得講座を対象からはずす意味があるのか、発毛・増毛サービスもエステティックに該当するのではないか等）。なお、一般的適用除外（法第50条）は、他の類型の場合と同じである。

(c) 特定継続的役務提供に対する行政規制

　i)　書面の交付（特商法42条、省令32条から36条）

　事業者が特定継続的役務提供（特定権利販売）について契約する場合には、それぞれ、以下の書面を消費者に渡さなければならない。

　①契約の締結「前」には、当該契約の概要を記載した書面（「**概要書面**」）で、以下の事項を記載すべきものとされている。

　　1.事業者の氏名（名称）、住所、電話番号、法人ならば代表者の氏名

　　2.役務の内容

　　3.購入が必要な商品がある場合にはその商品名、種類、数量

　　4.役務の対価（権利の販売価格）そのほか支払わなければならない金銭の概算額

　　5.上記の金銭の支払い時期、方法

　　6.役務の提供期間

　　7.クーリング・オフに関する事項

　　8.中途解約に関する事項

　　9.割賦販売法に基づく抗弁権の接続に関する事項

　　10.前受金の保全に関する事項

　　11.特約があるときには、その内容

　②契約の締結「後」には、遅滞なく、契約内容について明らかにした書面（「**契約書面**」）を渡さなければならず、この「契約書面」には、以下の事項を記載しなければならない。

1. 役務（権利）の内容、購入が必要な商品がある場合にはその商品名

2. 役務の対価（権利の販売価格）そのほか支払わなければならない金銭の額

3. 上記の金銭の支払い時期、方法

4. 役務の提供期間

5. クーリング・オフに関する事項

6. 中途解約に関する事項

7. 事業者の氏名（名称）、住所、電話番号、法人ならば代表者の氏名

8. 契約の締結を担当した者の氏名

9. 契約の締結の年月日

10. 購入が必要な商品がある場合には、その種類、数量

11. 割賦販売法に基づく抗弁権の接続に関する事項

12. 前受金の保全措置の有無、その内容

13. 購入が必要な商品がある場合には、その商品を販売する業者の氏名（名称）、住所、電話番号、法人ならば代表者の氏名

14. 特約があるときには、その内容

ここでは、とくに、役務提供に伴って購入すべき商品についての情報が重要である（特商法 48条、政令 14 条）。そのほか消費者に対する注意事項として、他の場合と同様、書面をよく読むべきことを赤枠の中に赤字で記載しなければならず、また、契約書面におけるクーリング・オフの事項についても赤枠の中に赤字で記載しなければならず、書面の字の大きさは8ポイント（官報の字の大きさ）以上であることが必要とされている。

ii）禁止行為

特商法は、誇大広告や著しく事実と相違する内容の広告による消費者トラブルを未然に防止するために、役務の内容などについても、「著しく事実に相違する表示」や「実際のものより著しく優良であり、もしくは有利であると人を誤認させるような表示」を禁止している（第43条）。

また、特定継続的役務提供における、次のような不当行為を禁止している（特商法44条）。

すなわち、①契約の締結について勧誘を行う際、または締結後、その解除を妨げるために、事実と違うことを告げること、②契約の締結について勧誘を行う際、故意に事実を告げないこと、③契約の締結について勧誘を行う際、または締結後、その解除を妨げるために、相手を威迫して困惑させることである。これらは、消契法における取消事由とも重なる。

また、「前払方式」で5万円を超える特定継続的役務提供を行う事業者に対しては、消費者が事業者の財務内容などについて確認できるよう、その業務および財産の状況を記載した書類（貸借対照表、損益計算書など）を用意しておくことや、それを、消費者の求めに応じて、閲覧できるようにしておくことが義務づけられている（特商法45条）。

以上の行政規制に違反した事業者は、業務改善指示（特商法46条）や業務停止命令（同47条）、業務禁止命令（同47条の2）などの行政処分のほか、罰則の対象となる。

（d）民事ルール

（i）クーリング・オフ権（特商法48条）

特定継続的役務提供において、消費者が契約を締結した場合でも、法定書面を受け取った日

から数えて8日間以内であれば、消費者は事業者に対し、書面により、契約（関連商品の販売契約を含む）を無条件で解消（クーリング・オフ）することができる。これは、不意打ち的勧誘に対処するというより、役務の内容や有用性、自分への適合性などについて、消費者に熟慮する期間を与えようとの趣旨に基づくものと考えられる（さらに、「中途解約権」がこれを補完する）。

クーリング・オフを行った場合、消費者がすでに商品もしくは権利を受け取っている場合は、販売業者の負担によって、その商品を引き取ってもらうこと、および、権利を返還することができ、また、役務がすでに提供されている場合でも、消費者はその対価を支払う必要がない。同じく、消費者は、損害賠償や違約金を支払う必要はなく、すでに頭金などの対価を支払っている場合は、すみやかにその金額を返済してもらうことができる。ただ、使用によって商品価値がほとんどなくなる、いわゆる**消耗品**（健康食品、化粧品など）では、クーリング・オフの規定が適用されないとされている（その場合でも、事業者によってそそのかされて開封させられた場合や、**返済不能となる1単位の捉え方**には留意する必要がある）。

ここにいう「**関連商品**」は、特定継続的役務の提供の際、消費者が購入する必要がある商品として政令で定められている商品である。消費者が本体の特定継続的役務提供契約をクーリング・オフ（または中途解約）した場合、その関連商品についてもクーリング・オフ（または中途解約）することができる。具体的に指定されている関連商品は次の通りである（施行令別表第5）。

①エステティックについては、いわゆる健康食品、化粧品、石けん（医薬品を除く）および浴用剤、下着類・美顔器、脱毛器。

②美容医療については、いわゆる健康食品、化粧品、マウスピース（歯牙の漂白のために用いられるものに限る。）及び歯牙の漂白剤、医薬品及び医薬部外品であって、美容を目的とするもの。

③語学教室、家庭教師、学習塾については、書籍（教材を含む）、カセット・テープ、CD、 CD-ROM 、DVD など、ファクシミリ機器、テレビ電話、

④パソコン教室については、電子計算機およびワードプロセッサー並びにこれらの部品および付属品、書籍・カセット・テープ、CD 、CD-ROM 、DVD など

⑤結婚相手紹介サービスについては、真珠並びに貴石および半貴石、指輪その他の装身具。

(ii)中途解約権（特商法49条）

消費者は、クーリング・オフ期間経過後においても、将来に向かって特定継続的役務提供などの契約（関連商品の販売契約を含む）を解除（中途解約）することができる。その際、事業者が消費者に対して請求し得る損害賠償等の額の上限は、以下の通りと定められ、それ以上の額をすでに受け取っている場合には、残額を返還しなければならない。

①契約の解除が役務提供開始前である場合

契約の締結および履行のために通常要する費用の額として役務ごとに政令で定める以下の額。

エステティックサロン　2万円

美容医療　2万円

語学教室　1万5000円

家庭教師　2万円

学習塾　1万1000円

パソコン教室　1万5000円

結婚相手紹介サービス　3万円

②契約の解除が役務提供開始後である場合（αとβの合計額）

    α   提供された特定継続的役務の対価に相当する額

    β   当該特定継続的役務提供契約の解除によって通常生ずる損害の額として役務ごとに政令で定める以下の額

- エステティック　2万円または契約残額の 10 ％相当額のいずれか低い額

- 美容医療　5万円または契約残額の 20 ％相当額のいずれか低い額

- 語学教室　5万円または契約残額の 20 ％相当額のいずれか低い額

- 家庭教師　5万円または当該特定継続的役務提供契約における一か月分の授業料相当額のいずれか低い額

- 学習塾　2万円または当該特定継続的役務提供契約における一か月分の授業料相当額のいずれか低い額

- パソコン教室　5万円または契約残額の 20 ％相当額のいずれか低い額

- 結婚相手紹介サービス　2万円または契約残額の 20 相当額のいずれか低い額

　この関連では、最判平成 19・4・3（民集 61 巻 3 号 967 頁＝西田隆裕・法曹時報62巻8号132頁＝山本豊・ジュリスト臨時増刊1354号82頁＝石田剛・消費者法判百〈第 2 版〉69 事件）が注目される。

　そこでは、特商法41条1項1号所定の特定継続的役務提供契約に該当する「外国語会話教室」の受講契約中に、受講者が受講開始後に契約を解除した際の受講料清算について定める約定が存しており、〔1〕受講者は、契約締結に当たり、登録ポイント数が多くなるほど安くなるポイント単価を定める料金規定に従い受講料をあらかじめ支払ってポイントを登録し、登録したポイントを使用して1ポイントにつき1回の授業を受けるものとされていたところ、料金規定においては、登録ポイント数に応じて一つのポイント単価が定められ、受講者が提供を受ける各個別役務について異なる対価額が定められておらず、〔2〕約定内容は、使用したポイント数に、料金規定に定める各登録ポイント数のうち使用ポイント数以下でそれに最も近いものに対応するポイント単価を乗ずるなどして、受講料から控除される使用済ポイントの対価額を算定する旨を定めていた（約定に従って算定される使用済ポイント対価額は、契約の締結に当たって登録されたポイント数に対応するポイント単価によって算定される使用済ポイントの対価額よりも常に高額となる）という事案である。判決理由では、

　　　「本件料金規定においては、登録ポイント数に応じて、一つのポイント単価が定められており、受講者が提供を受ける各個別役務の対価額は、その受講者が契約締結の際に登録した登録ポイント数に応じたポイント単価、すなわち、契約時単価をもって一律に定められている。本件契約においても、受講料は、本件料金規定に従い、契約時単価は一律に1200円と定められており、被上告人が各ポイントを使用することにより提供を受ける各個別役務について、異なった対価額が定められているわけではない。そうすると、本件使用済ポイントの対価額も、契約時単価によって算定されると解するのが自然というべきである。／上告人は，本件使用済ポイントの対価額について，本件清算規定に従って算定すべきであると主張する。しかし、本件清算規定に従って算定される使用済ポイントの対価額は、契約時単価によって算定される使用済ポイントの対価額よりも常に高額となる。本件料金規定は、契約締結時において、将来提供される各役務について一律の対価額を定めているのであるから、それとは別に、解除があった場合にのみ適用される高額の対価額を定める本件清算規定は、実質的には、損害賠償額の予定又は違約金の定めとして機能するもので、上記各規定の趣旨に反して受講者による自由な解除権の行使を制約するものといわざるを得ない。／そうすると，本件清算規定は，役務提

供事業者が役務受領者に対して法49条2項1号に定める法定限度額を超える額の金銭の支払を求めるものとして無効というべきであり、本件解除の際の提供済役務対価相当額は、契約時単価によって算定された本件使用済ポイントの対価額と認めるのが相当である。」

とした。本判決のインパクトは大きく、経済産業省は、速やかに本判決に沿う内容に通達を改正した(平成 19・4・13)。契約締結時の単価での清算には、紛争解決基準としての明確さはあるものの、大量・長期での契約者の中途解約が、少量・短期での契約者の場合より有利になることへの違和感は拭えない。おそらく、通常の割引単価に比して、あまりに単価の違いの大きいことが、多くの回数での利用を呼び込み、不当に長期に顧客を拘束すると評価されたものであろう(おそらく、新幹線の割引回数券や、列車の定期券等について同様に議論は妥当すまい。鎌田薫・NBL858 号 12 頁、14 頁)。

(iii)意思表示の取消し(法第 49 条の 2)

　事業者が特定継続的役務提供契約の締結について勧誘を行う際、①事業者が事実と違うことを告げた場合であって、その告げられた内容が事実であると消費者が誤認した場合、②事業者が故意に[または重大な過失で]事実を告げなかった場合で、その事実が存在しないと消費者が誤認した場合、消費者が契約の申込みまたはその承諾の意思表示をしたときには、その意思表示を取り消すことができる。これは、消契法 4 条の誤認惹起行為と同様の規律である。たとえば、通達(平成 29・11・1)によれば、フリータイム制の語学教室として募集しながら、会員が大幅に超過して予約が取れない状況があるのに、事業者が意図的にそれを隠して告げなかった場合などがこれにあたる(特商法 42 条の 2 第 1 項 2 号、44 条 2 項、44 条 1 項 1 号)。

(e)　事業者の行為の差止請求(特商法 58 条の 22)

　役務提供事業者または販売業者が以下の行為を不特定かつ多数の者に、現に行い、または行うおそれがあるときは、適格消費者団体は、各事業者に対し、行為の停止もしくは予防、その他の必要な措置をとることを請求できる。

　　1.誇大な広告等を表示する行為

　　2.契約を締結するため、勧誘するときに、事実と違うことを告げる行為

　　3.契約を締結するため、勧誘するときに、故意に事実を告げない行為

　　4.契約を締結するため、または解除を妨げるため、威迫して困惑させる行為

　　5.消費者に不利な特約、契約解除に伴う損害賠償額の制限に反する特約を含む契約の締結行為

　　(関連商品販売契約については、関連商品の販売を行うものによる行為)

8　業務提供誘引販売取引 (特商法第5章)
(a) 業務提供誘引販売とは

　業務提供誘引販売は、「仕事を提供するので収入が得られる」という口実で消費者を誘引し、仕事に必要であるとして、商品等を売って金銭負担を負わせる取引で、いわゆる「**内職商法**」や「**モニター商法**」がその典型である。特商法 51 条は、「業務提供誘引販売取引」を、①物品の販売または役務の提供(そのあっせんを含む)の事業であって、②業務提供利益が得られると相手方を誘引し、③その者と特定負担を伴う取引をするもの、と定義している。業務提供の「契約」までは要件でなく、「誘引」して商品等を販売していれば、これに該当する。

　業務提供誘引販売取引の具体例には、①販売されるパソコンとコンピューターソフトを使用して

行うホームページ作成の在宅ワーク、②販売される着物を着用して展示会で接客を行う仕事、③販売される健康寝具を使用した感想を提供するモニター業務、④購入したチラシを配布する仕事、⑤ワープロ研修という役務の提供を受けて修得した技能を利用して行うワープロ入力の在宅ワークなどがある。従来は、仕事の提供と、商品・役務の提供が別個の契約であるとして、仕事が約束通り提供されない場合や、事業者が倒産した場合も、商品・役務の提供契約には影響しないと主張する事業者と消費者の間でのトラブルが生じていた。

　特商法は、広告表示、契約書面、クーリング・オフにおいて、仕事の提供契約と商品・役務の契約を「一体のもの」として扱うこととし、概要書面や契約書面に正しく契約内容を表示することを要求するとともに、商品・役務の代金支払方法としてクレジット契約を利用した場合は、業務の提供に関する債務不履行を理由に、クレジット会社への支払拒絶の抗弁が主張できることとした（割賦30条の4）。

(b) 業務提供誘引販売取引に対する行政規制
(i) 氏名等の明示義務（特商法51条の2）
　業務提供誘引販売業者は、業務提供誘引販売取引を行うときには、勧誘に先立って、消費者に対して、①業務提供誘引販売業を行う者の氏名（名称）、②特定負担を伴う取引についての契約の締結について勧誘をする目的である旨、③その勧誘に関する商品または役務の種類を告げなければならない。

(ii) 禁止行為（特商法52条）
　特定商取引法は、業務提供誘引販売取引業者が、契約の締結について勧誘を行う際、または締結後、取引の相手方に契約を解除させないようにするために、嘘をつくことや威迫して困惑させるなど不当な行為を禁止している。具体的には、以下のようなことが禁じられている。

> ①勧誘の際、または契約の締結後、その解除を妨げるために、商品の品質・性能等、特定負担、契約解除の条件、業務提供利益、そのほかの重要事項について事実を告げず、あるいは事実と違うことを告げること
> ②勧誘の際、または契約の締結後、その解除を妨げるために、相手方を威迫して困惑させること
> ③勧誘目的を告げない誘引方法（いわゆるキャッチセールスやアポイントメントセールスと同様の方法）により誘引した消費者に対して、公衆の出入りする場所以外の場所で、業務提供誘引販売取引についての契約の締結について勧誘を行うこと

(iii) 広告の表示等（特商法53条、54条）
　業務提供誘引販売業を行う者が業務提供誘引販売取引について広告する場合には、次の事項を表示しなければならない。

> ①商品（役務）の種類
> ②取引に伴う特定負担に関する事項
> ③業務の提供条件
> ④業務提供誘引販売業を行う者の氏名（名称）、住所、電話番号
> ⑤業務提供誘引販売業を行う者が法人であって、電子情報処理組織を使用する方法によって広告をする場合には、当該業務提供誘引販売業を行う者の代表者または業務提供誘引販売業に関する業務の責任者の氏名

⑥商品名

⑦電子メールによる商業広告を送る場合には、業務提供誘引販売業を行う者の電子メールアドレス

その上で、誇大広告や著しく事実と相違する内容の広告による消費者トラブルを未然に防止するため、表示事項等について、「著しく事実に相違する表示」や「実際のものより著しく優良であり、もしくは有利であると人を誤認させるような表示」を禁止している(なお、合理的根拠を示す資料の提出につき、52条の2も参照)。

(iv)未承諾者に対する電子メール広告の提供の禁止(特商法54条の3)

消費者があらかじめ承諾しない限り、業務提供誘引販売を行う者は、業務提供誘引販売取引電子メール広告を送信することは、原則禁止される(**オプトイン規制**)。

この規制は、業務提供誘引販売を行う者のみならず、業務提供誘引販売電子メール広告受託事業者も対象となる。したがって、当該電子メール広告の提供について、消費者から承諾や請求を受けた場合は、最後に電子メール広告を送信した日から 3 年間、その承諾や請求があった記録を保存することが必要である。

ただし、①「契約の成立」「注文確認」「発送通知」などに付随した広告契約内容や契約履行に関する通知など「重要な事項」を通知するメールの一部に広告が含まれる場合、②メルマガに付随した広告消費者からの請求や承諾を得て送信する電子メール広告の一部に広告を記載する場合、③フリーメール等に付随した広告インターネット上で、無料でメールアドレスを取得できるサービスで、無料の条件として、利用者がそのアドレスからメールを送ると、当該メールに広告が記載されるものなどの一部に広告を記載する場合、は適用除外とされている。

(v)書面交付義務(特商法55条)

業務提供誘引販売業を行う者は、業務提供誘引販売取引について契約する場合には、契約締結前に「概要書面」を、契約締結後に「契約書面」をそれぞれ消費者に渡さなければならない。「概要書面」、「契約書面」の内容も、法定されており、販売する商品・役務の内容のみならず、業務の提供条件や特定負担なども記載しなければならない。また、代金支払にクレジットを利用した場合には、割賦販売法による支払停止の抗弁についても記載しておかねばならない。

上記の行政規制に違反した者は、業務改善指示(特商法 56 条)や業務停止命令(同 57 条)、業務禁止命令(同 57 条の 2)等の行政処分のほか、罰則の対象となる。

(c) 民事ルール

(i)契約の解除(クーリング・オフ)(特商法58条)

業務提供誘引販売取引の際、消費者が契約をした場合でも、法律で決められた書面を受け取った日から数えて**20日間**以内であれば、消費者は業務提供誘引販売業を行う者に対して、書面により契約の解除(クーリング・オフ)をすることができる。通常の場合より熟慮期間が長いのは、取引の仕組みや内容について理解するまでに時間を要すると考えられたからである。

なお、業務提供誘引販売業を行う者が、事実と違うことを言ったり威迫したりすることにより、消費者が誤認・困惑してクーリング・オフしなかった場合には、上記期間を経過していても、消費者がクーリング・オフをできることは、他の場合と同じである。この場合、業者は契約解除に伴う損害賠償や違約金の支払いを請求できず、商品の引取り費用も業者の負担となる。ただ、原状回復義務については、契約を解除する双方が負うものとされており、業者は支払われた代金、取引料を返還するとともに、消費者は引渡しを受けた商品を業者に返還しなければならない。

(ii)意思表示の取消し（特商法 58 条の2）

業務提供誘引販売業を行う者が、契約締結について勧誘をする際、①事実と違うことを告げた場合であって、消費者がその告げられた内容が事実であると誤認した場合、②故意に事実を告げなかった場合であって、消費者がその事実が存在しないと誤認した場合、消費者は契約の申込みまたはその承諾の意思表示を取り消すことができる。消契法 4 条の取消権と同様である。

(iii)損害賠償等の額の制限（特商法 58 条の3）

クーリング・オフ期間の経過後、たとえば代金の支払い遅延等、消費者の債務不履行を理由として契約が解除された場合に、事業者から法外な損害賠償を請求されることがないよう、特商法は次のような制限を課しており、事業者はこれを超えて請求できない。

> ①商品が返還された場合には、通常の使用料の額（販売価格から転売可能価格を引いた額が、通常の使用料の額を超えているときにはその額）
> ②商品が返還されない場合には、販売価格に相当する額
> ③役務を提供した後である場合には、提供した役務の対価に相当する額
> ④商品をまだ渡していない場合（役務を提供する前である場合）には、契約の締結や履行に通常要する費用の額

これらには、法定利率の遅延損害金が加算される。

(d) 事業者の行為の差止請求（特商法 58 条の 23 ）

業務提供誘引販売業者が以下の行為を不特定かつ多数の者に、現に行い、または行うおそれがあるときは、適格消費者団体は、当該事業者に対し、行為の停止もしくは予防、その他の必要な措置をとることを請求できる。

> ①契約を締結するため、勧誘するときに、事実と違うことを告げる行為または故意（又は重大な過失により）に事実を告げない行為
> ②契約を締結するため、または解除を妨げるため、威迫して困惑させる行為
> ③誇大な広告等を表示する行為
> ④業務提供誘引販売取引につき、利益が生ずることが確実であると誤解させる断定的判断の提供により契約締結を勧誘する行為
> ⑤消費者に不利な特約、契約解除に伴う損害賠償額の制限に反する特約を含む契約の締結行為

9　訪問購入 （特商法第5章の2）
(a) 訪問購入とは

訪問購入とは、事業者が消費者の自宅等を訪問して、物品の「購入」を行う取引であり、訪問販売とは売主・買主が逆転する。特商法の規制対象となる「訪問購入」は、購入業者が、店舗等以外の場所（例えば、消費者の自宅等）で行う物品の購入を意味する(58 条の 4)。とくに高齢者を相手とする強引な貴金属の「押し買い」は大きな社会問題となった。

「訪問購入」の対象商品からは、「売買契約の相手方の利益を損なうおそれがないと認められる物品」又は訪問購入に関する法の規制の対象となった場合に「流通が著しく害されるおそれがあると認められる物品」が、政令によって除外されている。政令 16 条の 2 で列挙されている物品には、2 輪を除く自動車、各種家庭用電気機械器具、家具、書籍・有価証券・レコード・CD・DVDがある。これらは、主として、クーリング・オフ制度の導入を想定した場合に、速やかに転売された

り、他の物品との混入によって区別が困難になることが理由とされている。

　「購入業者」は、物品の購入を業として営む者であり、「業として営む」とは、営利の意思をもって、反復継続して取引を行うことをいい、営利の意思の有無は、その者の意思にかかわらず、客観的に判断される。

　特商法 58 条の 17 によれば、事業者がその従業員に対して行った訪問購入などの一般的適用除外のほか、①いわゆる「御用聞き」取引の場合、②いわゆる「常連取引」の場合、③住居からの退去・引っ越しに際して売買契約の相手方から取引を誘引した場合は、一部の規定(法第 58 条の 5、法第 58 条の 6 第 2 項及び同条第 3 項)を除き、特商法の規律が適用されない(政令第 16 条の 3)。

　訪問購入に関する規制を、商品券等との「**交換**」が行われるような事例にも及ぼす必要がないかが問題とされている。物を買い取るときに現金で対価を支払えば、「買取り・購入」となるが、現金でなく金券等が渡されることもあり、これは「交換」であるから特商法の規律は及ばないというやりとりがされることがあるからである。このような事例については、訪問購入の成立を認めうるという解釈の明確化による対応が必要である。また、金券以外にも、いわゆる「物々交換」として、物と物が交換される場合も考えられ(「ちり紙交換」を想起せよ)、「売買契約」という形での取引の成立が観念し難い場面については、引き続き状況を注視していく必要がある。

(b) 行政規制

(i)　事業者の氏名等の明示(特商法 58 条の 5)

　事業者は、訪問購入を行うときには、勧誘に先立ち、相手方に対して、①事業者の氏名(名称)、②契約の締結について勧誘をする目的であること、③購入しようとする物品の種類を告げなければならない。

(ii)　不招請勧誘の禁止(特商法 58 条の 6 第 1 項)

　事業者は、訪問購入に係る売買契約の締結についての勧誘の要請をしていない者に対し、相手方の自宅等で売買契約の締結について勧誘をし、又は勧誘を受ける意思の有無を確認してはならない。いわゆる「飛込み勧誘」や、単に相手方から「査定」の依頼があったような場合に、査定を超えて勧誘を行うことは、法に抵触することになる。いわゆる**不招請勧誘禁止**ルールが特商法に初めて導入されたものであり、注目される。

(iii)　再勧誘の禁止等(特商法 58 条の 6 第 2 項、第 3 項)

　事業者は、訪問購入を行うときには、勧誘に先立って相手方に勧誘を受ける意思があることを確認しなければならない。また、相手方が契約締結の意思がないことを示したときは、その訪問時においてそのまま勧誘を継続したり、その後改めて勧誘することが禁止されている。

(iv)　書面の交付(特商法 58 条の 7、58 条の 8)

　事業者は、契約の申込みを受けたときや契約を結んだときには、以下の事項を記載した書面を相手方に渡さなければならない。

　　　　①物品の種類
　　　　②物品の購入価格
　　　　③代金の支払時期、方法
　　　　④物品の引渡時期、方法
　　　　⑤契約の申込みの撤回(契約の解除)に関する事項

⑥物品の引渡しの拒絶(法第58条の15)に関する事項

⑦事業者の氏名(名称)、住所、電話番号、法人ならば代表者の氏名

⑧契約の申込み又は締結を担当した者の氏名

⑨契約の申込み又は締結の年月日

⑩物品名

⑪物品の特徴

⑫物品又はその附属品に商標、製造者名若しくは販売者名の記載があるとき又は型式があるときは、当該商標、製造者名若しくは販売者名又は型式

⑬契約の解除に関する定めがあるときには、その内容

⑭そのほか特約があるときには、その内容

このほか、他の取引類型の場合と同様、相手方に対する注意事項として、書面をよく読むべきことを、赤枠の中に赤字で記載しなければならない。

また、クーリング・オフに事項と物品の引渡しの拒絶(特商法58条の15)に関する事項についても、赤枠の中に赤字で記載し、書面の字の大きさは8ポイント(官報の字の大きさ)以上であることが必要である。

(v)物品の引渡し拒絶権に関する告知(特商法58条の9)

事業者は、クーリング・オフ期間内に売買契約の相手方から直接物品の引渡しを受ける場合には、相手方に対して当該物品の「引渡しを拒むことができる」旨を告げなければならない。

(vi)禁止行為(特商法58条の10)

訪問購入においては、以下のような不当行為が禁止される。

①売買契約の締結について勧誘を行う際、または契約の申込みの撤回(契約の解除)を妨げるために、事実と異なることを告げること

②売買契約の締結について勧誘を行う際、故意に(又は重大な過失により)事実を告げないこと

③売買契約を締結させ、または契約の申込みの撤回(契約の解除)を妨げるために、相手を威迫して困惑させること

④売買契約の対象となる物品の引渡しを受けるため、引渡し時期その他物品の引渡しに関する重要な事項について、故意に(又は重大な過失により)事実を告げない、事実と異なることを告げ又は相手を威迫して困惑させること。

(vii)第三者への物品引渡しについての契約相手方に対する通知(特商法58条の11)

事業者は、訪問購入取引の相手方から物品の引渡しを受けた後、クーリング・オフ期間内に第三者に当該物品を引き渡したときは、以下の事項を、遅滞なく、相手方に通知しなければならない。取り戻しを容易にするためである。

①第三者の氏名(名称)、住所、電話番号、法人ならば代表者の氏名

②物品を第三者に引き渡した年月日

③物品の種類

④物品名

⑤物品の特徴

⑥物品又はその附属品に商標、製造者名若しくは販売者名の記載があるとき又は型式があるときは、当該商標、製造者名若しくは販売者名又は型式

⑦その他相手方が第三者への物品の引渡しの状況を知るために参考となるべき事項

(viii)事業者が物品を引き渡した第三者への通知(特商法58条の11の2)

　事業者は、訪問購入取引の相手方から物品の引渡しを受けた後、クーリング・オフ期間内に第三者に当該物品を引き渡すときは、次の事項を、施行規則の様式第5又は様式第5の2による書面によって、第三者に通知しなければならない。これによって、第三者を「悪意」にして、即時取得を妨げるためである。もっとも、事業者によって、通知義務がきちんと履行されない場合、第三者が即時取得する可能性があることには注意が必要である。同業者から継続して転売を受けているような場合には、第三者には重大な過失があると推定されよう。

　　　　　①第三者に引き渡した物品が訪問購入取引の相手方から引渡しを受けた物品であること

　　　　　②相手方がクーリング・オフを行うことができること

　　　　　③相手方がクーリング・オフできる期間に関する事項

　　　　　④事業者が相手方に対して法第58条の8の書面を交付した年月日

　　　　　⑤事業者の氏名(名称)、住所、電話番号、法人ならば代表者の氏名

　　　　　⑥事業者が物品を第三者に引き渡す年月日

　　　　　⑦物品の種類

　　　　　⑧物品名

　　　　　⑨物品の特徴

　　　　　⑩物品又はその附属品に商標、製造者名若しくは販売者名の記載があるとき又は型式があるときは、当該商標、製造者名若しくは販売者名又は型式

　　　　　※既に相手方がクーリング・オフを実行している場合は、当該事実ならびに上記①、⑤〜⑩の事項を書面に記載する。

　上記のような行政規制に違反した事業者は、業務改善指示(特商法58条の12)や業務停止命令(同58条の13)、業務禁止命令(同58条の13の2)の行政処分のほか、罰則の対象となる。

(c) 民事ルール

(i) 契約の申込みの撤回または契約解除(クーリング・オフ制度)(特商法58条の14)

　訪問購入の際、売買契約の相手方が契約を申し込み又は契約を締結した場合でも、法定書面を受け取った日から8日間以内であれば、相手方は事業者に対して、書面により申込みの撤回又は契約解除(**クーリング・オフ**)ができる。事業者が、クーリング・オフに関する事項につき事実と相違することを告げたり威迫したりすることによって、相手方が誤認・困惑してクーリング・オフしなかった場合は、上記期間を経過していても、相手方はクーリング・オフできることは、他の類型の場合と同様である。

　クーリング・オフを実行した場合、契約解除の効果は第三者に及ぶことになる(ただし、第三者がクーリング・オフされる可能性があったことについて善意かつ無過失であった場合は、即時取得によって保護され、除かれる)。事業者の第三者への通知義務がきちんと履行されていれば、第三者は「悪意」となるはずであるが、通知義務違反があれば、善意の第三者が登場する結果となる。

　クーリング・オフを行った場合、相手方は、すでに物品を事業者に引き渡していたり、代金を受け取っている場合は、事業者の負担で、物品を返却してもらったり、代金を返却することができる。相手方は、代金の利息を返却する必要はなく、損害賠償や違約金を支払う必要もない。

(ii) 物品の引渡拒絶権等(特商法58条の15、58条の16)

　売買契約の相手方は、クーリング・オフ期間内は、債務不履行に陥ることなく、事業者に対して

契約対象物品の引渡しを拒むことができる。

　また、クーリング・オフ期間の経過後、たとえば物品の引渡し遅延等で売買契約相手方の債務不履行を理由として契約が解除された場合に、事業者から法外な損害賠償を請求されることがないよう、特商法は、事業者が次の額を超えて請求できないと定めている。

　　　　①事業者から代金が支払われている場合、当該代金に相当する額
　　　　②事業者から代金が支払われていない場合、契約の締結や履行に通常要する費用の額
　　　　＊これらに法定利率年6%の遅延損害金が加算される。

(d) 事業者の行為の差止請求 (特商法58条の24)

　事業者が以下の行為を不特定かつ多数の者に現に行い、または行うおそれがあるときは、適格消費者団体は、事業者に対し行為の停止若しくは予防、その他の必要な措置をとることを請求できる。

　　　　①契約を締結するため、勧誘するときに、事実と異なることを告げる行為
　　　　②契約を締結するため、勧誘するときに、故意に事実を告げない行為
　　　　③契約を締結するため、または解除を妨げるため、威迫して困惑させる行為
　　　　④物品の引渡しを受けるため、物品の引渡し時期その他物品の引渡しに関する重要な事項について、故意に事実を告げない、事実と違うことを告げる、又は相手を威迫して困惑させること
　　　　⑤消費者に不利な特約、契約解除に伴い損害賠償額の制限に反する特約を含む契約の締結行為

　以上のほか、特商法には、**執行上の課題**も少なくない。現在では、会社等の立ち上げが容易であるため、行政処分を受けた事業者中の従業員等が新たに会社を立ち上げ、同様の違反行為を繰り返している実情に対処するには、行政処分を受けた事業者の役員あるいは役員と同等以上の影響力を有する従業員、ノウハウを持つ従業員や、形式的には業務委託先である別法人、黒幕的第三者(背後で実質的に違法行為に関与している者)に業務停止命令等の効力を及ぼすことが必要であり、都道府県が行政処分を行った場合に、他県でも同様の違法行為が行われる場合に備えた広域連携による効力を見直すことなどが必要である。さらに、執行との関係で、次々に法人等を立ち上げて、繰り返し違反行為を行う者をいかにして排除するかにつき、事前参入規制の必要性についても検討すべきである。報告徴収・立入検査の対象範囲の拡張、一定の従業員名簿や取引関係書類等の作成及び備付けの義務付けなど、執行強化に向けた課題もある。

　細かな問題であるが、新たな通信技術サービスの発達・普及に関連して、インターネットやレンタルオフィス、バーチャルオフィスなどでの違反事業者の所在が特定できない場合に備え、特商法関連規定として公示送達制度を設けることや、違法なウエブサイト等の削除要請に対するプロバイダ責任に関する規定の導入、そのほか、執行体制の強化、あるいは窓口としての相談体制の強化、罰則が抑止力として機能するよう法定刑の引き上げも課題である(その一部は 2016 年、2021 年の改正で実現された)。

【遠隔講義 消費者法〈第2版〉2021　〈10〉】
割賦販売・消費者信用

（初出法学セミナー）

S.Kawakami

　　ここでは、売買の特殊形態として、とりわけ消費者保護との関連で重要な割賦販売・消費者信用等の概要を紹介する。この分野では、近年大きな改正が相次いでおり目が離せない。我々の日常生活において、クレジットカードを用いての売買契約の重要性は益々拡大しているだけに、その考え方を知っておくことは重要である。

　　消費者取引は、現実社会では多様な展開を見せており、特に、その代金支払法(プリペイド・クレジット・キャッシュレスなど)、契約勧誘形態(訪問販売・通信販売など)、契約関係の特殊性(継続的取引・インターネット取引など)、給付目的物の特殊性などに応じて、しばしば、情報力・交渉力が劣位にある契約当事者を保護・支援して、市場取引の公正さを維持すべく、特別法による介入が見られる。とりわけ、消費者保護の領域において進展が著しい。ここでは、**割賦販売法**について、その概要を説明する*。

　　＊【文献】後藤巻則=齋藤雅弘=池本誠司・条解消費者三法―消費者契約法　特定商取引法　割賦販売法(弘文堂、2015 年)、梶村太市=石田賢一=西村 博一編・新・割賦販売法(青林書院、2012 年)、経済産業省商務情報政策局取引信用課編・割賦販売法の解説(平成 20 年版)（日本クレジット協会、2009 年)、安達敏男=吉川樹士・消費者法実務ハンドブック―消費者契約法・特定商取引法・割賦販売法の実務と書式(日本加除出版、2017 年)、小山綾子・改正割賦販売法の実務(経済法令研究会、2009 年)、中崎隆・詳説割賦販売法(2010 年)、齋藤雅弘=池本誠司=石戸谷 豊・特定商取引法ハンドブック〈第 4 版〉(日本評論社、2010 年)、梶村太市=石田 賢一編・新特定商取引法(青林書院、2013 年)、消費者庁取引対策課編・平成 24 年度特定商取引法に関する法律の解説(商事法務、2014 年)。簡潔には、村千鶴子・ガイドブック特定商取引法(法学書院、2009 年)、江頭憲治郎・商取引法〈第 7 版〉(弘文堂、2013 年)108 頁以下、144 頁以下、日本弁護士連合会編・消費者法講義〈第 4 版〉(日本評論社、2013 年)第 6 章[村千鶴子]、第 7 章[池本誠司]、中田邦博=鹿野菜穂子・基本講義消費者法＜第 4 版＞(日本評論社、2018 年)第 8 章～第 12 章[大澤彩・宮下修一・丸山絵美子・後藤巻則]など。河上正二編・改正特商法・割販法対応　実践消費者相談(商事法務、2009 年)　も参照。

1　割賦販売・信用販売
（1）信用販売・クレジット契約

　　売買等によって買主は代金支払義務を負うが、一括での支払いが困難な場合、分割での弁済が合意されることが多い。商品購入に際して、代金を後払いとする取引を広義の「**クレジット契約(販売信用・信用販売)**」と呼び、販売業者自身が後払いを認める**自社割賦**方式(2当事者型)、販売業者とは別の与信業者(クレジット業者)が信用供与を行う 3 当事者型の「**信用購入あっせん**」（これには**個別(個品)方式**と**包括(カード)方式**）があり、更に銀行等の金融機関が介在する「**ローン提携販売**」などの形態がある*。

　　＊【**信用購入あっせん・ローン提携販売**】　「**信用購入あっせん**」は、購入者が、信用購入あっせん業

者(信販会社)の加盟店になっている販売業者から、商品等を購入するに際して、信販会社が対価の立替払いを行い、購入者が信販会社に割賦等で立替金を返済する形態をとる(割賦2条3項参照)。その際、個々の取引ごとに行うのが「個別信用購入あっせん」、信販会社と購入者の会員契約に基づいて発行・交付されたクレジットカードの利用によって取引が行われるのが「包括信用購入あっせん」と呼ばれる(割販法2条参照)。購入者と信販会社との間には、立替払委託契約あるいは会員契約が結ばれ、販売業者と信販会社には加盟店契約および立替払契約が結ばれる。購入者に対して信用供与しているのは信販会社である。

これに対し、「**ローン提携販売**」は、購入者が販売業者から商品等の提供を受けるに当たり、その対価を金融機関から借り入れ、その債務の保証を販売業者または委託を受けた保証業者(信販会社など)が行い、購入者が金融機関に対して割賦(2ヶ月以上の期間にわたり3回以上)で借入金の弁済をなす形態をとる(割賦2条2項1号)。個々の販売ごとに、これを行う場合の他、販売業者と購入者間の会員契約に基づいて、カード等を提示することによって複数の販売の代金総額を割賦によって返済する形態(総合ローン提携販売)もある(同条同項2号参照)。ここには、販売業者・信販会社と購入者の間に売買契約・保証委託契約、購入者と金融機関の間に金銭消費貸借契約、販売業者・信販会社と金融機関の間に保証契約が結ばれている。購入者に信用供与しているのは金融機関である。

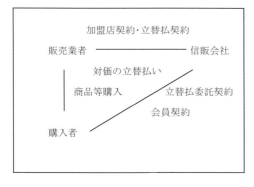

【信用購入あっせん】

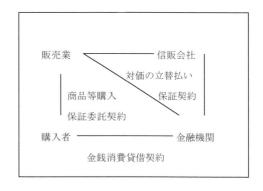

【ローン提携販売】

割賦販売法では、「割賦販売」の対象がやや限定され、政令で定められた指定商品・指定役務・指定権利の代金や対価が「2ヶ月以上、3回以上にわたって分割して支払われる取引」とされ(割賦2条1項1号)、カードを用いて指定商品等が販売され一定期日までに購入された商品代金の内で「未払残高に対する一定額の支払いを定められた時期に行う」方法による「**リボルビング方式**」も含まれるものとしている(同条同項2号)。他方、「包括信用購入あっせん(平成20年改正前は「**総合割賦購入あっせん**」とよばれた)」は、クレジットカード等を用いて、販売業者らが提携する信用供与事業者から商品・権利の販売または役務の提供の際に、代金の立替払いを受け、購入者が信用供与事業者に2ヶ月以上で(分割払いである必要はない)立替金等を返済する契約を締結する契約取引とされ(割賦2条3項1号)、立替金等の返済をリボルビング方式で行うものも含まれる(同条同項2号)。ちなみに、代金の支払い猶予を受け、後に1から2回で全額を払う「**マンスリークリア方式とボーナス払い**」もあるが、今のところ割販法の適用から外されている。

かつては、自社割賦方式も見られたが(ミシンなど)、今日では、販売業者の自己資金に依存しない包括カード方式のクレジット取引が大半を占め、個別(個品)方式は10数パーセントに止まっている。ローン提携販売は、主に新築住宅や自動車などの代金について利

用されている。既に 2010 年段階での包括カード方式の信用供与額は約 47 兆円（全体の 87％）に及んでいた。これとは別に、指定商品引渡に先立って販売業者が購入者から 2 回以上にわたり代金の全部又は一部を受け取る「**前払式**（積立型）」のものも見られるが（ミシン・ベットなど）、今日では、その例は少ない（割販法上は、登録制度のほか「営業保証金」として前払金保全措置がとられている［割賦旧 11 〜 15 条、旧 18 条の 2 →割賦 18 条の 3 ②号］）。

　クレジット販売では、代金の分割後払いで商品を購入できる利便性によって販売を促進すると同時に、信用購入斡旋を利用する販売業者には、購入者の支払能力や自己資金を考慮することなく高額商品を販売して代金を直ちに回収できるメリットがある。しかも、クレジット業者が販売契約の締結や履行場面に関与していないことから、販売業者による不当勧誘行為やクレジットの不正利用による問題を生じやすいという構造的問題をはらんでいる。このようなクレジット取引の適正化については、割賦販売法（割販法）や特定商取引法（特商法）よって行政規制及び民事規定が用意されている。

（2）割賦販売法の展開

a. 割賦販売法の制定

　割賦販売法（昭和 36 年法 159、最終改正平成 29 年法 45 号）は、昭和 36（1961）年に制定され、同年 12 月から施行された。当初の問題意識は、売主が代金完済を確保するためにその契約に種々の権利を留保した約款を用い、買主にとって不利となる事例が多いこと、割賦販売自体の販売条件等が複雑であり、消費者の選択を容易にする手段を法的に確保する必要があることなどが考慮された。その結果、当初、契約条件や契約内容の**開示規制**が中心となり、契約条件の表示義務（割賦旧 3 条）、契約の書面交付義務（同旧 4 条）等が規定されたほか、部分的に、期限の利益喪失条項の制限（同旧 5 条）や解除に伴う損害賠償額の制限（同旧 6 条）などの制限規定などが盛り込まれたにとどまる。

b. 1972年改正とクーリング・オフの導入

　昭和 47（1972）年には、消費者信用の量的拡大や多様化を背景に、開示ルールが更に整備されるとともに（割賦 3 条及びその施行規則）、わが国で初めて、無条件での契約解消制度である**クーリング・オフ制度**が導入された（当初は、書面受領日から 4 日間であったが（割賦旧 4 条の 3）、その後 1984（昭和 59）年に 7 日間に延長されるとともに割賦購入あっせんにも適用拡大され、昭和 63（1988）年には 8 日間に延長されて、クーリング・オフ妨害への対処も実現した［割賦旧 4 条の 3 →同 9 条→ 35 条の 3 の 10］）。その要件・効果などは、その後に制定された訪問販売法（現・特定商取引法）にも承継されている。

c.1984年改正と抗弁の接続規定

　昭和 59（1984）年には、市場規模の拡大した「割賦購入あっせん」にも他の割賦販売と同様の規制が及ぶようにするとともに、多重債務者の発生予防のために貸金業規制法の制定と併行して過剰与信を防止する規定を設けた（割賦旧 42 条の 3=現 38 条）。なかでも、注目すべきは、割賦購入あっせんに係る販売契約について、販売業者に対して生じている事由をもって割賦購入あっせん事業者の支払請求に対抗できるとする**抗弁の接続規定**（割賦 30 条の 4）を導入したことであろう。これは後に、平成 11（1999）年改正で、ローン提携販売についても認められている（割賦 29 条の 4 ②号）。そこでは、与信機関の販売業者に対する**加盟店管理義務**が観念されている。

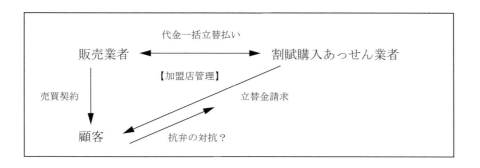

＊【抗弁の接続規定】　　2 者契約による自社割賦方式の場合、たとえば、販売業者が提供した商品の不具合を理由に買主が担保責任を追及しようとした場合には、割賦代金の支払いと契約に適合する商品の提供が同時履行の関係にある(民 533 条参照)。しかし、この代金が割賦購入あっせん業者によって立替払いされ、残代金が割賦購入あっせん業者からの立替金請求にかからしめられているときは、商品売買契約と立替金請求は一応別契約によるものと考えられるため、販売業者に対する抗弁を、割賦購入あっせん業者には主張できないと考えられた(これを「**抗弁の切断**」と呼ぶ)。しかし、販売業者と割賦購入あっせん業者は、互いに、このような仕組みを利用することによって利益をあげる利益共同関係・提携関係にあり、信義則上、**密接関連性**を有し、共同事業者とみることもできるのではないかと論じられ、一旦は「切断」された抗弁の「**接続**」を肯定する下級審判例が出現した。これに対し、**最判平成2・2・20**判時 1354 号 76頁(千葉恵美子・民商 103 巻 6 号も参照)は、次のように述べて、割賦販売法改正施行前の契約について、抗弁の接続は認められないと判断した(「**創設説**」と呼ばれる)。曰く、

「購入者が割賦購入あっせん業者(以下「あっせん業者」という。)の加盟店である販売業者から証票等を利用することなく商品を購入する際に、あっせん業者が購入者との契約及び販売業者との加盟店契約に従い販売業者に対して商品代金相当額を一括立替払し、購入者があっせん業者に対して立替金及び手数料の分割払を約する仕組みの個品割賦購入あっせんは、法的には、別個の契約関係である購入者・あっせん業者間の立替払契約と購入者・販売業者間の売買契約を前提とするものであるから、両契約が経済的、実質的に密接な関係にあることは否定し得ないとしても、購入者が売買契約上生じている事由をもって当然にあっせん業者に対抗することはできないというべきであり、昭和 59 年法律第 49 号(以下「改正法」という。)による改正後の割賦販売法 30 条の 4 第 1 項の規定は、法が、購入者保護の観点から、購入者において売買契約上生じている事由をあっせん業者に対抗し得ることを新たに認めたものにほかならない。したがって、右改正前においては、購入者と販売業者との間の売買契約が販売業者の商品引渡債務の不履行を原因として合意解除された場合であっても、購入者とあっせん業者との間の立替払契約において、かかる場合には購入者が右業者の履行請求を拒み得る旨の特別の合意があるとき、又はあっせん業者において販売業者の右不履行に至るべき事情を知り若しくは知り得べきでありながら立替払を実行したなど右不履行の結果をあっせん業者に帰せしめるのを信義則上相当とする特段の事情があるときでない限り、購入者が右合意解除をもってあっせん業者の履行請求を拒むことはできないものと解するのが相当である。」かかる創設説に対しては、学説からの批判が強い。

　　＊【加盟店管理義務】　加盟店管理のために、個別クレジット業者は、特定商取引法類型の販売・役務提供に伴う与信契約を締結しようとするときは、加盟店の勧誘方法等について調査し、違法な行為をしたと認めるときは与信契約の申込み又はその承諾をしてはならないとされており（割賦35条の3の5及び35条の3の7）、省令により、特定商取引法で禁止され又は消費者契約法で契約の申込み若しくはその承諾の意思表示の取消しが認められる行為の有無を調査すべきものとされている。これを一般に、加盟店管理義務と呼んでいる。

d.　1999年改正

　さらに平成11(1999)年には、役務サービスにおけるクレジット・トラブルの増加や継続的役務提供を中心としたトラブルが多発したこともあり、これに対処する改正が進み、平成12(2000)年では、「**内職商法**」・「**モニター商法**」に関するトラブル＊やインターネット取引におけるカードレスのクレジット取引の増加を背景に、これに合わせた改正も行われた。その結果、たとえば**業務提携誘引販売**についての個人が行う割賦販売等の契約にも割賦販売法上の消費者保護規定（割賦4条の3の5、30条の4）が適用されることとなり、割賦販売・ローン提携販売・割賦購入あっせんの定義には、カード等を交付しないIDや暗唱番号等によって与信資格を確認する「カードレス取引」についても、割賦販売法の適用対象としている。

　　＊【内職商法・モニター商法】　「**内職商法**」とは、内職・在宅ワークと高額の報酬の提供を条件にして（仕事のために必要とされる）商品を購入させるもので、業務提供誘引販売取引のように商品販売後の内職の委託を目的とする形をとるが、内職そのものより商品の販売が主目的となっている。その結果、商品販売後の内職の斡旋がほとんど行われず、受託者は約束された報酬が得られずに購入代金の負担だけが残されることになる。「**モニター商法**」では、購入した商品を使用して感想や意見を報告すれば、モニター料として代金を上回る収入が得られるなどと偽って勧誘し、高額な商品（布団・呉服・浄水器・健康食品など）を格安と称して売りつける商法で、内職商法とともに業務提供誘引販売として規制されることになった。契約書面を受けとってから、20日間以内はクーリング・オフによる無条件解約が認められている。

e.　2008年改正における特商法との連結

　(i)　特定商取引法（特商法）は、訪問販売や通信販売などの店舗外取引や特殊な販売方法によって購入者が不当な損害を被ることが多い特定の業態につき、取引の公正と顧客保護を図るべく制定された法律で、既に、数次の改正を経たが、平成20(2008)年6月の改正法（翌12月1日施行）で大きな前進を見た（簡潔には小山綾子・改正割賦販売法の実務［経済法令研究会、2009年］）。また、同年5月の消費者契約法等改正法によって、特商法にも消費者団体訴訟制度が導入され、その重要性が更に高まっている。なお、平成20年改正では、消費者保護が割賦販売法の第1次的目的と位置づけられたことも重要であり（割賦1条1項）、その解釈指針としての重要性を高めている。従って、たとえば、個別信用購入あっせん業者の適正与信調査義務や不適正与信の禁止（割賦35条の3の5～7）、支払可能見込額の調査義務や過剰与信禁止（割賦35の3の3～4）などに対する違反の効果は、行政処分の対象となるだけでなく、民事的違法の評価を受け、不法行為に基づく損害賠償責任や公序良俗違反による無効の評価を

もたらし得ると思われる。

（ⅱ）　特商法の規律する特定業務態様の商取引をめぐっては、高齢者に対するクレジットを利用した**訪問販売**（いわゆる「**次々販売**」や「**リフォーム詐欺**」）等による被害が深刻化し、中でも、執拗な勧誘を断り切れずに大量の商品購入契約を結ばされる「**過量販売**」や、信用販売でクレジット会社の**不適正与信・過剰与信**をともなう悪質な勧誘・販売行為が目立った。

また、インターネット取引などの新分野で、不当請求の手段となる迷惑広告メールや「**架空請求**」、クレジット**カード情報漏えい**など、多様な消費者被害が発生した。こうした問題では、クレジットが利用されて被害が拡大するなど、**特商法と割賦販売法の規制対象が表裏一体の関係にある**ことが痛感された。そこで、実効性ある措置を講ずるには、両法が相互に連携した対策をとることが不可欠であり、平成20(2008)年の割賦販売法改正は特定商取引法との同時改正となった。改正特商法では、①**指定商品制の**(原則)**撤廃**、②**勧誘拒否者への再勧誘の禁止**、③**過量販売解除権**などが定められ、改正割賦販売法では、①**適正与信義務・過剰与信防止規定**の創設、②**割賦要件の廃止**、③**個別クレジット業者の登録制**・行政規制などが強化された。

（ⅲ）　特商法における平成 20 年改正の要点を整理しておこう。従来の特商法は、被害の多発する商品等に限って規制対象とする方式(指定商品制)を採用していた。しかし、商品・役務の多様化が進み、規制対象とすべき分野が急速に拡大していることから、改正法では、原則として、すべての商品・役務を規制対象とした(**指定商品・指定役務制の廃止**)。また、判断力が衰え、強引な勧誘に対する耐性の乏しい高齢者への悪質な勧誘や、インターネット技術の普及により、通信販売においては消費者が望まない取引へ気づかぬうちに誘引される**迷惑メール広告**や、**返品トラブル**などに対処すべく、訪問販売での勧誘行為や通信販売での表示のあり方などについても規制が強化された。

大きな変化の第 1 は、クーリング・オフ権における「指定商品制の廃止」である。従来は、訪問販売、通信販売、電話勧誘販売の 3 類型において規制対象となる商品・権利・役務につき政令で限定列挙で指定していたため、後追い的対応とならざるを得なかった。これに対し、改正法は指定制を廃止し、原則すべての商品と役務を規制対象とした上で、規制対象に不適切なものを各取引類型や性質に応じて適用除外とした(指定権利だけは残された)。適用除外には、全面的適用除外と部分的適用除外がある。 3 類型の規定すべての適用を除外するものには、金融商品取引法や宅建業法などの法律にかかる取引や役務がある。また金融商品取引業や銀行業など金融取引に関するもの、通信や放送に関するもの、航空運送、陸運など輸送機関による乗客・貨物輸送に関するもの、国会資格を得て行う業務に関するものなどがある。また、部分的適用除外としては、書面交付およびクーリング・オフの規定が除外されるものとして、キャッチセールスで行われる飲食店、マッサージ、カラオケボックスなどの役務契約がある。クーリング・オフ規定の除外される場面としては、①販売条件などの交渉が相当期間にわたり行われる自動車販売、自動車リース、②電気・ガス・熱供給、葬式のための便益提供、③改正政令 6 条の 4 で規定する化粧品・健康食品・配置薬等 8 商品を使用またはその全部もしくは一部を消費した場合、④売買契約に係る対価の総額が3000円未満の場合がある。

第 2 は、訪問販売における勧誘規制の強化であり、訪問販売業者へ勧誘を受ける者の意思確認を求め、契約を締結しない旨の意思表示をした者に対する再勧誘を禁止した。

　第3は、過量販売規制である。改正法は、過量販売の契約締結を禁止し、これに伴う民事上の契約解除を可能にし、行政規制対象となる過量販売の類型を明確化した。1回だけでなく、複数回の契約、複数事業者による契約で過量となり得る（既に過量となっている場合を含む）商品などの購入契約を、契約締結後1年間は解除可能とした。「**過量**」の概念は、問題であるが、社会通念上必要とされる通常量を著しく超えていること、複数回の販売行為で過量となる場合は、上記外形的要件のほか、すでに消費者にとって過量になっていること若しくは今回の契約行為で消費者にとって過量になることを事業者が知っていることが消費者によって立証されれば、契約が解除できる。クーリング・オフで、消費された場合に適用除外となる化粧品などでも、過量販売を理由とする解除が可能である。解除した場合の代金返還などの精算はクーリング・オフの場合に準ずる。もっとも、過量となる契約の締結を必要とする特別事情が消費者にあった場合は、事業者が抗弁としてその事情を立証すれば解除できない。

　その他、「**展示会商法**」の解釈を通達で明確化し*、通信販売における返品特約の明確化をはかった。とくに、通信販売での売買契約では、原則、商品などの引渡しを受けた日から8日間は申込みの撤回または契約の解除を認め、購入者の費用負担で返品できることとしている。また、電子メール広告の規制を強化し、相手方の承諾を得ない場合、広告メールの送信を原則禁止する「オプト・イン」規制とした*。

　　＊【**展示会商法**】　「展示会商法」とは、絵画・宝石・着物などの「展示会」が開催されるので見に来てほしいなどとDMや電話で勧誘し、客を展示会場の誘い込んで、会場で店員が強引に商品の契約をさせる商法をいう。高価品では、クレジットやローンによる購入になることが多い。今日では「訪問販売」の一種とされ、法定条件を満たすとクーリング・オフの適用対象となる。

　　＊【**オプト・イン、オプト・アウト**】　「オプト・イン」と「オプト・アウト」は、それぞれ英語の"opt in"と"opt out"をさしており、メールの送信に際して、オプト・アウトでは、送信は原則自由として、受け取りたくない受信者が個別に受信拒否通知をする形をとる。これに対し、オプト・インでは、受信者となる者が事前に送信者に対してメール送信に対する同意を与えたり依頼するという形になる。したがって、オプト・インでは受信者側に主導権があり、受信者の同意なしに自由にメールを送信できない。国内では、平成20年12月1日に施行された迷惑メール対策の改正法で、広告・宣伝メールなどの送信が、それまでのオプト・アウト方式からオプト・イン方式に変更された。

(iv)　特商法と割販法の連携
　割販法における改正もまた、特商法の改正と密接に関連して行われた。
　とくに、クレジットを利用した過量販売やリフォーム詐欺等の消費者トラブルの増加は、特商法と割販法の連携の必要性を痛感させるものであった。とくに、次々販売等に個別クレジット業者が安易に与信することによる過剰与信問題が深刻である。また、偽造カードによる被害や、カード番号と有効期限の情報のみで決済が可能となるネット取引での不正利用被害が増加傾向にあり、**カード情報の漏洩事件**も記憶に新しい。こうした状況に対処すべく、①悪質な勧誘販売行為を助長する与信の排除、②過剰与信防止、③カード情報の保護強化、④法律の適用対象の拡大、⑤自主規制機能の強化、⑥政府の執行体制の強化が

はかられた。

　まず、信用購入あっせん(旧法の割賦購入あっせん)との関係では、原則として全ての商品・役務を扱う取引が規制対象となり、その上で、クーリング・オフ等になじまない商品・役務等が除外された。適用除外の商品・役務は特商法のクーリング・オフ制度の除外対象と平仄を合わせた。また、個別クレジット契約のクーリング・オフでは、クレジット契約と販売契約を一体として解除することを認め、特商法で販売契約のクーリング・オフが認められる範囲と同一とされた。「割賦購入あっせん」の定義も見直され、従来、「２カ月以上かつ３回払い以上」の分割払いの場合に限定されていたものを、２カ月を超える１回払い、２回払いも規制対象となった(法文において、「割賦」から「信用」と呼称が変わったのはこのためである)。ただし、購入した翌月の一括払いのケース(マンスリークリア方式)は、単なる決済手段としての性格が強いとして規制対象から除外された。いわゆる自社割賦やローン提携販売については、従来どおり、「２カ月以上かつ３回払い以上」の分割払いが規制対象である。リボルビング方式は規制から外れた。

　個別クレジット事業者は新たに**登録制**の対象となり、行政による監督に服する。包括クレジット業者（クレジットカード業者）についても登録要件が追加された。個別クレジット業者には、訪問販売等を行う加盟店の行為につき一定の調査が義務づけられ、不適正勧誘があれば、消費者への与信が禁止されることになった。この調査対象は、クレジット取引で多数の被害が発生している訪問販売、電話勧誘販売、連鎖販売取引(マルチ商法)、特定継続的役務提供(エステや外国語教室等)、業務提供誘引販売取引(内職商法やモニター商法等)の５類型である。この調査義務や与信禁止の義務に違反した場合は業務改善命令の対象となる。

　従来の個別クレジットでは、購入者と直接相対する販売業者が契約申込時・締結時に、書面交付義務が課されていた。しかし、支払総額欄が空白である等の不備書面が多く、トラブルの原因ともなっていた。そこで、契約締結段階で、販売業者だけでなく個別クレジット業者にも書面交付義務を課し、これとクーリング・オフ権を連動させることとなった。個別クレジット業者は、通信販売を除く特商法の５類型において申込みを受けた時と契約締結時に、購入者に対して法定書面を交付しなければならない。記載事項は、販売業者の交付書面とほぼ同じであるが、販売契約の勧誘等についての調査内容とその結果を記載した書面交付が義務づけられている。個別クレジット業者の交付書面は、クレジット契約のクーリング・オフ制度導入にあたって、クーリング・オフ期間の起算点を確定する機能も持たされている。

　クレジット契約についてクーリング・オフが導入され、同時に販売契約もクーリング・オフされるという仕組みは注目に値する。購入者からクーリング・オフの通知を受領すると、個別クレジット業者は販売業者等にその旨を通知することとなり、クーリング・オフ期間の起算点はクレジット契約の締結書面受領日(締結書面に先んじて申込書面を受領している場合は、その受領日)となる。クーリング・オフ妨害があった場合は、クーリング・オフ期間が起算されない。クーリング・オフの後、個別クレジット業者・販売業者・購入者の関係は一括清算される。購入者は、個別クレジット業者への既払金の返還を受けることができ、個別クレジット業者は販売業者に支払った立替金相当額を購入者に請求できない。一方、購入者は商品を販売業者に返還し、販売業者は頭金や既払金相当額を返金しなければ

ならず、販売業者は個別クレジット業者から支払われた立替金を返還する*。なお、連鎖販売に付随する商品販売契約、特定継続的役務提供契約に付随する関連商品の販売契約についても、クーリング・オフ制度が適用される。

> *【既払金返還請求の可否】　最判平成23・10・25民集65巻7号114頁は、平成20年改正前の事案について、平成2年判決の創設説を基礎に、個品割賦購入あっせんにおいて、購入者と販売業者との間の売買契約が公序良俗に反し無効とされる場合であっても、販売業者とあっせん業者との関係、販売業者の立替払契約締結手続への関与の内容及び程度、販売業者の公序良俗に反する行為についてのあっせん業者の認識の有無及び程度等に照らし、販売業者による公序良俗に反する行為の結果をあっせん業者に帰せしめ、<u>売買契約と一体的に立替払契約についてもその効力を否定することを信義則上相当とする特段の事情があるときでない限り、売買契約と別個の契約である購入者とあっせん業者との間の立替払契約が無効となる余地はない</u>」とし、同事件については、そのような特段の事情がないことから「本件売買契約が公序良俗に反し無効であることにより、本件立替払契約が無効になると解すべきものではなく、Xは、本件あっせん業者の承継人である Y に対し、本件立替払契約の無効を理由として、本件<u>既払金の返還を求めることはできない</u>」と判断した。**今日では、見直されるべき**であろう。

不適正与信の禁止（適合性の原則）も重要である。改正法下の個別クレジット業者は、加盟店の勧誘行為についての調査により認識できた事項からみて、訪問販売による過量販売となるおそれがある場合、個別クレジット契約を締結が禁じられる（もっとも、消費者にとって当該契約が必要な特別な事情があると確認した場合はこの限りでない）。

改正法では、訪問販売等による売買契約が虚偽説明等により取り消された場合や、過量販売を理由に解除された場合、基本的に個別クレジット契約も解約できることになった。これによって、消費者がすでに個別クレジット業者に支払ったお金の返還も請求可能となる（単なる「抗弁の対抗」にとどまらない）。割販法においても、個別クレジット業者に顧客の財産状況等に配慮して過量販売に個別クレジット契約が利用されないよう確認する義務が課され、消費者が契約締結後 1 年間は過量販売契約を理由に個別クレジット契約を解除することができることとされた。注意すべきは、クレジット業者から既払金の返還を受ける場合、販売契約の解除がされていないと、販売契約に基づく代金支払債務が残存することになる点である。そこで、<u>顧客は、あわせて販売契約の解除を販売業者に対して行う必要があるが、この**順序**が問題で、まず与信契約の解除をし、同時またはその後に販売契約の解除をすることで、はじめて割賦販売法の三者間清算ルールの適用を受け得る</u>（クレジット契約に先立ち販売契約が過量解除またはクーリング・オフされた場合は、特商法上の清算ルールに基づき、販売業者が速やかに立替金相当額を消費者に返還すべきものとされるため、上記の清算ルールの規定が適用されないと解される恐れがあるからである）。

改正法は、クレジット業者に対し、指定信用情報機関を利用した顧客の**包括支払可能見込額調査**を義務づけ、支払能力を超える与信を禁止することとした。多重債務問題対策の一環といわれるが、かなり思い切った措置である。包括クレジットでは、カードを交付時またはカードの使用限度額増額時に「包括支払可能見込額」を調査する。この包括支払可能見込額とは、利用者の年間の収入や預貯金、過去のクレジット債務の支払状況や借入金

の状況などを基礎として合理的に算出された、1年間にクレジット債務の支払が可能と見込まれる額をいう（利用者の居住する住宅や生活を維持するために必要な額は含まれない）。カード限度額が包括支払可能見込額に一定割合（0.9）を乗じた額を超える場合、カードを発行することができず、かかる限度額に増額することができない。個別クレジットにおいても、同様の調査義務があり、その額を超える年間の支払いを必要とする個別クレジット契約を締結できない。

　その他、改正法では、新たに、個人情報保護法でカバーされていないクレジットカード情報の漏えいや不正入手をした者を、刑事罰の対象としている。詐欺や無権限での複製の作成、不正アクセスなど、不正な手段を用いてカード番号等を取得した場合も処罰対象となる。また、包括クレジット業者に対し、苦情の適切・迅速な処理、個人情報の取扱い、業務委託の適確な遂行が義務づけられた。個別クレジット業者には、これらに加えて「適合性の原則」に照らした業務の実施も義務づけられ、さらに、罰則・自主規制の強化などにも多くの新しい制度が導入された。

f．2016年改正

　「割賦販売法の一部を改正する法律案」は第192回臨時国会に提出され、会期末直前に可決・成立した（平成28年法99）。この改正法の背景には、クレジット・カードを取り扱う販売業者におけるカード番号等の漏洩事件や不正使用被害が相次いで発生したこと、また、販売業者と加盟店契約を締結する別会社（「アクアイアラー」、その下の「決済代行業者」）がカード発行会社（「イシュアー」と呼ばれる）とは別会社となる複雑な取引形態が増加し、これに伴って、クレジット・カードを扱う加盟店の管理が行き届かないケースや、抗弁の対抗が困難な事例も出てきたことなどがあった。とくに後者の点は、内閣府の消費者委員会が平成26(2014)年8月26日に発出した「クレジットカード取引に関する消費者問題についての建議」に関わるもので、同年9月からの経済産業省産業構造審議会割賦販売法小委員会で検討・報告書とりまとめ（平成27(2015)年8月）から1年以上を経過するという難産の成果である。

　平成28年改正は、同時に、FinTech（フィンテック、Finance × Technology の略）企業の決済代行業への参入を見据えて、クレジットカード利用環境整備に必要な措置を講ずることや、2020年の東京オリンピック・パラリンピックに向けてのインバウンド需要の取り込みに資することも狙ったといわれる。それだけに、法案策定の段階で、単純な消費者被害の救済だけでことを進めるのが難しかったようである。しかし、海外のアクアイアラーや決済代行業者の介在は、消費者相談の現場において問題解決を頓挫させる大きな悩みとなっていただけに、この改正は大きな意味を持つ。

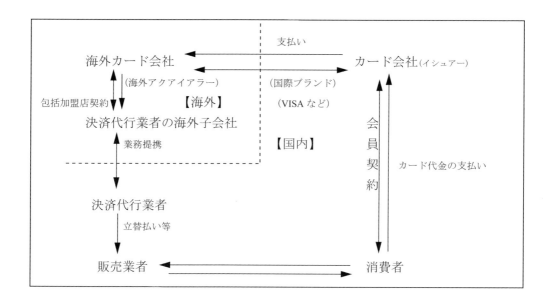

改正法の骨子はおよそ次の4点である。

第1に、クレジットカード情報の適切な管理等であり、販売業者に対し、**クレジットカード番号等の適切な管理及び不正使用の防止**（決済端末のIC対応化等）を義務付けたこと（割賦35条の16、第35条の17の15関係）。第2に、販売業者に対する管理強化として、クレジットカード番号等の取扱いを認める契約を締結する事業者について**登録制度**を設け、その契約を締結した販売業者に対する調査及び調査結果に基づいた必要な措置を行うこと等を義務付けたこと（第35条の17の2から第35条の17の14まで関係）。第3に、FinTechの更なる参入を見据えた環境整備として、①十分な体制を有するFinTech企業も上述の登録を受け、法的位置付けを獲得することを可能とし（第35条の17の2関係）、②カード利用時の販売業者の「書面交付義務」について、電磁的方法による情報提供も可能とした（第30条の2の3第4項及び第5項関係）。第4に、特定商取引法の改正（2016年6月）に対応するための措置として、改正により、不当な勧誘があった場合の消費者の取消権等が拡充されたことに合わせ、こうした販売契約と並行して締結された分割払い等の契約につき、割賦販売法においても同様の措置を講じることとした（第35条の3の12、第35条の3の13関係）。これにより特商法と同様、個別クレジットに、電話勧誘販売により過量販売解除権が導入され、不実告知等があった場合の取消機関も6ヶ月から1年間に延長されることとなった。

2014年の消費者委員会による建議事項は、①加盟店契約会社と決済代行業者に対し、割賦販売法における義務付けを含む加盟店管理の実効性向上のための措置を講ずること、②加盟店契約会社と決済代行業者について行政への登録等を義務付け、行政調査権限を規定すること、③翌月一括払いの取引について、包括信用購入あっせん取引と同様の抗弁の接続等の制度整備に向けた措置を講ずること、を求めていた。海外の加盟店契約会社を経由することで、アダルトサイトなどを運営する悪質な業者が加盟店となって、クレジットカードによる消費者被害が増加していたからである。

　改正法は、現行の包括クレジットカード発行会社についての規定を超えて、加盟店契約を締結する別の会社(**アクアイアラー**や、その下の**決済代行会社**)にまで、一定の抗弁を拡張して主張できるようにすることや、マンスリー・クリア方式の場合の支払停止の処置などが可能することを、法文上、必ずしも明らかにしていない。しかし、他方で、<u>クレジットカード番号等の取扱いを認める契約を締結する事業者(**クレジットカード番号等取扱業者**)について**登録制度**を通じて、必要な情報提供と、その契約を締結した販売業者の適切な管理や不正な利用の防止を図るための必要な措置等を義務付けたことで、一定の行政的対応が可能な仕組みとしている点は評価できよう。クレジットカード番号等取扱業者によるカード番号の適切な管理、不正な利用防止等に必要な措置を求めることを前面に押し出して、必要な措置を可能とする限りでは、マンスリー・クリアー方式かどうかが不問に付されている点も</u>見逃せない。

　悪質事業者が海外の加盟店契約会社(アクアイアラー)や、その下に展開している決済代行会社を経由した場合の加盟店管理や情報共有の問題については、日本国内に営業所を置いて活動している限り、基準に従った登録をするか、登録を受けた決済代行業者の利用が必要となることから、登録事業者等と発行会社との間で情報を共有することが求められ、無登録で加盟店契約をしたり無登録決済代行業者を利用した場合は、経済産業省から国際ブランド(VISA、MasterCard など)に通知して、海外加盟店会社への是正指導等を求めることとなり、国際ブランドと経済産業省の連携対応が同意されているという。

　残念ながら、改正法は相当に分かりにくい法文である。改正法 35 条 17 の 2 は、「クレジット番号等の適切な管理」という枠組みの中で、新たに「クレジット番号等取扱業者」による「カード番号等の適切な管理のための必要な措置を講」ずることを求め、このクレジットカード番号取扱業者に、これまでの①「クレジットカード等購入あっせん業者」のほか、②「立替払い取次業者」、③「クレジットカード等購入あっせん関係販売事業者」および「クレジットカード等購入あっせん関係役務提供事業者」を含めた。その上で、経済産業省令に定める基準によって「クレジットカード番号取扱受託業者」に対する必要な指導その他の措置を講ずることを求めるという**幾分回りくどい方法**で、最終的には**国内に営業所を持つ決済代行業者、販売事業者にまで規制を及ぼすこと**を可能とするしくみとしているわけである。しかも、「クレジットカード等購入あっせん業者」や「クレジット番号取扱契約締結事業者」の登録基準や業務の運営等に関する措置については、その多くが経済産業省令にゆだねられている(同法 35 条。それだけに、表向きには、もっぱらクレジットカード番号の適正管理を目的にしているものの、その仕組みからは、かなり射程の広い議論が可能であり、販売店や役務提供事業者による不正な事業活動においてクレジットが利用される局面での問題解決や指導・監督の体制構築が可能となっているとみることもできる)。登録加盟店契約会社に課せられた加盟店管理情報の報告義務が適切に履行され、消費者からの苦情・相談情報がどこまで関係者によって共有され、適切に処理されるかは、今後の運用如何にかかっていよう。最大の問題であったマンスリー・クリア(翌月一括払い)方式でのクレジット契約で悪質加盟店との取引に問題があった場合の支払停止措置が可能となるかも、今後の運用次第であろう。

金融取引と消費者法

S.Kawakami

　今回は、金融と理非と消費者法について学ぶ。

1　金融取引と消費者法

　金融は、「消費」という観念とは離れるが、今日の日常生活では、このような金融商品を相手にする場面も多くなっている。**金融商品**とは、顧客が一定の約束の下で、将来資金を受けとる予定で、業者に資金を渡す取引である。証券会社による、株式・社債、投資信託の販売などがあり、いわゆる金融デリバティブ（金融派生商品）や販売チャンネルの多様化などにより拡大しており、投資家保護の問題はそのまま消費者保護につながっている（黒沼悦郎「投資家保護と消費者保護」消費者法判百〈第2版〉119頁も参照）。

　消費者が直面する金融取引に対する**法的対応** としては、金融商品の販売等に関する法律（金販法）と金融商品取引法（金商法）が重要である。一定の金融商品については、不招請勧誘・再勧誘が禁止され（金商 38 条 3・4・5 号）、顧客にはクーリング・オフ権が認められる（金商 37 条の6）。さらに、金融商品の勧誘に際しては虚偽の事実を告げる行為や断定的判断を提供する行為が禁じられている（金商 38 条 1・2 号）。これらの諸規定は、明らかに消費者保護規定的特性を帯びている。

　金販法も金商法も、行政ルールが主であるが、一部に刑事法、民事ルールも含まれている。とくに、金販法は、金融商品販売業者の「元本欠損生ずる恐れ」、「当初元本を上回る損失が生ずる恐れ」についての**説明義務**（同法 3 条）、その説明義務違反等による損害賠償責任（金販法 5条）、損害賠償推定規定（金販法 6 条。金商法 21 条の 2 の 2 項も参照）には特に注意が必要である。さらに、説明義務においては、「顧客の知識、経験、財産の状況及び‥‥契約を締結する目的に照らして」当該顧客に理解されるために必要な方法及び程度による説明が必要とされており（金販法 3 条 2 項参照）、消費者法制の中では、いちはやく**「適合性原則」**の考え方が導入された点で、注目される。

2　説明義務に関する判例から

　リーディングケースとしての<u>東京高判平成 8・11・27 判時1587号72頁</u>（消費者判百 15 事件、消費者判百 57 事件(松岡解説)も参照）を取り上げよう。

　上告審である最判平成 10・6・11（平成9年（オ）第523号）は、説明義務についての原審の認定判断は、証拠関係に照らし、正当として是認することができ、その過程に違法はないとして、上告を棄却した。控訴審の判断の要旨は次の通り。

> 「1. 被控訴人担当者は、ある程度株式取引経験のある控訴人に対して、ワラント取引の一応の説明をしているが、その方法が、難聴で60代の半ばを過ぎた控訴人に対して、主として電話で口頭による説明だけである上、本件ワラントの買付時の株式価格がワラントの権利行使価格を大きく下回っており、バブル崩壊により株価の暴落が始まっているのに、権利行使価格の説明をしなかったのでり、右勧誘は説明義務に違反し違法である。

2．控訴人は、ワラント取引の特色について十分な理解が得られないまま安易に被控訴人担当者の勧誘に応じて本件ワラントを購入しており、ワラント取引成立後に送付された「取引説明書」を速やかに読まなかったことや、社債で儲けさせて貰ったので、本件ワラントで少しくらい損をしてもしょうがないといったやや投げやりな気持ちもあったことが寄与していること等からすれば、控訴人の過失の割合は3割とするのが妥当である。

「ワラントの権利行使価格は、ワラント債発行の条件を決定する際の株価に一定割合を上乗せした価格で定められるが、そのようなワラントが投資の対象となるのは、将来、新株引受権の行使により、時価より低い権利行使価格で株式を取得し、その株式を時価で売却して差益を取得することができる場合があるがゆえであるから、<u>ワラントの投資価値は、将来、株式が権利行使価格より値上がりする見通しを前提として成り立つことになる</u>[**損益分岐点**についての検討が重要！]。／　ところで、右のようなワラントの価格形成における理論価格（パリティ価格）は、株価と権利行使価格との差額によって規定されるが、現実のワラントの市場価格は、このパリティ価格と、株価上昇の期待度や株価の変動性の大小、権利行使期間の長短、需要と供給の関係（流通性の大小）等の複雑な要因を内包するプレミアム価格とによって形成され、変動する。しかも、ことに外貨建ワラントの取引については、証券取引所に上場されず、店頭市場における、相対取引により取引がされることもあって、その価格形成過程を把握することは一般の個人投資家にとって困難である。／　そして、ワラントの市場価格は、基本的には、<u>ワラント発行会社の株価に連動して変動するが、その変動率は株価の変動率より格段に大きく、株式の値動きに比べてその数倍の幅で上下することがある（いわゆる「ギアリング効果」）。</u>加えて、右の株価との連動性やギアリング効果は、ワラントのパリティ価格と株価との間では明確に存在するが、ワラントのプレミアム価格と株価との間での連動性ないしギアリング効果は必ずしも明確なものではなく、したがって、特にワラント価格に占めるプレミアム価格部分が大きいワラントの値動きは、株価の変動と対比して、より複雑なものとなる傾向があり、その予測が更に困難なものとなるということができる。／　また、外貨建ワラントの場合は、売却する際の価格は、為替変動の影響を受けるため、為替変動のリスクが加わることになる。

2　右のようなところから、<u>ワラント取引は、同額の資金で株式の現物取引を行う場合に比べて、より少ない金額でキャピタルゲインを獲得することができる可能性があるという意味でハイリターンな金融商品ということができるが、一般の個人投資家にとっては、株式のそれと比べ、ワラント価格の変動の幅は大きく、かつ変動の予測が格段に困難であることに加えて、権利行使期間の制約が存在し、投資資金の全額を失う可能性があるから、高いリスクを伴うものであることは明らかであり、投機的な色彩の強い金融商品であるということができる。</u>」

「証券会社及びその使用人は、投資家に対し証券取引の勧誘をするに当たっては、**投資家の職業、年齢、証券取引に関する知識、経験、資力等に照らして、当該証券取引による利益やリスクに関する的確な情報の提供や説明を行い、投資家がこれについての正しい理解を形成した上で、その自主的な判断に基づいて当該の証券取引を行うか否かを決することができるように配慮すべき信義則上の義務（以下、単に「説明義務」という。）を負う**ものというべきであり、証券会社及びその使用人が、右義務に違反して取引勧誘を行ったために投資家が損害を被ったときは、不法行為を構成し、損害賠償責任を免れないものというべきである。」

3　適合性原則と不法行為責任に関する最高裁判決

最判平成17・7・14民集 59 巻 6 号 1323 頁(消費者判百〈第 2 版〉11 事件(上柳)、なお、〈初版〉56 事

件の潮見解説も参照）　（本件はB to Bの事件。10年間で総額1800億円の取引を経験）　敗訴判決ではあるが、一般論で適合性原則からの逸脱と不法行為責任の違法性を架橋した点で重要である）。

　　原審は、

　　　　「 B 及びCの経歴等を考慮すると, この両名は通常の証券取引を行うことに関しては十分な知識と能力を有していたと認められるものの, オプションの売り取引のリスクを限定し, 又は回避するための知識, 経験, 能力を有していたとは到底認めることができない。そして, 被上告人にオプションの売り取引を勧めることが適合性の原則に違反しないこととなる特段の事情もうかがえないから, Aの担当者であったG及びHが, 被上告人にオプションの売り取引を勧誘して3回目及び4回目のオプション取引を行わせたことは, 適合性の原則に違反する違法な行為であり, 上告人は, 不法行為に基づく損害賠償責任を免れない。」

とした。しかし、

最高裁は、一般論として、

　　　　適合性原則が、「直接には、公法上の業務規制, 行政指導又は自主規制機関の定める自主規制という位置付けのものではあるが, **証券会社の担当者が, 顧客の意向と実情に反して、明らかに過大な危険を伴う取引を積極的に勧誘するなど、適合性の原則から著しく逸脱した証券取引の勧誘をしてこれを行わせたときは, 当該行為は不法行為法上も違法となる**と解するのが相当である。/そして、証券会社の担当者によるオプションの売り取引の勧誘が適合性の原則から著しく逸脱していることを理由とする不法行為の成否に関し、顧客の適合性を判断するに当たっては、単にオプションの売り取引という取引類型における一般的抽象的なリスクのみを考慮するのではなく、当該オプションの基礎商品が何か、当該オプションは上場商品とされているかどうかなどの具体的な商品特性を踏まえて、これとの相関関係において、顧客の投資経験、証券取引の知識、投資意向、財産状態等の諸要素を総合的に考慮する必要がある」としたが、本件では、「証券会社の担当者が顧客である株式会社に対し株価指数オプションの売り取引を勧誘してこれを行わせた場合において、当該株価指数オプションは証券取引所の上場商品として広く投資者が取引に参加することを予定するものであったこと、乙は20億円以上の資金を有しその相当部分を積極的に投資運用する方針を有していたこと、乙の資金運用業務を担当する専務取締役らは、株価指数オプション取引を行う前から、信用取引、先物取引等の証券取引を毎年数百億円規模で行い、証券取引に関する経験と知識を蓄積していたこと、乙は、株価指数オプションの売り取引を始めた際、その損失が一定額を超えたらこれをやめるという方針を立て、実際にもその方針に従って取引を終了させるなどして自律的なリスク管理を行っていたことなど判示の事情の下においては、**オプションの売り取引は損失が無限大又はそれに近いものとなる可能性がある極めてリスクの高い取引類型であることを考慮しても、甲の担当者による上記勧誘行為は、適合性の原則から著しく逸脱するものであったとはいえず、甲の不法行為責任を認めることはできない。」**

とした。

4 「適合性原則」という思想　―　新時代の「一般条項」―　　（初出は星野古稀記念）

（1）　はじめに

　　近時の消費者法における重要課題の一つに、高齢消費者の投資被害からの保護や若年成人の保護があることは周知の通りであり、その際の考え方の一つとして、かねてより、いわゆる「適合性原則(suitability doctorin,[principle, rules], Geeignetheit Prinzip)」が注目されていることもよく知

られている*。

　ところが、この「適合性原則」の内容や、果たすべき機能については諸説あり、必ずしも一致を見ないまま議論が推移している。なるほど、前掲**最高裁平成17年7月14日判決**(民集 59 巻 6 号 1323 頁)において、「証券会社の担当者が、<u>顧客の意向と実情に反して、明らかに過大な危険を伴う取引を積極的に勧誘するなど、適合性の原則から著しく逸脱した証券取引の勧誘をしてこれを行わせたときは、当該行為は不法行為法上も違法となる</u>」として、「具体的な**商品特性**を踏まえて、これとの相関関係において、**顧客の投資経験、証券取引の知識、投資意向、財産状態等の諸要素を総合的に考慮**」した上で、金融商品取引法(旧証券取引法)という業法上の行為規範と民事上の義務を峻別しつつ、その架橋をはかった。<u>しかしながら、その後も、適合性原則に広狭二義があり、いわば「適格者(適合者)支援型の適合性原則」と「不適格者(不適合者)排除型の適合性原則」とでもいう考え方が対立して、民事の違法性との関係でも混迷を深めている。</u>

　しかし、今日では、金融商品取引の分野に限らず、広く消費者法(ひいては民法)の諸領域においても、「適合性原則」の果たすべき機能が問われるようになっている。このことは、成年後見制度が、個人の残存能力に合わせたきめ細かな支援と保護を求められ、消費者基本法が、平成 16 (2004)年改正に際して、第 5 条 1 項3号に「消費者との取引に際して、**消費者の知識、経験及び財産の状況に配慮する**こと」を事業者の責務とするプログラム規定を導入したこと等にも端的に示されている。まさに、新時代の一般条項として「適合性原則」が顧みられているといえよう。「適合性原則」の基本的考え方には大きな広がりがあり、おそらく、金融・投資分野における金融リスク商品と顧客のリスク対応能力や耐性との関係にとどまらない「適合性」が問題となり得る。その目的も、単に「金融市場における公正な価格形成」や「投資者保護」にとどまらない。近代市民法において、抽象的・合理的平均人を念頭に置いた権利・義務の分配において、その境界線で捨象された具体的個人の様々な主観的・客観的諸要素が、どこまで汲み上げられ得るかが問われている。<u>ルールは、明らかに、「合理的平均人」や「平均的顧客圏」から「**具体的個人**」へと深化しているように思われる。</u>

　「消費者法」の世界では、「公正な価格形成」という要請以上に、市場における人々の安全・安心を軸に、**顧客個人の実質的選択権・自己決定権・財産権を守る**ことに主たる関心が向けられる。しかも、自然人としての顧客の「**限定合理性**」を前提とすると、情報アプローチのみでは顧客の最適判断が期待できず、被害の発生を阻止できないため、一定の法的介入が求められ、そこに「適合性原則」の考え方が援用されているのである。つまり、従来の事業者による説明義務や情報提供義務の履行という問題にとどまらず、<u>顧客たる**消費者の能力・知識・経験・財力・意向など**(広い意味での当事者固有の「**属性**」)に配慮しつつ、ゆがみのない取引判断が可能となるように取引環境を整えることが事業者の行動規範として要請されている。</u>これは、単純な自由競争秩序ではなく、一歩進んだ、パターナリスティックな秩序観に踏み込んでいる。

　とはいえ、自由市場においては、このような試みが、情報収集過程で個人のプライバシーを侵害し、ときに一部消費者に対する関係で、他の顧客圏との不当な差別化や、一般市場からの排除を意味しかねないことにも留意する必要がある。かつて成年後見制度の制度設計においても最後まで大きな問題として残された「保護」と「支援」の考え方の違いが、ここでも現れており、調和が求められている。従来、包摂と除外 (inclusive and exclusive)によって切り分けられてきた法の世界に「信義則」が一般条項として浸透していったように、今日、実質的公正と公平をめざす新たな一般条項として「適合性原則」が検討されるべき時代を迎えているのではないかというのが、ここ

での問題意識である。

　その意味では、ここでの主張は、数々の投資被害に対抗して、被害者救済のために「適合性原則」による不適切な勧誘者の損害賠償責任を追及してきた動きに逆行するものではない。むしろ、一般理論として、これを下支えするものである。筆者としては、高度な投資リスク商品について、「適合性原則」違反が不法行為を構成し、顧客のリスク対応能力の欠如・劣位にもかかわらず過失相殺を問うことに大きな疑問を呈したい（顧客の残存能力から見て被害回避や損害拡大抑止義務が語れる場面でのみ、事業者の違法性の程度との相関において過失相殺能力が肯定されるはずだからである）。ここでの問題は、その先にある。

　　＊【文献など】近時、「適合性原則」をめぐる研究は飛躍的に増大している。網羅的ではないが主要な成果に次のものがある。金融・投資取引との関係では、川地宏行「投資勧誘における適合性原則(1)(2・完)」三重大学法経論集17巻2号(2000年)1頁、18巻2号(2001年)1頁、角田美穂子「金融商品取引における適合性原則－ドイツ取引所法の取引所先物取引能力制度からの示唆(1)～(3・完)亜細亜法学35巻1号(2000年)117頁、36巻1号(2001年)141頁、37巻1号(2002年)91頁(後に、同・適合性原則と私法理論の交錯[商事法務、2014年]14頁以下に収録)、村本武志「消費者取引における適合性原則：投資取引を素材として」姫路法学43号(2005年)1頁以下、同「金融商品のリスク回避と適合性原則」現代法学26号(2014年)239頁、王冷然・適合性原則と私法秩序(信山社、2010年)など。また、消費者保護の観点から、とりわけ情報提供義務との関連で、宮下修一・消費者保護と私法理論(信山社、2006年)の包括的研究のほか、後藤巻則「〈講演〉消費者契約の締結過程の適正化－情報提供義務、助言義務、適合性原則、不招請勧誘制限の位置づけ」先物取引被害研究28号(2007年)6頁以下、上杉めぐみ「投資取引における情報提供義務の私法的構成－適合性原則及び不招請勧誘規制を中心に」明治学院大学法科大学院ローレビュー9号(2008年)1頁以下、山本豊「展開講座　現代契約法講義(5)適合性原則・助言義務」法学教室336号(2008年)99頁、王冷然「消費者保護と適合性原則」佐藤祐介ほか編・消費者市民社会の制度論(成文堂、2010年)201頁以下所収など。わが国の適合性原則をめぐる近時の諸見解の網羅的な紹介・検討として、川地宏行「投資取引における適合性原則と損害賠償責任(2・完)」明治大学法律論叢84巻1号(2011年)30頁～40頁、潮見佳男・不法行為法Ⅰ[第2版]161頁以下、宮下修一「適合性原則と民事責任(1)(2・完)」国民生活52巻1号(2012年)1頁以下、2号34頁以下が有益である。判例の動向については、後述の最判平成17・7・14民集59巻6号1323頁とこれに関する諸研究が重要であるが、その後の適合性原則をめぐる裁判例の分析として、潮見佳男「適合性の原則に対する違反を理由とする損害賠償」現代民事判例研究会編・民事判例Ⅴ2012年前期(日本評論社、2012年)6頁以下、王冷然「〈講演〉適合性原則の理論的基礎」先物・証券取引被害研究41号(2013年)9頁以下、宮下修一「適合性原則違反とその判断基準の精緻化」松浦好治ほか編・(加賀山茂先生還暦記念)市民法の新たな挑戦(信山社、2013年)115頁以下所収、同「〈講演〉適合性原則と説明義務の判断基準の精緻化」先物取引被害研究40号(2013年)18頁以下など参照。

(2)　「適合性原則」の意味
適合性原則はどこから来たか？
　「適合性原則」というアイデアの確かな源流の一つは、米国の全米証券業協会（NASD）が1939年に策定した自主規制規則にある(王・前掲125頁以下に詳しい)。その公正慣習規則第3章第2条は「顧客に対して証券の購入、売却若しくは交換を勧誘する場合、会員は、<u>当該顧客の</u>

他の証券保有状況、財産状態及びニーズに関する事実が顧客によって開示されたときは、その事実に基づき、**自己の勧誘が当該顧客に適合したものであると信ずるに足りる合理的根拠を持つべきである**」とした。これが、1963 年の証券取引委員会（SEC）「証券市場に関する特定の調査報告」、ニューヨーク証券取引所（NYSE）規則 405 の「顧客を知れ」ルールに引き継がれ、1960 年代後半には、証券業界における取引業者の業界自主ルール・取引上の行為規範として確立したという(1991 年、全米証券業協会規則 2310)。米国では、この「適合性原則」は、米国証券取引委員会(SEC)における審決に援用され、その内容を充実させてきた。ブローカーの勧誘した商品および取引方法にはその性質上、「そもそもあらゆる投資者に適合しない」場合もあり得るが、これは、当該商品や取引方法が本質的に商品・取引形態として**「市場適正を欠いている」**場合を意味した。また、特定の顧客に関する適合性違反とブローカーの**「自らの顧客を知るべき義務」**に違反している場合があることも明らかにされ、投資リスクが当該顧客のリスク許容範囲を超えているかを、投資商品自体のリスク・投資方法により生ずるリスク・顧客の財産状態と投資目的・意向を中心に検討して、客観的にみてそのような投資勧誘が当該顧客に不適合であれば、「適合性原則違反」として業法上のサンクションとして是正命令や罰金という効果に結びつけられた。もっとも、証券取引委員会(SEC)の使命はあくまで「市場の公正さの確保」にあり、個人の救済や民事における司法的判断には直結するものではなかったことに留意しておく必要がある。

　米国の「適合性原則」についてのその後の展開は、このアイデアの本質を示すものとして、特に興味深い。近時の成果を踏まえた FINRA　Rule　2111 およびそのサブルール FINRA　Rule 2111.05[http://www.finra.org/finrananual/rules/r2111/]は、適合性原則を大きく3つの側面から明らかにしている*(2)。

　　*(2)　これについては、とくに、王冷然「『合理的根拠適合性』とは何か？」市川兼三先生古稀・企業と法の現代的課題[成文堂、2014 年]21 頁以下所収、29 頁以下、同「適合性原則の理論的基礎」先物・証券取引被害研究 41 号＊頁以下）参照。なお、米国における適合性原則の改正については、村本武志「仕組商品販売と適合性原則－米国 FINRA 規則改正を契機として(1)」現代法学 22 号(2012 年)119 頁、森下哲郎「デリバティブ商品の販売に関する法規制の在り方」金法 1951 号(2012 年) 10 頁以下、永田光博「合理的根拠適合性」金法 1925 号 4 頁(2011 年)の紹介も参照。

　第 1 準則：**合理的根拠に裏打ちされた適合性**(reasonable-basis　suitability)。これは、「合理的注意をもってすれば、勧誘が少なくとも相手方顧客にとって適合性を有するものであると信ずるだけの合理的根拠があることを要する」とするものである。つまり、事業者は、自ら合理的根拠をもって勧誘していることを当該顧客に説明できるのでなければならず、かかる説明ができないような場合には、適合性原則違反が認められる。

　事業者たるもの、顧客に商品を推奨する以上は、それが相手方となる顧客の属性や契約目的に適合するものであることについて一定の合理的根拠を持っていなければならないとする取引上の一般的要請・「信義則」につながるものであり、従来型の「バーゲンとしての取引」からは一歩進んだ経営思想に基づくものと評せよう。

　第 2 準則：**特定顧客固有の適合性**(customer-specific　suitability)。これは、「顧客の投資プロファイルに照らし、勧誘が当該特定の顧客にとって適合性を有するものであると信ずる合理的根拠が事業者にあること」を要求するものである。事業者は、個別の顧客情報に基づいて、何が適切かを判断して、勧誘を行う必要があり、事業者の「情報収集義務」と結びつけられる（**顧客熟知原則**）。個々の顧客の具体的属性・意向等に最も具体的に対応するものであるが、一定のターゲット

とされた顧客圏のセグメントを前提として、「**合理的に知り得た、知り得べかりし情報に照らして適合的か**」という形での中間項を考えることも可能である。かりに、個人レベルの適合性まで厳密に要求するとなれば、事業者に情報収集義務(ひいては情報収集権)を考えねばならず、結果として、かなり重い仕掛けとなることは覚悟しなければならい(ドイツ法やイギリス法では、顧客に対して個人情報[知識・経験・投資目的・財産状態など]を申告するよう要請する義務が事業者に課されている[顧客が沈黙すれば、それ以上の義務はない])。

　　第3準則:**量的適合性**(quantitative suitability)。これは、「業者に、勧誘した一連の取引が、顧客の投資プロファイルから見て、顧客に過剰あるいは不適合になっていないと信ずる合理的根拠があること」を要求するものである。そこでは個々の商品の質・内容に関しての適合性の問題ではなく、むしろ量的観点からみた場合の評価に基づく「過量・過小」による適合性の有無が問題となるもので、日本の特定商取引法・割賦販売法における、「過量販売」や「過剰与信」の禁止とも親和性が高い考え方といえよう。

(3)　日本における広狭2義の「適合性原則」

　　日本における「適合性原則」は、米国の適合性原則を参考にした昭和49(1974)年旧大蔵省証券局長から日本証券業協会長あての「行政通達」を嚆矢とし、平成4(1992)年の旧証券取引法改正で、業法上の事業者の行動準則として規定された。さらに、平成11(1999)年金融審議会第1部会平成の「中間整理(第1次)」で、広狭2義の適合性原則が語られて以来、さらに新たな段階に入った。そこでの議論は、こうである。

　(a)　狭義の適合性原則　　まず、いわゆる「**狭義の適合性原則**」は、「ある特定の利用者に対しては、どんなに説明を尽くしても一定の商品の販売・勧誘を行ってはならない」ルールとされた。取引ルールとしては「特定利用者への一定の金融商品の勧誘に基づく販売は、如何なる場合も無効とみなされ、リスクの移転も認められ」ず、業者ルールとしては「利用者に対する一定の金融商品の勧誘行為あるいは販売行為を禁止する」ものである。また、ルールの適用対象となる「特定利用者」であるかの判断のためには、一定のしかるべき査定情報が必要となる。そこで、「中間整理」では、契約における私的自治原則に鑑み、やや柔軟な、業者の自主規制ルールとしてのルール化を進める方向性が示された。これは、商品そのものの「市場適性」にも関わる問題でもあるが、同時に、一定の顧客圏との関係では「排除の論理」に親和的な考え方である。

　(b)　広義の適合性原則　　広義の適合性原則は、「業者が利用者の知識・経験、財産力、投資目的に適合した形で勧誘あるいは販売を行わなければならない」というルールとして措定された。これを業者ルールとして捉える場合、商品の一般的適合性の可能性を認めつつ、勧誘・販売にあたっての顧客への適合性についての配慮を求めるもので、やはり、業者が利用者の属性等について、ある程度知ることが必要となる。

　　いずれにしても、顧客のプライバシーの問題や利用者の協力にも限度があるため、業者に利用者に関する情報の調査自体を義務づけることには困難が伴い、十分な体制整備などの「業者の内部的な行為規範を義務づける」方向性が探られるにとどまった。その結果、金融審議会は、広義の適合性原則を「取引ルール」とする可能性については、「あくまで、業者の内部的な行為規範に関するルールであり、個別の訴訟等において、業者の内部体制の不備が斟酌されていく余地はあろうが、私法上の効果に直接連動させて考えるのは困難」とされたのである。

　(c)　説明義務との関係　　金融審議会の「中間整理(第2次)」では、説明義務について民

事的効果を生じさせる方向での制度整備の可能性が追求されたが、適合性原則については「販売業者が勧誘活動において自ら実践することが求められる重要な事項」としつつも、民事的効果の付与が否定された。平成 12(2000)年の金融商品販売法では第 3 条で「説明義務」を、旧 4 条でその違反に対する民事的効果としての損害賠償責任を規定し、適合性原則については明示的規定を設けることが見送られた。さらに、その 6 年後の金融審議会金融分科会第 1 部会報告「投資サービス法(仮称)に向けて」(平成 17 年 12 月 22 日)は、適合性原則を「利用者保護のための販売・勧誘に関するルールの柱となるべき原則」としつつ、「投資サービス法においては、投資商品について、体制整備にとどまらず、現行の証券取引法などと同様の規範として位置づけることが適当」とされた(同 14 頁)。かかる動きの中で、平成 18(2006)年に当時の旧証券取引法を改正する形で制定された金融商品取引法には、旧法と同様に適合性原則が規定されたものの(金商法 40 条 1 項)、違反に対する民事的効果は規定されないままとなった。しかし、同時に改正された金融商品販売法第 3 条 1 項で義務づけられた業者の「説明」は、「顧客に適合したものでなければならない」旨の規定が新設され(金販法 3 条 2 項)、今日に至っている。事業者の**説明義務と結びついた「広義の適合性原則」**が、ここに体現されたと言えよう。

(d)　禁止規範と命令規範

「適合性原則」の規範の性格をめぐっては、広狭二義の理解とも関連して、**禁止規範か命令規範か**という議論も存在する。

①禁止規範　「不適合な投資取引を勧誘してはならない」。これは禁止規範であり、ここでは、基本的に、勧誘そのものは許容されているが、不適合な投資取引の勧誘行為のみが禁止され、これを為した場合に一定のサンクションが課されることを意味している。勧誘行為の内容の「幅」は相対的に広く、不適合かどうかは、必ずしも当該当事者の個別事情に左右されるとは限られず、せいぜい、事業者の知り得た情報に照らし、事業者自ら判断すれば足りることになろう。

②命令規範　「適合する投資取引のみを勧誘せよ」。これは命令規範であり、ここでは、事業者が、当該顧客の状況や事情を把握した上で、その者にあった(＝適合した)取引の勧誘のみが許される。したがって、勧誘行為の内容の「幅」は相対的に狭いが、「汝の顧客を知れ」という要請を徹底すると、予め顧客情報の収集義務(ひいては収集権)まで事業者に課する(付与する)という議論につながる。

わが国では、多くの場合①の意味で「適合性原則」が語られていることが多いようであるが、論者によっては②の要素を加味していることがある。しかし、この種の性質決定は「コインの表裏」であって、かかる区別にどの程度の実践的意義が認められるかは疑問である。むしろ、規範への違反行為にいかなる効果を付与するべきか、適合・不適合の判断にとって、情報収集などの点で、当事者が何をどこまで為すべきかを具体的に考えることの方が、はるかに重要であろう。

(4)最高裁平成 17 年 7 月 14 日判決が投じた問題

　　上述のように、最高裁平成 17 年 7 月 14 日判決は、事業者の資金運用としての投資取引について「適合性原則」違反の民事責任に関する重要な判断を示しているので、その内容を確認しておこう。判旨の判断枠組みは、大きく 3 つに分かれており、①投資目的(顧客の意向)、財産状態、知識および投資経験などの顧客の属性を総合的に考慮して、勧誘された投資(商品特性等に注意)が当該顧客にとって適合であるかどうかの検討、②適合性原則違反をもって直ちに私法

上の違法に結びつけるのでなく、「適合性原則からの著しい逸脱」という違反の程度による不法行為法上の「違法性」の有無の判断、そして、③顧客の主観的態様等を問題にすることによる「過失相殺」の可能性の検討、によって構成されている。

判決理由は、一般論ながら、

「平成10年法律第107号による改正前の証券取引法54条1項1号、2号及び証券会社の健全性の準則等に関する省令(昭和40年大蔵省令第60号)8条5号は、業務停止命令等の行政処分の前提要件としてではあるが、証券会社が、顧客の知識、経験及び財産の状況に照らして不適当と認められる勧誘を行って投資者の保護に欠けることとならないように業務を営まなければならないとの趣旨を規定し、もって適合性の原則を定める(現行法の43条1号参照)。また、平成4年法律第73号による改正前の証券取引法の施行されていた当時にあっては、適合性の原則を定める明文の規定はなかったものの、大蔵省証券局長通達や証券業協会の公正慣習規則等において、これと同趣旨の原則が要請されていたところである。これらは、<u>直接には、公法上の業務規制、行政指導又は自主規制機関の定める自主規制という位置付けのものではあるが</u>、証券会社の担当者が、<u>顧客の意向と実情に反して、明らかに過大な危険を伴う取引を積極的に勧誘するなど、適合性の原則から著しく逸脱した証券取引の勧誘をしてこれを行わせたときは</u>、当該行為は不法行為法上も違法となると解するのが相当である。そして、証券会社の担当者によるオプションの売り取引の勧誘が適合性の原則から著しく逸脱していることを理由とする不法行為の成否に関し、顧客の適合性を判断するに当たっては、単にオプションの売り取引という取引類型における一般的抽象的なリスクのみを考慮するのではなく、当該オプションの基礎商品が何か、当該オプションは上場商品とされているかどうかなどの<u>具体的な商品特性を踏まえて、これとの相関関係において、顧客の投資経験、証券取引の知識、投資意向、財産状態等の諸要素を総合的に考慮する必要があるというべきである。</u>」

とした。

同判決は、旧証券取引法上の「適合性原則」を、直接には、公法上の行為規制あるいは、業界自主規制と位置づけ、私法上の効果とはひとまず切り離し、「取締法規の私法上の効果」という問題を強く意識したようである。そのせいか、「著しい逸脱」が語られ、基本的に不法行為法における「違法性」をめぐる様々な事情の総合的判断の様相を呈している。その判断手法は極めて複雑で、「取引類型における一般的抽象的なリスク」のみを考慮するのではなく、「当該オプションの基礎商品が何か、当該オプションは上場商品とされているかどうかなどの**具体的な商品特性**」を踏まえて、「これとの相関関係において、顧客の**投資経験**、**証券取引の知識**、**投資意向**、**財産状態**等の諸要素を総合的に考慮する必要がある」という。さらに、業者の行為規制ルールである客観的適合性判断の上に、当事者の主観的要件を問題とする過程で、ある種の評価矛盾(一方の手で与えた保護を、他方の手で奪う結果となる論理構造)を生じ、過失相殺による極めて柔軟な処理が施されている。また、投資者保護のための制度的保障の存在の加味についても論じており、その意味も問題となろう。より一般的には、更に次のような問いが投げかけられよう。まず、①<u>適合性原則違反に基づく損害賠償責任を認定するために、「明白な不適合(明白性)」と「著しい不適合(重大性)」などの加重要件がなぜ必要であったのか</u>、そして、②<u>適合性原則違反と説明義務違反の関係をどう考えるべきなのか</u>、また、③<u>適合性原則違反の勧誘をしても十分な説明をすれば違法性が治癒されると考えて良いのか</u>、④<u>ここでの議論はオプション取引のようなリスク商品の取引に限定されるものなのか</u>、⑤<u>事業者が顧客の場合の特殊性をどう考えるべきか</u>等々である(検討は評釈に譲り、ここでは立ち入らない*(3))。

残念ながら、最高裁判決の以上のような判断枠組みは、その後の下級審における「適合性原

則違反」の認定を萎縮させ、認知症気味の後期高齢者や年金生活者など、ごく限られた顧客に
保護の対象を絞り込む結果をもたらしているようである。

　　＊（3）最高裁平成17年7月14日判決（民集59巻6号1323頁＝判時1909号30頁＝判タ1189号1
　　63頁＝金法1762号41頁）についての研究は多く、論点はほぼ出尽くしている。筆者の参照し得たもの
　　に、丸山絵美子・法学セミナー50巻11号118頁、王冷然・法学70巻4号147頁、加藤雅之・神戸学
　　院法学36巻1号79頁、宮坂昌利・ジュリスト1311号186、近江幸治・判評570〔判時1931〕号188
　　頁、坂田桂三＝鬼頭俊泰・月刊税務事例38巻3号58頁、森田章・民商133巻6号90頁、清水俊彦・N
　　BL817号11頁、大武泰南・金融・商事判例1233号60頁　、潮見佳男・金融判例研究16[金融法務
　　事情1780号]71頁、武田典浩・法学新報113巻1＝2号583頁、角田美穂子・法学教室306号別冊
　　附録（判例セレクト2005）16頁、大武泰南・金融・商事判例1233号60頁　、谷本誠司・銀行法務[21]
　　657号50頁、武田典浩・法学新報113巻1＝2号583頁、黒沼悦郎・ジュリスト臨時増刊1313号119
　　頁（平成17年度重要判例解説）、滝澤孝臣・判タ臨増1215号76頁（平成17年度主要民事判例解
　　説）、永田泰士・神戸大学六甲台論集53巻3号91頁　など、がある。

(5)　「適合性原則」の機能

　以上のような「適合性原則」が、単に投資者保護のためだけの特殊な規制原理であると考える
のは早計である。そこには、商品や取引形態がますます高度技術化し、複雑化する時代が要請
する、いくつかの機能に応える側面がある。

(a)　経営戦略としての「適合性」

　第1に、今日の事業者の経営戦略にとって、顧客の消費行動を知ることは、単なるサービスの
向上というより、「売れる商品」を生み出すための不可欠の作業である。企業が効果的なマーケティ
ングを行うためには、市場環境の的確なリサーチに始まり、比較的類似したニーズを持つ消費
者グループを発見し、それをセグメント化して、標的となるセグメントの消費者に対して自社の提
供物やサービスを他よりも少しでも高く評価してもらう営業活動を行う必要があることは、いまや常
識となっている＊(4)。問題の核心は「消費者ニーズ」についての掘り下げた理解であり、ニーズの
異質性を理解して市場をセグメント化し、確定されたポジショニングを前提に、具体的マーケティ
ング活動に落とし込むための施策を検討し、製品・価格・流通チャンネル、プロモーションを如何
に効果的・効率的に組み合わせていくかという課題と取り組むことが事業者に求められているの
である。この施策は、実行後、その結果がモニターされ、その評価結果を踏まえて、次期戦略へと
コントロールされる。つまり、顧客のニーズに合わせた顧客満足は、経営にとって無視できない要
請であって、消費者の属性・所得・パーソナルなライフスタイルの違いや選択への意向を知って、
「消費者指向」の企業経営を行うことが経営戦略にとっても重要な課題となっているのである。そ
の意味で、「適合性原則」は、顧客利益への配慮や顧客保護のためだけでなく、むしろ事業者に
とっても、営業戦略的に極めて重要な意味を持つものであり、事業者の積極的行動規範となり得
る十分な資格がある。

(b)　市場における公正な価格形成機能

　第2は、とりわけ金融・証券市場において、公正な価格形成が実現するためには、これをゆが
めるような顧客・消費者の参入はできるだけ排除したいという要請があることにも注意が必要であ
る。この点は、投資者保護として語られることが多いが、むしろ健全な市場において、商品が適正
価格で流通することが、市場そのものの社会的要請ともいえよう。不安定要因を除去することで、

公正かつ効率的な市場活動がもたらされ、資金の安定供給と流通がはかられる。このことは、高速道路への自転車の乗り入れが禁じられていることを考えれば、容易に理解されよう。

（c）「リスク商品」における判断ミスからの投資者保護機能

　最後が、リスク商品に関する投資者の判断ミスを最小限に抑え、投資者を保護することである。「適合性原則」が「投資取引」に固有の議論なのかは、幾分やっかいな問題である*(5)。ハイリスク・ハイリターンの金融商品が一般投資家に勧誘・提供されていることの問題性はあるものの、個人の財産処分権を尊重するならば、「賭事に損失はつきもの」とも言えそうだからである。しかし、ヨーロッパの金融危機以後の規制改革においてリテール投資家保護が消費者保護に接近した背景には、家計から日常生活における必須のサービスである投資商品に資産を投じることが政策的に推奨される一方、そこで売られている商品がもっぱらパッケージ化されて理解困難なものになり、しかも、家計破綻をもたらす危険を孕んでいたため、これらの家計から出資する当事者に「危険な製品」が売られて市場に対する信頼が失墜することを回避する必要が強調されたことにある。まさに、顧客のリスク管理判断能力を超える取引環境が存在し、取引の複雑さ故に理解できないまま契約を締結した結果、生計を破綻させるような損失をもたらす「著しいリスクを伴う取引」については、パターナリスティックな保護が必要と考えられたのである。かつてのドイツにおける取引所先物取引能力制度に見られる「能力」論の基本的コンセプトもまた、同様の正当化根拠を持つものであろう*(6)。日本における金融ビックバン以降の、投資家保護の動きにも、これに似た配慮があることは否定できない。排除の論理が、比較的、受け容れられやすい素地はここにある。

　「過大な投資リスク」とはいえないまでも、およそ利用に相応しくない高齢者にハイテク機器や多機能電話を勧めたり、若年者に高級レジャークラブ会員権契約を勧めるような営業活動は、これに似た過大な生活リスク(精神的・経済的な生活上の損失や安全性の観点からは身体的損害のリスクもある)を見いだすことが可能であり、過量販売や本人の財産状況に不似合いな呉服や宝飾品を販売する行為なども、商品や取引の仕組みの複雑化と相まって「適合性原則」の到来を期待する声につながっている。

　　*(4) 詳しくは、コトラー(木村達也訳)・コトラーの戦略的マーケティング(ダイヤモンド社、2000年)、同(恩蔵直人訳)・コトラーのマーケティング・コンセプト(東洋経済新報社、2003年)など。簡潔には、青木幸広・消費者行動の知識(日本経済新聞社、2010年))

　　*(5)とくに、住田・交錯373頁以下参照。

　　*(6)住田・386頁。能力制度については、川地・前掲<講演>10頁以下も参照。それによれば、ドイツにおいて、当初こそ、顧客の「取引所先物取引能力」を問題としていたが、業者が標準化された説明書を顧客に交付するのみで「能力」が与えられた結果、形骸化して失敗したいわれる。その後、EU指令との関係もあって、ドイツ証券取引法2007年改正、2009年改正などによって、業者の説明義務、顧客情報収集義務、適合性原則遵守義務、適格性判断義務、助言記録作成・交付義務などの、業者の顧客保護義務に関する明文規定が導入された。一連の義務違反に対する損害賠償責任に関する規定はなく、説明義務を強化・厳格化した「先物取引ルール」と「ボンド判決ルール」といった従来からの判例ルールに依拠し、説明義務違反については、「契約締結上の過失」を根拠に、助言義務違反については明示又は黙示の「助言契約」上の義務違反を理由に、契約責任として損害賠償責任を肯定している。

(6) そもそも「適合・不適合」とは ── 「適合・不適合」の意味

　ここで、あらためて、そもそも「適合している(適合していない)」ということの意味はどういうことなのかを考えてみよう。そこでは、何[A]が何[B]に適合(あるいは不適合)であるのか、そしてその判断基準は何かが問われる。最初の「何が[A]」の内容は、通常、事業者の提供する「商品・サービス」であるが、時に商品の「提供の仕方」や「説明の仕方」もまた問題となり得る。同じような商品であっても、当該商品に「可塑性」や「適量」があり、相手の属性に合わせた調整が可能であるときは、そこでの「提供の仕方」や「調整方法に関する情報」の提供が重要となる。逆に、商品内容や性質が固定されている場合は、相手[B]にあたる顧客・消費者の属性が問題となる。この場合にも、いくつかの互いに関連した観点が考えられる。

　①行為や取引の目的に適っているか。この場合は、本人の「意図」や「合意」との一致・不一致が主として問題となる。債務内容との不適合・不一致は「瑕疵」あるいは「不完全な履行」の問題である。かつて、「瑕疵」は「そのものが通常有すべき性状を欠いている状態」を意味したが、今日では、債務内容との適合性が問われるようになり、そこでは当事者の主観的意図も反映される可能性が増した。情報の不完全さに基因する取引目的と商品のズレや不一致を出来るだけ小さくすることがここでの課題であるとすれば、問題は客観的基準よりも主観的な意図に即して判断されざるをえない。たとえば、有料老人ホームへの体験入居や 90 日ルール、的確な説明義務の履行等によって、その不適合が治癒可能なのであれば、その限りで問題は解決する。しかし、治癒不可能な場合には、目的不到達によって取引関係は解消されざるを得ない。

　②その者の「身の丈」に合っているか。これは、当事者の能力・経済力・置かれた状況などが、当該商品の有する特性に照らして考えたときに「相応しいかどうか」に関わる問いかけである。洋服のサイズや、眼鏡の度数、ジェットコースターの乗り場に「身長1m20cm以下の子供は乗れません」と書いてあるのと同じ発想である。定性的なものと、状況依存的なものがあり得る。定性的な「能力」等に合わせよという点では、相手に分かるように情報を伝える(相手の判断力・認知能力・理解力など)ことが求められるが、どのように説明しても、分からせることを期待できないときには情報を提供するだけでは不十分であり、限界がある。他方、状況依存的要素に関しては、一面でタイミングの問題がある。問題が顧客側に自己調整が可能な性質の事柄かどうかによっても左右されるが、顧客の固有の属性が(少なくと取引時点で)固定的で調整不可能である場合は、如何なる情報の提供や措置も無意味なものとなりかねない。たとえば、80歳の高齢者に何十年もの保険期間を想定した保険を勧めることは、そもそも意味がないであろうし、投資リスクが顧客の投資目的に合致し、投資リスクが当該投資目的との関係で財産上負担可能でない場合(リスク耐性がない)、さらに、顧客の知識・経験から判断して、顧客が当該投資リスクを理解することが可能かを問題とするような場面での多くは、この種の適合性を問うている。商品に柔軟性がなく、顧客が能力や資格において不十分と判定されれば、当該市場から排除されざるをえない。

　③バランスがとれ、一定水準に達しているか。ここでは、バランスに裏打ちされた「一定水準」が観念され、その水準に適っているかどうかが問われよう。たとえば、建築基準や製品安全基準等に見られるように、「これならひとまず大丈夫」という一応の客観的な基準や水準があり、その基準・水準に合致していると、「適合している」との評価を受ける。この基準・水準からの「著しい逸脱」がないかどうかによって、適合性の有無が判断される。医療水準から見た場合の患者の「適応」判断なども、これに近い問題と言えよう。ここでの適合の有無は、個々の具体的当事者に固有の属性というより、一定の「顧客圏」の平均的属性に依存して語られていることが多い。

（7）　質的・量的不適合と治癒可能性

　日本で、「適合性の原則」を語る場合には、上述の内容がかなり交錯し、かえって焦点を合わせにくくなっている。少なくとも、議論の場では、「何の何に対する適合の有無を問題にしようとしているのか」を、明確に意識しておく必要がある。「適合性原則」で問題となる「不適合」には、「**質的不適合**」と「**量的不適合**」があること、さらに、当事者によって「**治癒可能な不適合**」性から、「**治癒不可能な不適合**」性まで、様々なグラデーションがあり、その点を無視して、顧客の能力や資質に特化した狭義の「適合性原則」に固執することでは、およそ適切な運用を望めない。そればかりか、近時の判例の動向に見られるような、能力面での不適格者に限局された保護しか問題とされない結果となりかねず、無用の差別を生み出す危険もある。「**不適格者排除ための適合性原則**」と「**適格者支援のための適合性原則**」の安易な二分論は、およそ生産的でなく、硬直した差別や排除の弊害にもつながりかねない。

　むしろ、**治癒可能な不適合**の存在を認め、当事者のいずれが、治癒のためにいかなる努力を為すべき義務があるかという観点から検証して、その義務違反に対して「適合性原則」違反の責任と救済策を検討することが望ましい。かかる治癒への努力の一内容として、適切な形での情報提供や説明、さらに助言といった行動の意味が問われるべきであって、それを効果的に促進するための「効果」の模索が求められよう。

　なるほど、本人に認識・理解・判断力等が欠けており、いかなる説明をしても、危険が除去できないとすれば説明義務の履行は不可能あるいは意味を持たず、違法性が治癒されることはない（**治癒不可能な固有の不適合性**）。そのような場合の対処方針の基本は、かかる不適合者を勧誘そのものから遠ざけること（不招請勧誘禁止など）であって、「排除の論理」としての適合性原則の考え方に親和的である。他方、一定の商品について、内容が理解可能であり、適切な仕方で説明をすれば、自己への適合性について自ら判断・選択可能である場合には、そこでの説明の仕方・推奨される商品の適合性について、事業者が合理的根拠を有しているかどうかが問題となる。これならば、情報アプローチによって治癒可能な適合性であり、その限りで、「支援の論理」としての適合性原則に親和的である。両者は対立関係にある問題ではなく、排除と支援の組み合わせによる「適合性原則」の運用が必要であって、しかも、治癒可能性を巡る措置における当事者の帰責性が問われるべきではなかろうか。顧客側の過失相殺の問題も、その限りでのみ語りうるように思われる*(7)。

　　＊（7）過失相殺における評価矛盾にどう対処すべきかは難問である。比較的裁量の余地の大きな過失相殺による中間的解決が、裁判所にとって魅力的であることは、容易に理解される。しかし、一方で、①当該取引に対する耐性がない、②判断力がない、③理解力が乏しいといった問題を抱えているために「適合性」が否定された顧客が、なぜか、過失相殺の場面で、①相手に頼りすぎた、②自分で損害の拡大を漫然と見過ごした、③ある程度は経験もあった等の理由で、過失相殺を施されているところには、適合性のない顧客にも、部分的に、適合性のある顧客と同様の注意義務を課しているか、事業者の違法性の程度が低いといった、相矛盾する評価が潜んでいるように思われる。適合性原則は、説明義務違反などとは異なって、いかに説明しても回避できないリスクをめぐって、そのようなリスクを顧客に転嫁すべきではないことを求めるものであるとすれば、過失相殺とは本来無縁でなければならない。確かに、過失相殺は公平な損害の分担を目指すものであるが、過失相殺が問題となるのは、むしろ部分的に適合性のある顧客を相手に事業者が犯した義務違反に、宥恕すべき事情が加わっているような局面に限定される

べきである。治癒可能な不適合事案の入り口での原因競合や被害拡大における寄与を前提に、顧客の損害回避あるいは損害拡大抑止義務が語られる場面で、過失相殺を問題とするのが適当である。それにしても、業者によって意図的に仕組まれた故意の取引的不法行為の場合は、過失相殺を語る余地はない。

5　消費者契約法への「適合性原則」導入問題

　近時、消費者契約法への「適合性原理」の導入が、一つの検討課題とされている。同法の付帯決議においてその点の検討が要請されていたばかりでなく、高齢者の投資被害に象徴される消費者被害の救済を考えるに際して、金融分野での利用者保護のための販売・勧誘に関するルールの柱とされる同原則に大きな期待が寄せられたからである。問題は、著しく過大な「投資リスク商品」への対処に限られない。消費者基本法のプログラム規定を始め、特商法における「過量販売」や割賦販売法における「過剰与信」のような「適合性原則」を具体化したルールの存在も、背後にある考え方(原理・思想)への関心を高めている。消費者契約法の背景にある情報・交渉力の「社会構造的格差」に加え、生活者としての「個人」の尊重への配慮の要請がこれを支えよう。

　問題は、その具体的規律の策定である。可能性としては、事業者の行為規制となる規律、情報提供義務が認められる場合の提供方法の具体化、適合性原則違反での「つけ込み型勧誘を取消事由とする規定」、適合性原則違反を理由とする損害賠償責任などの規定の定立が考えられる。2018年3月2日に閣議決定された、消費者契約法改正法案には、勧誘をするに際しての情報提供のあり方に関して、「物品、権利、役務その他の消費者契約の**目的となるものの性質に応じ、個々の消費者の知識及び経験を考慮した上で、……必要な情報を提供すること**」との文言が付され、困惑類型の取消事由に**「社会生活上の経験の乏しさ」**という文言を付け加えているのはこの表れである。「第一歩」と評すべきであろう。

　今後、「つけ込み型暴利行為」の考慮要素として掲げることを始め、個々の条文の中に「適合性原則」の思想を落とし込むことも重要な課題であるが、せめて、消費者契約法の冒頭にも一般条項的に「本法の適用に当たっては、消費者の年齢・知識、経験、財産の状況及び当該商品取引契約を締結しようとする目的等に配慮しなければならない」との一箇条を高く掲げることもまた、新時代に相応しい規範策定態度と言うべきではあるまいか。

　参考までに、わが国における「適合性原則」にいての実定法上の例を掲げておこう。
　○金融商品取引法(昭和23年法25号)第40条1号(適合性の原則等)
　　　「金融商品取引業者等は、業務の運営の状況が次の各号のいずれかに該当することのないように、その業務を行わなければならない。
　　　1　金融商品取引行為について、顧客の知識、経験、財産の状況及び商品取引契約を締結する目的に照らして不適当と認められる勧誘を行って委託者の保護に欠け、または欠けることとなるおそれがないように、商品先物取引業を行わなければならない。
　○商品先物取引法(昭和25年法239号)第215条(適合性の原則)
　　　「商品先物取引業者は、顧客の知識、経験、財産の状況及び商品取引契約を締結する目的に照らして不適当と認められる勧誘を行って委託者の保護に欠け、又は欠けることとなるおそれがないように、商品先物取引業を行わなければならない。」
　同・第218条(商品先物取引業者の説明義務及び損害賠償責任)

「1　商品先物取引業者は、商品取引契約を締結しようとする場合には、主務省令で定めるところにより、あらかじめ、顧客に対し、前条第 1 項各号に掲げる事項について説明をしなければならない。

2　前項の説明は、顧客の知識、経験、財産の状況及び当該商品取引契約を締結しようとする目的に照らして、当該顧客に理解されるために必要な方法及び程度によるものでなければならない。

3・4(略)」

同・第 240 条の 18(商品先物取引仲介業者の説明義務及び損害賠償責任)

「2〈略〉

○割賦販売法(昭和 36 年法 159 号)第 35 条の 3 の 20 (業務の運営に関する措置)

「個別信用購入あっせん業者は、購入者又は役務の提供を受ける者の利益の保護を図るため、経済産業省令・内閣府令で定めるところにより、その個別信用購入あっせんの業務に関して取得した購入者又は役務の提供を受ける者に関する情報の適切な取扱い、その個別信用購入あっせんの業務を第三者に委託する場合における当該業務の適確な遂行、その購入者又は役務の提供を受ける者の知識、経験、財産の状況及び個別信用購入あっせん関係受領契約を締結する目的に照らして適切な業務の実施並びにその購入者又は役務の提供を受ける者からの苦情の適切かつ迅速な処理のために必要な措置を講じなければならない。

○消費者基本法(昭和 43 年法 78 号)第 5 条 1 項 3 号

「消費者との取引に際して、消費者の知識、経験及び財産の状況に配慮すること」

○消費者契約法(平成 30 年法 54 号改正)

第 4 条 2 項　　「社会生活上の経験が乏しいこと」

　3 号　　　　　一定事実の実現への不安

　4 号　　　　　恋愛感情

　5 号　　　　　加齢等による判断力低下

第 4 条 4 項　　過量販売

○特定商取引法(昭和 51 年法 57 号)

通信販売を除いて、特定商取引法の規制対象取引にも拡大

同法 7 条 4 号・同法施行規則 7 条 3 号[訪問販売]、同法 22 条 3 号・同規則 23 条 3 号[電話勧誘販売]、同法 38 条 1 項 4 号・同規則 31 条 7 号[連鎖販売取引]、同法 46 条 3 号・同規則[特定継続的役務提供]、同法 56 条 1 項 4 号・同規則 46 条 3 号[業務提供誘引販売取引]。

第 7 条(指示)

「3　顧客の知識、経験及び財産状況に照らして不適当と認められる勧誘」に対し、「主務大臣は‥‥‥必要な措置をとるべきことを指示することができる。

7 条 3 号

9 条の 2

〈高齢者等に対する次々販売への対応策として導入されたルールとして〉

訪問販売等「第 7 条 3 号　正当な理由がないのに訪問販売に係る売買契約であって日常生活において通常必要とされる分量を著しく超える商品の売買契約について勧誘することその他顧客の財産状況に照らし不適当と認められる行為として主務省令で定めるもの」

・特商法施行規則(昭和 51 年通商産業省令第 89 号)

第6条の3(顧客の財産状況に照らし不適当と認められる行為)

法7条第3号の主務省令で定める行為は、次の各号に掲げるものとする。

　1　正当の理由がないのに訪問販売に係る売買契約又は役務提供契約の締結であって、日常生活において通常必要とされる分量を著しく超える指定権利の売買契約の締結又は日常生活において通常必要とされる回数、期間若しくは分量を著しく超える役務の役務提供契約の締結について勧誘すること

第7条:「法7条4号の主務省令で定める行為は、次の各号に掲げるものとする

1号　＜迷惑勧誘＞

2号　老人その他の判断力の不足に乗じ、訪問販売に係る売買契約又は役務提供契約を締結させること

3号　顧客の知識、経験及び財産の状況に照らして不適当と認められる勧誘を行うこと(法7条3号に定めるものを除く)」

4号から7号＜略＞」

が指示対象とされていること。

cf.これについては、消費者庁取引・物価対策課・経済産業省商務情報政策局消費経済政策課編・特定商取引に関する法律の解説(2009年)(商事法務、2010年)76頁以下は、「適合性原則の具体化」として位置づけている。学説上は、齋藤雅弘「特定商取引法による過量販売規制の構造と過量販売契約の解消制度」津谷裕貴弁護士追悼記念論文集刊行会編・津谷弁護士追悼論文集:消費者取引と法(民事法研究会、2011年)400頁以下では、「ここでの適合性原則問題は、暴利行為論や状況の濫用理論の具体化」と見る。

○貸金業法(昭和58年法32号)‥‥過剰貸付けの禁止(平成18年改正)

　第16条「3　資金需要者等の知識、経験、財産の状況及び貸付けの契約の締結の目的に照らして不適当と認められる勧誘を行って資金需要者等の保護に欠け、又は欠けることとなるおそれがないように、貸金業の業務を行わなければなら」ず、また、「調査により‥‥個人過剰貸付契約その他顧客等の返済能力を超える貸付けの契約と認められるときは、当該貸付けの契約を締結してはならない」なお、貸金業法16条3項、13条2、24条の6の3、24条の6の4も参照。

○金融商品の販売に関する法律(平成12年法101号)

　第3条(金融商品販売業者等の説明義務)

「1＜重要事項についての説明義務＞

2　前項の説明は、顧客の知識、経験、財産の状況及び当該金融商品の販売に係る契約を締結する目的に照らして、当該顧客に理解されるために必要な方法及び程度によるものでなければならない。

3〜7(略)」

○信託業法(平成16年法154号)

　第24条(信託の引受に係る行為準則)

「2　信託会社は、委託者の知識、経験、財産の状況及び信託契約を締結する目的に照らして、適切な信託の引受を行い、委託者の保護に欠けることのないように業務を営まなければならない。」

○電気通信事業法26条

　(電気通信サービスの勧誘・契約締結時の説明義務の望ましい対応の在り方として)

<u>「消費者の知識、経験等を考慮して説明すること」、「高齢者への説明に際して‥‥‥サービスの内容・必要性が十分に理解されるよう十分配慮して説明すること」</u>

が求められている（電気通信事業法の消費者保護に関するガイドライン［平成24年10月改正］第2章10。総務省・電気通信サービス利用者懇談会報告書（平成21年2月）。利用者視点を踏まえたICTサービスに係る研究会「電気通信サービス利用者の利益の確保・向上に関する提言」（2011年12月）27頁、総務省総合通信基盤局「電気通信サービス利用者懇談会におけるこれまでの議論」（2008年10月）など。

　平成27・4・24第9回消費者契約法専門調査会の消費者庁提出資料(17頁)によれば、「この点[不当勧誘と暴利行為]に関連して、消費者契約法に、いわゆる適合性原則に関する規律を設けるべきであるとの提案が見られた（日弁連試案7条2号、河上編・論点整理56-57頁(住田美穂子・北村純子執筆)）。それによれば、「適合性原則の意義としては『狭義の適合性原則』として、ある特定の利用者に対しては、如何に説明を尽くしても一定の商品の販売・勧誘を行ってはならないとのルールとし、『広義の適合性原則』として、業者が利用者の知識・経験・財産力・投資目的等に適合した形で販売・勧誘を行わなければならないとするものがある(第20回国民生活審議会・第7回消費者契約法評価検討委員会資料51頁)。また、他の法律の規定の例を見ると、主に金融分野において、規定が設けられていることが分かる。消費者契約法においても、適合性原則を内容とする行為規制を設けるとか、情報提供義務が認められる場合のその提供の方法に関する規律を設けるなどして、損害賠償義務を根拠づけること、あるいは、適合性原則違反による取消しの規定を設けることなども考えられるが、これらについては、他の論点についての議論の状況も踏まえて、引き続き検討することとしてはどうか」とされている。

6　「適合性原則」が求められる社会

　かつて古いローマの時代には、法律家・建築家・医者・教師そして宗教家が、特別な地位を占め、人々の信頼を集めた。後の時代には、宗教家を除くこれらの人々は、**専門家**として法的にも特別な立場に置かれ、対価の有無を問わず高度な注意義務が課せられ、しばしば「厳格責任を負う」という社会的責任が語られた。人々の生命や財産という重要な法益に否応なく関わりを持つ職業であり、報酬の多寡はともかく、それなりの社会的信頼を基礎にして活動していたからである。このような考え方は、現在でも、いわゆる「専門家責任」として論じられることが多い。もっとも、「専門家」と言っても実に様々で、パン屋や洋服の仕立屋も、パン作りや服の仕立ての専門家に違いはなく、「＊＊士」とか「＊＊師」がついた仕事に限らず、職業人としての専門家は多様で、専門家責任といっても相対的な概念でしかない。つまり、その職にあるものとしての注意、おそらく「善管注意義務」と呼ばれるものを尽くすことが求められる。このことは、医者の注意義務ひとつを例に考えても明らかで、しばしば問題となる「医療水準論」も、結局のところ、臨床医学の実践における医師の客観的注意義務であり、その内容も町の診療医や大学の専門医では異なりうるものである。いわゆる「専門家」といわれる職務に何か特別な意味があるとすれば、それは、おそらくそのような資格が国家によって認証され、法的に公益的観点から一定の義務を課せられている点に求められよう。いま一つは、特殊な信認的契約関係の中で、相手方の意向に反してでも、相手や社会の利益を守るため、一定の枠内で方策を選択すべく、相手を説得する義務が求められることにあるのかもしれないが、これまた、「資格」と結びつく公益的義務とも深く関連している。

　しかし、問題はこれにとどまらない。今後確実に予測されることの一つは、**超高齢社会**の進展とさらなる技術革新であることは衆目の一致するところである。平成31(2019)年には65歳以上の高

齢者人口が 3588 万人で、全人口に占める高齢者の割合は 28.8 ％となり、20 年経った平成 47 (2035)年には高齢化率 33.4 ％と、実に全国民の 3 分の 1 が 65 歳以上の高齢者になると予想されている。その中で、様々な技術が進展し、社会関係が複雑になっていくと何が起きるかは容易に予想される。人間は、それほど簡単には成長せず、飛躍的に能力が向上するわけでもないため、社会環境と個人の能力や耐性との間にギャップを生じ、様々なトラブルに遭遇することになるだろうということである。本人の自助努力や社会的啓発活動には自ずと限界がある。かかる事態に対応するには、社会環境と高齢者達との間に立って、当事者にとって最も適した形で社会の便益を受けられるようにする仲介者・介在者・支援者の存在が極めて重要になる。ここに、いわゆる「専門家」たる「事業者」が果たすべき新たな使命と役割があるように思われる。生身の個人が、よりよい生き方を選択できるように、より高度な専門知識や情報を備えた者が、仲介者・支援者となって、問題に取り組むことが期待されるわけである。同様の問題は、成年年齢の引き下げが目前の立法的課題となっている今日、**若年成人**についても語ることができる(消費者法研究第 2 号参照)。

　ちなみに、先頃、最高裁は、弁護士の職務について実に興味深い事例を扱った。最判平成 25 年 4 月 16 日(民集 67 巻 4 号 1049 頁)は、消費者金融に対する依頼者の債務整理を依頼された際に、過払金を回収しながら、一部の債務について消滅時効の完成を待つ「時効待ち」の方針を採ったが、依頼者にきちんと説明義務が尽くされたいなかったばかりか、そもそもこのような方針を選択したことが適切であったかが問題とされた。最高裁判決は、結局、弁護士の説明義務違反を認めた。しかし、より重要なことは、この場合に、法律専門家としての弁護士が、依頼者に提示する選択肢として、「時効待ち」が適切かつ合理的な根拠を持っていたかどうかである。このことは、専門家としての医師が、一定の裁量権を持ちながらも、治療方針として患者に提供する内容が、当該病気にとって合理的根拠を持って適合していることを前提とするということと同根の問題である。専門家である以上、非専門家に対して、判断を「丸投げ」するのではなく、様々な可能な治療手段から一定の専門的判断に基づいて合理的選択肢を提示することを求められるべきではないか。判断支援者として仲介的立場に立つ者、受任者として相手の信頼を獲得した者が、当事者自治や私的自治の名の下に、自らの専門的判断への責任を回避して相手方に専門的判断を転嫁するようなことは許されまい。

　以上のことは、一般の様々な責務を考える場合にも妥当する。事業者の多くは「専門家」として、従来以上に重い責任が課せられることを覚悟しなければならないであろうし、信認関係にある受任者は、その職務内容の方針決定や選択に当たっては、依頼者の状態に適合した選択肢であることについて常に合理的根拠を持って臨むべきだということになろう。「適合性原則」の基礎にあるアイデアは、次第に、民事の世界でも受け容れられつつあるのではないかと思われる*(8)。

　*(8)　世界的にも、同様の発想が受け容れられつつある。たとえば、欧州の DCFR「共通参照枠・草案」(2009 年)のⅡ-7：207「状況の濫用」は、次のような規定を用意している。

　「(1)当事者は、契約締結時に次の各号に定める事情が存するときは、契約を取り消すことができる。

　(a)当該当事者が、他方の当事者に依存し、もしくはその者と信頼関係を有している場合、経済的に困窮し、もしくは切迫した窮乏の状態にあった場合、又は、思慮に欠け、知識がなく、経験に乏しく、もしくは交渉技術を欠いていた場合であって、かつ、

　(b)他方の当事者が、このことを知り、あるいは知っていたことが合理的に期待される場合であって、かつ、契約の事情及び目的に照らして、相手方の状況に乗じて過大な利得もしくは著しく不公正な優位を取得した場合

(2)裁判所は、取消権を有する当事者から請求があった場合において、それが適切であるときは、信義誠実または公正取引の要請に従えば合意されたであろう内容と合致するように、契約を改訂することができる。

(3)裁判所は、不公正な利用を理由とする取消の通知を受領した当事者の請求があった場合において、当該当事者が、通知を行った相手方に対して、当該通知を受領した後遅滞なく、かつ、相手方が当該通知を信頼して行動する前に知らせたときは、前項の規定と同様に、契約を改訂することができる。」

【遠隔講義 消費者法〈第2版〉2021　〈12〉】
製造物責任(Product Liability)　ＰＬ法等・商品の安全

S.Kawakami

Ⅰ　PL法

1　導入事例

　製造物責任に関して、最初に、具体的な導入事例を掲げよう。

Ex.1　岐阜たまご豆腐中毒事件（岐阜地裁大垣支判S.48.12.27判時725-19）

　食品製造業を営む Y1は、卵豆腐を製造して、卸売業者 Y2及び Y3へ卸し、Y2及び Y3は、これを小売業者 Y4及び Y5らの先代に販売した。X2は Y4から、Aは Y5からそれぞれ問題の卵豆腐を買受けて、自宅で家族の食用に供した。ところが、Y1の製造した卵豆腐はサルモネラ菌 C1群に汚染されており、そのため大垣市を中心に415名が食中毒にかかり、X2の購入した卵豆腐を食べた夫の X1と娘B、Aの購入した卵豆腐を食べた同居中の姪Cも食中毒にかかり、BCは死亡するに至った。Bの父母 X1=X2、Cの父母 X3=X4が製造業者 Y1及び、それぞれの販売ルートに応じて卸売業者(Y2/Y3)、小売業者(Y4/Y5)を相手取って、不完全履行もしくは瑕疵担保責任又は不法行為責任を主張して損害賠償請求した事件。

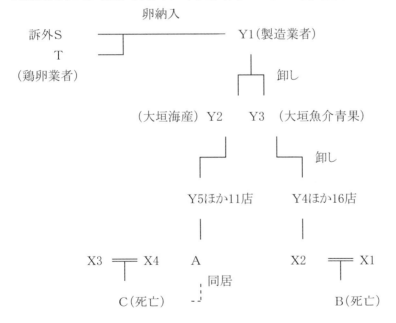

（裁判所の判断）

製造業者 Y1の責任：製造業者である Y1としては、液卵がサルモネラ菌に汚染されていることを予想して、原料として使用しないか、使用する場合でも製造過程で充分な殺菌措置をとるべき義務があるのに、これを怠った点において過失があり、不法行為による損害賠償責任がある。

小売業者 Y4/Y5の責任：売買契約の売主は買主に対し、目的物の交付という基本的な給付義務に付随して、信義則上、買主の生命・身体・財産上の法益を侵害しないよう配慮すべき注意義務を負っており、その

ような法益侵害があった場合には、売主に注意義務違反がなかったことが主張・立証されない限り、積極的債権侵害ないし不完全履行として民法415条による損害賠償責任がある。このような、契約責任は信義則上その目的物の使用・消費が合理的に予想される買主の家族や同居者に対しても認められる（CF.「**第三者の保護効**をともなう契約」？）。

卸売業者 Y2/Y3 の責任: Y2/Y3 は売主として、買主 Y4/Y5 に対し、前述と同様な注意義務を負っているのであり、卸売業者としては小売業者よりもさらに製造業者に近い関係にあるから、注意義務が加重されることはあっても軽減されることはない。Y2/Y3 は Y4/Y5 が X, B, C に負うのと同じ損害賠償義務を負う。Y4/Y5 には損害賠償義務を履行するに足る資力がないため、X らは Y4/Y5 の Y2/Y3 に対する損害賠償請求権を代位行使できる（423条参照）。

Ex.2　Nテレビ発火損害賠償請求事件（大阪地判H6.3.29判時1493-29）

X の代表者 A は、その友人 B が C 電気店で購入した Y 製造（S.62.6）にかかるテレビの贈与を受け、事務所でこれを使用していた。X では、主電源を切ることなくリモコンで操作して使用していたが、S63.3.8 に突然テレビ後部から黒煙がでて、やがて事務所内部を焼損し、備品などが焼失するなどの被害を受けた。また、放水で階下のパブが浸水したことから、出火もととして、営業補償金の支払いを余儀なくされた。そこで、X は欠陥ある本件テレビについて、債務不履行または不法行為を理由として、Y を相手取って損害賠償請求した。

判決は、テレビからの発火を原因とする火災について、「利用時の製品の性状が不相当に危険であったと評価されれば、その製品には欠陥があるというべきである」として本件製品の「欠陥」を認定し、「製品に欠陥のあることが立証された場合には、製造者に過失のあったことが推認されると解すべきである」と、過失の推認などの手法を用いて家電業者 X の不法行為に基づく損害賠償責任を肯定した。

PL法を先取りした判決として、注目された事件（小林・法教165-113；加藤・リマークス10；本田・ジュリ1055など参照）

　以上のように、いわゆる「**製造物責任**」とは、商品たる製造物に欠陥があったために、消費者もしくは第三者の生命・身体・財産に損害を生じた場合に、製造物の生産・流通・販売のプロセスに関与したものに、その賠償義務を負担させようとするものである。商品の大量生産・大量消費が行なわれる現代社会では、商品に何らかの欠陥が含まれ、その欠陥から最終利用者の下で損害が発生するという事態は避け難い現象である。わが国でも、**食品中毒事件**や**欠陥車問題**などにより、この問題に対する被害者救済の必要性を痛感させていた。もちろん、最終小売り店との関係で売買契約等が存在しているので瑕疵担保責任（契約不適合責任）などの契約責任を追及することも可能な場合もあるが、小売り店の実態は単なる仲介者であるに過ぎず、欠陥や危険をコントロールする能力をもたず、賠償資力も必ずしも充分ではないことが多い。それに、被害者が契約当事者であるとも限らないため直接の契約関係にない者の保護も問題となる（「第三者の保護効をともなう契約」といった法理を持ち出すことも考えねばならない）。そのため、実際上、危険を管理し、保険などによる危険分散の手段をもち、また資力も比較的有している製造者らの責任を被害者が端的に追及する可能性が探られてきた。

　かりに欠陥の原因が、メーカーの製造上のミスによると仮定して、従来の枠組みのもとで、被害者の救済を試みようとすると、いくつかのルートが考えられる。第一に、ダイレクトに709条の不法行為

を使うやり方で、これまでの裁判例に現れているほとんどが、この方法によっている（C→M 709）。メーカーと顧客には直接の契約関係がないことから、「不法行為」がもっとも手っとり早い手段と言うことになる。しかも、被害者が買主でなく買主の家族であったり、贈り物を受けた友人であるような場合には、被害者は最終小売店との関係でも契約関係が認められない（いうまでもなく、贈与者の担保責任は瑕疵について悪意の場合に限られているから、贈与契約からの救済も困難となる）。

　有名な「**森永ドライミルク事件**」「**サリドマイド事件**」「**カネミ油症事件**」「**スモン事件**」なども、すべてメーカーの不法行為責任を追及するものである（消費者判百〈第2版〉73事件［山口］）。しかしこのためには、被害者の側で、メーカーの過失や商品の瑕疵、そして損害発生との因果関係を立証しなければならないわけで、これは決して容易な作業ではない。そこで、裁判所は様々な手法（過失の推定など）を用いて立証負担の軽減を図ってはいるものの、契約法における売主の担保責任を追及するようなわけには行かない。

　そこで、もう一つのルートとして、小売店に瑕疵担保・不完全履行の責任を認めた上で、その手前にある卸売業者やメーカーへと代位しながら遡って責任を追及していく方法が考えられる（C→S→M 570 ＋ 500/商526 ＋ 民423）。この手法はかつて、岐阜地裁大垣支部がS.48.12.27（判時725-19）の判決で採用したことがある。この場合には、代位する以上、小売人には理論上完全な賠償責任を認めておく必要があり、しかも**債権者代位の転用**を正当化しておかねばならない。

　第3の方法は、メーカーに対して売主としての「拡大された担保責任」を問うもので、メーカーには最終的な消費者・利用者に対して契約上の安全配慮義務・保証義務があるとするものである（C→M 415or 旧570条）。商品とともに、手形の裏書人のように担保責任が移っていくことになり、「品質保証書」などの法的性格を説明するには適した説明であるが、拡大損害についての賠償請求の論拠としては、なお理論上の可能性にとどまっていた。

2　製造物責任法成立の背景

　アメリカでは1960年代に、製品に予期された用途に危険な欠陥がある場合には、契約関係のない製造業者らが被害者に対して厳格責任（strict liability）を負うとする判例法が確立し、ヨーロッパでは、1970年代から製造物責任の導入が検討され、1985年のEC理事会指令の採択によって、一挙に立法化が進んだ。わが国でも、早くから海外の動向に関心が寄せられ、1972年に我妻博士を中心とした学者グループが検討を開始して要綱試案を公表ししたが、業界の反発もあって動きが停滞していたところ、EC指令の採択をはじめ海外の動きにも触発され（ある種の外圧も作用した）、平成元年以降、関係省庁の活発な論議を経て平成6年（1994）6月、製造物責任法が成立し（7月1日公布）、1年の周知期間を経て、平成7年7月1日より施行されている。

　この法律は、従来の契約責任、不法行為責任に関するルールを排除するものではなく、被害者救済のために新たな法的手段を加えたものである。つまり、製品の欠陥による事故が生じた場合、同法のみによって排他的に問題が解決されるというわけではない点には、注意を要する。事故の態様、内容によっては契約責任の方が適切である場合があるように、被害者としては、必要とする救済内容はどのようなものか、相手方を誰にするか、資力、法的根拠、証拠の有無などの事情を考慮しながら、要件・効果をにらんで最も適切に自らのとるべき法的手段を選択する必要がある。

3　製造物責任法の概要
（1）「製造物」の範囲（2条1項）

　本法において「**製造物**」とは、「**製造又は加工された動産**」をいう。製造物責任が、大量生産・大量消費を前提として工業的に製造された商品を主たる対象として発展してきた法理であることを考慮して、実際の紛争解決に当たって重要となるものに対象を限定している。

　「製造又は加工され」ていることが必要であるので、**未加工の農水畜産物**は「製造物」に当たらない。ただ、加工・未加工の区別は微妙で、個々の製品ごとに、製品の設計や原材料の選択、加工処理の程度、検査、表示など一連のプロセスを考慮しながら判定せざるを得ない。たとえば、血液製剤はもとより、輸血用血液なども、一定の処理を前提としているから、製造物と考えるべきであろう。牛乳なども同様に考えるべきである。(イシガキダイ料理：東京地判 H14・12・13消費者法判百〈第2版〉76事件〔前田陽一〕も参照)

　また、「動産」であることが必要なので、不動産や有体物ではない電気のような無形エネルギー、いわゆる役務(サービス)も「製造物」ではない。

　特に問題となりそうな、「不動産」については、**欠陥住宅**の問題があるが、購入者との関係では契約上の担保責任や不完全履行を理由に契約責任を問うことが可能であるし、第三者との関係では工作物責任が認められるので、ほぼ被害者救済のための道具はそろっている。また最近の「**住宅品質確保促進法**」(平成11(1999)年法81号、令和元(2019)年法37改正)では、契約レベルで、民間の住宅性能評価機関による評価書の添付、弁護士会の住宅紛争処理機関による紛争解決、業者の倒産に対応した損害保険などが用意され、担保期間の延長(10年)が定められている(95条)。これを排除する免責条項は無効である(94条2項)。なお、不動産になる前の「材料」や「部品」の段階では動産であり、これに欠陥があれば製造物責任が発生し、これがそのままくっついていくので、これによる救済も可能である。もとは動産であったものが建物になると、附合(242条)や加工(243条)によって不動産になってしまうが、もともと動産であったわけであるから、それに伴う製造物責任は消えないで残っているわけである。

　サービスについては、なお問題を残しているが、一律の客観的な欠陥概念をたてることが可能であるかさらに検討が必要である。また、サービスに物の提供が伴ったり、サービスの欠陥が結果的に物の瑕疵に結晶することもあり、その限りで、本法の射程に入ることになる。純粋なサービスについては、とりあえず不法行為責任や契約責任で対処するほかない。役務に関する取引が、消費者契約法や特定商取引法に該当する場合も、当然ある。

(2)「欠陥」とは

(a)　判断の基準(2条2項)

　PL法では、過失概念に代えて「欠陥」概念を採用した。**欠陥**は、単なる品質上の問題ではなく、**製品の安全性**の問題である。その際、「欠陥」をどのような判断基準で評価するかは難問で、従来「消費者期待基準」、「通常人期待基準」、「危険効用基準」、「標準逸脱基準」などの様々な基準が論じられてきた。本法では、従来の土地工作物責任などで使われてきた「瑕疵」に近いものとして**「製造物が通常有すべき安全性を欠いていること」**をもって「欠陥」と定義している。そして、その判断をする際に考慮すべき事情として「製造物の特性」、「通常予見される使用形態」、「製造業者等が当該製造物を引き渡した時期」の3つを明示し、「その他の当該製造物にかかる事情」を受け皿としている。これは、限定的な列挙ではないので、製造物に付された表示や警告、通常の使用期間や耐用期間、損害発生の蓋然性、損害の内容、代替品の有無などの事情も、事案に応じて考慮されることになる。利用者の使い方が「異常」であったりすると、責任は否定されるが、それに至らないよ

うなときには過失相殺の対象となる。

　また、製品の欠陥は、それが製造され、流通におかれた時期(引き渡した時期)を基準に判断されるという時代的制約を受ける。つまり、その時代における製品として受ける安全性への期待、社会通念などに従って欠陥の有無が判断されることになる。後になって、より安全な商品が出現したり、改良が施されたからといって、ただちに前の時代の製品に欠陥があったということにはならない。

(b)　欠陥の立証問題(推定の可否)

　欠陥の立証をめぐっては、かねてより議論があり、本法成立の過程でもっとも問題となった点の一つである。従来の議論では、被害者と製造業者らの立場の相違から考えて、製品の欠陥について科学技術上の知識、経験、証拠の偏在等を理由に、被害者側の立証負担を軽減すべきであると主張され、そのためには、欠陥、因果関係、欠陥の存在時期の3点にわたって「推定」規定を設けるべきであるとの提案が有力になされてきた。しかし、本法では、結局見送られている。そのため、被害者は、製造物引き渡し時における欠陥の存在、損害の発生、欠陥と損害発生の因果関係について立証責任を負うことになる。これは、推定の前提となる経験則が必ずしも働かない場合もあることや、不法行為上の一般的な立証責任の体系を混乱させることをおそれたためといわれる。しかし、従来の判例によって確立されてきた経験則や「一応の推定」などの手法は生きているわけであるから、欠陥の存在や損害発生の事実を指摘する間接事実が集められれば、個々の事案の処理としては運用によって被害者救済の実を相当程度あげることは可能であろう。

(3)　責任主体(2条3項)と責任の内容(3条)

　製品の欠陥という危険な状態を作出することに関与した者が、そのような危険な状態を除去するのにもっとも適した立場にあり、そのような製品を市場にもたらすことによって利益を上げているものが製造物責任という厳格な責任を負うにふさわしい。

　そこで、**製造業者**が主として製造物責任の責任主体となる。また、**輸入業者**は、販売業者ではあるけれども、一国を単位に考えた場合には(日本の市場に危険をもたらした者であり)、製造業者と同様な立場にあり、国外の製造業者への求償も被害者に比べて格段に容易であることから、製造業者と並んで責任主体と定められている。表現としては「**当該製造物を業として製造・加工又は輸入した者**」となっている(消費者法判百<第2版>74事件[朝見行弘])。

　このほか、実際に製造に関与していなくても、製造物の表示(氏名・商号・商標その他の表示)上、「製造業者としての表示をした者」、あるいは、実質的に製造業者と認めることができる表示をした者も、そのような表示をすることによって製品の安全性に対する信頼を高めていることから、一種の信頼責任として、製造業者に準じて製造物責任を課される(2条3項各号)。

　流通業者もこれに含めるべきかは問題であるが、製造物の欠陥を検査、確認すべき法的義務を製造業者と同様に負わせることに疑問が残り、実際に注意義務違反があれば、契約責任や不法行為責任を追及する可能性もあるということで、立法的手当は見送られている(しかし、上流・下流の関係にある者については、一定範囲でシステム形成上の責務が分担されるべきではないか)。

　かくして、製造業者らは、製造物に欠陥があれば、その引き渡したものの欠陥により他人の生命、身体又は財産を侵害したときは、特にその者の故意・過失を問題とすることなく、これによって生じた損害について損害賠償責任を負うことになる(**「故意・過失」から「欠陥」**へ)。ちなみに、この責任は、製造物を顧客に「引き渡した」場合を問題としているので、たとえば製造物が盗難にあった場合など

には責任を負わない。

　損害賠償の範囲は、これまで通り、通常の不法行為の場合と同様の基準に従う。例外的に、**損害がその欠陥のある製造物についてのみ生じた場合**には製造物責任法は適用されない(3条但書)。従って、拡大損害を生じなかった場合には、被害者としては、販売業者に対して契約責任などによって被害の救済を求めることになる。拡大損害を生じていない場合には、「欠陥」と欠陥にいたらないような品質上の良し悪しとの区別が困難であるといった事情が考慮されたようである。

(4) 免責事由(4条)

　3条によって損害賠償責任を負う製造業者も一定の場合にその責任を免れることができる。

　一つは、いわゆる「**開発危険の抗弁**」と、いま一つは、部品・原材料の製造業者のいわゆる「**設計指示の抗弁**」の2つである。これ以外は、民法の一般原則によることになるが、具体的には不可抗力、危険の引き受け、因果関係の中断などが問題となり、実務上は「過失相殺」が問題になる場面も多いであろう。

(a) 開発危険の抗弁

　製品開発上の欠陥の問題もまた、本法制定過程での大きな争点の一つであった。製造物の製造・流通時における科学技術水準を考慮して欠陥の有無を判断するのが、本法の立場である。そこで、製造業者は、当時の利用可能な最高の科学技術上の知識を基準にして、欠陥の認識可能性がなかったことを反証できれば、責任を免れることができることになる。果たして、社会の技術進歩の過程で、人知を超えて生じる犠牲をやむを得ないものとするか、かかる犠牲の存在によって進歩の利益を社会が享受できると考え、全体でコストを負担していくべきかには両論があり得るであろうが、政策的判断としては、後者が採用されるべきではないかと思われ、立法論としては疑問が残る。

(b) 設計・指示の抗弁

　部品・原材料の製造業者は、そこに含まれた欠陥について製造物責任を負い、別の者によって、その部品を利用して完成品が製造され、その完成品に欠陥が生じたとなると、完成品の製造業者も製造物責任を負い、両者は不真正連帯の関係に立つ(部品には欠陥がないという場合には問題がない)。しかし、部品の製造について、完成品の製造業者である親企業から部品の製造について部品製造業者(多くは中小零細事業者である)に各種の指示が行われることの多い我が国の現状を考慮すると、部品製造業者のために免責事由を認めることが相当であると考えられ、このような免責事由が定められた。免責が認められる指示は、「設計に関する指示」に限られ、部品などの設計を具体的に拘束するものであることが必要である。

(5) 期間制限(5条)

　製造物責任が認められる期間については、この責任が厳格なものであることを考慮して、通常の不法行為の場合より若干修正されている。短期消滅時効の方は「損害と賠償義務者を知ったときから3年であり、これは民法724条の短期消滅時効とほぼ同じである(人の生命又は身体の侵害については5年間)。これに対し、長期の期間制限は20年を10年に短縮し、起算点を「当該製造物を引き渡した時から」とされている(5条1項2号)。但し、いわゆる蓄積型の損害や、一定の潜伏期間を経て発生する遅発損害等の場合には、10年の期間制限にかかることは不合理であるから、起算点をずらして、損が生じた時からと定めている(5条3項)。

4　民法上の他の制度との関係（§6）

　製造物責任法は民法の不法行為規定の特則的地位にあるが、民法の適用との関係については、本法に定められた以外は一般の不法行為や契約責任が妥当する。互いに排除する関係にないので（重畳適用）、709条などもそのまま生きており、従来の判例上のルールが妥当する。のみならず、損害賠償の方法、非財産的損害の賠償、遅延損害金、過失相殺、胎児の地位、求償関係など民法にゆだねてられているものが相当に多い。

Ⅱ　消費者安全関連法の展開

　度重なる、森永ヒ素ミルク事件(1955年)、サリドマイド薬害事件(1962年)、カネミ油症事件(11968年)、キノホルムによるスモン事件(1971年)に対応して、1947年には「食品衛生法」、1960年には「薬事法(現、薬機法)」が制定された。

　そのほか、欠陥商品問題に対応するものとして、1973のいわゆる「安全3法」の制定が重要である。すなわち、①消費生活用製品安全法、②有害物質を含有する家庭用品の規制に関する法律、③化学物質の診査及び製造に関する法律である。製造物責任法は、これらの上に出来上がったことになる（1994年の製造物責任法(PL法)）。

　しかし、その後も、商品の安全性にかかわる社会問題は多発し、とくに、BSE(牛海綿状脳症)問題(2001年9月頃から)をはじめとする食品安全問題は、2003年の食品安全基本法制定につながり、独立機関として「食品安全委員会」が設置されている。

　また、1990年頃から、「こんにゃくゼリーによる窒息事故」(大阪高判平成24・5・25＝消費者法判百＜第2版＞78事件[黒木理恵])など、従来の安全規制では十分に捉えきれない、いわゆる「すきま事案」が多発した。2008年に発生した「中国冷凍餃子中毒事件」機に、消費者庁・消費者委員会の設置があり(平成21(2009)年)、あわせて2009年には「**消費者安全法**」が制定された(これによって「消費者安全調査委員会」(いわゆる「消費者事故調」)が設置されている)。

　食品の安全規制の他、医薬品等の安全規制、工業製品等の安全規制があり、消費者法との関係では、①消費生活用製品安全法、②電気用製品安全法、③LPガス、都市ガス等の安全に関する事業法なども重要である。

Ⅲ　食品の安全と表示をめぐって

1 「**食の安全・安心**」は、消費生活[衣食住]の基本中の基本

　食の安全をめぐる考え方は、極めて単純である。

　要は、快食・快眠・快便(粗食・快眠・運動)が安定した生活リズムとなることであって、**バランスのとれた食事**に、**適度な運動と十分な休養が一番ということになる**。また、食は「文化」であって、経験的知恵と伝統で淘汰・承継される食物・食べ方を大切にすることも重要である。

　食品安全をめぐる課題の多くは、**広告・表示問題と品質・安全** にかかわる。

2 様々な新開発食品の登場 （いわゆる 「健康食品」 など）

　最近では、従来の経験則が機能しない食物選択の機会が増加している。とくに、消費者の不安

材料になっているのは、農薬・食品添加物・輸入食品・遺伝子組替え食品などであり、折からの健康志向は、人間の健康不安心理につけ込む悪質業者の登場を見た。

とくに新規の食品に関しては、消費者には事業者の提供する情報が頼りであり、**消費者の「知る権利」・実質的選択権の確保** が課題となる。「食物アレルギー」のある消費者にとっては、体調不全に直結する(軽いじんましんから重篤なアナフィラキシーショックまで)。

近時の消費者問題の中には、石けんや、旧「茶のしずく」)による食物(小麦)アレルギーの発症事件、食物の物性・形状に潜む危険性(Ex.「こんにゃくゼリー」と嚥下障害など)もあり、広く食品についての配慮が必要である。

3 消費者運動の原点としての「食品偽装」問題と「食の安全」問題

食品偽装事件は、記憶に新しい。

・「ニセ牛缶」事件(1960 年)

・「BSE(牛海面脳症)牛肉」問題(2001 年～)‥‥cf.牛肉トレーサビリティー法

・雪印食品産地偽装事件(2002 年)

・中国から個人輸入されたダイエット食品による肝機能障害(2002 年)→ JAS 法改正

食品安全基本法(2003 年)

・ミートホープ社牛肉ミンチ偽装事件(2007 年)

・「中国産冷凍餃子による中毒」事件(2008 年)‥‥‥消費者庁設置へ

・三笠フーズによる事故米の不正転売(2009 年)

・放射能汚染食品」問題と「風評被害」

・食材・メニュー偽装事件‥‥‥‥景表法改正と「課徴金」制度導入へ

食品問題に対する消費者と専門家との認識(科学的リスク評価)には、一定のギャップがあるように思われる。方向性としては、①**安全・安心な食品の確保(規格化・基準づくり・エビデンス・検査体制の確立)**、②**信頼できる中立・公正な情報の提供と適切なリスク・コミュニケーション**、③**発生した被害の拡大防止と被害者の迅速な救済、④根拠のない風評に左右されない消費者の確かな選択眼の育成** が必要である。適切な「食育」は、大きな鍵である。

4 食品を巡る様々な規制

食品をめぐっては、いくつかの法律が用意されている。

・加工食品と PL 法

・安全性検査と食品衛生法(昭和 22 年)

・農林物資の規格化及び品質表示の適正化に関する法律(昭和 25)

・加工食品品質表示基準(H12 年)農水告示 513 号)

・健康増進法(平成 14 年)

　同・特別用途表示の許可等に関する内閣府令

　その他、景表法、酒類表示法、米穀等産地情報伝達法、牛個体識別番号法、計量法 etc.

.内閣府の食品安全委員会と消費者委員会では**安全性**と**表示の適正化**の両面から審査体制が組まれている。そこでは、正確な科学的知見と的確な情報提供が求められている。

もともと「リスク・ゼロ」は存在しないのではあるが(「河豚は食いたし、命は惜しし‥‥」)、危険な食べ物で、子供たちを育てることはできないだけに、細心の注意が必要である。

5 「食品表示の一元化」問題

食品衛生法・JAS法・健康増進法における表示規制の統一（「わかりやすさ」）については、次のような課題がある。

- **食品衛生法**：食にまつわる健康上のトラブルを回避するため(Ex.アレルギー物質を含む食品に関する表示など)
- **JAS法**：食品の品質を伝えるため(生鮮食品の原産地表示表示、加工食品の原材料表示など)
- **健康増進法**：健康増進に役立てるため(食品に含まれる栄養成分に関する表示など)

これらは、統一(整理・統合)表記で、少しでもわかりやすい表示が求められる。たしかに、正確さ・充分な情報・わかりやすさ・効率性(コスト)問題はトレード・オフの関係にあるが、やはり「安全」が基本というべきである。

6 特保（トクホ）制度のこと

消費者委員会**食品表示部会・新開発食品調査部会**では、いくつかの課題に取り組んでいる。

まずは、**食品**(特定保健用食品・栄養機能食品・いわゆる健康食品・その他の食品)と**医薬品**の区別に注意したい。薬事法で定められた医薬品以外で、例外的に、一定の機能性表示が認められたものが特保・栄養機能食品であるが、ドラッグストアには、食品とは思えないものも数多く陳列されている。

(cf.「ノンアルコール・ビール」問題 →健康増進法におけるトクホ制度の趣旨に立ち戻ると‥‥)

いわゆる『健康食品』は、「効くかもしれない、効かないかもしれない」のレベルであって、「**健康食品」で病気の治療・治癒の効果は期待できないし、期待してもならない。**

特保食品に、過剰な期待は禁物である。

7 「機能性表示食品」問題

規制改革会議の検討結果で閣議決定(H25/6/14)されたのが、「機能性表示食品」である。これは、一定要件化での届出で、事業者責任で機能性表示を可能とするしくみの創設を求めるものであった。消費者の誤認を招かない自主的・合理的商品選択に資する制度とするにはどうすればよいか。どうやって、安全性と表示の適正を確保するか？　この問題に対する消費者委員会の考え方(異例の「答申」での9つの留保事項)(平成26年12月2日第178回および12月9日第179回消費者委員会本会議での審議を参照)。

8 いわゆる「健康食品」等の行き過ぎた「広告・宣伝」の問題

人々の不安・欲求をあおり、当該商品による安心と満足の獲得をイメージさせるのが広告の機能であるが、**行き過ぎた広告・誇大広告**には、行政による健増法・景表法等の厳格な執行が必要である。著しい有料誤認表示には、景表法による「課徴金」が課せられてしかるべきである。

消費者としても、**広告・宣伝文句・イメージ広告に対する過剰な信頼は禁物**である。広告・宣伝の中に、小さく「体験談」・「個人の感想です」が記されているが、大好きな芸能人のお薦めに誘引される消費者は多い。常識的に考えて、「減肥茶でダイエット」・「脂肪分解茶」・「レモンやレタス100個分を一度に摂取する」ことに、どれほどの意味があるか、疑問である。

消費者委員会からは、「『特保さえ摂っていれば』、『特保を多量に摂れば』、健康を維持・増進できるという性質のものではありません‥‥消費者の方は、『許可表示』の内容を十分確認した上で、自分の健康状態に合わせて利用されることが大切です」との警告が発せられた。健康志向は良いと

しても、健康自体が目的化した倒錯した健康志向は、無意味である。

9 基本はバランスのとれた普通の食事

　食生活の基本は、バランス良く、様々な食材を少しづつ摂取することに尽きる。新開発食品、は自分の食生活の状況に応じて、よく吟味の上、あくまで補助的に用いるべきものである。とくに、濃縮された成分の過剰摂取、薬品との併用に潜む危険にも配慮する必要がある。

　必要に応じて、医療機関・薬剤師との協力も求められるが(cf.インターネットでの医薬品販売問題)、錠剤・カプセル形状の「サプリメント」に過度に依存しないように、注意する必要がある。健康食品やサプリは、「食品」であって「薬」ではないからである。

10 消費者教育における「食育」の重要性

　前述のように、食事は文化に他ならない。親や社会の食事のあり方についての認識が子供たちに承継されていく。様々な機会に、正しい食育を試みる必要がある。おそらく、**科学的根拠に基づく品質や広告表示などに関する規制に加え、適切な食品選択眼・食事法を養うための教育・啓発の双方が必要であろう。**

<参考情報>

消費者庁「食品と放射能 Q&A 」http://www.caa.go.jp/jisin/pdf/120831-3_food_qa.pdf

消費者庁・食品表示一元化情報 http://www.caa.go.jp/foods/index18.html

内閣府食品安全委員会『科学の目で見る食品安全』

厚生労働省「食品安全情報」www.mhlw.go.jp/topics/bukyoku/iyaku/syoku-anzen/index.html

農林水産省「消費者の部屋」www.maff.go.jp/j/heya/

独立行政法人国立健康・栄養研究所「『健康食品』の安全性・有効性情報」http://hfnet.nih.go.jp/

日本学術協力財団『(学術会議叢書8)食の安全と安心を守る』(2005 年 3 月)

日本学術協力財団『(学術会議叢書 16)食の安全を求めて』(2010 年 1 月)

日本弁護士連合会「消費者のためとなる食品表示法の制定を求める意見書」(2012 年 11 月)

全国消費生活相談員協会『これだけは知っておきたい食べものの話』(2013 年 1 月)

Ⅳ　欠陥住宅問題

　欠陥住宅問題について、若干の裁判例を紹介しておこう。

1　最判 H19・7・6 民集61巻5号1769頁(消費者法判百〈第2版〉69事件[秋山])

　本件は、本件建物を、その建築主から購入した上告人らが、当該建物にはひび割れ等の瑕疵があると主張して、建築の設計及び工事監理をしたY1及び施行をしたY2に対し、損害賠償ないし瑕疵修補償費用の請求をしたところ、原判決が、請求を一部認容した一審判決中、Y1及びY2の敗訴部分を取り消し、上告人らの請求を棄却したため、上告人らが上告した事案。

　建物には、

ア　A棟北側共用廊下及び南側バルコニーの建物と平行したひび割れ

イ　A棟北側共用廊下及び南側バルコニーの建物と直交したひび割れ

ウ　A棟1階駐車場ピロティのはり及び壁のひび割れ

エ　A棟居室床スラブのひび割れ及びたわみ

オ　A棟居室内の戸境壁のひび割れ

カ　A棟外壁（廊下手すり並びに外壁北面及び南面）のひび割れ

キ　A棟屋上の塔屋ひさしの鉄筋露出

ク　B棟居室床のひび割れ

ケ　B棟居室内壁並びに外壁東面及び南面のひび割れ

コ　鉄筋コンクリートのひび割れによる鉄筋の耐力低下

サ　B棟床スラブ（天井スラブ）の構造上の瑕疵（片持ちばりの傾斜及び鉄筋量の不足）

シ　B棟配管スリーブのはり貫通による耐力不足

ス　B棟2階事務室床スラブの鉄筋露出

などの瑕疵があった。

　原審は「瑕疵は，いずれも本件建物の構造耐力上の安全性を脅かすまでのものではなく，それによって本件建物が社会公共的にみて許容し難いような危険な建物になっているとは認められないし，瑕疵の内容が反社会性あるいは反倫理性を帯びているとはいえない。さらに，上告人らが主張する本件建物のその余の瑕疵については，本件建物の基礎や構造く体にかかわるものであるとは通常考えられないから，仮に瑕疵が存在するとしても不法行為責任が成立することはない。」として不法行為の成立を否定。

　これに対して、最高裁は、

「建物は，そこに居住する者，そこで働く者，そこを訪問する者等の様々な者によって利用されるとともに，当該建物の周辺には他の建物や道路等が存在しているから，建物は，これらの建物利用者や隣人，通行人等（以下，併せて「居住者等」という。）の生命，身体又は財産を危険にさらすことがないような安全性を備えていなければならず，このような安全性は，建物としての基本的な安全性というべきである。そうすると，建物の建築に携わる**設計者，施工者及び工事監理者**（以下，併せて「設計・施工者等」という。）は，建物の建築に当たり，契約関係にない居住者等に対する関係でも，当該建物に建物としての基本的な安全性が欠けることがないように配慮すべき注意義務を負うと解するのが相当である。そして，設計・施工者等がこの義務を怠ったために建築された建物に建物としての基本的な安全性を損なう瑕疵があり，それにより居住者等の生命，身体又は財産が侵害された場合には，設計・施工者等は，不法行為の成立を主張する者が上記瑕疵の存在を知りながらこれを前提として当該建物を買受けていたなど特段の事情がない限り，これによって生じた損害について不法行為による賠償責任を負うというべきである。

居住者等が当該建物の建築主からその譲渡を受けた者であっても異なるところはない。」と判断した。

　建物の設計から施工・工事管理に至るまで、総合的な形で、作業にかかわる事業者の組織的な責任が問題となっていることに注目されたい（ここで詳論の限りではないが、中田裕康古稀[未完]で、論じた拙稿を参照されたい）。

＜評釈等＞

　　　本判決についての解説・評釈は多い。各自、是非検討されたい。鎌野邦樹・NBL875号4頁 ； 塩崎勤・民事法情報258号78頁；平野裕之・民商法雑誌137巻4＝5号438頁 ； 高橋寿一・金融・商

事判例1291号2頁；山口成樹・判例時報2002号185頁；大西邦弘・広島法学32巻1号87頁；花立文子・国学院法学46巻2号1頁 ； 荻野奈緒・同志社法学60巻5号443頁； 円谷峻・ジュリスト(平成19年度重判)臨時増刊1354号89頁； 花立文子・私法判例リマークス(法律時報別冊)37号48頁； 高橋譲・ジュリスト1379号102頁；橋本佳幸・別冊ジュリスト196号160頁〔民法判例百2債権　第6版〕；秋山靖浩・法学セミナー637号42頁；幸田雅弘・法学セミナー638号18頁；畑中久彌・福岡大学法学論叢53巻4号463頁； 田口文夫・専修法学論集106号293頁

　仮屋篤子・速報判例解説(法学セミナー増刊)4号73頁 ；高橋譲・法曹時報62巻5号215頁；大門宏一郎・別冊判例タイムズ29号118頁(平成21年度主要民事判例解説；高橋譲・ジュリスト増刊〔最高裁時の判例6平成18〜20年〕153頁；高橋譲・最高裁判所判例解説民事篇平成19年度499頁；松本克美・立命館法学337号173頁； 吉岡和弘・別冊ジュリスト200号154頁〔消費者法判百<初版>〕；池田好英・判例タイムズ1390号71頁； 山本周平・別冊ジュリスト224号166頁 [民法判百2債権　第7版]；山本周平・別冊ジュリスト238号172頁[民法判百2債権　第8版]；加藤新太郎・NBL1135号105頁

【遠隔講義 消費者法〈第2版〉2021 〈13〉】
預託法をめぐる問題

S.Kawakami

1 預託取引について

　物を「預ける・預かる」という行為との関係で、近時、大きな問題ともなっている不当商法が存在する。かつての「**豊田商事事件**」では、金地金を販売しつつ、現物を交付せず、これを預かったことにして(当時は要物契約の制約を回避すべく「賃貸借」の法形式がとられた)、「預かり証」のみを交付して、更に別の顧客に対して同様の手口で販売・預託を繰り返し、29000人という多数の被害者に約2000億円という莫大な被害を与えた(「ペーパー商法」、「現物まがい商法」と呼ばれた。ちなみに、同商事の会長Nは生放送中のマスコミの目前で刺殺された)。この事件を契機に、「特定商品等の預託に関する法律(**預託法**)[昭和61(1986)年法62号、平成21(2009)年法48号]」が制定された。同法で規定する預託等取引契約は、①3か月以上の期間、対象の物品を預かること、又は対象の施設利用権を管理すること、②(a)当該預託もしくは施設管理に関し財産上の利益を供与すること、又は、(b)3か月以上の期間経過後一定の価格で買い取ることを約する取引、と規定された(預託法2条第1項)。こうした販売と預託取引(寄託・賃貸借・組合出資などの方法があろう)の組み合わせでは、事業者が消費者に物品等を販売すると同時に、当該物品等を預かり、「運用」と称して配当金を消費者に還元したり、契約期間満了時に物品等を一定価格で買い取ることが行われ、被害の顕在化が遅れるなか、次々と被害が拡大したのである。

2 いわゆる「販売預託商法」の違法性

　預託法の制定後も「**安愚楽牧場事件**(和牛レンタルオーナー商法。被害者73000人、被害額4200億円)」、「**ジャパンライフ事件**(磁気治療機器、被害者約7000人、被害額2000億円)」、「**ケフィア事業振興会事件**(健康食品。被害者約30000人、被害額1000億円)」などに代表される悪質な販売預託商法が相次ぎ、莫大な被害が発生した(特定の物の預託にのみ着目した預託法は被害抑止の機能を果たすことができなかった)。高い利率による利益還元や物品等の販売価格相当額での買取り(実質的な元本保証)をうたい、高齢者をはじめとする消費者から多額の金銭の拠出を募るが、実際には物品等やそれを運用する事業は存在せず、消費者から拠出された金銭の一部を別の消費者の配当に充て、問題の発覚を遅らせ、最終的には破綻していったのである。

　こうした販売預託商法は、物品等を販売すると同時に預かると説明しつつ、実際には物品等が存在せず、当該物品等を運用する事業実態がなく、早晩破綻することが明らかであるにもかかわらず、高い利率による利益還元、あるいは販売価格と同額での買取りにより元本保証すると説明して取引に誘引する点で、消費者を二重に欺くものである。これは、主観的にも、経済的実質においても、ある種の**投資勧誘**であり、その形態は無限連鎖講に匹敵する危険きわまりないものである(無限連鎖講は「無限連鎖講の防止に関する法律(昭和53年法律第101号)」が禁止する)。にもかかわらず、契約締結時に示される高利率の利益還元や、物品等の販売価格相当額での買取り(実質的元本保証)が約束されるため、消費者は、小さい

リスクで高い利益還元を確実に受け得るものと誤信して、次々と取引に引き込まれた。出資者には、他の出資者が拠出した金銭を原資に配当金が支払われるため、表面上はスキームが正常に機能しているかのように見えるため被害が顕在化しにくい。しかし、消費者から拠出される金銭が途絶えて最終的に事業は破綻に至る。

　このような販売預託取引は、取引の仕組み・内容面での違法性と契約締結・勧誘手法の欺瞞性を併せ持つもので、およそビジネス・モデルとして成り立ち得ないだけに、その問題性については、早くから、消費者庁や国民生活センターなどからも警鐘が鳴らされてきた(https://www.cao.go.jp/consumer/iinkaikouhyou/2019/0830_kengi.html)。

これまでの動向については、次の資料を参照。

https://www.caa.go.jp/policies/policy/consumer_transaction/meeting_materials/assets/consumer_transaction_cms202_200219_05.pdf

　少なくとも、**販売預託商法**が違法かつ無効であることを立法上も明言し、実質的な投資勧誘取引であることを正面から認め、各種の金融商品規制や投資ルールと平仄を合わせて、民事・行政・刑事等のあらゆる手法を総動員の上、これを市場から駆逐する必要がある(加藤了嗣「レンタルオーナー商法(販売預託商法)に関する法制度・法執行のあり方」現代消費者法 46 号[2020 年]103 頁以下も参照)。

　後掲、特商法・預託法等の在り方検討委員会報告書では、この点が明確に論じられ、これを受けて、2021 年の通常国会に法案が提出されることになった(2021 年 4 月現在、後掲の概要図を参照)。一日も早い成立を望みたい。

【資料】

預託法等検討委員会報告書（令和 2 年 8 月 19 日）

（ゴシック強調 河上。また、脚注は省略した）

目次

I　はじめに

　我が国においては、近時、**少子高齢化**が進展するとともに、**各種技術の進歩を踏まえた様々な製品・サービスの普及等**も背景として、こういった新製品・サービスの内容等を十分に理解できていない消費者、特に高齢者の脆弱（ぜいじゃく）性につけ込む、より巧妙な悪質商法による被害が増加している。また、令和 4 年 4 月 1 日に**民法の成年年齢が 20 歳から 18 歳に引き下げられる**ことから、新たに成年となる 18 歳、19 歳の者を始めとした「**若年成人**」の消費者被害の防止も求められている。

　さらに、デジタル化の進展によって、デジタル・プラットフォームを介した消費者取引が拡大するとともに、過去に用いられていなかった方法による消費者への働きかけが可能になるなど、消費者取引を取り巻く新たな環境が出現している。

　こうした中、昨年 9 月に我が国が議長国として徳島で開催された G 20 消費者政策国際会合においても、**デジタル時代では誰もが脆弱性を有すること**を共通認識とする必要があり、さらに、**デジタル・プラットフォームを含めた新しいビジネスの流れを踏まえて消費者の脆弱性の問題に対応していく必要がある**と総括されている。

　これらに加え、本年に入り感染者数が増加している**新型コロナウイルス感染症の感染拡大の防止に向けた「新たな日常」**が模索される中で、国民の消費行動も変容することが見込まれる。特に、通信販売、宅配サービスといった外出をせずに自宅における消費を可能とする形態の利用の増加が想定されている。

　このような社会経済情勢の変化等を踏まえ、消費者取引の分野においても、新たな課題に機動的に対応していくことの重要性が一層高まっている。

　特定商取引法及び預託法の制度の在り方に関する検討委員会(以下単に「検討委員会」という。)では、本年 2 月以降に 6 回にわたり、集中的に議論を行った。当該議論を踏まえ、特定商取引に関する法律(昭和 51 年法律第 57 号。以下「特定商取引法」という。)及び特定商品等の預託等取引契約に関する法律(昭和 61 年法第 62 号。以下「預託法」という。)の制度の在り方等について、取りまとめるものである。

II　検討を行う際の視点

　消費者の脆弱性につけ込む悪質商法の手口の巧妙化・複雑化には、断固とした対応をする必要がある。具体的には、法執行の強化はもちろん、消費者利益の擁護及び消費者取引の公正確保の推進のため、消費者被害を発生させる悪質事業者（「**共通の敵**」）にターゲットを絞った実効的な規制等を新たに措置する抜本的な制度改革を実行すべきである。
なお、その際には、平成 28 年に改正された特定商取引法（以下「28 年改正特商法」と

いう。）の運用状況に基づき、その効果検証等も踏まえて行うことが重要である。

　上記の制度改革に当たっては、言うまでもなく、健全な事業活動に対する不測の影響が生じないように進めるべきである。新たな措置によって、真面目に取り組む個々の事業者の日常的な活動はもちろん、デジタル分野を始めとした将来のイノベーションを阻害しないように最大限の配慮をすることが重要である。この点については、明確な規範（「共通の基盤」）をあらかじめ定立することによって、予見可能性を高め、創意工夫に満ちた健全な市場の創出及び発展を図ることができると考えられる。

　また、「新たな日常」が模索される中で、消費生活を始めとした社会経済情勢の劇的な変化に適切に対応し、消費者の不安を払拭して取引の安全を確保する環境整備を図るための取組を推進していくことが不可欠である。

Ⅲ　消費者の脆弱性につけ込む悪質商法への対策強化

　消費者の脆弱性については、判断力が低下した高齢者、社会経験の乏しい「若年成人」等の一定の属性を有する者を念頭に考えられてきた。しかしながら、現在では、取引の際の状況次第で全ての消費者が脆弱性を有していると捉えるべきである。**さらに、デジタル化の進展等によって、そうした消費者の脆弱性がより顕在化しやすくなっている。**

　消費者の脆弱性を補完する、さらに脆弱性が発現しないような消費生活を実現するための環境整備が必要である。このため、消費者の脆弱性につけ込んで不当な利益を追求する悪質商法に対しては、厳正に対処すべきである。具体的には制度的な措置と執行体制の強化を「車の両輪」として、両方の確実な実施を図ることが重要である。

1　販売を伴う預託等取引契約の原則禁止等

　販売を伴う預託等取引契約については、販売代金の支払いという形式で消費者から事実上の金銭の出捐（預り金、出資、投資に相当するもの。物品の介在によって元本保証類似のスキームであると誤認をさせるケースも多い。）を十分な認識のないままに元本保証又は類似するものと誤解させた状況で行わせるとともに、新規の契約者への物品の販売代金によって、販売を伴う預託等取引契約において供与を約した財産上の利益（いわゆる配当）を既存の契約者に一時的に支払うことが可能である。また、売買の対象となる物品が存在しない、又は、存在しなくなったことが発覚しづらいことなどから、消費者に深刻かつ甚大な財産被害を及ぼすおそれが高い反社会性のある行為と言うべきである。なお、過去に発生した大規模な消費者被害はこの類型に属するものと位置付けられる。

　さらに、通常の事業活動における資金調達行為として行うことは想定され難く、かつ、顧客資産の受入れ及び運用等を行う場合は金融商品取引法及び信託業法等の他法令に基づく枠組みで実施可能である。

　このように**販売を伴う預託等取引契約については、本質的に反社会的な性質を有し、行為それ自体が無価値（反価値、"Unwert"）であると捉えるのが相当であることから、預託法において、原則禁止とすべきである。**その前提で禁止の対象となる範囲の明確化等を実務的に検討すべきである。当該禁止に違反する事業者に対し、十分な抑止力を持った法定刑を設けるとともに、締結された契約については民事上無効とすることが必要である。

　また、特定商品の預託を規律する現行の預託法については、**特定商品制を撤廃するとともに、勧誘規制の強化、広告規制の新設、勧誘の際に告げた事項又は広告で表示した事項（例えば、財産上の利益の捻出のための運用に関する事項等）に係る合理的な根拠を示す資料の提出及び当該資料が提出されない場合の行政処分の適用に係る違反行為が行われたものとみなす規定の新設、民事ルールの充実、適格消費者団体による差止請求の規定の新設、業務禁止命令の導入など、法制定以来となる抜本的な見直しを行うことが必要である。** これによって、消費者被害の未然防止を図り、法執行を迅速かつ厳正に実行するための法的基盤を確立することが重要である。

　現行においても預託法の適用を受けないこととされている金融商品取引法及び信託業法等に基づくもののほか、他法令に基づく枠組みの下で消費者保護の観点からの規制が既に行われている場合等を対象に必要最小限の範囲で預託法の規定の**適用除外**を設ける方向でその範囲の明確化等を実務的に検討すべきである。同時に、当該**適用除外を設ける場合は、規制の潜脱防止を確実に図ることが不可欠である。**

2　消費者被害の拡大防止等を図るための措置

　特定商取引法に基づく行政処分の実施に当たっては、違反行為の早期の是正が重要であるところ、専門的又は複雑な事項が多く、違反行為の立証に時間を要する事案が見られる。このため、消費者被害の 拡大防止を迅速に図る観点から、**特定商取引法において、合理的な根拠を示す資料の提出及び当該資料が提出されない場合の行政処分の適用に係る違反行為が行われたものとみなす規定の対象となる行為を拡大すべき**である。具体的には、上記のような側面があり、違反行為の立証に時間を要する過量販売等を対象に追加する必要がある。

　また、追加がなされた場合は、具体的な運用指針を制定し、運用の予見可能性を確保する必要がある。

　さらに、従前の法執行の運用状況、特に 28 年改正特商法において導入された業務禁止命令及び公示送達の運用状況を踏まえた制度的な措置を講じる必要がある。あわせて、特定商取引法又は預託法の法執行の体制強化を始めとした実効性の確保のための取組についても、国及び地方公共団体が継続的に実施することも重要である。

また、特定商取引法における不実告知等の禁止の規定に違反した場合について、詐欺罪等の法定刑も勘案しながら、消費者被害の未然防止に資するとともに、違法収益の没収も可能となるレベルへの罰則の引上げを検討すべきである。

これらの行政処分の迅速化等に関する措置に加え、消費者庁等が実施した行政処分を消費者の被害の回復の際に円滑に活用できるようにするための取組を実施することが重要である。具体的には、特定適格消費者団体が行う共通義務確認訴訟の遂行に資するための措置を検討する必要がある。

IV　経済のデジタル化・国際化に対応したルール・環境整備等

　デジタル化の進展等に伴い、消費者の利便性が向上している。消費者もその利便性を享受して、デジタル・プラットフォームを経由した取引等を通じ、かつてない多様な選択肢の中で自らが好きな商品等を手軽に選択できる時代が到来している。他方で、こういった

状況を奇貨として、インターネット上で、場合によっては越境的に、消費者被害を発生させる者もいる。このような者を市場から排除しなければ、個々の消費者が安心して取引を行うことができるような環境は整備できず、ひいては信頼性のある「消費者デジタル市場」を作ることはできない。このためのルール・環境整備等を実施することは、消費者及び事業者の両方にとって喫緊の課題であり、将来のイノベーションを阻害しないためにも不可欠である。

1 「詐欺的な定期購入商法」への対応

通信販売の広告において、初回に無料又は低額な金額を提示し、2回目以降に高額な金額を支払わせる、いわゆる「詐欺的な定期購入商法」に関する消費生活相談が増加している。さらに、国民生活センターによると、昨年の定期購入に関する消費生活相談のうち、「お試し」「モニター」等という広告を見て申し込んだなどの申出が含まれる相談は約5割、「連絡不能」に関する相談は約3割となっている。このため、「詐欺的な定期購入商法」に該当する定期購入契約を念頭に、特定商取引法における顧客の意に反して通信販売に係る契約の申込みをさせようとする行為等に関する規制を強化すべきである。

具体的には、独立した禁止行為とした上で、規制の実効性を向上させるとともに、違反のおそれのあるサイト等へのモニタリング等を外部の専門的リソースも最大限に活用して法執行を強化するといった抜本的な措置を講じる必要がある。また、「詐欺的な定期購入商法」で意に反して申込みを行わせる悪質事業者を念頭に、解約・解除を不当に妨害するような行為を禁止するとともに、解約権等の民事ルールを創設する必要がある。

さらに、現状では、「定期購入」に関する消費生活相談の9割以上がインターネット通販によるものであることも踏まえ、特定商取引法に基づくガイドラインである「インターネット通販における『意に反して契約の申込みをさせようとする行為』に係るガイドライン」の見直しを早期に実施するとともに、法執行を強化する必要がある。

2 デジタル・プラットフォームを経由した取引等への対応

デジタル・プラットフォームを経由した取引等については、デジタル・プラットフォーム企業と連携を図りつつ、オンライン・ショッピングモール等における販売業者等の特定商取引法の表示義務の履行確保及び法執行時の販売業者等に対する追跡可能性の確保のために特定商取引法の見直しを含めた所要の方策を検討すべきである。また、消費者庁とデジタル・プラットフォーム企業が適切にコミュニケーションを図ることができるような定期的な情報提供及び意見交換の場を設定する必要がある。具体的には、官民のコミュニケーションの円滑な促進を図るための会議体（協議体）を設置した上で、関係行政機関、独立行政法人、産業界、デジタル・プラットフォーム企業等を構成員とし、組織の壁を超えて構成員間で情報を早期に共有する新たなメカニズムの構築に向けた制度的な措置を含めた所要の方策を検討する必要がある。

なお、上記に関する特定商取引法についての検討に当たっては、今後も開催される「デジタル・プラットフォーム企業が介在する消費者取引における環境整備等に関する検討会」の議論等も踏まえながら、進めることが望ましい。

3　国際化への対応

　越境的な電子商取引が急速に増加する中で、越境消費者取引の適正化を図ることが必要である。特に、法の適用と執行については、国内事業者と海外事業者とのイコールフッティングを確保することが不可欠である。

　このため、特定商取引法等の執行を担う消費者庁が海外のカウンターパートとなる外国当局と執行協力を行い、国境を越えて活動を行う悪質事業者にも厳正に対応することが必要である。実務上の取組を積極的に進めるとともに、制度的な措置も講じる必要がある。

V　「新たな日常」における課題への機動的な対応

　新型コロナウイルス感染症の感染拡大の防止に向けた「新たな日常」が模索される中で、通信販売の重要性が従来にも増して高まっている。このため、通信販売に係る個別の取引のみならず、市場全体の一層の信頼性、透明性、公正性を確保していく必要性が高まっている。これに即応して、消費者被害を発生させる悪質事業者に対する法執行を強化するとともに、技術革新の進展等を踏まえた新たな課題に対応するための制度改革を行っていくべきである。また、通信販売協会の取組及びデジタル取引関連業界を始めとした産業界の自主的な取組を強くエンカレッジしていく環境整備を加速度的に進めていくべきである。同時に、十分かつ的確な情報をしっかりと持った（well-informed）「賢い消費者」を育成する取組を強化していくことが不可欠である。

　近時の新型コロナウイルス感染症を巡る社会不安につけ込むように、自宅に留まっている消費者をターゲットとした、マスクの「送り付け商法」が問題化している。まずは、いわゆるネガティブ・オプションについては、消費者が送付された商品の代金支払義務を負っていないことの周知を強化すべきである。さらに、こうした「送り付け商法」は、何ら正常な事業活動とはみなされないものであることに鑑み、販売業者による消費者への一方的な商品の送り付けについては、諸外国の法制も参考に制度的な措置を講じる必要がある。また、自宅で過ごしている消費者等をターゲットに、トイレ修理、水漏れ修理、鍵の修理、害虫の駆除等の「暮らしのレスキューサービス」に関連して、インターネット上のサイトやポスティングチラシ等において安価な価格のみを示しておきながら、実際には正当な理由がないのに高額な料金を請求する、詐欺的な手口による消費者トラブルも発生している。こうした被害の状況を踏まえ、違反事業者に対する特定商取引法の執行をより一層強化するなど厳正な対応を進めていくことが極めて重要である。

VI　今後の検討課題

　上記のほか、検討委員会の議論等で指摘のなされた以下の事項については、重要な論点を含むものである。消費者庁においては、まずは、上記の制度的な措置等の具体化を優先するとともに、これらの事項についても引き続き、検討を行っていくべきである。

　① 特定継続的役務に係る新たな対象の追加（今後の消費生活相談の動向を引き続き、注視。対象分野の見極め及び規制の要否等を判断するために必要な事項についての継続的な情報把握及び分析を実施。）

　② アフィリエイト広告における違反行為への対応（通信販売の販売業者等がアフィリ

エイターに広告表示の内容の決定を委ねているような場合に販売業者等がアフィリエイト広告の不当表示の責任を負うという点に関する解釈上の整理の明確化に加え、アフィリエイトサービスプロバイダー（ＡＳＰ）の法的な位置付けの整理を検討。）

　③　新たなデジタル取引の出現等を踏まえたＢ（事業者）とＣ（消費者）との境界の在り方（今回の議論は、「伝統的な」事業者を念頭に検討したが、今後の取引の動向等を十分に踏まえて検討。）

　④　通信販売における適格消費者団体の差止請求の対象範囲の拡大（特定商取引法に基づく差止請求の事案の動向を引き続き、注視し、その拡大の要否等を判断するために必要な事項についての継続的な情報把握及び分析を実施。）

Ⅶ　おわりに

　報告書の内容は、検討委員会における真摯な議論を踏まえて取りまとめられたものである。消費者庁においては、報告書で提言された事項等について、消費生活相談の現場の状況及び取引の実態等を踏まえた実務的、かつ、法技術的な観点からの更なる検討を行った上で、早期の実現を図るべきである。また、新たな規制の導入に際し、事前の周知等を図るための時間は必要となるものの、早急に実効性を図ることが不可欠である。さらに、規制の導入後においても、悪質商法の動向等を機敏に捉えまえて、不断の検討を行うことが重要である。現下の社会経済情勢を鑑みると、消費者の不安を払拭して取引の安全を確保する、さらに我が国の消費者取引全体の信頼性、透明性、公正性を確保していくことの重要性がかつてないほどに高まっている。この状況に、先手を打って、プロアクティブに対応していくべきということは検討委員会の総意である。そのためには、以下の３点、すなわち、

　①必要な制度改革と厳正な法執行、②産業界の自主的な取組とそのための事業者に対する啓発等の支援、③消費者の賢く適切な判断を導くための取組、を「三位一体」で行うことが不可欠である。この報告書は、まさにそのための嚆矢となるものであり、特定商取引法及び預託法の分野からこれらの取組等を着実に実現していくことが期待される。

（参考資料１）委員等名簿(略)
（参考資料２）検討経過(略)

消費者被害の防止及びその回復の促進を図るための特定商取引に関する法律等の一部を改正する法律案の概要

消費者の脆弱性につけ込む悪質商法に対する抜本的な対策強化、新たな日常における社会経済情勢等の変化への対応のため、特定商取引法・預託法等の改正による制度改革によって、消費者被害の防止・取引の公正を図る。

預託法の主な改正内容

1　販売預託の原則禁止

○ 販売を伴う預託等取引を原則禁止とし、罰則を規定
○ 原則禁止の対象となる契約を民事的に無効とする制度の創設

※ 預託等取引契約：3か月以上の期間にわたり物品の預託を受けること及び当該預託に関し財産上の利益の供与を約するものの
※ 例外的に認める場合には、厳格な手続の下、消費者庁が個別に確認

〈販売預託のスキーム〉

①物品を販売
②代金の支払
③物品を預ける
④レンタル
⑤レンタル料等の支払
⑥配当金と称するお金の支払

消費者　第三者（レンタルユーザー）　悪質事業者　商品

※レンタルの実績や運用による利益はない。
※預かったとされる物品がほとんどない。

2　預託法の対象範囲の拡大

○ 現行の預託法の対象の限定列挙の廃止→全ての物品等を対象に

3　消費者利益の擁護増進のための規定の整備

○ 行政処分の強化等

特定商取引法の主な改正内容

1　通販の「詐欺的な定期購入商法」対策

○ 定期購入でないと誤認させる表示等に対する直罰化
○ 上記の表示によって申込みをした場合に申込みの取消しを認める制度の創設
○ 通信販売の契約の解除の妨害に当たる行為の禁止
○ 上記の誤認させる表示や解除の妨害等を適格消費者団体の差止請求の対象に追加

2　送り付け商法対策

○ 売買契約に基づかないで送付された商品について、送付した事業者が返還請求できない規定の整備（現行では消費者が14日間保管後処分等が可能→改正後は直ちに処分等が可能に）

一方的に商品を送り付け（注文していない場合）

悪質事業者 → 消費者

3　消費者利益の擁護増進のための規定の整備

○ 消費者からのクーリング・オフの通知について、電磁的方法（電子メールの送付等）で行うことを可能に（預託法も同様）
○ 事業者が交付しなければならない契約書面等について、消費者の承諾を得て、電磁的方法（電子メールの送付等）で行うことを可能に（預託法も同様）
○ 外国執行当局に対する情報提供制度の創設（預託法も同様）
○ 行政処分の強化等

消費者裁判手続特例法の改正内容

被害回復裁判に資するために、特定適格消費者団体に対し、特定商取引及び預託取引の行政処分に関して作成した書類の提供を可能に

【遠隔講義 消費者法〈第2版〉2021〈14〉】
■消費者法講義のまとめ■
消費者保護制度の今日的課題と適格消費者団体への期待

S.Kawakami

Ⅰ　消費者行政の今日的課題（過去・現在・未来）

1　「消費者」の保護

（1）既に見たように、法の世界で「消費者の保護」が本格的に唱えられるようになったのは、1960 年頃からである。米国のケネディ大統領が議会に送った［消費者の利益の保護に関する特別教書」（1962 年 3 月)が、「**消費者の権利**」として、安全である権利・知らされる権利・選ぶ権利・意見が反映される権利の 4 つを掲げたことはよく知られており、フォード大統領によって消費者教育を受ける権利が加えられ、今日、国際消費者機構(IOCU)が、更にこれを推し進めて、1979 年に消費者の 8 つの権利と 5 つの責任を提唱して定着している。これらは、2000 年に我が国の消費者基本法にも明記された。すなわち、消費者が安全で安心できる消費生活を送ることができるようにするためには、①消費生活における基本的な需要が満たされ、②健全な環境の中で消費生活を営むことができる中で、③消費生活の安全が確保されること、④商品・役務の自主的・合理的選択の機会が確保されること、⑤必要な情報の提供を受けること、⑥教育の機会が提供されること、⑦消費者意見が政策等に反映されること、⑧被害の救済が適切・迅速に受けられることが必要とされ、同時に、自立支援として、①事業者の適切な活動の確保、②消費者の年齢・特性への配慮、③高度情報化への対応、④国際的連携、⑤環境への配慮なども挙げられた。これらは、個別法令の整備や施策の充実を促進する上での指針とされている。

　高度成長期に、社会的弱者としての「消費者」が、「労働者」や「借家人」などと同じ響きで、社会的・構造的な情報・交渉力格差の中で法的保護を必要とする階層を指し示す概念として論じられ、ある種の潮流や運動として、法のレベルとは別次元での特別な手当や保護の必要が語られるようになったことは周知の通りである。その限りで、消費者法は社会法的な色彩を強く帯びて出発したといえよう。

（2）わが国において、制定法の中に「**消費者**」という表現が登場したのは、おそらく 1968〔昭和 43)年の消費者保護基本法第 1 条あたりであり、その歴史は浅い。しかも、そこでは特に「消費者」の定義が示されることはなかった。そのため、事業者から消費生活のために少量・他品種の商品・役務を購入しする生身の人間である「消費者」という語感からは、多重債務者や投資者などがそれに含まれるのか疑問視されたこともある。消費者は、まさに生活者と同義だったのである。1970 年頃には、諸外国でも、様々な消費者保護立法が進み、不当条項規制、製品の安全や表示の適正化など、多くの問題が、この分野で新たな法整備に向かった。1980 年代に規制緩和を唱える新自由主義の波に押され、「消費者を保護せよ」の声がやや小さくなったものの、市場の新たな秩序を求める声は、規制緩和と調和する事後的消費者利益の確保を課題として命脈を保ち、その後も、消費者主権・消費者支援の形で息をつなぎ、いまや「消費者庁」を中核とする「消費者・生活者の視点に

立った行政への転換」が政治的課題となっている。

　いわゆる「消費者問題」は、時代を反映して、様々な商品や取引形態の登場とリンクする形で次々と発生しているが、実は、どの時代にも存在し、「食の安全」といった基本的な問題でさえ、繰り返し取りざたされてきた。その属性も、問題と密接に結びついているため、特別法の中で、事実上、消費者が、「購入者等」(割賦販売法)、「一般消費者」(景品表示法)、「投資者」(金融商品取引法)、「顧客」(金融商品販売法)、「旅行者」(旅行業法)、「保険契約者」(保険業法) などの表現を与えられていても不思議ではない。

　　　　　河上正二「民法における『消費者』の位置 (特集 民法改正と消費者法)」現代消費者法4号47
　　　　　頁[2009年]など参照。

（3）「消費者」に一応の定義が与えられたのは、消費者契約法においてである。しかし、そこでは、正面から何が「消費者」であるかの定義付けは断念され、むしろ同法の世界での「事業者」の反対概念として規定された。つまり、同法では、当該取引行為と「自らの事業との関連性の遠近」が、適用領域画定の決め手となっている。もっとも、消費者と事業者が単純に「補集合」の関係にあるとの理解が維持できるかは、なお問題である。

　いずれにせよ、今日において注意を要するのは、消費者契約法の第1条の目的規定に「この法律は、消費者と事業者との間の情報の質及び量ならびに交渉力の格差に鑑み・・・・」という表現が用いられていることである。少なくとも、契約当事者が「消費者」・「事業者」と措定されることによって、そこには情報の質・量ならびに交渉力の格差が構造的に存在していることが前提とされている。当事者は、「事業者性」を帯びることによって、一般に、取引の反復・継続による取引経験の蓄積、情報量・交渉力の優位が推定され、逆に、事業者性を帯びない個人には、情報量・交渉力の一般的劣位が想定され、しかも当該契約の結果が、当該個人の身体やその責任財産に直接の不利益をもたらすため、保護の必要が大きいと考えられた。実質的に切り分けが困難な「情報・交渉力不均衡」の間接的徴表が「事業者性」の有無、すなわち「事業との関連性の遠近」に求められ、その結果、適用対象が事業者と非事業者たる個人(=消費者)の間での契約(=消費者契約)とされている。ここでこぼれ落ちた事業者間の交渉力不均衡問題や、消費者たる個人同士の交渉力不均衡問題については別途手当を考えることとし、ひとまずの土俵を設定して、交渉力ある消費者に過ぎた保護を与える結果となっても、それはそれでやむを得ないと割り切る制度となっている。そして、かような消費者・消費者契約の定義が、条例その他の様々な場面で広く援用されつつある (なお、大村敦志・消費者法[有斐閣、2011年]101頁など参照)。とはいえ、「消費者」は、なにも今日の時代に特別な存在ではなく、社会で生活する一般市民すべての生活の一側面でしかない。その意味では、「消費者」は、すべての自然人 (「個人」あるいは「**生活者**」と言い換えてよい) が置かれた一定の状況依存的概念に過ぎない。ケネディ教書は「言葉の定義からいうなら、我々すべてが消費者である」と述べたが、この点は、今日でも変わりがない*。

　　　　　*竹内昭夫[消費者保護の基本問題」東京大学公開講座35『消費者』東大出版会1982年、同
　　　　　・消費者保護法の理論[有斐閣、1995年]12頁以下所収、13頁など。

2　消費者問題の展開と消費者法

　事物関連的に展開する傾向にある消費者保護制度の変遷と現状を理解するには、消費者問題そのものの展開を紐解くことが有益である (本講義第1回の復習になる)*。

＊河上正二＝川口康裕＝池本　誠司「鼎談　消費者法の新たな地平を目指して（特集　消費者
法制の現状と取組）」ジュリスト 1461 号 11 頁以下[2013 年]でも一定の整理を試みた。

消費者問題の展開と消費者政策の進展
（１）消費者問題の展開
　　　　「もの」から「サービス」へ、高度情報化・複雑化・広域化
（２）背景にある少子化と超高齢社会
　　　　類い希な高齢化率、独居高齢者率の高さ
（３）「消費者の安全・安心」と「消費者市民社会」
　　　・消費者契約法・消費者安全法・消費者教育推進法・景品表示法
　　　・全国の消費者センター等に寄せられる相談のうち約 8 割が取引に関する
　　　・出来上がりつつある基本的な消費者保護の制度的枠組み
　　　・適切な運用と担い手となる人材の養成・確保は、これからの課題
　　　・**自立的に選択・意思決定する消費者の支援と限界**

　（a）**1960年代**　　1960 年代、我が国の経済が高度成長を遂げ、大量生産・大量販売・
信用販売の仕組みが展開する中で、欠陥商品・薬品などによる消費者被害（欠陥自動車問題、
カネミライスオイル事件、サリドマイド事件など）や不当表示事件（偽牛缶事件など）が社会問題
化した。そこで、個別の特別法として薬事法（1960 年）、割賦販売法（1961 年）、景品表示
法（1962 年）などの制定が推し進められた。さらに、1968 年には、消費者保護基本法が制
定され、消費者政策の基本となる枠組みができ、地方自治法にも、消費者保護が地方自治
体の自治事務と位置づけられ（1969 年）、消費者保護条例等の制定も進んだ。
　（b）**1970年代**　　1970 年代には、とりわけ製品の安全性に対する関心が強まるととも
に、マルチ商法などの新しいタイプの消費者問題が発生し、被害を引き起こした。こうし
た中で、消費者問題の重心も、商品の品質・性能や安全性に関するものばかりでなく、商
品の販売方法や契約に関するものへと移行した。旅行業法改正（1971 年）、宅建業法改正
（1971 年）、積立式宅地建物販売業法公布（1971 年）などの法改正があり、非店舗取引によ
る多くの被害を受けて、割賦販売法にクーリングオフが導入されたり（1972 年 4 月）、訪
問販売法（1976 年。現行の特定商取引法）等が制定され、無限連鎖講の防止に関する法律
（ネズミ講防止法）が公布され（1978 年 11 月）、独占禁止法改正では課徴金制度が導入さ
れた（1977 年）。
　（c）**1980年代**　　1980 年代、経済は情報化・サービス化・国際化を加速させ、クレ
ジット・カードの普及によって、消費者による金融サービスに対するアクセスが容易になり、
「サラ金」被害や多重債務に関する社会問題が増加した。そこで、消費者信用取引の適正
化や消費者契約の適正化、資産形成取引の適正化などのための施策が実施された。訪問販
売法等に関する重要な法改正や、特定商品の預託等取引に関する法律（1986 年）等が制定
されたのもこの頃である。1985 年に、現物まがい商法（ペーパー商法）で知られる「豊田
商事事件」で多くの高齢消費者が被害にあったことは象徴的である。
　（d）**1990年代**　　1990 年代、レーガノミックスやサッチャリズムに代表されるように、
自由市場を重視した「規制緩和」の波の中で、「事前規制から事後救済へ」の動きの中で、
消費者と事業者の間の一般的民事ルールの整備が求められ、製造物責任法（1994 年）、消

費者契約法(2000 年)などが制定された。この関連で、2000 年は、超高齢化社会への対応から、介護保険法の基本的考え方が「措置から契約へ」と転換され、民法の成年後見制度の改正があった。消費者契約法は、こうした文脈の中で、市場に登場した高齢消費者を守る意味合いもあったといえよう。また、1990 年代には、IT 革命と呼ばれる急激な高度情報化が進み、インターネットなどの新たな情報通信技術の発展が、これに充分対応できない消費者の間で新たな問題を引き起こした。電子消費者契約法(2003 年)、個人情報保護法(2003 年)などの整備も、こうした高度情報化への法的対応であった。

(e) **2000年**は、BSE(牛海綿状脳症) 問題で幕が開け、食の安全に対する信頼が揺らぎ、食の安全と適正な食品表示が追求された。食に関しては、食品安全基本法(2003 年)が制定され、食品安全委員会が設立された。また、2004 年 6 月には、旧消費者保護基本法が改正され、消費者基本法となり、新たな消費者政策の計画的な推進が図られた。第 1 期の消費者基本計画(2005 年 4 月から 2010 年 3 月まで) が定められ、これに基づく消費者政策が展開された。しかし、この間にも、食の安全を脅かす事件や、高齢者の生活の基盤である「いのち金」を狙った悪質商法など多くの問題が発生した。リコール隠しや食品偽装などの不祥事が、事業者内部からの通報を契機として明らかとなったことから、通報者の保護を図るとともに事業者の法令遵守をはかることを目的とした公益通報者保護法(2004 年) が制定されたのもこの頃である。貸金業法(2006 年全面改正)・出資法(1954 年、2006 年改正)も全面改正を受けて、多重債務者問題に対処した。こうした状況下で、2009 年 9 月に、消費者庁・消費者委員会が設置され、消費者政策は新たな段階に入った。

(f) **2010年** 4 月から 2015 年 3 月までの第 2 次消費者基本計画が策定され、消費者庁は、関係諸機関と連携して消費者政策の司令塔となることが期待された。これまで、第 3 次の消費者基本計画(2015 年 4 月～ 2020 年 3 月)が推し進められてきた。また、消費者庁設置時に、消費者情報を一元化して、原因究明と再発・拡大防止をはかるための消費者安全法(2010 年)が施行され、2012 年には、消費者安全調査委員会 (いわゆる消費者事故調) も設置され、消費者の財産被害にかかる隙間事案への行政措置も整備されていった(2013 年)。事業者の意識も変化しつつあり、今日では、企業法務にとっても、消費者法の重要性はますます高まっており、コンプライアンス経営にとって、消費者法は無視できない重みを持っている＊。消費者問題は次第にボーダーレス化し、国境を越えて人々が消費活動をするようになったことに伴うトラブルへの対処が求められ(2011 年 11 月には越境消費者センターが開設された)、市場活動と犯罪との境界も曖昧になったことは、いわゆる「脱法ドラッグ・違法ドラッグ」の問題や、「劇場型振り込め詐欺」などの問題からも明らかである。

　　＊「(特集)企業法務における消費者法」ジュリスト 1477 号(2016 年 3 月) も参照。

3　消費者問題の現在

　最近でも、次々と発覚した大手デパートやレストランの食材・メニュー偽装問題で景品表示法の改正が問題として浮上した矢先、冷凍食品への毒物混入問題が重なり、最今では、傾いたマンションの杭打ちデータ偽装やスキーバス転落事故、自動車の燃費偽装など、企業の不祥事が次々と論じられている。良心的事業者による「消費者指向経営」のかけ声がむなしく響く。現在問題となっている諸課題を若干取り上げよう。

　(a)　食品安全・食品表示　　食品の安全や適正な表示に関わる問題は、とくに健康食

品の不当表示や誇大広告問題として消費者の重大な関心事となり続けている。とくに、景表法改正に関しては、2014 年臨時国会で課徴金制度が導入された*。(＊河上正二＝黒田岳士「［対談］改正景品表示法の狙い－課徴金制度導入を中心に」NBL1043 号 4 頁以下［2015 年]参照)。その間にも、食品表示の一元化に伴う食品表示基準の策定作業が続き、加えて、2015 年 4 月に、国が安全性と機能性を確認する特定保健用食品制度に加える形で「機能性食品表示」という新たな仕組みが導入され、民間の責任において機能性の表示が可能となる制度がスタートした。

　(b)　金融投資取引　　政府のデフレ脱却、成長戦略の一環として、金融・投資関連商品の販売に対する規制緩和が推し進められていることに関連して、高齢者に対する投資詐欺等に対するセーフティーネットを張ることも重要になっている。特に、プロ向けファンド、クラウドファンディング等での個人投資家保護や、商品先物取引における不招請勧誘禁止ルールの扱いなど、機動的対応が必要な問題が頻発している。

　(c)　施設の安全・製品の安全　　安全分野では、エレベータやエスカレータ施設の事故が発生し、保育園児等の事故、商業施設内での遊技施設の安全性・安全基準などの整備の問題では、日本の縦割り行政の隙間に落ちた問題として制度的対処が必要とされている。自動車のエアバック問題をはじめ、リコール制度の在り方の再検討や、制度的には、製造物責任法(PL 法)の見直しが求められている。

　(d)　.美容医療における不当広告　　やや、特殊な領域ながら、美容医療の分野での不当な勧誘広告・表示には目に余るものがあり、医療法における広告規制をはじめ、特商法等による対処も求められている。

　(e)　クレジットカード問題・IT、電気通信事業　　取引分野では、とくにクレジットカード取引をめぐる問題と、電子通信事業にかかる消費者問題が注目される。携帯電話・スマートフォン、インターネット、ケーブルテレビ等、電気通信を利用して提供されるサービスについては、ここ数年、事業者の間で加熱した販売勧誘活動が見られ、総務省や消費者庁の積極的対応が進行中である。割賦販売法に関連して、クレジットカード取引で決済代行等の介在する複雑化・重層化したクレジット・システムによって引き起こされている問題についても関心が高まっている。ただ、国際ブランドが介在し、渉外取引となっている場面では、根本的解決のために多くの課題が残されている。

　(f)　電力自由化　　発送電分離への議論を背景に、本年 4 月に導入された電力の小売自由化は、一方で、消費者の選択の幅を広げたが、他方で、商品内容や料金構成の不透明のゆえにかえって混乱をもたらしている。電源構成を含めた、電力料金の透明度を高めることは、喫緊の課題であろう。

　(g)　個人情報保護　　インターネットの普及に関連して、パーソナルデータの利活用における個人情報保護の問題も大きな課題である。大量の個人情報流出事故が発生したこともあって、ビッグデータの利活用の必要性もさることながら、もとの個人情報の管理や流通に関して適切な制度的対応が求められるところで、個人情報保護法(2003 年)の改正(2015 年)によって個人情報保護委員会が立ち上がった現在、マイナンバー制度の導入とも関連して、状況が注視されている。

　(h)　その他　　より一般的には、地方消費者行政の活性化も重要である。消費者行政が,今後、効果的に推進できるかどうかは、地方消費者行政の在り方にかかっていると言

っても過言ではない。適格消費者団体等への支援も重要課題である。現在、全国の市レベルでは、ほぼ１００％、消費者相談センターが設置され、消費者相談を受け付ける体制が整ったが、地方によって温度差があり、相談員や職員が常駐できていないところも相当数存在する。同時に、相談担当者の問題処理能力や質の向上が求められており、そのフォローアップも重要な課題であろう。また、消費者問題が広域化しつつあるため、自治体ごとの連携が必要な場合が少なくない。

　日本の消費者法制は、消費者庁および消費者委員会設置以来、ここ数年で大きく前進したことは確かである。消費者基本法を頂点に、消費者安全法・消費者契約法を始めとして、業法や個別法制や制度が整えられ、その周辺でも、消費者教育推進法制定、集団的消費者被害回復手続特例法制定、食品表示の一元化法制定、景品表示法改正と、次々と制度枠組みを整えてきた。しかし、その適切な運用のための具体的基準や、制度運用の担い手の育成などには進行中の課題が多い。

Ⅱ　適格消費者団体への期待
1　適格消費者団体の役割
（1）適格消費者団体とは

　不特定かつ多数の消費者の利益を擁護するために差止請求権を行使するために必要な適格性を有する消費者団体として内閣総理大臣の認定を受けた法人を「適格消費者団体」という。令和３年３月末現在、全国に 21 団体ある。また、適格消費者団体のうちから新たな認定要件を満たす団体として内閣総理大臣の認定を受けた法人を「特定適格消費者団体」という。現在、全国に３団体ある。

　　多数消費者被害と「泣き寝入り」の現状（被害にあってもどこにも相談しない人が全体の４割）から、少額多数被害の救済にとって、重要な役割を演じている。

　　その基本的性格は、「消費者個人の被害救済」問題　＋「市場における公正の実現」による被害予防を目指している点にある。

　　もっとも、**公的観点からの市場監視**に重心があるため、「消費者の代表」というのは幻想である。消費者団体による差止請求権の対象となったことで、消費者契約法の実体法部分の意味合いに変化が生じていることには注意が必要である（個別事情を超えた、客観的指標に重心）。適格消費者団体は、事業者の市場行動適正化の監視役として、ある種の公的監視の民間委託といっても良い（しかし、予算的問題もあり、公的な経済支援は非常に乏しい）。

（2）「適格消費者団体」として認められるための要件
　「適格消費者団体」として認められるための要件は、次の通りである。
　　　　①不特定多数の消費者の利益擁護のための活動を主たる目的とし、相当期間、継続
　　　　　的な活動実績があること
　　　　②特定非営利活動法人又は一般社団法人もしくは一般財団法人であること
　　　　③組織体制や業務規程を適切に整備していること
　　　　④内閣総理大臣による監督措置（認定更新制・立入検査・認定取消しなど）

⑤徹底した情報公開措置(財務諸表等、判決・和解等の概要の公表）など

　ここには、過剰なまでの監督体制が組まれている。おそらく、業界からの不信感によるもので、アメリカでのクラスアクションの報道や「濫訴」へのおそれからかと思われる。

（3）適格消費者団体の機能
　　a.**差止請求**（具体的な差止請求権）
・消費者契約法（H18 年改正＋〈平成 28 年改正〉）
　　　　不当な勧誘行為
　　　　　（不実告知・断定的判断の提供・不利益事実の不告知・不退去・退去妨害）
　　　　不当条項(免責条項・責任制限条項・違約金条項・その他の不当条項)
・特定商取引法（H20 年改正＋〈平成 28 年改正〉）
　　　　不実告知・故意の事実不告知、威迫・困惑、断定的判断の提供など不当勧誘行為
　　　　著しく事実と相違する表示又は誇大広告など
　　　　クーリングオフ妨害
　　　　高額な違約金条項・解除に伴う損害賠償条項を含む契約の締結など
・景品表示法(H20 年改正)
　　　　著しい優良誤認表示・有利誤認表示に該当する広告や表示
・食品表示法(H25 年改正)
　　　　食品表示基準に違反し著しく事実に相違する表示をなす行為

　適格消費者団体には、**専門家集団としての優れた「目利き機能」と的確な「情報収集・分析機能」が期待される。**

　　b.**具体的活動の手続**
　　　　　　消費者被害の把握・情報収集(消費者からの情報提供など)
　　　↓裁判外交渉による事業者の業務改善のための努力
　　　↓事業者に対する書面での事前請求
　　　↓業務改善がなされない場合の「訴えの提起」
　　　↓判決又は和解による情報提供・公表
　　c.財産的被害回復請求制度へ
　差止請求は、**被害拡大防止にはなるが、被害回復が課題**として残っていたところ、現在では「特定適格消費者団体」による集団的**「財産的被害回復」請求**制度が導入されている(消費者訴訟手続特例法(H26 成立。2016 年 10 月 1 日から施行)。そこでの訴訟手続きは、2 段階の手続(共通義務確認訴訟手続＋個別消費者の債権確定手続）からなる。消費者個人の被害回復を集団の力で容易にしようというわけである。ただ、実際の運用は決して容易ではない。諸外国の例を見ても、債権確定手続きは、相当の手間暇と費用が必要となる。

（4）適確消費者団体に期待される役割と課題
　　適格消費者団体に期待される役割と課題を標語的に示せば、
　　　　①**適切な目利き機能の発揮**

　　　②**ネットワークの中の一機構**としての役割

　　　③**持続可能な団体運営と消費者との連携**‥‥‥底辺の拡がりを求めて

　　　④手弁当と社会的自己犠牲だけでは長続きしない（公的支援の必要）

であろうか。

（5）**消費者政策の行方**

　消費者政策の今後の行方をどう考えるべきであろうか。

　（a）　組織的課題

　まず、「保護」と「支援」の最適な組み合わせが求められる。消費者の実質的選択権の確保と、最低限のセーフティ・ネットの組み合わせが必要である。

　第2に、「官民連携」の在り方についての反省のもとに、民間への「丸投げ」と確認でなく、**「抑制の効いた介入」と「適切な支援」**　が求められる（消費者委員会官民連携 WT 調査報告書［2015年8月］も参照）

　第3に、現場である地方の消費者行政の強化が求められる（ジュリスト1507号72頁）。

　（b）　具体的課題

　具体的課題は多い。

　「消費者の多様化」への配慮が必要である。少子高齢社会にける消費者像は、大きく変化しつつある。「脆弱な消費者」についての議論は、「賢く強い消費者」との間にある多様なバリエーションの消費者の存在が前提となる。高齢消費者・児童・若年消費者・投資消費者 etc.、従来以上の多様な消費者を念頭に置いた政策が求められるように思われる。しかも、大衆・マスとしての「平均的合理的消費者」にとどまらず、「個人」としての主体性と尊厳を回復できるように配慮する必要がある。

　「情報」の扱い方にも慎重な配慮が必要である。IT リテラシー、高度情報技術の消費者政策への活用により、消費者事故情報、消費者相談情報・個人情報保護の流れに留意して、検討が求められている。

　（c）「**消費者市民社会**」の実現に向けて

　消費者教育推進法では、「消費者が、個々の消費者の特性及び消費生活の多様性を相互に尊重しつつ、自らの消費生活に関する行動が現在及び将来の世代にわたって内外の社会経済情勢及び地球環境に影響を及ぼし得るものであることを自覚して、公正かつ持続可能な社会の形成に積極的に参画する社会」と定義している。自立した「消費者」として、社会の中で多様な活動ができるような環境作りも必要であろう。

【遠隔講義 消費者法 2021 〈15〉】
消費者法の在り方を求めて

S.Kawakami

1 はじめに

　消費者庁・消費者委員会設置から 10 年を迎えたこともあって、最近では、様々な形で、これまでの消費者法や消費者政策の歩みを振り返る特集やシンポジウムが組まれた（さしあたり現代消費者法 45 号「特集・新時代の在り方を、消費者視点で考える」など参照。かつて 2012 年 4 月の『月刊国民生活』の最終号にも、「特集・消費者問題を振り返る」が組まれており参考になる）。日弁連『消費者法講義』〈第 4 版〉第 1 章で示された消費者問題の歴史年表では、（Ⅰ期）生活密着型被害への運動論、（Ⅱ期）消費社会の展開と商品の品質・安全・価格への関心、（Ⅲ期）消費者信用と投資・利殖への関心、（Ⅳ期）ネット社会の到来、遺伝子操作など、（Ⅴ期）消費者庁・消費者委員会設置と消費者行政の一元化として、その変化が観察されている。言うまでもなく近時の科学技術の発展は目覚ましく、それに伴って、消費生活の環境変化にも著しい変化が生じている。製品が複雑で高度化しただけでなく、ビッグデータの利活用や IT を利用した各種の製品が家庭や社会生活に浸透し、取引手段もインターネット取引の利用へと大きく変化し、スマート・フォンの普及をはじめ、支払手段も電子マネー等を利用したキャッシュレス化が進展している。人口動態においても、少子高齢化が更に加速し、高齢者や若年成人等をターゲットにした健康食品・健康器具・美容製品等が、次々と喧伝・販売されている。「消費者問題」として意識されるものも、これに併せて、重心を移しながら、新たな展開を見せている。

　ちなみに、国民生活センターが令和元(2019)年 12 月に発表した「2019 年の消費者問題に関する 10 大項目」は、①若者を中心に広がる「もうけ話」のトラブル、②ネット関連の相談は年齢問わず SNS がきっかけになることも、③架空請求に関する相談引き続き新しい手口も、④高齢者からの相談 依然として多く、⑤なくならない子どもの事故 死亡事故も、⑥チケット不正転売禁止法施行 相談件数は 5 倍以上に、⑦「アポ電」と思われる不審な電話相次ぐ、⑧改元に便乗した消費者トラブル発生、⑨キャッシュレス化が進む関連したトラブルも、⑩各地で自然災害発生 国民生活センターでも被災地域の支援行う、となっている。内容的には、架空請求に関する相談や、デジタルコンテンツ、インターネット接続回線など の情報通信関連のトラブルに関する相談が多く寄せられ、また、80 歳以上になると 訪問販売に関する相談の割合が高くなるという特徴もみられるという（本書30頁以下も参照）。

2 消費者法の外延の拡がり

　どちらかというと事物関連的に展開する「消費者法」の外延は、必ずしも明確ではなく、メルカリ等でのトラブルの例を挙げるまでもなく、事業者対消費者（B to C）という従来型の枠組みだけでは捉えきれなくなりつつある。しかも、「消費(consumption)」、「消費する(consum)」という表現はミスリーディングでさえある。今日の消費者法が対象として

いる領域から考えると、「消費者」は「生活する個人」としての「自然人」そのものであり、いわゆる生活する人々の活動全体が、投資・預金・教育・レジャーなどを含め、消費者法の対象となっているからである。かくして消費者問題の展開は、事業者と消費者の情報・交渉力の構造的格差だけではなく、事物関連的に拡大し、人々の生活における安全・安心に対する関心の広がりとともに進展している（「消費者」概念と「消費者」の定義の揺らぎについては、消費者法研究1号、消費判百10頁[谷本]など参照）。人間本来の脆弱さを突きつけられて、消費者立法や消費者法政策も、その対応に追われてきたように思われる。

　相次ぐ企業不祥事やネットトラブルを目にするにつけ、消費者法の果たすべき役割の見直しや、そこでの規制の適切な在り方をめぐって検討していくことは、益々重要となっている。

3　消費者法に見る変化

　より一般的に、この消費者法に見られる変化を標語的に特徴付けるとすれば、おそらく、（1）「モノ」から「サービス」へ、「サービス」から「情報」へ、（2）統合（一元化）と分散（類型化・個別化）、（3）規制の「多様化」（民事・行政・刑事・自主規制など）、ソフト・ローへの関心の高まり、（4）単純な個人的消費の「安全・安心」から「社会的消費」・「倫理的消費」へ、（5）個々にカスタマイズされた消費と「適合性原則」、といった諸点に集約することが許されようか。

　今日では、モノやサービスにおける安全・安心のみならず、**情報商材**や情報・データの流通・拡散にともなうトラブルが増加している。消費者庁への消費危害情報の一元化や品質表示の一元化などが進む一方で、対応能力や木目の細かい措置を念頭に置いた類型的な個別的処理も求められるようになっている。さらに規制を実効性あるものにするために、様々な規制手段が動員され、それらの**規制の在り方の最適な組み合わせ**が求められている。しかも、その規制目的は、単に消費者個人の被害救済のみならず**市場全体の適正化**や不等な事業活動の抑止に向けられるようになった。さらに、消費者による消費行動は単なる個人的行動ではなく、選択を通じて市場・社会環境に一定の影響を及ぼす社会的行為とも考えられるようになり、環境問題を始め社会の在り方を考慮しなければならないことが強く語られるようになった（**消費者市民**、「倫理的消費」や「フェアー・トレード」への関心の高まり）。その上、消費者といえば、これまで集団（マス）としての平均的・合理的消費者が念頭に置かれていたところ、むしろ個人の多様なニーズ（もちろん、それが真に個性的なものか、流行などに操作されたものかは疑問であるが）を前提に、それぞれの人にカスタマイズされた消費の在り方、消費財の開発が進み、ビック・データの利活用は、この傾向を益々推し進めており、**個人の属性**に合わせた「**適合性原則**」の持つ意味合いが、ますます重要性を高めているわけである。

　とはいえ、「消費者」の「事業者」に対する特性は、少量・多品種の商品・サービスの購入・消費をなし、その情報・交渉力には自ずと限界があること、情報の事業者への偏在、消費者の交渉力劣位が大きく変わらないことも事実である。近時の「**消費者行動論**」や「心理学・認知科学」の成果によれば、人は必ずしも合理的行動がとれないこと、被害を転嫁できない最終消費者は被害回復もままならず、これを回避する取引コスト面でも限界があることが明らかになっている。安全面では、ある程度類型化された消費者像を前提とした

安全基準や表示基準が模索されざるをえないが、取引の局面では、とりわけ消費者契約法などは、情報・交渉力の社会構造的格差を介入の根拠にした「情報アプローチ」の限界に配慮しつつ、一定範囲で、新たなセーフティーネットを張ることが企図されている。

4 消費者法の現在

　以上のような展開を前提とした今日の「消費者法」は、高度化・複雑化・情報化した現代社会に活きる「生身の人間」を対象にした消費者の保護と支援に関する法律・判例・行政実務・自主規制等の複合体とでも呼べるものに成長しており、そこには、民事・行政・刑事の規制のモザイクが観察でき（「規制の多様性」消費者法研究第4号、現代消費者法40号「特集・消費者被害の救済と抑止の多様性」など参照）、消費者被害の救済と事業者の市場行動規範の集合としての消費者法を形成している。究極的には、消費者自身の自己決定権・実質的選択権の確保、被害からの救済が目指されていることは言うまでもないが、更に副次的作用にも配慮されているといえよう。

　もちろん、ノーマルな取引社会での事業活動・消費行動における新たなルール形成のみならず、これとは別に、明らかに詐欺的・犯罪的な活動による消費者被害への対応も重要な課題である（両者の混同は、事業者・消費者間の誤解と相互不信の原因となることをわきまえておかねばなるまい）。社会の耳目を引くことの多い詐欺的被害は、およそ取引社会において許されるものではなく、徹底した排斥が必要である。

　こうした変化の中で、2009年の消費者庁・消費者委員会の設置の意義は小さくない。消費者行政に横串を指す消費者庁の設置は、施策の一元化・情報集中を加速させたが、まだまだ体制が完備された状態とはいえず、その執行力にも多くの課題が残されている。消費者委員会もまた、比較的大きな権限を持ちながらも、小さな組織での人的・物的限界は否めない（河上・消費者委員会の挑戦[信山社2017]で筆者が委員長を務めた2期から4期の活動を示した）。当面は、消費者庁・消費者委員会・国民生活センターが、それぞれの強みを活かして、本来の意味での「3本の矢」となって、良い意味での緊張関係と連携強化をはかって問題に対処する必要がある。

5 階層をなす消費者法とその役割

　制度的に見た場合、今日の「消費者法」は、消費者基本法を頂点に消費者安全法・消費者契約法（商品の安全と契約の適正化）、そして消費者教育法等を中核に据えて構築されており、これに特定商取引法、割賦販売法・景品表示法などの特別法と、各種業法から成り立つ重層的に入り組んだ法の複合体である。いうまでもなく、行政的措置のための要件と、民事的消費者紛争解決の要件は性格が異なるため、一般法・特別法の関係に留意しながら、全体としてその役割分担と制度間競合における矛盾が生じないように規範の調整が求められる（その意味では、昨今の消費者契約法の特商法化に注意すべきである）。さきごろの.債権法改正による改正民法は、立法担当者の説明とは裏腹に、明らかに契約自由を原則とする事業者法にシフトしているとの印象を受けるものであるだけに、事業者・消費者の特性を前提としつつ、常に「生身の人間」の生活活動を中心においた消費者法固有の法政策的配慮が今まで以上に重要になっているように思われる。誤解を恐れずに言えば、いまや「消費者法」が民法に代わる必要がある。きわめて広範囲な生活法領域に関わる消費者法にとっ

ては、その理念と果たすべき役割を、より明確にしていく必要がある。

6　変容を踏まえた今後の方向性

実質的な消費者法の変容を踏まえ、今後のあるべき方向性を探ってみよう。

(a) 保護の主体から、主体性をもった「消費者市民」へ

ただ保護されるべき客体に過ぎなかった消費者について、「権利」が語られるようになって久しい（「消費者の権利」については、正田彬『消費者の権利（第 2 版）』（岩波新書）参照）。ケネディ大統によって 1962 年に提唱された消費者の「4 つの権利」（「①安全である権利」、「②知らされる権利」、③「選択できる権利」、④「意見を反映させる権利」）は、1975 年に、ジェラルド・R・フォードによって、「⑤消費者教育を受ける権利」が追加されて、「5 つの権利」となり、現在は、1980 年に国際消費者機構（CI）が追加した「⑥生活の基本的ニーズが保障される権利」、「⑦救済を求める権利」、「⑧健康な環境を求める権利」を含めて、「消費者 8 つの権利」と呼ばれるようになった。これらの権利は、2004 年に施行された我が国の消費者基本法に明記され、国内において消費者が持つ基本的な権利であることが明文化された。これらが、憲法上の「幸福追求権」（憲法 13 条）の現れであることは疑いない。

「消費者保護基本法」（昭和 43［1968］年）から「消費者基本法」（平成 16［2004］年）への変化は、明らかに、「保護の客体」としての消費者が、社会を動かす「主権者・義務者」としての「消費者」像を要求し、消費者の利益の擁護及び増進に関する総合的な施策の推進を図り、もって国民の消費生活の安定及び向上を確保することを目的とすることから、消費者がより自立するための支援をする目的に移行していることに留意しなければならない。現在でも、消費者の「責務」を語ることに抵抗感のある消費者団体は少なくないが、おそらく、今以上に「消費の社会化」が意識されるべきであろうと思われる。個人的には、昨今の消費者に求められる「倫理的」消費との表現には違和感をぬぐえないが（国が「倫理」を語るときには注意が必要である）、少なくとも社会的行動としての「消費」について「自ら考える消費者」にはならなければなるまい。その限りで「消費者市民」という表現の持つ意義は小さくない。

(b) クロス・ボーダー化する消費者問題

消費者法が、日増しにクロスボーダー化しているという印象も強い。「違法ドラッグ」問題は犯罪的行為と日常的取引行為がその境界線を危うくした好例であり、渉外消費者問題などでは国境を越えた消費者問題が増加している。ここでは、最低限引かれるべき共通ルールを、強く意識する必要がある。クロスボーダーへの対応は、今後とも重要な課題である。

(c)「平均的合理的人間」から　「具体的人間」へ

主体である「消費者」に着目した場合にも、課題となる論点が多い。

(i) ひとつは、「生身の人間」の**「限定合理性」**と**「脆弱さ」**への配慮である。子供・高齢者・若年者・障害者・外国人など、知識・経験・判断力の不足や劣位・つけこまれやすい人間の「迷い」・「依存心」・「不安心理」等への配慮等は、ますます必要となっている（脆弱さへの配慮の必要については、谷みどり『弱い消費者』に関する海外の認識と対応」消費者法研究 2 号（2017 年）、菅富美枝・新　消費者法研究－脆弱な消費者を包摂する法制度と執行体制、岩本論・競争

法における『脆弱な消費者』の法理（成文堂、2019）などの研究が貴重である）。

（ii）これに関連して、具体的人間である**消費者の心理とその操作可能性**に、もっと関心を向ける必要がある。いわば人間そのものの脆弱さを正面から捉える必要があるということである。人間の心理と消費者行動の関係については、近時の経済学を中心とした「**消費者行動論**」の分析が興味深いが（簡単には、青木幸広他・消費者行動論［有斐閣アルマ、2012］、同・消費者行動の知識［日経文庫、2010］、田中洋・消費者行動論［中央経済社、2015］など参照）、特に「脆弱な消費者」（高齢者・若年者・障害者など）に着目したヨーロッパの政策動向からは学ぶべき点が多い。無論、通常人であっても、商品の希少性・話題性・微妙な損得感・曖昧な記憶・時間に追われての判断などによって、冷静な判断や選択がゆがめられることは少なくない。その意味では、開示規制・不意打ち規制といった従来の情報アプローチにも限界があることを認識して、最低限のセーフティーネットを張っておくことが是非とも必要になる。単なるマーケティングを超えて、「つけ込み型」勧誘と不当な利益追求が結合したところでは、「暴利行為」に匹敵する問題状況が生じるからである*。

　　＊執拗で巧みな手口（好奇心・欲求・夢・不安・引け目・依存心、無知・急迫への「つけこみ」）は、直ちに違法とまでは言えないような場合でも、相手の購買意欲を本当に誘う好ましからざる現象である。「健康のためには＊＊＊がこんなに必要」と驚かせる健康食遺品やサプリメント、断り切れない気持ちを利用した「優しさ」の押し売り、「今だけ」・「残り僅か」・「なんてお得な！」・「ご存知の」・「今から 30 分以内に」といった表現の裏にある「相手を焦らせる」誘い、「これだけのことをさせておいて」「ここまでしているのですから」とった負荷をかけた訴えかけ、さらには、無料鑑定を実施（写真を携帯送信又は郵送する遠隔鑑定）するとして「あなたには怨霊と生首が張り付いている。このままだと大変なことになる。」などと消費者の「不安を煽る」不実を告げたり、「除霊」と称する役務サービスを執拗に勧誘する「霊感商法」など、いたるところに消費者に対する怪しげな働きかけがある。ちなみに、都内某遊園地の観覧車入口では、「乗車記念写真」をとり、出口で「要らないなら捨てますが」と言う。

（iii）個の尊重？　　さらに、今日では、生活における異常なまでの「個」の尊重にも注意が必要である。確かに、横並びを嫌い、自分が個性的であることに価値を見出す人は多い。何が「個性」かは大きな問題であるが（「本当の自分」なんて簡単にはわからない）、他人と違うことを良しとする社会では、（それが仕掛けられたブームやマーケティング戦略に過ぎないとしても）個人の欲求・生き方にカスタマイズされた様々な商品選択の可能性が拡大傾向にある。勢い、「当事者の意思決定」や「選択」に比重がかかり、客観的な市場適合性・安全性以上に、主観的な適合性・安全性が重視される可能性がある。消費者契約においても、契約交渉過程、選択のための基礎情報が重要となることは間違いない。事業者によって掘り起こされた「欲求」に、何が自分の幸福かに戸惑う「人間」が多数登場する。消費者法は、こうした具体的人間像にも目配りすることが必要となる。さしあたり、客観的な市場適合性や安全性を前提としつつ、そこで付加された個人的需要への適合性を重ね合わせていく必要があるが、本来であれば専門家としての判断で提供されるべき適合性についての責任が、消費者の選択によって一方的にリスク転嫁されないように注意する必要がある（少なくとも「瑕疵」や「欠陥」の有無や起こりうるリスクの全てを「合意」に還元してしまうことは危険である。「私は必要な情報を差し上げました。選んだのは貴方ご自身です」）。判断を相手に任せるに際して、合理的な選択の「幅」があってしかるべきであろう。医療におけるインフォームド・コンセント（informed consent）からインフォーム

ド・チョイス(informed choice)への表現の変化は示唆的である。

　(ⅳ)　高齢者と若年成人問題　　現代における「高齢者」と「若年成人」の問題については多言を要しない。超高齢社会における高齢消費者の多くが、健康・金銭・人間関係に不安を抱いていることは、様々な機会に論じられている（３ K：健康・金・孤独）。とくに、一人暮らしの高齢者の不安や生活環境リスクは深刻であり＊、そこにつけ込まれる隙がある。

　　　＊ 65 歳以上の高齢者世帯は、平成 25（2013）年現在で、2,242 万世帯と、全世帯（5,011 万 2千世帯）の 44.7 ％を占める。特に 65 歳以上の一人暮らし高齢者の増加は男女共に顕著で、昭和 55（1980）年には男性約 19 万人、女性約 69 万人、高齢者人口（65 歳以上）に占める割合は男性 4.3 ％、女性 11.2 ％であったものが、平成 22（2010）年には男性約 139 万人、女性約 341万人、高齢者人口に占める割合は男性 11.1 ％、女性 20.3 ％と急増している統計数値がある。ちなみに、2025 年には 65 歳以上の認知症患者数は約 700 万人に達する見込みと言われる。「日常生活の不安」については、健康や病気のこと（58.9 ％）とする者が最も多く、次いで、寝たきりや身体が不自由になり介護が必要となる状態になること（42.6 ％）、自然災害（29.1 ％）、生活のための収入のこと（18.2 ％）、頼れる人がいなくなること（13.6 ％）となっており、一人暮らし高齢者のリスクとして指摘され、「介護」、「社会的孤立」、「経済的貧困」と３ K に関連した不安が挙げられている。中でも健康状態が大きな不安要因であることがわかる。なお、河上「認知症等高齢者の消費者トラブルへの対応」実践成年後見（８３）13 頁以下[2019]

　今ひとつの注意すべき階層が「若年成人」である。2022 年 4 月に迫った「成年年齢引き下げ」と若年消費者の保護・自立支援の問題は喫緊の課題となっている(河上「法律時評成年年齢の引き下げと若年消費者保護について」法時 89 巻 2 号 1 頁以下[2017]、本書 65 頁以下参照)。これまでであれば、未成年者取消権で守られていた 19 歳、18 歳の若者が、悪質事業者の新たなターゲットになるであろうことは容易に推測される。若者の消費者被害の代表であるキャッチ・セールス、マルチ取引、理容美容整形等が、集団生活の緊密な高校にまで広がることは、何としても避けねばならない。自ら口座を開設できるようになった若者のクレジット取引被害にも注意が必要である。早くからの消費者教育が必要となることは言うまでもないが、消費者契約法や特定商取引法等での手当が不可欠であり、2018 年消費者契約法改正で残された諸課題にも急いで取りかかって改正を実現する必要がある。

　なお、延期されたとはいえ、2020 年東京オリンピックを控えて、「外国人消費者」が新たな問題となるとなることは容易に予想されるが、これについては立ち入る余裕がないものの重要な課題であるに違いない。

（d）契約締結に向かうプロセスと「広告」

　消費者と事業者の接点である契約関係についても見直しが試みられている。かねてより、消費者契約法における「勧誘」の概念については議論のあったところであるが（本書 97 頁以下参照）、広告表示に関しては最判平成 29・1・24(民集 71 巻 1 号 1 頁)が登場した。最高裁は、

　　　「勧誘」について法に定義規定は置かれていないところ、例えば、事業者が、その記載内容全体から判断して消費者が当該事業者の商品等の内容や取引条件その他これらの取引に関する事項を具体的に認識し得るような新聞広告により不特定多数の消費者に向けて働きかけを行うときは、当該働きかけが個別の消費者の意思形成に直接影響を与えることもあり得るから、事業者等が不

特定多数の消費者に向けて働きかけを行う場合を上記各規定にいう「勧誘」に当たらないとして
その適用対象から一律に除外することは、上記の法の趣旨目的に照らし相当とはいい難い。／
したがって、事業者等による働きかけが不特定多数の消費者に向けられたものであったとしても、
そのことから直ちにその働きかけが法 12 条 1 項及び 2 項にいう「勧誘」に当たらないということ
はできないというべきである。」

と明言した。消費者基本法は、国は、消費者が商品の購入若しくは使用、役務の利用に際
しその選択を誤ることがないように「商品及び役務について、品質等に関する広告その他
の表示に関する制度を整備し、虚偽又は誇大な広告その他の表示を規制する等必要な施策
を講ずるものと」している(同法 15 条)。そこでは、消費者の実質的な選択権の保障が求
められている。これまでのところ、広告に関しては、私法上、一般的な規制は存在しない。
そのため、不当な広告によって損害を受けた場合には、広告主・広告推奨者・広告媒体業
者などの責任を不法行為法によって追及するほかない状態にあった(最判平成元・9・19 集民
157 号 601 頁[広告掲載新聞社の責任]、大阪地判昭和 62・3・30 判時 1240 号 53 頁[広告出演者の責任(肯
定)]、東京地判平成 6・7・25 判時 1509 号 31 頁[広告出演者の責任(消極)])。しかし、ターゲティン
グ広告などの、広告の現状からすれば、広告を契約内容として取り込んだ上で、完全履行
を請求したり債務不履行責任を問う可能性があるだけでなく、表示が契約締結にとって重
要な動機であった場合には要素の錯誤を、表示が虚偽であることを事業者が認識し、かつ、
それによって消費者を欺罔しようとする故意のあるときは取消を認めるなど不実表示を理
由に契約の効力を否定するなどの手段が、容易に可能となるよう工夫をする余地があるこ
とは明らかである。消費者契約法 4 条は、そうした要件の客観化の工夫の一つではあるが、
なお改善の余地があろう。一般的にも、当事者間での「契約の解釈」においては、対面で
の具体的交渉で言明された事柄や合意書面に記載されたもののみならず、それまでの接触
からはじまる様々なやりとりや前提とされた事実(広告その他の言動を含む)が、最終的合意
内容に反映され得ると考えるべきであって、広告・交渉は契約法的に無色なものではあり
得ない(消費者相談員にとっては契約交渉過程の状況・事業者とのやりとりについての聴き取りが、ま
すます重要となる)。あわせて、景品表示法の優良誤認・有利誤認表示との調整が今後の課
題である。メニュー偽装表示(本書 14 頁以下参照)を機縁とする景表法の動き(課徴金制度の
導入)に民事責任が歩調を合わせることが考えられてよいであろう。

7 事業者間取引(BtoB)と消費者契約(BtoC)の相互作用

これまでの議論は、専ら消費者契約(BtoC)を前提とするものであったが、これらの変
化は、事業者間取引にも一定の影響を及ぼすことが不可避である。

この問題を痛感させる事例の一つは優良誤認表示をめぐる「上流・下流」問題である。
生産・流通工程の「上流」で、混入された劣悪な品質の材料は、最終的に優良誤認表示を
付したまま、商品となって最終消費者の手に渡る。このとき、「下流」にいる販売者が、
果たして「上流のことは分からない」と免責を求めることが許されるであろうか。製造物
責任の例を出すまでもなく、原因者に責任があることは明らかであったとしても、その流
通過程にあって互いに事業利益を分け合い、より原因者に近い立場にある事業者が責任を
負うことが望まれよう。同様の問題は、輸入食品の販売管理体制や、製鉄部品製造業者の
ミスで欠陥品を生んだ新幹線ブレーキ破損問題など、枚挙にいとまがない。消費者取引に

直面する最終販売事業者やサービス提供者について責任が問われたとしても、事業者間での取引関係では免責条項などで求償できないとなると、下流の最終事業者は「挟み撃ち」となりかねない。どちらかと言えば効率性・費用重視の上流での不適切な処理が、末端の消費者に及ぼす影響をめぐって、事業者間（BtoB）の責任をめぐる問題は決して BtoC の消費者問題と無関係ではない。

　上流・下流問題に関連して、事業者の「組織的過失」・「システム構築責任」の問題にも触れておきたい。既に、高度医療での「チーム医療」では強く意識されているように、最終的な商品・サービスの提供者に何らかの落ち度があった場合には、その末端者の「落ち度」に固有の違法性が見出されるかどうかとは別に、製造・販売組織としての体制や、起こりうる損害回避のための措置が組織として適切にとられていなかった場合は、組織的過失を論ずべき場面が増えている（くい打ち偽装・耐震偽装・ブレーキ安全基準測定などを考えよ）。分業化され、マニュアル化された組織的販売体制や役務提供において、個々の事業者の責任のみに着目した議論だけでは明らかに不十分といわねばならない。あるいは、消費者法、消費者問題の枠を超えることになるかもしれないが重要な課題であり、消費者法は、BtoC の問題で自己完結できない問題領域であることを認識しておくべきであろう（これに関連する多角的取引に関しては、河上「多角取引（三角取引）の意義・構造・法的性質と機能：多角取引・三角取引を見るもう一つの視点（日本私法学会シンポジウム資料　多角・三角取引と民法）」NBL1080号38頁以下[2016]参照）。

8　消費者教育

　高齢消費者に対する啓発において地域の福祉団体との連携などが必要であることについては、これまでもしばしば論じられてきた。また、民法の成年年齢引下げを見据え、実践的な消費者教育を推進するため、消費者庁・文部科学省・法務省・金融庁が連携して、平成30年2月に「若年者への消費者教育の推進に関する4省庁関係局長連絡会議」を開催し、その結果、2018年度から2020年度の3年間を集中強化期間とする「若年者への消費者教育の推進に関するアクションプログラム」の取組みを推進するという。これらは、決して一過性のプログラムにとどめてはならない動きである。

　消費者教育推進法によって消費者教育推進地域協議会の設置などが制度化されてはいるものの、実質的には、なお課題が多い。消費者教育を学校教育や家庭教育に適切に組み込むにはどうすればよいか。学校教育に限っても、時間枠の確保、指導者の能力を高めるための教員研修、各年代に応じた教材開発等が求められ、事業者対象の消費者教育も推進されねばなるまい。

9　消費者団体の役割など

　少額多数被害を特徴とする消費者トラブルの未然防止・拡大防止及び被害回復を図ることが大きな課題であることは言うまでもない。不特定かつ多数の消費者の利益を擁護するために差止請求権を行使するために必要な適格性を有する消費者団体として内閣総理大臣の認定を受けた「適格消費者団体」は全国に21団体（令和元年4月現在）ある。また、適格消費者団体のうちから新たな認定要件を満たす団体として内閣総理大臣の認定を受けた「特定適格消費者団体」は、多数消費者の集合的損害賠償請求訴訟の訴訟主体となるこ

とができ、全国に 3 団体（平成 30 年 8 月現在）ある。こうした団体の存在は、単独では被害を回復したり、事業者と交渉することの困難な消費者の声を代弁するものとして重要である。しかし、その財政的基盤が弱いことは一般の消費者団体にも共通する深刻な課題である。とくに、適格消費者団体・特定適格消費者団体は、国家や地方自治体の事務を、事実上、肩代わりする活動を遂行していることを考えれば、一定の財政支援が不可欠である。持続的な活動を期待するのであれば、いつまでも手弁当でのボランタリーな活動に依存し続けるわけにはいくまい。一定の公益的事業活動に対する報酬を充実させることや、市場の適正化によるウィン・ウィンの関係を追求する「まっとうな事業者」を賛助会員として、消費者団体を支えていくことが望まれよう。

10　消費者法のこれから
（1）個としての消費者
　以上、消費者法の現在と今後の課題について、ここで指摘できたことは決して特異なことではない。大衆としての「消費者」から、個としての「消費者」を見る目が必要であること。そのため、今後の研究では、消費者行動論や消費者心理の分析も重要であること。同時に、平均的・合理的消費者基準から、具体的・類型的消費者(脆弱な消費者を含む)を意識した基準作りが求められること。商品としては、「情報商材」に対する警戒が必要な時代となっていること。その際、個人情報の管理と保護を強く意識する必要があることなどについては、ある程度、認識を共有されつつある。
　すでに、消費者法は新たな方向性をもって動き始めている。消費者自身も、現在が、消費者力・人間力が試される時代に突入しているのだという「意識」を高めなければなるまい。「安全・安心」の獲得には、一定の努力が必要であり、持続可能な環境と社会に生きるための消費行動をとるために、「自ら考える消費者となること」が求められているのである。一人一人の消費者は、決して強い存在ではない。それだけに、生活の中での人々の「絆」と「見守りネットワーク」構築への期待は大きい。

（2）適合性原則
　近時、消費者契約法への広い意味での「適合性原理」の導入が一つの検討課題とされていることは注目して良い(河上「思想としての『適合性原則』とそのコロラリー(特集・適合性原則と消費者法[日本消費者法学会第 8 回大会資料]」現代消費者法 28 号 4 頁以下[2015]、同『『適合性原則』の考え方を消契法に」消費者法ニュース 109 号 4 頁以下[2016]、本書 206 頁以下参照)。同法付帯決議においてその点の検討が要請されたばかりでなく、高齢者の投資被害に象徴される消費者被害の救済を考えるに際して、金融分野での利用者保護のための販売・勧誘に関するルールの柱とされる同原則の考え方に大きな期待が寄せられたからである。問題は、著しく過大な「投資リスク商品」への対処に限られない。消費者基本法のプログラム規定を始め、特商法における「過量販売」や割賦販売法における「過剰与信」のような「適合性原則」を具体化したルールの存在も、背後にある考え方(原理・思想)への関心を高めた。消費者契約法の背景にある情報・交渉力の「社会構造的格差」に加え、生活者としての「個人」の尊重への配慮の要請がこれを支えよう。
　大きな課題は、その具体的規律の策定である。可能性としては、事業者の行為規制となる規律、情報提供義務が認められる場合の提供方法の具体化、適合性原則違反でのつけ込

み型勧誘を取消事由とする規定、適合性原則違反を理由とする損害賠償責任などの規定の定立が考えられる。2018 年の消費者契約法改正は、同法第 3 条における勧誘をするに際しての情報提供のあり方に関して、「物品、権利、役務その他の消費者契約の目的となるものの性質に応じ、個々の消費者の知識及び経験を考慮した上で、‥‥必要な情報を提供すること」との文言が追加され、第 4 条の困惑類型の取消事由に「社会生活上の経験の乏しさ」という文言が加えられたに止まったが、少なくとも「第一歩」と評すべきであろう。今後、「つけ込み型暴利行為」の重要な考慮要素として掲げることを始め、個々の条文の中に「適合性原則」の思想を落とし込むことも重要課題となろうが、せめて、消費者契約法冒頭の一般条項的に「本法の適用に当たっては、消費者の年齢・知識、経験、財産の状況及び当該商品取引契約を締結しようとする目的等に配慮しなければならない」との一箇条を高く掲げることもまた、新時代に相応しい規範策定態度と言うべきであるように思われる。

　適合性原則の母国、アメリカ合衆国における、同原則の第 1 準則が「合理的根拠に裏打ちされた適合性(reasonable-basis suitability)」であるとされていることが示唆的である。これは、「合理的注意をもってすれば、勧誘が少なくとも相手方顧客にとって適合性を有するものであると信ずるだけの合理的根拠があることを要する」とするものである。つまり、事業者は、自ら合理的根拠をもって勧誘していることを当該顧客に説明できるのでなければならず、かかる説明ができないような場合には、適合性原則違反が認められることになるという。事業者たるもの、顧客に商品を推奨する以上は、それが相手方となる顧客の属性や契約目的に適合するものであることについて一定の合理的根拠を持っていなければならないとする取引上の一般的要請・「信義則」につながるものであり、従来型の「バーゲンとしての取引」からは一歩進んだ経営思想に基づくものと評せよう(これについては、とくに、王冷然『『合理的根拠適合性』とは何か？」市川兼三先生古稀・企業と法の現代的課題[成文堂、2014] 21 頁以下所収、29 頁以下、同「適合性原則の理論的基礎」先物・証券取引被害研究 41 号) 参照)。

（3）消費者と事業者の対話

（a）双方向コミュニケーション

　消費者団体が事業者との対話の窓口になることは必ずしも容易なことではない。しかし、今後の消費者問題を考えるとき、それに携わる事業者との良好な意思疎通なしには、有効に機能する消費者政策や法を作り上げていくことはますます難しくなろう。対立的関係性を克服し、次のステージに進むべきとき、KC's が努力して取り組んでいる**「消費者と事業者との双方向コミュニケーション」**は一つの鍵となるように思われる(その資料は、『2020 年度 双方向コミュニケーション研究会 まとめ』として公表されている。この問題については、ハーバマス「コミュニケーション的行為の理論」の「戦略的行為」との対比を想起されたい)。

　消費者志向経営を目指す事業者と専門的消費者団体等が目指すゴールは、ともに「安心・安全で良質な市場」である。同じ山頂を目指して登る道は多様であって良く、互いに矛盾や利害対立を含むとしても、決して克服できないものではない。しかも、全ての事業者も生活者としては、誰もが「消費者」なのである。目標と理念を共有し、互いを知る努力を重ねて、相互の信頼関係を築くことが前進への第一歩に違いない。

　消費者に支持される事業者こそが、市場で生き残ることができる。生産・流通・販売の

一連の流れの中で、何が消費者にとって望まれているかを把握することは、事業者の活動にとって最大の課題である。「消費者行動論」に基づく単なる営利の戦略的行為としてではなく、消費者目線で自身の事業活動のあり方を見直し、社会にとって役立つ事業者であることの誇りが、優れた事業活動の原動力ではないのか。消費者もまた、事業活動に伴うコストやリスクの存在を、的確に理解した上で、最善の社会的選択を試みる事業者を応援することで共存共栄が図られよう。そのためには、互いが互いを「知る」努力が必要である。

　相互不信の対立構造からは何も生まれない。率直に、意見を述べ合うコミュニケーションの場が、あまりにも少ない現状こそ反省されねばなるまい。消費者政策は、行政による規制以上に、**消費者と事業者の協力による自主的規律によって底辺を支えられる**。東日本大震災以降の経験は、自助・共助・公助のどれが欠けても、復興が不可能であることを我々に知らしめた。一人一人では無力な個人も、人々の絆によって協力し、事業者に意見を述べ、救済を求めることができる。ボランティアの活動も、中に立つ人々による秩序が必要であり、「支援物資」もロジスティクスに長けた流通事業者の協力なしには、必要なところに届かないただの粗大ゴミとなりかねなかったのである。

　人間の活動は、すべて、他者との関わりなしには存立し得ない。相手の状況や意思・感情を理解し、自分の進む方向を見定めることが重要であり、個の尊重や自己実現と利己主義は全く別のものである。消費者団体の活動は、とにかく「消費者を守れば良い」というものではなく、良き事業者に、開かれたフォーラムのプラット・フォームを提供することにも大きな役割がある。これは、「相互監視」ではなく、背景事情についての相互理解と相互認識を深める中で、「相互信頼」を破らないように行動しようという「市場倫理」の問題である。

　市場での行動規範を維持するための手法には、強制的な刑事責任、広い射程を持ち得る行政責任、現実的な民事責任による裏打ちによる規制に対する不利益回避行動を期待するだけでなく、共通の価値を掲げた、ソフトな規範も存在し、消費者法は、それらがモザイクのように組み合わされていると考えるのが適切であろう。望むらくは、圧倒的に多くの、まっとうな事業者が社会的規範を意識し、社会からの信頼を裏切らないようにしようとする決意を期待したい。

　自分のやり方だけが正しいと考える「独善」、金で問題は片付けられるとする利己的な「拝金主義」は許されない。自由であることが全てを効率的なものにするという「極端な自由論」も持続的な社会の構成員の思考としては失格である。自分を振り返ることのできない者は道をあやまることになる。一度立ち止まって、相手が何に困っているかに耳を傾け、自分が相手や他者のために何をしてあげられるかと考えてみてはどうか。相手の立場を理解するために、相手の靴を履いてみることに意味がある。　問いと答えの往復は、人や事業を成長させるに違いない。人と人との無数の接点で、双方向のコミュニケーションを充実させていくためには、フォーラムをつくる消費者団体が、互いに提供される情報の質や量を、状況の変化に適応させて変化させる必要がある。

　(b)**コミュニケーション的行為**にとって必要なことについては、なお模索段階にある。さしあたりのキー・ワードは、①**共通課題・問題意識の「共有」**、②**「共通言語」を持つこと**、③**最初の鍵・きっかけを大切に**、④**ほどほどの距離感(一体性をのぞまない)**、⑤**緊張感と**

　「心地よさ」、といったところであろうか。このことは、障害者との「障害」という壁、被災者との「被災」壁を想像すれば容易に理解できよう。一体化はできないにしても、相手を知ることによる「相互理解」と「共感」、「気づき」が、すべての出発点であるように思われる。

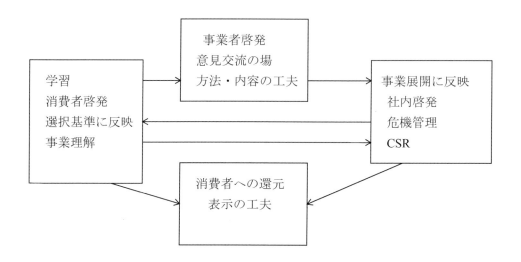

〈著者紹介〉

河 上 正 二（かわかみ・しょうじ）

東北大学名誉教授、東京大学名誉教授、青山学院大学法務研究科客員教授、
1953 年愛媛県生まれ。1982 年東京大学大学院法学政治学研究科博士課程修了
法学博士（東京大学）

〈主要著作〉『約款規制の法理』（有斐閣、1998 年）、『民法学入門〔第 2 版増補版〕』
（日本評論社、2004 年、2014 年）、『民法総則講義』（日本評論社、2007 年）、『物
権法講義』（日本評論社、2012 年）、『担保物権法講義』（日本評論社、2015 年）、
『実践消費者相談』（編著、 商事法務 2009 年）、『消費者契約法改正への論点
整理』（編著、信山社、2013 年）、『消費者委員会の挑戦』（信山社、2017 年）、
『歴史の中の民法―ローマ法との対話』（訳著：オッコー・ベーレンツ著、 日
本評論社、2001 年）

【表紙の絵】 ジャン・フランソワ・ミレー「種を蒔く人」（山梨県立美術館 蔵）。
消費者問題に携わる人々の一人一人が、「種を蒔く人」になって大きなうねりに。

【裏表紙の絵】 河上正二画「カルトーズの道 一歩一歩前に」。
時代の流れの中で、力を合わせて困難を克服し、一歩一歩前に。

遠隔講義 消費者法 〈第2版〉 2021

2021（令和 3）年 5 月10日 第 1 版第 1 刷発行

© 著 者 河 上 正 二
発行者 今井 貴 稲葉文子
発行所 株式会社 信山社
〒113-0033 東京都文京区本郷6-2-9-102
Tel 03-3818-1019 Fax 03-3818-0344
info@shinzansha.co.jp
笠間才木支店 〒309-1611 茨城県笠間市笠間515-3
Tel 0296-71-9081 Fax 0296-71-9082
笠間来栖支店 〒309-1625 茨城県笠間市来栖2345-1
Tel 0296-71-0215 Fax 0296-72-5410

Printed in Japan, 2021 印刷・製本／藤原印刷
ISBN978-4-7972-6916-1 C3332 ¥2500E 分類324. 523
P266 6916-1 01011：012-080-020

消費者法研究　1〜8号 続刊

河上正二　責任編集

消費者委員会の挑戦

―消費者の安全・安心への処方箋を求めて―

河上正二　著

消費者契約法改正への論点整理

河上正二　編著

人間の尊厳と法の役割

―民法・消費者法を超えて―

廣瀬久和先生古稀記念

河上正二・大澤彩　編

民法研究【第2集】〔東アジア編〕

1〜9号 続刊

大村敦志　責任編集

不法行為法における法と社会

―JR東海事件から考える―

【民法研究レクチャー・シリーズ】

瀬川信久　著

信山社